Prüfe dein Wissen
Rechtsfälle in Frage und Antwort

Dr. Thorsten Ingo Schmidt
Staatsrecht I

Staatsrecht I

Staatsorganisationsrecht
mit Verfassungsprozessrecht

von

Dr. Thorsten Ingo Schmidt

o. Professor an der Universität Potsdam

4., überarbeitete Auflage, 2019

C.H.BECK

Zitiervorschlag: Schmidt, StaatsR PdW

www.beck.de

ISBN 978 3 406 72883 9

© 2019 Verlag C. H. Beck oHG
Wilhelmstraße 9, 80801 München
Druck und Bindung: Druckhaus Nomos
In den Lissen 12, 76547 Sinzheim

Satz: Druckerei C. H. Beck Nördlingen
Umschlaggestaltung: Martina Busch, Grafikdesign, Homburg Saar

chbeck.de/nachhaltig

Gedruckt auf säurefreiem, alterungsbeständigem Papier
(hergestellt aus chlorfrei gebleichtem Zellstoff)

Vorwort

Das Staatsorganisationsrecht stellt eine der Kernmaterien des Öffentlichen Rechts dar und beeinflusst über den Vorrang der Verfassung die gesamte übrige Rechtsordnung. Dieses Werk verfolgt das Ziel, Examenskandidaten eine fallbezogene, gleichwohl systematische Wiederholung und Vertiefung dieses zentralen Rechtsgebiets zu ermöglichen. Auch in der universitären Ausbildung regelmäßig vernachlässigte, aber besonders praxisrelevante Gebiete wie die Finanzverfassung werden nicht ausgespart. Für die vierte Auflage wurden als wichtigste Neuerung zahlreiche Fragen und Fälle zu den Verfahren vor dem BVerfG mit staatsorganisationsrechtlichem Bezug aufgenommen. Ein zweiter Band zu den Grundrechten und der Individualverfassungsbeschwerde wird demnächst folgen.

Weitere Neuerungen betreffen unter Berücksichtigung der neuesten Rechtsprechung des BVerfG sowie aktueller Stellungnahmen aus der Literatur ua die Ausgleichsmandate, die geschäftsführende Bundesregierung sowie die Neuordnung der Finanzbeziehungen zwischen Bund und Ländern. Der zunehmende Einfluss des Europarechts spiegelt sich durchgängig wider.

Dieses Buch enthält zahlreiche Übersichten: So sind bspw. Darstellungen der Kanzlerwahl und des Gesetzgebungsverfahrens sowie Prüfungsschemata für die verschiedenen Verfahrensarten vor dem BVerfG verfügbar. Die umfangreichen Literaturangaben teilen sich auf drei unterschiedliche Abstraktionsebenen auf: Nach dem Inhaltsverzeichnis werden Kommentare, Handbücher, Lehrbücher und Fallsammlungen zum Staatsorganisationsrecht in aktueller Auflage aufgeführt. Zu Beginn eines Abschnitts finden sich Hinweise auf Aufsätze und Monographien zu diesem Themenkreis. Bei einzelnen Fragen wird zusätzlich auf spezielle Literatur zu diesem Problem verwiesen.

Für die Unterstützung bei der Neuauflage danke ich meinen Mitarbeitern Maria Augustin, Dr. Timo Sebastian Heller, Tristan Lemke und Jenny Schuldt am Lehrstuhl für Öffentliches Recht an der Universität Potsdam.

Ich hoffe, dass dieses Buch vielen Studierenden bei der Examensvorbereitung hilft, und freue mich sehr über Hinweise, Anregungen und Kritik, die zur Verbesserung dieses Werkes führen.

Potsdam, im Juni 2019   *Thorsten Ingo Schmidt*

Inhaltsverzeichnis

Verzeichnis der Übersichten

Abkürzungsverzeichnis

AbgG .... Abgeordnetengesetz
ABl. .... Amtsblatt
Abs. .... Absatz
aE .... am Ende
AEUV .... Vertrag über die Arbeitsweise der Europäischen Union
aF .... alte Fassung
AG .... Aktiengesellschaft
AktG .... Aktiengesetz
Alt. .... Alternative
Anm. .... Anmerkung
AO .... Abgabenordnung
AöR .... Archiv des öffentlichen Rechts (Zs.)
ArbGG .... Arbeitsgerichtsgesetz
ARSP .... Archiv für Rechts- und Sozialphilosophie
Art. .... Artikel
ASOG .... Allgemeines Sicherheits- und Ordnungsgesetz
AufenthG .... Aufenthaltsgesetz

BAG .... Bundesarbeitsgericht
BauGB .... Baugesetzbuch
Bay .... Bayerisch
BayVBl. .... Bayerische Verwaltungsblätter (Zs.)
BBankG .... Bundesbankgesetz
BBG .... Bundesbeamtengesetz
Bbg .... Brandenburgisch
Bd. .... Band
betr. .... betreffend
BFH .... Bundesfinanzhof
BGB .... Bürgerliches Gesetzbuch
BGBl. .... Bundesgesetzblatt
BGH .... Bundesgerichtshof
BGS .... Bundesgrenzschutz
BGSG .... Bundesgrenzschutzgesetz
BHO .... Bundeshaushaltsordnung
Bln .... Berliner
BRAO .... Bundesrechtsanwaltsordnung
Brem .... Bremer
BRHG .... Bundesrechnungshofgesetz
BRRG .... Beamtenrechtsrahmengesetz
BSG .... Bundessozialgericht
BMinG .... Bundesministergesetz
BVerfG .... Bundesverfassungsgericht
BVerfGE .... Entscheidungssammlung des Bundesverfassungsgerichts

BVerfGG	Bundesverfassungsgerichtsgesetz
BVerfSchG	Bundesverfassungsschutzgesetz
BVertrG	Bundesvertriebenengesetz
BVerwG	Bundesverwaltungsgericht
BVerwGE	Entscheidungssammlung des Bundesverwaltungsgerichts
BVP	Bayerische Volkspartei
BW	Baden-Württembergisch
BWahlG	Bundeswahlgesetz
BWV	Verfassung des Landes Baden-Württemberg
DDP	Deutsche Demokratische Partei
DDR	Deutsche Demokratische Republik
dh	das heißt
DJZ	Deutsche Juristenzeitung
DNVP	Deutschnationale Volkspartei
DöD	Der öffentliche Dienst (Zs.)
DÖV	Die Öffentliche Verwaltung (Zs.)
DRiG	Deutsches Richtergesetz
DRiZ	Deutsche Richterzeitung (Zs.)
Drs.	Drucksache
DV	Die Verwaltung (Zs.)
EG	Europäische Gemeinschaft
e. G.	eingetragene Genossenschaft
EGGVG	Einführungsgesetz zum Gerichtsverfassungsgesetz
EGV	Vertrag zur Gründung der Europäischen Gemeinschaft
EKC	Europäische Charta der kommunalen Selbstverwaltung
EMRK	Europäische Menschenrechtskonvention
ERP	European Recovery Program
EStG	Einkommensteuergesetz
etc.	et cetera (und so weiter)
EU	Europäische Union
EuAbgG	Europaabgeordnetengesetz
EuGH	Europäischer Gerichtshof
EuGRZ	Europäische Grundrechtezeitschrift (Zs.)
EuHbG	Gesetz über den Europäischen Haftbefehl
EUV	Vertrag über die Europäische Union
EuWG	Europawahlgesetz
EuZW	Europäische Zeitschrift für Wirtschaftsrecht (Zs.)
EV	Einigungsvertrag
e. V.	eingetragener Verein
EZB	Europäische Zentralbank
f.; ff.	folgende(r)
FG	Festgabe
FGO	Finanzgerichtsordnung
FS	Festschrift

G	Gesetz
G 10	Gesetz zur Beschränkung des Brief-, Post- und Fernmeldegeheimnisses
GBl.	Gesetzblatt
GewO	Gewerbeordnung
GG	Grundgesetz
GmbH	Gesellschaft mit beschränkter Haftung
GOBRat	Geschäftsordnung des Bundesrates
GOBReg	Geschäftsordnung der Bundesregierung
GOBT	Geschäftsordnung des Bundestages
GOBVerfG	Geschäftsordnung des Bundesverfassungsgerichts
GOVermAussch	Geschäftsordnung des Vermittlungsausschusses
griech.	griechisch
grds.	grundsätzlich
GS	Gesetzessammlung; Gedächtnisschrift
GVBl.	Gesetz- und Verordnungsblatt
GVG	Gerichtsverfassungsgesetz
HChE	Herrenchiemsee-Entwurf
Hess	Hessisch
HGB	Handelsgesetzbuch
HGrG	Haushaltsgrundsätzegesetz
hL	herrschende Lehre
hM	herrschende Meinung
Hrsg.; hrsg.	Herausgeber; herausgegeben
Hs.	Halbsatz
idF	in der Fassung
i. e.	id est (das heißt)
inkl.	inklusive
InsO	Insolvenzordnung
IPA	Interparlamentarische Arbeitsgruppe
IPBPR	Internationaler Pakt über bürgerliche und politische Rechte
iVm	in Verbindung mit
JA	Juristische Arbeitsblätter (Zs.)
JöR	Jahrbuch des öffentlichen Rechts der Gegenwart. Neue Folge.
Jura	Juristische Ausbildung (Zs.)
JuS	Juristische Schulung (Zs.)
JZ	Juristenzeitung (Zs.)
KG	Kommanditgesellschaft
KGaA	Kommanditgesellschaft auf Aktien
KPD	Kommunistische Partei Deutschlands
KSchG	Kündigungsschutzgesetz
KStZ	Kommunale Steuerzeitschrift (Zs.)

lat.	lateinisch
lit.	littera (Buchstabe)
LKV	Landes- und Kommunalverwaltung (Zs.)
LReg	Landesregierung
LuftSiG	Luftsicherheitsgesetz
LVerfG	Landesverfassungsgericht
m. a. W.	mit anderen Worten
M. M.	Mindermeinung
MVV	Verfassung des Landes Mecklenburg-Vorpommern
mwN	mit weiteren Nachweisen
NATO	North Atlantic Treaty Organization
Nds	Niedersächsisch
NdsVBl.	Niedersächsische Verwaltungsblätter (Zs.)
nF	neue Fassung; neue Folge
NJ	Neue Justiz (Zs.)
NJW	Neue Juristische Wochenschrift (Zs.)
NKomVG	Niedersächsisches Kommunalverfassungsgesetz
NSDAP	Nationalsozialistische Deutsche Arbeiterpartei
NSOG	Niedersächsisches Gesetz über die öffentliche Sicherheit und Ordnung
NStZ	Neue Zeitschrift für Strafrecht (Zs.)
NuR	Natur und Recht (Zs.)
NVwZ	Neue Zeitschrift für Verwaltungsrecht (Zs.)
NWGO	Nordrhein-Westfälische Gemeindeordnung
NWV	Verfassung für das Land Nordrhein-Westfalen
NWVBl.	Nordrhein-Westfälische Verwaltungsblätter (Zs.)
ÖJZ	Österreichische Juristenzeitung (Zs.)
OHG	Offene Handelsgesellschaft
OLG	Oberlandesgericht
OrdensG	Gesetz über Titel, Orden und Ehrenzeichen
OVG	Oberverwaltungsgericht
PAG	Polizeiaufgabengesetz
ParlStG	Gesetz über die Rechtsverhältnisse der Parlamentarischen Staatssekretäre
PartG	Parteiengesetz
PetitionsG	Petitionsgesetz
Prot.	Protokoll
RegBl.	Regierungsblatt
RelKErzG	Gesetz über die religiöse Kindererziehung
resp.	respektive
RGBl.	Reichsgesetzblatt
RheinlPf	Rheinland-Pfälzisch

Rn.	Randnummer
RuP	Recht und Politik (Zs.)
RZVG	Reichszweckverbandsgesetz
S.	Satz; Seite
s.	siehe
SächsVBl.	Sächsische Verwaltungsblätter (Zs.)
SchlH	Schleswig-Holsteinisch
SGB	Sozialgesetzbuch
SGG	Sozialgerichtsgesetz
sm	Seemeile
sog.	so genannte
Sp.	Spalte
SPD	Sozialdemokratische Partei Deutschlands
StAG	Staatsangehörigkeitsgesetz
StAnz	Staatsanzeiger
StGB	Strafgesetzbuch
StPO	Strafprozessordnung
ThürV	Verfassung des Freistaats Thüringen
ThürVBl.	Thüringische Verwaltungsblätter (Zs.)
ua	unter anderem
UAbs.	Unterabsatz
UAG	Untersuchungsausschussgesetz
USPD	Unabhängige Sozialdemokratische Partei Deutschlands
usw.	und so weiter
V	Verfassung
v.	vom
v. a.	vor allem
Var.	Variante
VBlBW	Verwaltungsblätter Baden-Württemberg (Zs.)
VereinsG	Vereinsgesetz
VersG	Versammlungsgesetz
VerwArch	Verwaltungsarchiv (Zs.)
VG	Verwaltungsgericht
VGH	Verwaltungsgerichtshof
vgl.	vergleiche
VwGO	Verwaltungsgerichtsordnung
VwVfG	Verwaltungsverfahrensgesetz
VwVG	Verwaltungsvollstreckungsgesetz
VwZG	Verwaltungszustellungsgesetz
WahlprüfG	Wahlprüfungsgesetz
WPflG	Wehrpflichtgesetz
WRV	Weimarer Reichsverfassung

zB .... zum Beispiel
ZDG .... Zivildienstgesetz
ZG .... Zeitschrift für Gesetzgebung (Zs.)
ZPO .... Zivilprozessordnung
ZRP .... Zeitschrift für Rechtspolitik (Zs.)
Zs. .... Zeitschrift
ZVG .... Zweckverbandsgesetz
zzgl. .... zuzüglich

Römische Ziffern hinter Artikeln oder Paragraphen bezeichnen Absätze, arabische Ziffern Sätze innerhalb eines Absatzes.

Literatur (in Auswahl)

I. Kommentare zum Grundgesetz

Dreier, Horst, Grundgesetzkommentar, Bd. 1 (Art. 1–19), 3. Auflage, Tübingen, 2013; Bd. 2 (Art. 20–82), 3. Auflage, Tübingen, 2015; Bd. 3 (Art. 83–146), 3. Auflage, Tübingen, 2018

Jarass, Hans D./Pieroth, Bodo, Grundgesetz, 15. Auflage, München, 2018

Mangoldt, Hermann v./Klein, Friedrich/Starck, Christian, Grundgesetz, Bd. 1 (Art. 1–19), 7. Auflage, München, 2018; Bd. 2 (Art. 20–82), 7. Auflage, München, 2018; Bd. 3 (Art. 83–146), 7. Auflage, München, 2018

Maunz, Theodor/Dürig, Günter, Grundgesetz, Loseblattsammlung, 85. Ergänzungslieferung, München, Stand 11/2018

Münch, Ingo v./Kunig, Philip, Grundgesetz-Kommentar, Bd. 1 (Art. 1–19), 6. Auflage, München, 2012; Bd. 2 (Art. 20–69), 6. Auflage, München, 2012

Sachs, Michael, Grundgesetz, 8. Auflage, München, 2018

II. Handbücher des Staatsrechts

Benda, Ernst/Maihofer, Werner/Vogel, Hans-Joachim, Handbuch des Verfassungsrechts der Bundesrepublik Deutschland, 2 Bände, 2. Auflage, Berlin, 1994

Härtel, Ines, Handbuch Föderalismus, 4 Bände, Berlin, Heidelberg, 2012

Isensee, Josef/Kirchhof, Paul, Handbuch des Staatsrechts, Bd. I, 3. Auflage, Heidelberg, 2003; Bd. II, 3. Auflage, Heidelberg, 2004; Bd. III, 3. Auflage, Heidelberg, 2005; Bd. IV, 3. Auflage, Heidelberg, 2006; Bd. V, 3. Auflage, Heidelberg, 2007; Bd. VI, 3. Auflage, Heidelberg, 2009; Bd. VII, 3. Auflage, Heidelberg, 2009; Bd. VIII, 3. Auflage, Heidelberg, 2010; Bd. IX, 3. Auflage, Heidelberg, 2011; Bd. X, 3. Auflage, Heidelberg, 2012

Merten, Detlef/Papier, Hans-Jürgen, Handbuch der Grundrechte in Deutschland und Europa, Bd. I, Heidelberg, 2004; Bd. II, Heidelberg, 2006; Bd. III, Heidelberg, 2009; Bd. IV, Heidelberg, 2011; Bd. V, 2013; Bd. VI/1, Heidelberg, 2010; Bd. VI/2, Heidelberg, 2009; Bd. VII/1, 2. Auflage, Heidelberg, 2014; Bd. VII/2, Heidelberg, 2007; Bd. VIII, 2017; Bd. IX, 2016; Bd. X, 2018

Stern, Klaus, Das Staatsrecht der Bundesrepublik Deutschland, Bd. I, 2. Auflage, München, 1984; Bd. II, München, 1980, Bd. III/1, München, 1988; Bd. III/2, München, 1994; Bd. IV/1, München, 2006; Bd. IV/2, München, 2011; Bd. V, München, 2000

III. Lehrbücher des Staatsrechts

Arndt, Hans-Wolfgang/Rudolf, Walter, Öffentliches Recht, 16. Auflage, München, 2013

Badura, Peter, Staatsrecht, 7. Auflage, München, 2018

Berg, Wilfried, Staatsrecht, 6. Auflage, Stuttgart, 2011

Degenhart, Christoph, Staatsrecht I, Staatsorganisationsrecht, 34. Auflage, Heidelberg, 2018

Epping, Volker, Grundrechte, 7. Auflage, Heidelberg, 2017

Geiger, Rudolf, Grundgesetz und Völkerrecht, 7. Auflage, München, 2018

Hufen, Friedhelm, Staatsrecht II, Grundrechte, 7. Auflage, München, 2018

Ipsen, Jörn, Staatsrecht I, 30. Auflage, München 2018; Staatsrecht II, 21. Auflage, München, 2018

Katz, Alfred, Staatsrecht, 18. Auflage, Heidelberg, 2010

Kingreen, Thorsten/Poscher, Ralf (Nachfolgeautoren von Pieroth/Schlink) Staatsrecht II, Grundrechte, 34. Auflage, Heidelberg, 2018

Korioth, Stefan, (Nachfolge von Wilms, Heinrich), Staatsrecht I, Staatsorganisationsrecht, 3. Auflage, Stuttgart 2016;

Lang, Heinrich/Wilms, Heinrich Staatsrecht II, Grundrechte, 2. Auflage, Stuttgart, 2019 (erscheint demnächst)

Manssen, Gerrit, Staatsrecht II, Grundrechte, 16. Auflage, München, 2019 (erscheint demnächst)

Maurer, Hartmut, Staatsrecht I, Grundlagen, Verfassungsorgane, Staatsfunktionen, 7. Auflage, München, 2015

Münch, Ingo v., Staatsrecht, Bd. I, 6. Auflage, Stuttgart, 2000; Bd. II, 5. Auflage, Stuttgart, 2002

Münch, Ingo v./Mager, Ute, Staatsrecht I, Staatsorganisationsrecht, 8. Auflage, Stuttgart, 2015; Staatsrecht II, Grundrechte, 7. Auflage, Stuttgart, 2018

Sachs, Michael, Verfassungsrecht II, Grundrechte, 3. Auflage, Berlin, 2017

Sauer, Heiko, Staatsrecht III, 5. Auflage, München 2018

Schweitzer, Michael/Dederer, Hans Georg, Staatsrecht III, 11. Auflage, Heidelberg, 2016

Stein, Ekkehart/Frank, Götz, Staatsrecht, 21. Auflage, Tübingen, 2010

Unruh, Georg-Christoph v./Greve, Friedrich/Schliesky, Utz, Grundkurs Öffentliches Recht, 6. Auflage, München, 2003

IV. Darstellungen des Verfassungsprozessrechts

Benda, Ernst/Klein, Eckart/Klein, Oliver, Lehrbuch des Verfassungsprozessrechts, 3. Auflage, Heidelberg, 2012

Gersdorf, Hubertus, Verfassungsprozessrecht, 4. Auflage, Heidelberg, 2014

Hillgruber, Christian/Goos, Christoph, Verfassungsprozessrecht, 4. Auflage, Heidelberg, 2015

Pestalozza, Christian, Verfassungsprozessrecht, 3. Auflage, München, 1991

Robbers, Gerhard, Verfassungsprozessuale Probleme in der öffentlich-rechtlichen Arbeit, 2. Auflage, München, 2005

Sachs, Michael, Verfassungsprozessrecht, 4. Auflage, Tübingen, 2016

Schlaich, Klaus/Korioth, Stefan, Das Bundesverfassungsgericht, 11. Auflage, München, 2018

V. Fallsammlungen und Repetitorien

Brauner, Roman J./Stollmann, Frank/Weiß, Regina, Fälle und Lösungen im Staatsrecht, 7. Auflage, Stuttgart, 2003

Brinktrine, Ralf/Sarcevic, Edin, Fallsammlung zum Staatsrecht, Berlin, 2004

Degenhart, Christoph, Klausurenkurs im Staatsrecht I, 4. Auflage, Heidelberg, 2016; Klausurenkurs im Staatsrecht II, 8. Auflage, Heidelberg, 2017

Dietlein, Johannes, Examinatorium Staatsrecht, 2. Auflage, Köln, 2005

Grote, Rainer/Kraus, Dieter, Fälle zu den Grundrechten, 2. Auflage, München, 2001

Heimann, Hans Markus/Kirchhof, Gregor/Waldhoff, Christian, Verfassungs- und Verfassungsprozessrecht, 2. Auflage, München, 2010

Höfling, Wolfram/Rixen, Stephan, Fälle zum Staatsorganisationsrecht, 6. Auflage, München, 2019

Kilian, Michael/Eiselstein, Claus, Grundfälle im Staatsrecht, 5. Auflage, Wien 2011

Schmalz, Dieter, Verfassungsrecht: Fälle und Lösungen, 3. Auflage, Baden-Baden, 2003

Schmidt-Jortzig, Edzard/Schliesky, Utz, 40 Klausuren aus dem Staats- und Völkerrecht mit Lösungsskizzen, 6. Auflage, Neuwied, 2002

Schoch, Friedrich, Übungen im Öffentlichen Recht, Bd. I Verfassungsrecht und Verfassungsprozessrecht, Berlin, 2000

I. Verfassungsgeschichte

Literatur: *Eisenhardt,* Deutsche Rechtsgeschichte, 7. Auflage, 2019; *Frotscher/Pieroth,* Verfassungsgeschichte, 17. Auflage, 2018; *Willoweit,* Deutsche Verfassungsgeschichte, 7. Auflage, 2013. *Robbers,* Die historische Entwicklung der Verfassungsgerichtsbarkeit, JuS 1990, 257–262; *Scheuner,* Die Überlieferung der deutschen Staatsgerichtsbarkeit im 19. und 20. Jahrhundert, in: FG 25 Jahre BVerfG, Bd. I, 1976, S. 1–62.

1. Verfassungsgeschichte

Welche Bedeutung kommt der Verfassungsgeschichte für die Auslegung des Grundgesetzes zu?

Soweit das Grundgesetz an historische Regelungstraditionen anknüpft, zB bei den Gesetzgebungskompetenzen, liefert die Verfassungsgeschichte als Vermittlerin früheren Verfassungsrechts wertvolle Auslegungshinweise. Antwortet das Grundgesetz auf Defizite der Vorgängerverfassungen, zB bei der Regierungsbildung, ist auch dafür eine Kenntnis vorangegangener Verfassungen samt ihrer Schwächen unerlässlich.

1. Heiliges Römisches Reich Deutscher Nation

Literatur: *Mückl,* Das Heilige Römische Reich deutscher Nation: Idee, Verfassung, Untergang, Jura 2006, 602–610; *Schroeder,* Mythos, Wirklichkeit und Vision: Die Geschichte vom langen Leben und Sterben des Heiligen Römischen Reiches Deutscher Nation, JuS 2006, 577–582.

2. Heiliges Römisches Reich

Welche Bedeutung hat die Bezeichnung „Heiliges Römisches Reich Deutscher Nation" (lat. „Sacrum Romanum Imperium Nationis Germanicae")?

Die Beifügung „Heilig" verwies auf das christliche Fundament des Reiches und betonte das Gottesgnadentum des Kaisers sowie die Legitimation der Herrschaft durch Göttliches Recht. Mit dem Attribut „Römisch" wurde an die Tradition des Römischen Weltreiches angeknüpft, wobei nach der Lehre von der translatio imperii das Heilige Römische Reich vermittelt durch die Franken dessen Nachfolger sein sollte. Der Zusatz „Deutscher Nation" trug schließlich seit Ende des 15. Jahrhunderts sich herausbildenden Nationalstaaten Rechnung.

3. Gerichte im Heiligen Römischen Reich

Welche Gerichte entschieden zur Zeit des Heiligen Römischen Reiches Deutscher Nation Streitigkeiten, die man nach heutigen Maßstäben als verfassungsrechtliche einordnen würde?

Seit 1495 bestand das Reichskammergericht, zunächst in Speyer, dann seit 1693 in Wetzlar. Es war ua zuständig als „Austrägalgericht" (= Schiedsgericht) in Fällen der

Rechtsverweigerung, der Missachtung der Reichsacht und bei Streitigkeiten zwischen oder gegen Reichsunmittelbare. In Konkurrenz dazu stand seit 1498 der Reichshofrat in Wien als oberstes kaiserliches Gericht, das ua bei Reichslehenssachen und bei inneren Streitigkeiten der Reichsstände angerufen werden konnte.

4. Königswahl

Wer wählte den König und wie wurde der Kaiser bestimmt?

Die Goldene Bulle 1356 legte sieben Kurfürsten als Königswähler fest, und zwar die Erzbischöfe von Köln, Mainz und Trier sowie den König von Böhmen, den Pfalzgrafen bei Rhein, den Herzog von Sachsen und den Markgrafen von Brandenburg. Bis 1803 wurde das Kurfürstenkollegium verändert und erweitert (Einzelheiten bei *Willoweit*, Deutsche Verfassungsgeschichte, § 11). Der gewählte König erlangte sodann durch die vom Papst vorgenommene Krönung die Kaiserwürde.

5. leges fundamentales und Regalien

Was versteht man unter
a) den leges fundamentales
b) den Regalien?

a) Die leges fundamentales waren die alten Reichsgrundgesetze des Heiligen Römischen Reiches Deutscher Nation, die einzelne grundlegende völker- und verfassungsrechtliche Fragen wie Friedensschluss, Königswahl und Stellung der christlichen Konfessionen behandelten (vgl. *Maurer*, Staatsrecht, § 2, Rn. 8 ff.). Dazu zählen v. a. die Goldene Bulle 1356, der Ewige Landfrieden 1495, der Augsburger Religionsfrieden und die Exekutionsordnung 1555, der Friede von Münster und Osnabrück 1648 sowie der Reichsdeputationshauptschluss 1803.

b) Die Regalien (vom lat. „rex" = König) sind (v. a. wirtschaftlich nutzbare) königliche Vorrechte wie Markt-, Zoll-, Münz-, Berg-, Jagd-, Festungs-, Geleit- und Schutzrechte (vgl. *Willoweit*, Deutsche Verfassungsgeschichte, § 9 II). Im Heiligen Römischen Reich erlangten z. T. die Reichsstände diese Rechte, während sie in Frankreich etwa zum Ausgangspunkt souveräner Königsmacht werden konnten.

6. Ende des Heiligen Römischen Reiches

Wie endete das Heilige Römische Reich deutscher Nation?

Die v. a. durch die Souveränitätsbestrebungen der reichsangehörigen Mittel- und Großmächte, wie Preußen, bewirkte innere Schwäche des Heiligen Römischen Reiches wurde spätestens in den Koalitionskriegen seit 1792 gegen das revolutionäre Frankreich offenbar. Das siegreiche Frankreich diktierte 1803 den Inhalt des Reichsdeputationshauptschlusses, mit dem die kirchlichen Herrschaften säkularisiert und die kleineren weltlichen Gebiete mediatisiert wurden, und erzwang 1806 die Gründung des Rheinbundes, woraufhin Franz II. die Kaiserkrone niederlegte (Einzelheiten bei *Willoweit,* Deutsche Verfassungsgeschichte, § 27).

7. Rheinbund

a) Wie ist der Rheinbund verfassungsrechtlich einzuordnen?
b) Welche Mitglieder umfasste er?
c) Welche Stellung nahm Frankreich ein?
d) Wie endete der Rheinbund?

a) Der Rheinbund stellte einen durch völkerrechtlichen Vertrag („Rheinbundakte") zwischen Napoleon und mehreren deutschen Fürsten geschaffenen Staatenbund dar. Siehe *Hecker,* Napoleonischer Konstitutionalismus in Deutschland, 2005.

b) Der Rheinbund umfasste anfänglich 16 deutsche Fürstentümer, darunter die Königreiche von Bayern und Württemberg sowie das Kurfürstentum Baden. 23 weitere Fürstentümer, darunter die Königreiche Sachsen und Westfalen, traten von 1806 bis 1808 durch Vertrag bei.

c) Frankreich war selbst nicht Mitglied des Rheinbundes; *Napoleon* als französischer Kaiser hatte sich aber eine Stellung als „Protektor des rheinischen Bundes" (Art. 12 Rheinbundakte) gesichert. In dieser Funktion übte *Napoleon* die Kontrolle über die formal souveränen (Art. 24–26 Rheinbundakte), tatsächlich aber von Frankreich abhängigen Staaten aus.

d) Der Rheinbund zerfiel nach der militärischen Niederlage Frankreichs in der Völkerschlacht bei Leipzig 1813.

2. Deutscher Bund und Paulskirche

Literatur: *Bock,* Der deutsche Konstitutionalismus im 19. Jahrhundert – ein Überblick, JA 2005, 363–365.

8. Deutscher Bund

a) Was waren die verfassungsrechtlichen Grundlagen des Deutschen Bundes?
b) Welchem Verfassungstyp ist der Deutsche Bund von 1815 zuzuordnen?

a) Der Deutsche Bund hatte drei verfassungsrechtliche Grundlagen, und zwar (1) die Deutsche Bundesakte vom 8.6.1815, (2) die Wiener Kongressakte vom 9.6.1815 und (3) die Wiener Schlussakte vom 15.5.1820.

b) Es handelte sich um einen Staatenbund, nicht um einen Bundesstaat. Der Deutsche Bund selbst stellte kein Rechtssubjekt dar, die Souveränität lag weiterhin bei den Einzelstaaten.

9. Leitung des Deutschen Bundes

Welches Organ leitete den Deutschen Bund?

Die Leitung des Deutschen Bundes lag bei der Bundesversammlung, einer Versammlung der Gesandten der Mitgliedstaaten. Die Stimmenanzahl der Mitgliedstaaten richtete sich nach ihrer Größe, jeder Mitgliedstaat verfügte aber über wenigstens eine Stimme. Damit war dieses Organ eher dem heutigen Bundesrat vergleichbar, nicht jedoch dem heutigen Bundestag.

10. Verfassungsstreitigkeiten im Deutschen Bund

Welche Verfahren bestanden in dem Deutschen Bund (1815–1866), um verfassungsähnliche Streitigkeiten zwischen und innerhalb der Bundesmitglieder beizulegen?

Nach Art. 11 IV Bundesakte, Art. 21–24 Wiener Schlussakte war die Errichtung einer Austrägalgerichtsbarkeit vorgesehen. Gemäß Art. 29 Wiener Schlussakte konnte die Bundesversammlung im Fall der Justizverweigerung selbst in einem Bundesland tätig werden. Nach Art. 60 Wiener Schlussakte konnte die Bundesversammlung außerdem Streitigkeiten zwischen Landesherrn und Ständen in einem Bundesmitglied entscheiden, wenn sie die Garantie der mitgliedstaatlichen Verfassung übernommen hatte.

11. Landständische Verfassung

Nach Art. 13 der Deutschen Bundesakte 1815 sollte in allen Bundesstaaten „eine Landständische Verfassung stattfinden". Was war damit gemeint?

In liberaler Lesart wurde darunter eine staatliche Gesamtrepräsentation durch eine Volksvertretung verstanden, nach der dominierenden konservativen Deutung eine rein ständische, auf Rechtsungleichheit aufbauende Teilrepräsentation. Vgl. *Frotscher/Pieroth*, Verfassungsgeschichte, Rn. 240 f.

12. Deutscher Zollverein

a) Was war der Deutsche Zollverein?
b) Wer propagierte diesen publizistisch?

a) Der 1834 gegründete Deutsche Zollverein stellte einen Zusammenschluss von Preußen und den meisten deutschen Ländern (aber ohne Österreich) zur Abschaffung der zwischen diesen noch bestehenden Zölle dar. Die Vereinsmitglieder bildeten eine gemeinsame Freihandelszone. Der Zollverein war eine wichtige Vorstufe der späteren Reichsgründung. Siehe *Foerster,* EWG und Deutscher Zollverein:

Ein Vergleich, Aus Politik und Zeitgeschichte 19 (1969), Heft 21, S. 17 ff.; *Hahn,* Geschichte des Deutschen Zollvereins, 1984; *Saalbach,* Vom Zollverein zum Deutschen Reich, 2004.

b) Der Zollverein wurde v. a. durch die Schriften des Nationalökonomen *Friedrich List* (1789–1846) vorbereitet, dessen Hauptwerk „Das nationale System der politischen Ökonomie" von 1841 ist.

13. Deutsche verfassunggebende Nationalversammlung

a) Welche politischen Bewegungen führten zum Zusammentritt der „Deutschen verfassunggebenden Nationalversammlung" in der Frankfurter Paulskirche?
b) Was bedeuten die Begriffe „großdeutsche" und „kleindeutsche" Lösung?

a) Zwei politische Bewegungen waren maßgebend: Zum einen die an Art. 13 Deutsche Bundesakte in liberaler Lesart (s. Frage 11) anknüpfende grundrechtlich-demokratische Forderung, zum anderen das Streben nach nationaler Einheit. Nachdem die französische Februarrevolution als Initialzündung im März auch nach Deutschland „überschwappte", verbanden sich diese Strömungen in der Wahl der Abgeordneten zu der Deutschen verfassunggebenden Nationalversammlung. Diese kamen am 18.5.1848 erstmals in der Frankfurter Paulskirche zusammen.

b) Diese Begriffe kennzeichnen schlagwortartig die in der Revolution von 1848 vertretenen Ansichten zu den künftigen Grenzen eines deutschen Bundesstaates. Die Vertreter der großdeutschen Lösung wollten auch Österreich, zumindest aber dessen deutschsprachige Gebiete, einbeziehen und den Einzelstaaten eine große Selbstständigkeit belassen. Die Anhänger einer kleindeutschen Lösung verfochten eine Beschränkung auf die übrigen Teile des Deutschen Bundes unter preußischer Führung mit erheblichen Einschränkungen der Rechte der Einzelstaaten – ggf. mit einer staatenbündischen Assoziation mit Österreich. Siehe Deutscher Bundestag (Hrsg.), Fragen an die deutsche Geschichte, 1990.

14. Paulskirchenverfassung

a) Welche Einzelergebnisse erzielte die Nationalversammlung?
b) Banden die Beschlüsse der Nationalversammlung die deutschen Länder?

a) Im Dezember 1848 verkündete die Nationalversammlung die „Grundrechte des Deutschen Volkes" und im März 1849 beschloss sie die „Deutsche Reichsverfassung", welche in den §§ 130 bis 189 die zuvor verkündeten Grundrechte einschloss. Damit wurden zum ersten Mal auf gesamtdeutscher Ebene Grundrechte in einer Verfassungsurkunde niedergelegt.

b) Nein. Die Nationalversammlung arbeitete lediglich nichtverbindliche Vorschläge für eine staatsrechtliche Neustrukturierung Deutschlands aus, die in jedem Fall der Umsetzung durch die Länder bedurften.

15. Verfassungsstreitigkeiten in der Paulskirchenverfassung

Welche Regelungen traf die Paulskirchenverfassung von 1849 hinsichtlich der Verfassungsgerichtsbarkeit?

§§ 125 f. Paulskirchenverfassung sahen ein Reichsgericht vor, welches nicht nur das oberste Gericht in Zivil- und Strafsachen bilden, sondern auch Aufgaben der Verfassungsgerichtsbarkeit im Reich und den Ländern ausüben sollte. Die Paulskirchenverfassung kannte unter anderem den Organstreit, den Reich-Länder-Streit und sogar die Verfassungsbeschwerde. Diese Zuweisung der Verfassungsgerichtsbarkeit an das oberste ordentliche Gericht war dem US Supreme Court nachgebildet. Siehe *Faller, Hans Joachim,* Die Verfassungsgerichtsbarkeit in der Frankfurter Reichsverfassung vom 28. März 1849, in: Geiger-FS, 1974, S. 827–866.

3. Norddeutscher Bund/Deutsches Reich

Literatur: *Grzeszick,* Vom Reich zur Bundesstaatsidee, 1996; *Ogris,* Der Norddeutsche Bund, JuS 1966, 306–310; *Schieder/Deuerlein* (Hrsg.), Reichsgründung 1870/71: Tatsachen, Kontroversen, Interpretationen, 1970.

16. Norddeutscher Bund und Deutsches Reich

Wann wurde der erste deutsche Staat der Neuzeit oberhalb der Ebene der einzelnen Länder gebildet?

Nach dem Sieg Preußens über Österreich im Deutsch-Deutschen Krieg von 1866 und den anschließenden preußischen Annexionen Hannovers, Kurhessens, Nassaus und Frankfurts wurde der Norddeutsche Bund gegründet, bestehend aus Preußen und den verbliebenen Staaten nördlich des Main. Nach dem siegreichen Deutsch-Französischen Krieg 1870/71 wurde der Norddeutsche Bund um die süddeutschen Staaten (ohne Österreich) erweitert und zum Deutschen Reich umgewandelt.

17. Verfassungsorgane des Deutsche Reichs

Welche Verfassungsorgane besaß das Deutsche Reich?

Zu den Verfassungsorganen des Deutschen Reiches gehörte der Reichstag als Vertretung des deutschen Volkes (Art. 20 ff. RV), der Bundesrat als Vertretung der deutschen Länder (Art. 6 ff. RV), der Kaiser als Staatsoberhaupt (Art. 11 ff. RV) und der Reichskanzler als Regierungschef (Art. 15 RV).

18. Verfassungsstreitigkeiten in der Reichsverfassung

Wie wurden unter Geltung der Reichsverfassung von 1871 Streitigkeiten zwischen a) Preußen und Bayern, b) dem deutschen Staatsangehörigen X und dem Reich wegen Grundrechtsverletzung beigelegt?

a) Für Streitigkeiten zwischen den einzelnen Ländern war der Bundesrat, also ein politisches Organ, gemäß Art. 76 RV zuständig.

b) Im Übrigen fehlte es an einer Verfassungsgerichtsbarkeit. Grundrechte waren weder auf Reichsebene verfassungsrechtlich garantiert noch bestand ein der Verfassungsbeschwerde vergleichbares Verfahren.

19. „Demokratie mit 25 Mitgliedern"

Von *Paul Laband* stammt die Aussage, das Deutsche Reich sei eine Demokratie mit 25 Mitgliedern. Was war damit gemeint?

Laband stellte auf den Akt der Reichsgründung durch die verbündeten 22 Fürsten und die drei Freien Reichsstädte ab, die ihre Interessen in dem Bundesrat nach Art. 6 ff. RV als dem zentralen Entscheidungsorgan des Deutschen Reichs zu wahren verstanden.

20. Verantwortlichkeit des Reichskanzlers

War der Reichskanzler dem Reichstag parlamentarisch verantwortlich?

Ursprünglich wurde nach Art. 15 I RV der Reichskanzler vom Kaiser ernannt und war daher rechtlich nur diesem verantwortlich. Daneben bildete sich eine politische Verantwortung vor dem Reichstag heraus. Durch die Verfassungsänderung vom 28.10.1918 (RGBl. S. 1274) wurde die Amtsführung des Reichskanzlers ausdrücklich vom Vertrauen des Reichstages abhängig gemacht und seine parlamentarische Verantwortung festgeschrieben (vgl. *Frotscher/Pieroth,* Verfassungsgeschichte, Rn. 462 ff.). Bis zur Ausrufung der Republik (s. Frage 21) konnte diese Parlamentarisierung der Regierungsgewalt aber keine Bedeutung mehr entfalten.

21. Untergang der Monarchie

Wie endete die Monarchie auf Reichsebene?

Am 9.11.1918 begann die Revolution; *Philipp Scheidemann* rief vom Balkon des Reichstagsgebäudes die „Deutsche Republik" und kurz darauf *Karl Liebknecht* am Berliner Schloss eine „Freie sozialistische Republik" aus.

4. Weimarer Reichsverfassung

Literatur: *Anschütz,* Die Verfassung des Deutschen Reiches, 14. Auflage, 1933; *Eichenhofer,* 80 Jahre Weimarer Reichsverfassung – was ist geblieben?, 1999; *Gusy,* Die Weimarer Reichsverfassung, 1997.

22. Rat der Volksbeauftragten

Wann wurde der Rat der Volksbeauftragten gegründet und was verstand man hierunter?

Der Rat der Volksbeauftragten wurde am 10.11.1918 nach der Abdankung Kaiser Wilhelm II. gebildet. Er bestand ursprünglich aus je drei Mitgliedern von SPD *(Ebert, Scheidemann, Landsberg)* und USPD *(Haase, Dittmann, Barth),* seit dem 29.12.1918 nur noch aus fünf Mitgliedern der SPD (nun auch *Noske, Wissell).* Er organisierte die Abwicklung des Waffenstillstandes, die Rückführung der deutschen Truppen und die Versorgung der Zivilbevölkerung. Er stützte sich einerseits auf *Eberts* Stellung als noch von *Prinz Max v. Baden* eingesetzter Reichskanzler, andererseits wurde er von den in den revolutionären Wirren entstandenen Arbeiter- und Soldatenräten anerkannt. Damit konnte der Rat die Revolution in geordnete Bahnen lenken. Am 13.2.1919 übergab der Rat die Amtsgewalt an die von der Weimarer Nationalversammlung gewählte Regierung *Scheidemann.* Siehe *Hock,* Die Gesetzgebung des Rates der Volksbeauftragten, 1987; *Melzer,* Die Gesetzgebung des Rates der Volksbeauftragten, 1986.

23. „Weimarer Reichsverfassung"

Wie lautet der amtliche Titel der Verfassung von 1919 und wie kam sie zu der Bezeichnung „Weimarer Reichsverfassung"?

Der amtliche Titel der am 31.7.1919 beschlossenen und am 11.8.1919 verkündeten Verfassung lautet *„Verfassung des Deutschen Reichs"* (RGBl. S. 1383). Die Bezeichnung als „Weimarer Reichsverfassung" rührt daher, dass die verfassunggebende Nationalversammlung sich angesichts der Unruhen im revolutionären Berlin zur Beratung in das ruhigere Weimar zurückgezogen hatte. Der neuen Republik sollte der Geist der Weimarer Klassik eingehaucht werden.

24. Verfassungsorgane des Deutschen Reiches

Welche Verfassungsorgane besaß das Deutsche Reich nach der Weimarer Reichsverfassung?

Zu den Verfassungsorganen des Deutschen Reiches gehörten der Reichstag als Vertretung des deutschen Volkes (Art. 20 ff. WRV), der Reichsrat als Vertretung der deutschen Länder (Art. 60 ff. WRV), der Reichspräsident als Staatsoberhaupt

(Art. 41 ff. WRV), die Reichsregierung (Art. 52 ff. WRV) und der (vorläufige) Reichswirtschaftsrat (Art. 165 WRV).

25. Reichstag

Wie viele Abgeordnete umfasste der Reichstag und welcher Unterschied bestand im Vergleich zum Bundestag des Grundgesetzes?

Bei den Wahlen zum Reichstag entfiel auf je 60.000 Wählerstimmen ein Mandat (starrer Wahlquotient). Abhängig von der Wahlbeteiligung schwankte deshalb die Anzahl der Abgeordneten. Im Bundestag des Grundgesetzes hingegen steht die Anzahl der Abgeordneten grds. fest (derzeit 598, allerdings zzgl. der Überhang- und Ausgleichsmandate), es schwankt aber abhängig von der Wahlbeteiligung die Anzahl der für ein Mandat erforderlichen Wählerstimmen (flexibler Wahlquotient, s. auch Fragen 177–189).

26. Reichsrat

Welche Stellung kam dem Reichsrat bei der Gesetzgebung im Vergleich zum Bundesrat des Grundgesetzes zu?

Die Stellung des Reichsrates war wesentlich schwächer als diejenige des Bundesrates. Denn es gab nach der Weimarer Reichsverfassung keine Kategorie der Zustimmungsgesetze, deren In-Kraft-Treten letztlich vom positiven Votum des Reichsrates abhing. Vielmehr bestand für den Reichsrat jeweils nur die Möglichkeit, gegen missliebige Gesetze Einspruch gemäß Art. 74 I, II WRV einzulegen. In einem solchen Fall musste der Reichstag gemäß Art. 74 III 1 WRV erneut Beschluss fassen. Überstimmte der Reichstag mit Zweidrittelmehrheit den Reichsrat, hatte der Reichspräsident gemäß Art. 74 III 4 WRV das Gesetz in der vom Reichstag beschlossenen Fassung zu verkünden oder einen Volksentscheid anzuordnen. Wurde die Zweidrittelmehrheit nicht erreicht, konnte der Reichspräsident entweder nach Art. 74 III 2 WRV den Volksentscheid anordnen oder das Gesetz war nach Art. 74 III 3 WRV gescheitert.

27. Reichswirtschaftsrat

Welche Aufgabe hatte der Reichswirtschaftsrat?

Der Reichswirtschaftsrat (Art. 165 IV WRV) hatte die Aufgabe, zu wichtigen Gesetzentwürfen sozial- und wirtschaftspolitischen Inhalts gutachtlich Stellung zu nehmen, bevor die Reichsregierung sie in den Reichstag einbrachte. Er konnte auch selbst solche Gesetzesvorlagen beantragen und unter Vermittlung der Reichsregierung in den Reichstag einbringen lassen. Eigene Entscheidungsbefugnisse kamen ihm indes nicht zu. Durch Verordnung vom 4.5.1920 (RGBl. S. 858) wurde nur ein vorläufiger Reichswirtschaftsrat gebildet. Zu einer endgültigen Bildung kam es nicht.

28. Reichspräsident

Warum bezeichnete man den Reichspräsidenten auch als „Ersatzkaiser"?

Der Reichspräsident der Weimarer Reichsverfassung war nicht nur mit seinen Repräsentationsaufgaben als Staatsoberhaupt an die Stelle des Kaisers der Deutschen Reichsverfassung getreten, ihm kamen auch vergleichbar dem Kaiser zahlreiche sehr bedeutsame Kompetenzen zu. Dazu zählten die Auflösung des Reichstages (Art. 25 WRV), die völkerrechtliche Vertretung des Reichs (Art. 45 WRV), die Ernennung und Entlassung der Reichsbeamten (Art. 46 WRV), der Oberbefehl über die Streitkräfte (Art. 47 WRV), das Notverordnungsrecht (Art. 48 WRV), das Begnadigungsrecht (Art. 49 WRV), die Ernennung und Entlassung des Reichskanzlers und auf dessen Vorschlag der Reichsminister (Art. 53 WRV), die Ausfertigung und Verkündung der Gesetze (Art. 70 WRV) sowie die Anordnung eines Volksentscheids (Art. 73 WRV). Er hatte somit im Wesentlichen eine ähnliche Stellung wie zuvor der Kaiser inne.

29. Notverordnungen

Welche Bedeutung kam Art. 48 II WRV zu?

Nach Art. 48 II WRV konnte der Reichspräsident bei Gefährdung der öffentlichen Sicherheit und Ordnung die zu ihrer Wiederherstellung erforderlichen Maßnahmen treffen und zu diesem Zweck die Grundrechte der Freiheit der Person (Art. 114 WRV), der Unverletzlichkeit der Wohnung (Art. 115 WRV), des Briefgeheimnisses (Art. 117 WRV), der Meinungsfreiheit (Art. 118 WRV), der Versammlungsfreiheit (Art. 123 WRV), der Vereinigungsfreiheit (Art. 124 WRV) sowie der Wahlfreiheit (Art. 125 WRV) vorübergehend außer Kraft setzen. Dieser Artikel wurde sehr ausdehnend interpretiert und diente als Grundlage nicht nur für einzelne „Maßnahmen", sondern für ein umfassendes Notverordnungsrecht des Reichspräsidenten. Diese Notverordnungen traten zunehmend neben die reguläre Gesetzgebung und bereiteten den Weg für den Übergang in die Diktatur.

30. Verfassungsgerichtsbarkeit in der Weimarer Reichsverfassung

Welches Gericht war nach der Weimarer Reichsverfassung zuständig für a) Streitigkeiten zwischen dem Reich und den Ländern, b) für die Kontrolle von Landesgesetzen am Maßstab der WRV, c) für die Kontrolle von Reichsgesetzen an der Verfassung und d) für Verfassungsbeschwerden?

a) Für solche Streitverfahren war der nach Art. 108 WRV iVm dem Gesetz über den Staatsgerichtshof vom 9.7.1921 (RGBl. S. 905) errichtete Staatsgerichtshof für das Deutsche Reich gemäß Art. 15 WRV zuständig.

b) Nach Art. 13 II WRV iVm dem Ausführungsgesetz vom 8.4.1920 (RGBl. S. 510) war für die Normenkontrolle gegen Landesgesetze das Reichsgericht allgemein zuständig, in Finanz- und Steuersachen der Reichsfinanzhof gemäß dem Finanzausgleichsgesetz vom 30.3.1920 (RGBl. S. 402).

c) Für die Normenkontrolle gegen Reichsgesetze fehlte es in der Weimarer Reichsverfassung an einer ausdrücklichen Regelung. Hier nahmen zuerst das Reichsgericht und schließlich auch andere Gerichte eine Kontrollkompetenz in Anspruch.

d) Eine Verfassungsbeschwerde war in der Weimarer Reichsverfassung – im Unterschied zur Paulskirchenverfassung – nicht vorgesehen.

31. Verfassungsänderung

Hätte durch Änderung der Weimarer Reichsverfassung erneut die Monarchie eingeführt werden können?

Nach damals herrschender Ansicht ja (vgl. *Anschütz,* Art. 76 WRV, Anm. 3, mwN), denn Art. 76 I WRV stellte nur formelle Schranken der Verfassungsänderung auf, indem er v. a. eine Zweidrittelmehrheit im Reichstag verlangte. Ausdrückliche inhaltliche Grenzen nach Art des Art. 79 III GG enthielt die Weimarer Reichsverfassung nicht. Sie trug deshalb den Keim ihrer Selbstaufhebung in sich. Zur damaligen Gegenauffassung siehe *Schmitt,* Verfassungslehre, 1928, § 11 II 2.

5. Nationalsozialismus

Literatur: *Dreier,* Die Deutsche Staatsrechtslehre in der Zeit des Nationalsozialismus, VVDStRL 60 (2001), 9–72.

32. Ermächtigungsgesetz

Wurde die Weimarer Reichsverfassung aufgehoben?

Die Weimarer Reichsverfassung ist formell niemals außer Kraft getreten, faktisch wurde sie aber bereits durch das Ermächtigungsgesetz vom 24.3.1933 (RGBl. I S. 141) aufgehoben.

33. Führerstaat

Durch welche Gesetze und Rechtsverordnungen vollzog sich maßgebend die Kompetenzzusammenballung in der Hand des „Führers und Reichskanzlers" Hitler?

Zahlreiche Maßnahmen zielten auf die Beseitigung der horizontalen und vertikalen Gewaltenteilung sowie die Errichtung eines Einparteienstaates ab: Durch das Gesetz zur Behebung der Not von Volk und Reich vom 24.3.1933 (RGBl. I S. 141), sog. Ermächtigungsgesetz, wurde der Reichsregierung unter *Hitler* die Befugnis zur Gesetzgebung eingeräumt (vgl. *Frotscher/Pieroth*, Verfassungsgeschichte, Rn. 570 ff.). Durch Gesetz vom 14.2.1934 (RGBl. I S. 89) wurde der Reichsrat aufgehoben und durch das Gesetz über das Staatsoberhaupt des deutschen Reiches vom 1.8.1934 (RGBl. I S. 747) wurde mit dem Tode *Hindenburgs* das Amt des Reichspräsidenten mit dem des Reichskanzlers vereint (vgl. *Frotscher/Pieroth*, Verfassungsgeschichte, Rn. 592 ff.).

Durch das vorläufige Gleichschaltungsgesetz vom 31.3.1933 (RGBl. I S. 153) wurden die Gewichte innerhalb der Länder zu Gunsten der Landesexekutive verschoben, durch das zweite Gleichschaltungsgesetz vom 7.4.1933 (RGBl. I S. 173) wurden Reichsstatthalter in die Länder zur „Beobachtung der vom Reichskanzler aufgestellten Richtlinien der Politik" entsandt, durch das Gesetz über den Neuaufbau des Reichs vom 30.1.1934 (RGBl. I S. 75) wurden die Landesparlamente aufgehoben und die Hoheitsrechte der Länder gingen auf das Reich über (vgl. *Frotscher/Pieroth*, Verfassungsgeschichte, Rn. 577 ff.; *Willoweit*, Deutsche Verfassungsgeschichte, § 39 II 2).

Nach dem Verbot von KPD und SPD und der erzwungenen Selbstauflösung von BVP, DDP, DNVP, DVP und Zentrumspartei wurde durch das Gesetz gegen die Neubildung von Parteien vom 14.7.1933 (RGBl. I S. 479) und das Gesetz zur Sicherung der Einheit von Partei und Staat vom 1.12.1933 (RGBl. I S. 1016) endgültig der Einparteienstaat etabliert (vgl. *Frotscher/Pieroth*, Verfassungsgeschichte, Rn. 582 ff.).

34. „Röhm-Putsch"

Vom 30.6. bis zum 2.7.1934 wurden der Stabschef der SA *Ernst Röhm*, der ehemalige Reichsorganisationsleiter der NSDAP *Gregor Strasser*, der frühere Reichskanzler *Kurt v. Schleicher* und ca. 80 weitere Gegner *Hitlers* durch SS-Einheiten getötet (sog. Röhm-Putsch). Wie wurden diese Morde damals gerechtfertigt?

Das von der Reichsregierung erlassene Gesetz über Maßnahmen der Staatsnotwehr vom 3.7.1934 (RGBl. I S. 529) bestimmte: „Die zur Niederschlagung hoch- und landesverräterischer Angriffe am 30. Juni, 1. und 2. Juli 1934 vollzogenen Maßnahmen sind als Staatsnotwehr rechtens." Dieses Gesetz legitimierte rückwirkend den politischen Mord. Siehe dazu aus damaliger Sicht *Carl Schmitt*, Der Führer schützt das Recht, DJZ 1934, Sp. 945 ff.; aus heutiger Perspektive *Frotscher/Pieroth*, Verfassungsgeschichte, Rn. 588 ff.

35. Diskriminierung der Juden

Durch welche rechtlichen Maßnahmen vollzog sich die zunehmende Diskriminierung der Juden, die schließlich in den Massenmord einmündete?

Zahlreiche Gesetze und Verordnungen dienten der rechtlichen Diskriminierung der Juden (siehe *Walk* (Hrsg.), Das Sonderrecht der Juden im NS-Staat, 2. Auflage, 1996). Jüdische Beamte wurden durch das Gesetz zur Wiederherstellung des Berufsbeamtentums vom 7.4.1933 (RGBl. I S. 175) in den Ruhestand versetzt, Juden von den Freien Berufen und jeder wirtschaftlich herausgehobenen Tätigkeit ausgeschlossen, jüdisches Vermögen wurde eingezogen (siehe den Überblick bei *E. R. Huber*, Verfassungsrecht des Großdeutschen Reiches, 1938, S. 181 ff.). Das Reichsbürgergesetz schloss mit seinen Durchführungsverordnungen jüdische Staatsangehörige von der Reichsbürgerschaft aus; das Gesetz zum Schutz des deutschen Blutes und der deutschen Ehre vom 15.9.1935 (RGBl. I S. 1146) statuierte ein Eheverbot zwischen Juden und Nichtjuden (sog. Nürnberger Rassegesetze, dazu *Werle*, NJW 1995, 1267 ff.). Durch Führerbefehl vom Juli 1941 wurde die „Endlösung der Judenfrage" angeordnet; dieser Holocaust vollzog sich außerhalb gesetzlicher Bahnen.

6. Der Weg zum Grundgesetz

Literatur: *März,* Weichenstellung für Deutschland: Der Verfassungskonvent von Herrenchiemsee, 1999.

36. Alliierte Herrschaft über Deutschland

a) Wer übte nach dem 23.5.1945 die oberste Gewalt in Deutschland auf Basis welcher Rechtsgrundlage aus?
b) Durch welches Organ wurde gehandelt und wie setzte es sich zusammen?
c) Welche Regelung bestand für Berlin?

a) Nach dem 23.5.1945 übernahmen die Siegermächte USA, Sowjetunion, Frankreich und Großbritannien auf Grund der „Deklaration in Anbetracht der Niederlage Deutschlands [...]" vom 5.6.1945 (Abl. des Kontrollrats in Deutschland, Ergänzungsblatt Nr. 1, S. 7 ff.) die oberste Gewalt in Deutschland.

b) Die Siegermächte handelten durch den Alliierten Kontrollrat, dem die Oberbefehlshaber der vier Besatzungszonen angehörten.

c) Für Berlin, das in vier Sektoren geteilt war, war die aus den vier Sektorenbefehlshabern bestehende Kommandantur zuständig, die wiederum dem Alliierten Kontrollrat unterstand.

37. Bi- und Trizone

Welche Schritte wurden in den Jahren zwischen 1946 bis 1948 hin zur Bildung eines westdeutschen Staates vollzogen?

1947 wurden die amerikanische und die britische Besatzungszone zum „Vereinigten Wirtschaftsgebiet" (sog. Bizone) zusammengeschlossen, 1948 wurde dieses durch den Anschluss der französischen Besatzungszone (sog. Trizone) erweitert. Siehe Art. 127 GG.

38. Herrenchiemseer Verfassungskonvent

Was war der Herrenchiemseer Verfassungskonvent?

Der Herrenchiemseer Verfassungskonvent war ein Sachverständigenausschuss bestehend aus je einem Bevollmächtigten der Ministerpräsidenten der Länder, der in der Zeit vom 10. bis 23.8.1948 auf der Insel Herrenchiemsee einen ersten Grundgesetzentwurf erarbeitete (siehe Bericht über den Verfassungskonvent auf Herrenchiemsee, JöR nF 1 2. Auflage, 2010). Dieser Entwurf diente als Arbeitsgrundlage für die Arbeiten des Parlamentarischen Rates. Vgl. *Maurer*, Staatsrecht, § 3, Rn. 21.

39. Verfassungsgerichtsbarkeit im Herrenchiemsee-Entwurf

Welche Regelung traf der Verfassungskonvent von Herrenchiemsee für die Verfassungsgerichtsbarkeit?

Der zwischen dem 10. und 23.8.1948 auf der Herreninsel im Chiemsee tagende Verfassungskonvent sah in seinem Entwurf im Unterschied zum späteren Grundgesetz einen selbstständigen, von der übrigen Rechtsprechung getrennten Abschnitt über das BVerfG vor. Dabei erzielte der Konvent keine Einigkeit, ob das BVerfG nach Vorbild des US-amerikanischen Supreme Court als oberstes Bundesgericht oder nach österreichischem Muster als selbstständiges Gericht nur für Verfassungsfragen ausgestaltet werden sollte (vgl. Art. 97 HChE). Die in dem Entwurf vorgesehenen Zuständigkeiten entsprachen im Wesentlichen den später im Grundgesetz dem BVerfG zugewiesenen Kompetenzen, v.a. schlugen einige Konventsmitglieder bereits die Einführung der Verfassungsbeschwerde vor. Siehe *Säcker*, Die Verfassungsgerichtsbarkeit im Konvent von Herrenchiemsee, in: Zeidler-FS I, 1987, S. 265–280.

40. Parlamentarischer Rat

Wer arbeitete das Grundgesetz aus und wie organisierte sich dieses Gremium, um arbeitsfähig zu sein?

Der Parlamentarische Rat, ein Gremium bestehend aus 65 Männern und Frauen, entsandt von den Volksvertretungen der Länder, erarbeitete in der Zeit vom 8.9.1948 bis zum 8.5.1949 das Grundgesetz. Der Parlamentarische Rat bildete dazu sieben Fachausschüsse, aus deren Ergebnissen ein Hauptausschuss den Gesamtentwurf erstellte. Vorbereitend wurde ein Allgemeiner Redaktionsausschuss tätig, letzte

Streitfragen behandelte ein Fünfer- bzw. Siebenerausschuss. Siehe *Maurer,* Staatsrecht, § 3, Rn. 19 ff.

41. Einfluss der Westalliierten

Welchen Einfluss nahmen die Westalliierten auf das Grundgesetz?

Die Militärgouverneure der Westzonen beauftragten am 1.7.1948 durch Übergabe der sog. Frankfurter Dokumente die Ministerpräsidenten der westdeutschen Länder, eine verfassunggebende Versammlung einzuberufen. Während der Arbeiten des Parlamentarischen Rates erzwangen sie Machtverschiebungen zu Gunsten der Länder, bspw. auf dem Gebiet des Polizeirechts. Am 12.5.1949 genehmigten sie den Entwurf des Parlamentarischen Rates unter fortbestehendem Vorrang des Besatzungsstatuts sowie unter dem Vorbehalt, dass Berlin nicht durch den Bund regiert werden dürfe und die Vertreter Berlins in Bundestag und Bundesrat nicht stimmberechtigt seien. Vgl. *Maurer,* Staatsrecht, § 3, Rn. 16 ff.

42. Legitimationsdefizit des Grundgesetzes?

a) Warum könnte man von einem Legitimationsdefizit des Grundgesetzes sprechen?
b) Was ist gegen ein solches Legitimationsdefizit anzuführen?

a) Das Grundgesetz wurde von den Westalliierten angeregt, beeinflusst und genehmigt, der Parlamentarische Rat stellte keine unmittelbar gewählte verfassunggebende Versammlung dar und über die Annahme des Grundgesetzes fand keine Volksabstimmung statt.

b) Das Staatsvolk hat durch seine Beteiligung an der ersten und allen folgenden Bundestagswahlen seine Unterstützung für die durch das Grundgesetz aufgerichtete Ordnung zum Ausdruck gebracht und so ein etwaiges Legitimationsdefizit geheilt. Die Bevölkerung der neuen Länder wählte bei der Volkskammerwahl vom 18.3.1990 zu 75 % Parteien, die den Beitritt zur grundgesetzlichen Ordnung nach Art. 23 GG aF zum Programm erhoben hatten. In der ersten gesamtdeutschen Wahl am 2.12.1990 wurde diese Entscheidung bestätigt.

43. Provisorischer Charakter des Grundgesetzes

a) Welche Bedeutung maß der Parlamentarische Rat 1948/1949 der Bezeichnung „Grundgesetz" zu und woher stammt diese?
b) Welche weiteren Gesichtspunkte lassen sich für den ursprünglich provisorischen Charakter des Grundgesetzes anführen?

a) Der Parlamentarische Rat wollte den Begriff „Verfassung" vermeiden und so den provisorischen Charakter des nur für eine Übergangszeit als Grundordnung eines westdeutschen Teilstaates gedachten Grundgesetzes zum Ausdruck bringen. Die Bezeichnung „Grundgesetz" stellt eine deutsche Übersetzung vom lat. Begriff „lex fundamentalis" dar. Die leges fundamentales waren die alten Reichsgrundgesetze des Heiligen Römischen Reiches Deutscher Nation (vgl. Frage 5).

b) Neben der Ausarbeitung durch einen Parlamentarischen Rat statt einer verfassunggebenden Versammlung, der fehlenden Volksabstimmung und der Bezeichnung als Grundgesetz sind die Billigung durch die Militärgouverneure der drei westlichen Besatzungszonen, die Präambel aF, Art. 23 GG aF sowie Art. 146 GG aF zu nennen.

44. Fortgeltung der Weimarer Reichsverfassung?

Gelten Artikel der Weimarer Reichsverfassung fort?

Nur einige Artikel gelten fort. Denn die Art. 136 bis 139, 141 WRV sind nach Art. 140 GG Bestandteil des Grundgesetzes und nehmen den gleichen Rang ein wie die übrigen Grundgesetzbestimmungen. Fraglich, aber ohne praktische Relevanz, ist, ob es sich dabei um ein Fortgelten dieser Bestimmungen oder um einen Neuerlass handelt. Auch einige Landesverfassungen, zB Art. 9 LVMV; Art. 40 ThürV, haben diese Artikel inkorporiert.

45. Bedeutende Grundgesetzänderungen

Welches sind die wichtigsten Änderungen des Grundgesetzes seit seinem Erlass?

Die wichtigsten Änderungen sind die Einfügung der Wehrverfassung 1954/1956 und der Notstandsverfassung 1968, die Änderung der Finanzverfassung 1969, die einigungsbedingten Änderungen 1990, die auf Anregung der Gemeinsamen Verfassungskommission vorgenommenen Änderungen 1994 sowie in neuerer Zeit die Föderalismusreformen I und II 2006 und 2009 sowie die Neuregelung der Bund-Länder-Finanzen 2017.

46. Verfassungsgebung in den Ländern

Wann erfolgte die Verfassungsgebung in den Ländern und wie unterscheiden sich im Wesentlichen die Landesverfassungen inhaltlich vom GG?

Die Landesverfassungen wurden in drei Wellen erlassen (s. *Pestalozza* (Hrsg.), Verfassungen der deutschen Bundesländer). Vorgrundgesetzliche Landesverfassungen, zB von Bayern und Hessen 1946 sowie von Bremen und Rheinland-Pfalz 1947, sind Vollverfassungen mit umfangreichem staatsorganisationsrechtlichen Vorgaben und grundrechtlichen Gewährleistungen. Sie sind teils christlich-naturrechtlich (Rheinland-Pfalz), teils sozialistisch (Bremen, Hessen) ausgerichtet, teils beschreiten sie einen Mittelweg (Bayern). Verfassungen kurz nach Erlass des Grundgesetzes, zB Nordrhein-Westfalen 1950 und Baden-Württemberg 1953, beschränken sich auf staatsorganisationsrechtliche Regelungen und erklären allenfalls die Grundrechte des Grundgesetzes zum Bestandteil der Landesverfassung (zB Art. 4 I LVNW; Art. 2 I LV BW). Nach der deutschen Wiedervereinigung wurden 1992 und 1993 in den neuen Ländern sowie in Niedersachsen Vollverfassungen erlassen, die sich mit Ausnahme Brandenburgs aber inhaltlich weitgehend am Grundgesetz orientieren. In Schleswig-Holstein wurde die Verfassung grundlegend in 2014, in Hessen 2018 reformiert.

7. Die Deutsche Einheit

Literatur: *Brauns,* Wiedervereinigung und europäische Integration, 1990; *Koch,* 10 Jahre deutsche Rechtseinheit, 2001; *Tofahrn,* Chronologie der Wiedervereinigung Deutschlands, 2004.

47. Verhältnis der deutschen Teilstaaten zum Deutschen Reich

a) In welchem Verhältnis standen Bundesrepublik Deutschland und DDR zum Deutschen Reich?
b) Welche Bedeutung kam dieser Frage in politischer wie in juristischer Hinsicht zu?
c) Wie ist die heutige Relevanz dieser Frage einzuschätzen?

a) Das Verhältnis dieser beiden Teilstaaten zum Deutschen Reich war umstritten: Nach der Dachtheorie bestand das Deutsche Reich als gemeinsames Dach fort, unter dem sich die beiden Teilrechtsordnungen der Bundesrepublik und der DDR entwickelten. Nach der Identitätstheorie war entweder einer oder gar beide Teilstaaten mit dem Deutschen Reich (teil)identisch. Nach der Rechtsnachfolgetheorie war einer oder beide Teilstaaten Rechtsnachfolger des Deutschen Reichs. Siehe *Grigoleit,* Bundesverfassungsgericht und deutsche Frage, 2004; *Zippelius/Würtenberger,* Deutsches Staatsrecht, § 2 IV.

b) In politischer Hinsicht ging es um den Alleinvertretungsanspruch der Bundesrepublik (Hallstein-Doktrin), in juristischer Perspektive v. a. um die Haftung für Verbindlichkeiten des Deutschen Reiches und die Fortgeltung der Reichsgesetze.

c) Nach der deutschen Wiedervereinigung haben diese Fragen an Bedeutung verloren.

48. Deutsche Einheit

Auf welche Weise wurde staatsrechtlich im Jahr 1990 die Deutsche Einheit vollzogen?

Auf dem Gebiet der DDR konstituierten sich im Lauf des Jahres 1990 die neuen Länder Brandenburg, Mecklenburg-Vorpommern, Sachsen, Sachsen-Anhalt sowie Thüringen. Diese traten gemäß Art. 23 GG aF der Bundesrepublik Deutschland bei. Gemäß Art. 3 EV (BGBl. II S. 885) trat das Grundgesetz mit diesem Beitritt in den neuen Ländern sowie in Ostberlin in Kraft.

49. Weg des Art. 23 GG

Wie lautete Art. 23 GG ursprünglich und wann und zu welchem Anlass hatte man schon vor der Herstellung der Einheit Deutschlands diesen Artikel genutzt?

Ursprünglich lautete Art. 23 GG: „Dieses Grundgesetz gilt zunächst im Gebiete der Länder Baden, Bayern, Bremen, Groß-Berlin, Hamburg, Hessen, Niedersachsen, Nordrhein-Westfalen, Rheinland-Pfalz, Schleswig-Holstein, Württemberg-Baden und Württemberg-Hohenzollern. In anderen Teilen Deutschlands ist es nach deren Beitritt in Kraft zu setzen." Dieser Artikel wurde für den Beitritt des Saarlandes zur Bundesrepublik Deutschland 1957 in Umsetzung des Saarstatuts als völkerrechtlichen Vertrag zwischen der Bundesrepublik und Frankreich (BGBl. 1956 II S. 1589, 1832) genutzt.

50. Verfassungsänderungen des Einigungsvertrages

Welche Verfassungsänderungen enthielt der Einigungsvertrag?

Art. 4 EV fasste die Präambel neu, hob Art. 23 GG aF auf, fasste die Stimmenverteilung im Bundesrat gemäß Art. 51 II GG neu, ergänzte Art. 135a GG, fügte Art. 143 GG ein und fasste Art. 146 GG neu. Zusätzlich zu diesen Änderungen wurde Art. 131 GG gemäß Art. 6 EV in dem Gebiet der ehemaligen DDR vorerst nicht in Kraft gesetzt und die Finanzverfassung gemäß Art. 7 EV vorübergehend abweichend von Art. 106, 107 GG geregelt.

8. Die Föderalismusreformen

Literatur: *Häde,* Zur Föderalismusreform in Deutschland, JZ 2006, 930–940; *Klein/Schneider,* Art. 72 GG nF im Kompetenzgefüge der Föderalismusreform II, DVBl. 2006, 1549–1556; *Korioth,* Das neue Staatsschuldenrecht – zur zweiten Stufe der Föderalismusreform, JZ 2009, 729–737; *Ohler,* Maßstäbe der Staatsverschuldung nach der Föderalismusreform II, DVBl. 2009, 1265–1274; *Rengeling,* Föderalismusreform und Gesetzgebungskompetenzen, DVBl. 2006, 1537–1549; *Seckelmann,* „Renaissance" der Gemeinschaftsaufgaben in der Föderalismusreform II?, DÖV 2009, 747–757; *Selmer,* Die Föderalismusreform – Eine Modernisierung der bundesstaatlichen Ordnung?, JuS 2006, 1052–1060; *ders.,* Die Föderalismusreform II – Ein verfassungsrechtliches monstrum simile, NVwZ 2009, 1255–1262; *Starck,* Die Föderalismusreform 2006: Eine Einführung, 2007.

51. Föderalismusreform I

a) Beschreiben Sie den Weg zur Föderalismusreform I 2006!
b) Welche Ziele verfolgte die Föderalismusreform I und wurden diese erreicht?

a) Am 16./17.10.2003 wurde die „Kommission von Bundestag und Bundesrat zur Modernisierung der bundesstaatlichen Ordnung" (Bundesstaatskommission) einberufen. Für den Bundestag übernahm der damalige Vorsitzende der SPD-Fraktion *Franz Müntefering,* für den Bundesrat der seinerzeitige bayerische Ministerpräsident *Edmund Stoiber* den Vorsitz. Insbesondere auf Grund von Differenzen in der Bildungspolitik wurden die Arbeiten der Bundesstaatskommission am 17.12.2004 ergebnislos beendet, obwohl im Übrigen für diesen Tag bereits ein ausformulierter Kompromiss zur Beschlussfassung vorlag. Die vormaligen Vorsitzenden bemühten sich auch in der Folge um eine Neuauflage der Reformbemühungen, die jedoch auf Grund der vorgezogenen Wahlen zum 16. Deutschen Bundestag zunächst keinen Erfolg hatten. Nach der Bundestagswahl wurde die Föderalismusreform – auf der Grundlage der Vorarbeiten der Bundesstaatskommission – dann als Teil des Koalitionsvertrages der Großen Koalition vom 11.11.2005 vereinbart. Die von einer Arbeitsgruppe überarbeiteten Vorschläge der Bundesstaatskommission wurden dann am 10.3.2006 als Entwürfe eines Gesetzes zur Änderung des Grundgesetzes sowie eines Föderalismusreform-Begleitgesetzes zeitgleich in Bundestag und Bundesrat eingebracht. Während der unter erheblichem Zeit- und Erfolgsdruck stehenden parlamentarischen Beratungen wurden die umfangreichsten öffentlichen Sachverständigenanhörungen der deutschen Parlamentsgeschichte durchgeführt. Bereits am 30.6.2006 beschloss der Bundestag beide Gesetze; der Bundesrat erteilte seine Zustimmung am 7.7.2006. Die Änderungen des Grundgesetzes traten am 1.9.2006 in Kraft, das Föderalismusreform-Begleitgesetz trat am 6.9.2006 in Kraft (BGBl. I S. 2098).

b) Die Föderalismusreform strebte vier Ziele an: Erstens sollten die Gesetzgebungskompetenzen zwischen Bund und Ländern entflochten werden, was mit Abschaffung der Rahmengesetzgebungskompetenz und Veränderungen bei der konkurrierenden und ausschließlichen Gesetzgebungskompetenz teilweise erreicht wurde. Zweitens sollte die Zahl der im Bundesrat zustimmungspflichtigen Gesetze verringert werden, was durch Veränderung des Art. 84 I GG teilweise erreicht, durch die Einfügung neuer Zustimmungsvorbehalte wie Art. 73 II GG aber auch wieder in Frage gestellt wurde. Drittens sollte die Finanzverfassung reformiert werden, was mit Einfügung der Bestimmung des Art. 104a VI GG über die Haftung des Bundes und der Länder für europarechtlich begründete Verbindlichkeiten teilweise erreicht, im Übrigen aber auf eine zweite Reformstufe verschoben wurde. Viertens sollte die Europatauglichkeit des Grundgesetzes verbessert werden, was durch Änderung des Art. 23 GG auch nur zurückhaltend in Angriff genommen wurde (vgl. *Huber,* ZG 2006, 354 ff.).

52. Föderalismusreform II

a) Skizzieren Sie den Weg zur Föderalismusreform II!
b) Welche Änderungen des Grundgesetzes erfolgten im Rahmen der Föderalismusreform II?

a) Bundestag und Bundesrat setzten im Dezember 2006 mit gleichlautenden Beschlüssen die „Kommission zur Modernisierung der Bund-Länder-Finanzbeziehungen" zur Ausarbeitung einer Föderalismusreform II ein (BT-Drs. 16/3885 und BR-Drs. 913/06). Nach mehreren Sachverständigenanhörungen konzentrierte sich deren Arbeit auf eine Reform der Neuverschuldungsregelungen. Nachdem im Sommer 2008 mehrere Projektgruppen zur Erarbeitung von Reformvorschlägen eingesetzt worden waren, ließ die im Herbst 2008 ausgebrochene Finanzkrise zunächst die Verhandlungen stocken. Diese wurden im Januar 2009 wieder aufgenommen und die Kommission legte im März 2009 ihren Abschlussbericht vor. Mit Gesetz vom 29.7.2009 (BGBl. I S. 2248) wurde die Föderalismusreform II beschlossen, die zum 1.8.2009 in Kraft trat.

b) Durch die Föderalismusreform II wurden die Neuverschuldungsgrenzen neu geregelt, und zwar für Bund und Länder in Art. 109 GG, speziell für den Bund in Art. 115 GG sowie durch Übergangsvorschriften in Art. 143d GG. Dies wurde ergänzt um ein Verfahren zur Vermeidung künftiger Haushaltsnotlagen nach Art. 109a GG. Außerdem wurden die verfassungsrechtlichen Grundlagen für die informationstechnische Zusammenarbeit von Bund und Ländern in Art. 91c GG sowie für Leistungsvergleiche der Verwaltung in Art. 91d GG geschaffen.

Übersicht 1: Zeittafel zur Verfassungsgeschichte

1356	Goldene Bulle
1495	Ewiger Landfrieden
1555	Augsburger Religionsfrieden
1648	Westfälischer Frieden
1803	Reichsdeputationshauptschluss
1806	Rheinbund
1815	Deutscher Bund
1834	Zollverein
1849	Paulskirchenverfassung
1866	Norddeutscher Bund
1871	Deutsches Reich
1919	Weimarer Reichsverfassung
1933	Ermächtigungsgesetz; Reichstagsbrandverordnung
1934	Gesetz über den Neuaufbau des Reichs
1935	Nürnberger Rassegesetze
1945	Alliierte übernehmen Regierungsgewalt in Deutschland
1946/47	Erste Landesverfassungen
1947	Vereinigtes Wirtschaftsgebiet
1948	Frankfurter Dokumente; Herrenchiemseer Verfassungskonvent
1949	Grundgesetz, erste DDR-Verfassung
1951	Montanunion
1954/56	Wehrverfassung
1957	Römische Verträge
1968	Notstandsverfassung
1969	Finanzverfassung; zweite DDR-Verfassung
1986	Einheitliche Europäische Akte
1989	Fall der Berliner Mauer
1990	Einigungsvertrag und Wiedervereinigung
1992	Vertrag von Maastricht
1992/93	Verfassungen der Neuen Länder

1994	Gemeinsame Verfassungskommission
1997	Vertrag von Amsterdam
2000	Vertrag von Nizza; EU-Grundrechtecharta
2006	Föderalismusreform I
2007	Vertrag von Lissabon
2009	Föderalismusreform II
2017	Neuregelung der Bund-Länder-Finanzen

II. Allgemeine Lehren des Staatsrechts

1. Begriffsbestimmungen

a) Staatsrecht und Verfassung

Literatur: *Herzog,* Allgemeine Staatslehre, 1971; *Kriele,* Einführung in die Staatslehre, 6. Auflage, 2003; *Schöbener/Knauff,* Allgemeine Staatslehre, 4. Auflage, 2019; *Voßkuhle/Kaufhold,* Grundwissen – Öffentliches Recht: Offene Staatlichkeit, JuS 2013, 309–311; *Zippelius,* Allgemeine Staatslehre, 17. Auflage, 2017.

---

53. Abgrenzung des Staatsrechts zu benachbarten Wissenschaften

Grenzen Sie das Staatsrecht von der Allgemeinen Staatslehre, der Verfassungsgeschichte, der Politologie und der Soziologie ab!

Das Staatsrecht untersucht die geltende Verfassung und die diese ergänzenden Gesetze, Geschäftsordnungen und sonstigen Rechtsakte unter Anwendung einer normativen, dh auf Auslegung vorgegebener Regelungen zielenden Methode. Die Allgemeine Staatslehre beschäftigt sich historisch mit den verschiedenen Erscheinungsformen staatsähnlicher Gebilde in der Geschichte und vergleichend mit den gegenwärtig bestehenden Staaten und Herrschaftsformen. Die Verfassungsgeschichte betrachtet als historische Wissenschaft die Entstehung, die Existenz und den Untergang der Grundordnungen eines konkreten Herrschaftsgebildes. Die Politologie erforscht empirisch das Handeln von Menschen in politischen Gebilden, untersucht die (internationalen) Beziehungen zwischen diesen Gebilden und analysiert politische Theorien. Die Soziologie schließlich hat unter vorwiegend empirischen Gesichtspunkten die menschliche Gesellschaft zum Gegenstand.

---

54. Verfassungsrecht und Staatsrecht

Was versteht man unter Verfassungsrecht und Staatsrecht?

Das Verfassungsrecht bezeichnet die in der Verfassungsurkunde niedergelegten Regelungen; das Staatsrecht umfasst die grundlegenden Bestimmungen über das Verhältnis des Bürgers zum Staat sowie die Organisation des Staates. Beide Normengruppen sind weitgehend, aber nicht vollständig deckungsgleich. Insbesondere finden sich ergänzende grundrechtliche Regelungen im PetitionsG, im G 10 sowie im StAG. Staatsorganisatorische Bestimmungen enthalten etwa BWahlG, PUAG, Gesetz über die Wahl des Bundespräsidenten, G 115, BVerfGG, BundesministerG, AbgeordnetenG und PartG sowie die Geschäftsordnungen der Verfassungsorgane. Andererseits enthält das Grundgesetz aber auch Bestimmungen, die man nicht zwingend dem Staatsrecht zuordnen muss, so etwa Art. 27 GG.

55. Grundgesetz als Rahmenordnung

Beantwortet das Grundgesetz jede verfassungsrechtliche Frage?

Nein. Keinesfalls ist dem Wortlaut des Grundgesetzes die Antwort auf jede verfassungsrechtliche Frage zu entnehmen. Es stellt auch keine auf Vollständigkeit angelegte Kodifikation wie etwa das BGB dar, sondern eine im Streitfall durch das BVerfG rechtsförmlich zu bestimmende Rahmenordnung. Diese ist auf Ausfüllung durch den Gesetzgeber hin angelegt, wobei durchaus verschiedene Lösungen mit dem Grundgesetz vereinbar sein können.

56. Unterschied zwischen Verfassungs- und Verfassungsgesetzgeber

a) Was versteht man auf Bundesebene unter dem Verfassungsgeber, dem Verfassungsgesetzgeber und dem Gesetzgeber, und an welche Bestimmungen sind diese jeweils gebunden?
b) Kann diese Unterscheidung auch auf Landesebene getroffen werden?

a) Als Verfassungsgeber bezeichnet man den Parlamentarischen Rat, der das Grundgesetz beschlossen hat und im Rahmen der alliierten Vorgaben in seiner Entscheidung inhaltlich frei war. Unter dem Verfassungsgesetzgeber versteht man den verfassungsändernden Gesetzgeber, der nur an Art. 79 GG gebunden ist. Er stellt einen Sonderfall des Bundesgesetzgebers dar. Als Bundesgesetzgeber ordnet man die Verfassungsorgane ein, die in ihrem Zusammenwirken zur Verabschiedung eines Bundesgesetzes nach Art. 76 ff. GG beitragen, insbesondere den Bundestag. Sie sind nach Art. 20 III GG an das gesamte Grundgesetz, insbesondere gemäß Art. 1 III GG an die Grundrechte gebunden.

b) Ja. Auch hinsichtlich der Landesverfassungen kann man jeweils zwischen dem Landesverfassungsgeber, Landesverfassungsgesetzgeber und dem Landesgesetzgeber unterscheiden. Dabei sind alle drei nicht nur an Art. 28 I GG, sondern wegen Art. 31 GG an das gesamte Bundesrecht gebunden, der Landesverfassungsgesetzgeber darüber hinaus an die dem Art. 79 GG vergleichbaren Bestimmungen in den Landesverfassungen (zB Art. 46 NV), der Landesgesetzgeber zudem an die gesamte Landesverfassung.

57. Präambel

Was bedeutet die Bezeichnung „Präambel" und welche Rechtsnatur kommt dieser im Verhältnis zu den übrigen Bestimmungen des Grundgesetzes zu?

„Präambel" (lat. „prae" = „vor" und „ambulare" = „umhergehen") bedeutet so viel wie Vorangehendes, Vorrede. Sie ist gleichberechtigter Bestandteil des Grundgesetzes, hat Bedeutung für die Auslegung der übrigen Grundgesetzbestimmungen und begründet in die Zukunft weisende Rechtsverpflichtungen, etwa im Hinblick auf die Vereinigung Europas.

58. Auslegung des Grundgesetzes

a) Nach welchen Kriterien sind die Vorschriften des Grundgesetzes auszulegen?
b) Welche neueren Auslegungskriterien werden vorgeschlagen und wie sind diese einzuordnen?

a) Die Vorschriften des Grundgesetzes sind in gleicher Weise wie die Bestimmungen einfacher Gesetze nach den klassischen Kriterien auszulegen. Diese sind der Wortlaut der Vorschrift (grammatikalische Interpretation), ihre Stellung innerhalb des Artikels und Abschnitts des Grundgesetzes (systematische Interpretation), ihre Entstehungsgeschichte – v. a. vor dem Hintergrund der Weimarer Reichsverfassung – (historische Interpretation) und der mit der Vorschrift verfolgte Sinn und Zweck (teleologische Interpretation). Es besteht keine feste Rangfolge zwischen diesen Auslegungsmethoden, allerdings zieht das BVerfG die historische Auslegung nur ergänzend heran.

b) Als neuere Auslegungskriterien werden etwa die praktische Konkordanz und die rechtsvergleichende Interpretation vorgeschlagen. Unter praktischer Konkordanz versteht *Hesse* (Grundzüge des Verfassungsrechts der Bundesrepublik Deutschland) eine Auslegung von Grundgesetzbestimmungen in dem Sinne, dass bei einem Konflikt zwischen zwei Normen nicht eine der beiden zurückzutreten hat (entweder – oder), sondern beide sich unter wechselseitiger Beschränkung soweit als möglich entfalten (sowohl – als auch). Bei der v. a. von *Häberle* propagierten rechtsvergleichenden Interpretation werden die Regelungen anderer Verfassungen, zB der übrigen EU-Mitgliedstaaten, in die Betrachtung einbezogen. Die praktische Konkordanz lässt sich als Unterfall der systematischen Auslegung verstehen, auch die rechtsvergleichende Interpretation weist zahlreiche Berührungspunkte mit der systematischen und der teleologischen Auslegung auf.

59. Verfassungskonforme Auslegung

Worin liegt der Unterschied zwischen Verfassungsauslegung und verfassungskonformer Auslegung?

Die Verfassungsauslegung hat die Interpretation des Grundgesetzes sowie der Landesverfassungen nach den in der vorherigen Frage aufgeführten klassischen Kriterien zum Gegenstand. Die verfassungskonforme Auslegung hingegen betrifft die Interpretation von Rechtsnormen unterhalb der Verfassung, v. a. von Gesetzen. Kommen mehrere Auslegungsvarianten in Betracht, von denen eine mit dem Grundgesetz vereinbar ist, die anderen aber nicht, so ist nach dem Gebot der verfassungskonformen Auslegung die mit dem Grundgesetz verträgliche Variante zu wählen. Siehe *Lüdemann*, JuS 2004, 27 ff.; *Voßkuhle*, AöR 125 (2000), 177 ff.

b) Verfassungsorgane

60. Verfassungsorgane

a) Was versteht man unter einem Verfassungsorgan und welche Verfassungsorgane bestehen auf Bundesebene?
b) In welchem Rangverhältnis stehen die Verfassungsorgane zueinander?

a) Als Verfassungsorgan werden solche obersten Staatsorgane bezeichnet, deren Status und Kompetenzen im Wesentlichen unmittelbar von der Verfassung geregelt werden. In diesem Sinne sind als Verfassungsorgane Bundestag, Bundesrat, Gemeinsamer Ausschuss, Vermittlungsausschuss, Bundesregierung, Bundesversammlung, Bundespräsident und Bundesverfassungsgericht, dessen Rechtsstellung und Verfahren durch das BVerfGG näher bestimmt werden, anzuerkennen. Daneben könnte man auch das Staatsvolk selbst, den Souverän, als Verfassungsorgan bezeichnen, soweit dieses durch Wahlen und Abstimmungen Staatsgewalt ausübt (vgl. Art. 20 II 2 GG).

b) Grundsätzlich sind alle Verfassungsorgane gleichrangig und durch ihre grundgesetzlich zugewiesenen Kompetenzen voneinander abzugrenzen. Wegen des Demokratieprinzips kommt allerdings dem unmittelbar demokratisch legitimierten Bundestag besondere Bedeutung zu.

61. Organ- und Amtswalter

a) Was ist ein Organwalter?
b) Was ist ein Amtswalter?
c) Kann auch eine juristische Person Organwalter oder Amtswalter sein?

a) Ein Organwalter ist eine natürliche Person, die zum Inhaber eines bestimmten Organs bestellt ist und konkret die diesem Organ zugewiesenen Kompetenzen ausübt, zB der Minister Müller.

b) Entsprechend ist ein Amtswalter eine natürliche Person, die zum Inhaber eines bestimmten Amtes bestellt ist und konkret die diesem Amt zugewiesenen Zuständigkeiten ausübt, zB der Studienrat Schulze.

c) Nein. Das gesamte öffentliche Recht geht stets von der Aufgabenwahrnehmung durch natürliche Personen, dh Menschen, aus.

c) Gesetze und andere Handlungsformen

Literatur: *Lepsius,* Normenhierarchie und Stufenbau der Rechtsordnung, JuS 2018, 950–954; *Schmidt,* Die Geschäftsordnungen der Verfassungsorgane als individuell-abstrakte Regelungen des Innenrechts, AöR 128 (2003), 608–648; *Starck,* Der Gesetzesbegriff des Grundgesetzes, 1970; *Voßkuhle/Wischmeyer,* Grundwissen – Öffentliches Recht: Die Rechtsverordnung, JuS 2015, 311–314.

62. Begriff des Gesetzes

a) Was versteht man unter einem Gesetz?
b) In welchem Verhältnis stehen Gesetze im formellen und materiellen Sinne zueinander?

a) Der Begriff des Gesetzes kann in einem formellen und in einem materiellen Sinne verstanden werden. Im formellen Sinne sind Gesetze diejenigen staatlichen Anordnungen, die von den für die Gesetzgebung zuständigen Organen in dem von der Verfassung hierfür vorgesehenen Verfahren und in der hierfür vorgesehenen Form erlassen werden. Formelle Gesetze im Sinne des Grundgesetzes sind also die nach den Vorschriften der Art. 76 ff. GG erlassenen Parlamentsgesetze des Bundes sowie die nach den entsprechenden Bestimmungen der Landesverfassungen erlassenen Parlamentsgesetze der Länder. Gesetze im materiellen Sinne sind demgegenüber abstrakt-generelle Rechtsnormen, dh allgemeinverbindliche Bestimmungen, die bei Vorliegen des Norm-Tatbestandes für eine unbestimmte Vielzahl von Fällen und einen unbestimmten Adressatenkreis den Eintritt der Rechtsfolge anordnen. Siehe auch *Starck,* Der Gesetzesbegriff des Grundgesetzes, 1970.

b) Gesetze im formellen und materiellen Sinne bilden zwei sich schneidende Kreise. Es gibt eine große Anzahl an Gesetzen im formellen und materiellen Sinne, dazu zählen etwa BGB, HGB, StGB, VwVfG. Daneben stehen die Gesetze im nur materiellen Sinne, nämlich Rechtsverordnungen (Art. 80 GG), Satzungen (zB Art. 28 II GG) und das Gewohnheitsrecht. Es existieren auch Gesetze im nur formellen Sinne, Beispiele sind die Zustimmung zu völkerrechtlichen Verträgen (Art. 59 II GG), der Friedensschluss (Art. 115l III GG) sowie die Feststellung des Haushaltsplanes (Art. 110 II 1 GG).

Übersicht 2: Gesetzesbegriffe

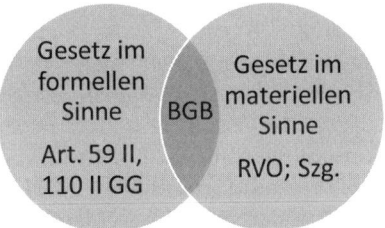

63. Verordnungen und Satzungen

Welche Gemeinsamkeiten und welche Unterschiede weisen Verordnungen und Satzungen auf?

Beide sind Gesetze im materiellen Sinne, dh abstrakt-generelle Regelungen. Verordnungen werden von der staatlichen Exekutive nach Art. 80 GG erlassen. Die Satzung stellt die typische Handlungsform einer unterstaatlichen Selbstverwaltungskörperschaft dar. Dabei kann es sich um Gebietskörperschaften wie eine Gemeinde oder Personalkörperschaften wie eine Industrie- und Handelskammer (dazu *Kluth*, Funktionale Selbstverwaltung, 1997) handeln. Auch Anstalten und Stiftungen des öffentlichen Rechts können Satzungen erlassen.

64. Anwendungsbereich des Art. 80 GG

Findet Art. 80 GG auch auf Satzungen Anwendung und warum (nicht)?

Nein. Art. 80 GG ist auf die Kontrolle der Normsetzung der staatlichen Exekutive zugeschnitten. Eine Selbstverwaltungskörperschaft, die eine Satzung erlässt, ist ihrerseits unmittelbar demokratisch legitimiert, deshalb genügt hier ein geringeres Maß an staatlicher Kontrolle durch präventive (Genehmigung) und repressive (Unterrichtung, Beanstandung, Anordnung, Ersatzvornahme) Aufsicht. Allerdings kann die besondere Grundrechtsrelevanz einer Satzung eine spezielle gesetzliche Ermächtigungsgrundlage gebieten. Solche finden sich zB für Steuersatzungen in den Landeskommunalabgabengesetzen und für Bebauungspläne in § 10 BauGB.

65. Geschäftsordnungen

a) Was versteht man unter einer Geschäftsordnung und welche Rechtsnatur kommt ihr zu?
b) Welchen Verfassungsorganen kommt Geschäftsordnungsautonomie zu?
c) Genießt auch das BVerfG Geschäftsordnungsautonomie?
d) Warum gibt es keine Geschäftsordnung des Bundespräsidenten?

a) Eine Geschäftsordnung ist die von einem Verfassungsorgan zur Regelung eigener Angelegenheiten erlassene individuell-abstrakte Rechtsvorschrift des Innenrechts. Diese wird teils als Verordnung, teils als Satzung, teils als Norm sui generis begriffen (Überblick bei *Maurer*, Staatsrecht, § 13, Rn. 94; *Schmidt*, AöR 128 (2003), 608 ff.). Der Einstufung als Verordnung steht entgegen, dass die Verordnung die typische Handlungsform der Exekutive ist und der Kreis der Verordnungsermächtigten in Art. 80 I 1 GG dem der Organe, die sich eine Geschäftsordnung zu geben haben, nicht entspricht. Eine Satzung wird idR von einer unterstaatlichen Selbstverwaltungskörperschaft, nicht von einem staatlichen Organ erlassen. Dabei korrespondiert der Satzungsautonomie eine staatliche Aufsicht. Die Geschäftsordnung lässt sich, da sie auch kein Gesetz im formellen Sinne darstellt, nicht in das herkömmliche Schema der Handlungsformen des Außenrechts einfügen. Siehe BVerfGE 92, 74.

b) Das Grundgesetz sieht den Erlass einer Geschäftsordnung vor für den Bundestag (Art. 40 I 2 GG), den Bundesrat (Art. 52 III 2 GG), den Gemeinsamen Ausschuss (Art. 53a I 4 GG, durch den Bundestag mit Zustimmung des Bundesrates), die

Bundesregierung (Art. 65 S. 4 GG) und den Vermittlungsausschuss (Art. 77 II 2 GG, durch den Bundestag mit Zustimmung des Bundesrates).

c) Das Grundgesetz erwähnt zwar nicht ausdrücklich die Kompetenz des BVerfG, sich eine Geschäftsordnung zu geben. Das BVerfG hat aber aus seiner Stellung als Verfassungsorgan auf diese Befugnis geschlossen und eine entsprechende Geschäftsordnung erlassen. Nun ist diese Geschäftsordnungsautonomie auch in § 1 III BVerfGG einfachgesetzlich anerkannt.

d) Der Bundespräsident ist ein monokratisches Organ, dh es besteht nur aus einem Organwalter. Die Entscheidungsprozesse laufen innerhalb dieses Organwalters und nicht zwischen verschiedenen Organwaltern ab. Eine Geschäftsordnung ist aber nur notwendig zur Regelung der inneren Verhältnisse eines Kollegialorgans. Siehe *Groß*, Das Kollegialprinzip in der Verwaltungsorganisation, 1999.

66. Rechtsfolgen von Geschäftsordnungsverstößen

Bedeutet der Verstoß gegen die Geschäftsordnung des Bundestages zugleich einen Verstoß gegen das Grundgesetz?

Grds. ist ein Verstoß gegen die Geschäftsordnung des Bundestages aus grundgesetzlicher Sicht unerheblich, zB wenn nicht drei Lesungen eines Gesetzes gemäß § 78 I 1 GOBT erfolgen; nur ausnahmsweise, wenn die Geschäftsordnung eine Vorschrift des Grundgesetzes wiederholt, liegt darin zugleich ein Verfassungsverstoß, zB bei Ausübung des Hausrechts entgegen § 7 II 1 GOBT und Art. 40 II 1 GG.

d) Freiheitliche demokratische Grundordnung

67. Freiheitliche demokratische Grundordnung

a) Wo taucht im Grundgesetz der Begriff der freiheitlichen demokratischen Grundordnung auf und was versteht man darunter?
b) Diese Definition der freiheitlichen demokratischen Grundordnung kann man sich nur sehr schwer einprägen. Welches Hilfsmittel gibt es?

a) Die freiheitliche demokratische Grundordnung wird in Art. 10 II 2; 11 II; 18 S. 1; 21 II 1 sowie 91 I GG erwähnt. Darunter versteht man mit dem BVerfG eine Ordnung, die unter Ausschluss jeglicher Gewalt- und Willkürherrschaft eine rechtsstaatliche Herrschaftsordnung auf der Grundlage der Selbstbestimmung des Volkes nach dem Willen der jeweiligen Mehrheit und der Freiheit und Gleichheit darstellt. Dazu zählen das Recht des Volkes, die Staatsgewalt in Wahlen und Abstimmungen und durch besondere Organe der Gesetzgebung, der vollziehenden Gewalt und der Rechtsprechung auszuüben und die Volksvertretung in allgemeiner, unmittelbarer, freier, gleicher und geheimer Wahl zu wählen; die Bindung der Gesetzgebung an die verfassungsmäßige Ordnung und die Bindung der vollziehenden Gewalt und der Rechtsprechung an Gesetz und Recht; das Recht auf Bildung und Ausübung einer parlamentarischen Opposition; die Ablösbarkeit der Regierung und ihre Verantwortlichkeit gegenüber der Volksvertretung; die Unabhängigkeit der Gerichte; der Ausschluss jeder Gewalt- und Willkürherrschaft und die im Grundgesetz konkretisierten Menschenrechte. Siehe *Gusy*, AöR 105 (1980), 279 ff.; *Lautner*, Die freiheitliche demokratische Grundordnung, 2. Auflage, 1982.

b) Betrachten Sie § 4 II BVerfSchG, dort wird einfachgesetzlich die freiheitliche demokratische Grundordnung definiert. Diese einfachgesetzliche Definition gibt zutreffend auch die verfassungsrechtliche Begriffsbestimmung wieder. Selbstverständlich könnte der einfache Gesetzgeber durch eine Änderung des § 4 II BVerfSchG den Inhalt des verfassungsrechtlichen Begriffs nicht wandeln.

68. Wehrhafte Verfassung

Welche verfassungsrechtlichen Instrumente dienen dem Schutz der freiheitlichen demokratischen Grundordnung vor Angriffen durch a) Einzelpersonen b) Vereinigungen c) Parteien und wer kann sie jeweils einsetzen?

a) Einzelpersonen können gemäß Art. 18 GG iVm §§ 13 Nr. 1; 36 ff. BVerfGG die dort aufgeführten Grundrechte durch Entscheidung des BVerfG verwirken, wenn sie diese zum Kampf gegen die freiheitliche demokratische Grundordnung missbrauchen (s. Fragen 398, 435, 438, 558, 559, 566).

b) Vereinigungen mit dieser Zielsetzung können gemäß Art. 9 II GG durch die Innenminister von Bund und Ländern verboten werden.

c) Parteien mit einer solch verfassungsfeindlichen Zielsetzung können gemäß Art. 21 II GG iVm §§ 13 Nr. 2; 43 ff. BVerfGG im Unterschied zu Vereinigungen nur durch das BVerfG, nicht aber durch die Exekutive verboten werden. Wegen dieser Bevorzugung gegenüber Vereinen spricht man auch von einem „Parteienprivileg" (s. Frage 153). Neuerdings können verfassungsfeindliche Parteien auch gemäß Art. 21 III GG, § 13 Nr. 2a; 46a BVerfGG von staatlicher Finanzierung ausgeschlossen werden (s. Frage 568).

69. Verfassungsmäßige Ordnung

Was bedeutet der Begriff der „verfassungsmäßigen Ordnung" in Art. 2 I; 9 II; 20 III GG?

Dieser Begriff kann geradezu als Schulbeispiel für die Relativität der Rechtsbegriffe gelten. In Art. 2 I GG wird er im Sinne aller der Verfassung formell und materiell entsprechenden Rechtsnormen interpretiert, in Art. 9 II GG bezeichnet er die Kernbestandteile der Verfassung, etwa im Sinne der freiheitlichen demokratischen Grundordnung, und in Art. 20 III GG steht er für den gesamten geschriebenen Verfassungstext.

2. Staatlichkeit

Literatur: *Jellinek,* Allgemeine Staatslehre, 3. Auflage, 1914; *Kelsen,* Allgemeine Staatslehre, 1925; *Wahl,* Elemente der Verfassungsstaatlichkeit, JuS 2001, 1041–1048; *ders.,* Der offene Staat und seine Rechtsgrundlagen, JuS 2003, 1145–1151.

70. Drei-Elemente-Lehre

a) Welches sind die drei Elemente des Staatsbegriffs in der klassischen Allgemeinen Staatslehre und wer hat diese Lehre entwickelt?
b) Stellt die katholische Kirche in Anwendung der klassischen Allgemeinen Staatslehre einen Staat dar?
c) Worin liegt die Problematik der Definition nach der klassischen Allgemeinen Staatslehre?

a) Die drei Staatselemente sind Staatsgebiet, Staatsvolk und Staatsgewalt; schlagwortartig zusammengefasst als Land, Leute, Macht. Diese Lehre wurde vom Heidelberger Staatsrechtslehrer *Georg Jellinek* entwickelt.

b) Nein. Es fehlt ihr wenigstens an einem Staatsgebiet. Von der katholischen Kirche rechtlich zu unterscheiden ist der durch die Lateranverträge 1929 gebildete Vatikanstaat.

c) Keines der *Jellinekschen* Staatselemente wird im Sinne der traditionellen Definitionslehre durch die Festlegung von Oberbegriff und Unterscheidungsmerkmal bestimmt, sondern jedes Element wird durch seinen Bezug auf die beiden jeweils anderen Elemente mit Inhalt gefüllt. Zum Beispiel ist Staatsgewalt die Herrschaftsgewalt über das Staatsvolk auf dem Staatsgebiet. Dies läuft auf einen Zirkelschluss hinaus. Dennoch behält diese *Jellineksche* Definition ihren Wert, weil bis heute keine andere befriedigende Begriffsbestimmung gelungen ist.

71. Anwendung des Staatsbegriffs

Welche dieser Herrschaftsgebilde sind Staaten im Sinne der Allgemeinen Staatslehre:
a) die Europäische Union?
b) Frankreich?
c) die Bundesrepublik Deutschland?
d) die deutschen Länder?
e) die Stadt München?
f) die Freie und Hansestadt Hamburg?

a) Nein. Es gibt noch kein Staatsvolk und es ist derzeit noch keine hinreichende organisatorische Verfestigung der Gemeinschaftsgewalt eingetreten. Dass die sog. Unionsbürger vielerlei Rechte nach EUV und AEUV haben, ändert nichts daran, dass sie kein Staatsvolk der EU darstellen. Das BVerfG spricht insofern von einem „Staatenverbund".

b) Ja. Hier liegt der klassische Fall eines Staates vor.

c) Ja. Auch Bundesstaaten sind Staaten im Sinne der Allgemeinen Staatslehre.

d) Ja. In einem Bundesstaat sind auch die Länder selbst Staaten (vgl. Frage 115).

e) Nein. Städte und andere Kommunen verfügen zwar auch über ein Gebiet, eine auf diesem Gebiet lebende Bevölkerung und sind Träger von Hoheitsgewalt; diese ist aber nicht originär, also ursprünglich und selbstorganisiert, sondern derivativ, also abgeleitet und nur im Rahmen des jeweiligen Landeskommunalrechts gewährleistet.

f) Ja. Hamburg ist nicht nur eine Stadt, sondern zugleich ein deutsches Land und damit ein Staat.

72. Rechtsphilosophische Staatsdefinitionen

Wie definierten a) *Immanuel Kant* b) *Johann Gottlieb Fichte* c) *Georg Wilhelm Friedrich Hegel* d) *Hans Kelsen* e) *Rudolf Smend* und f) *Hermann Heller* den Staat?

a) *Immanuel Kant* (1724–1804), Metaphysik der Sitten, 1797, § 45, definierte den Staat als die Vereinigung einer Menge von Menschen unter Rechtsgesetzen.

b) *Johann Gottlieb Fichte* (1762–1814), Der geschlossene Handelsstaat, 1800, deutete den Staat als allgemeinen Willen, dessen Zweck es sei, die Rechte und die Freiheit seiner Bürger zu schützen.

c) *Georg Wilhelm Friedrich Hegel* (1770–1831), Rechtsphilosophie, 1821, § 257, bestimmte den Staat als die Wirklichkeit der sittlichen Idee und damit als höchste Form des objektiven Geistes. Darunter verstand er die kontinuierliche Aufgabe der Schaffung eines Vernunftstaates als Verwirklichung menschlicher Freiheit (§ 258).

d) *Hans Kelsen* (1881–1973), Reine Rechtslehre, 1934/1960, setzte in Zuspitzung der *Kantischen* Definition den Staat mit der Rechtsordnung gleich.

e) *Rudolf Smend* (1882–1975), Verfassung und Verfassungsstaat, 1928, hingegen verstand in seiner Integrationslehre den Staat als geistige Einheit, hervorgebracht durch sachliche, persönliche und funktionelle Integration. Der Staat ist auf gemeinsame Werte festgelegt (sachliche Integration), diese werden durch herausgehobene Persönlichkeiten verkörpert (persönliche Integration) und in Verfahren der Wahlen und Abstimmungen (funktionelle Integration) verwirklicht. Siehe *Korioth,* Integration und Bundesstaat, 1990.

f) *Hermann Heller* (1891–1933), Allgemeine Staatslehre, 1934, schließlich begriff den Staat als organisierten Wirkzusammenhang mit souveräner Gebietsherrschaft.

73. Reichweite des Staatsgebiets

Wie weit erstreckt sich das Staatsgebiet a) in das Erdinnere b) in Richtung Weltraum c) auf See und wofür sind diese Grenzziehungen bedeutsam?

a) Das Staatsgebiet läuft pyramidenförmig zu auf den Erdmittelpunkt hin. Dies hat Bedeutung bei der Gewinnung von Bodenschätzen.

b) Das Staatsgebiet erstreckt sich in Richtung Weltraum bis auf eine Höhe, die normalerweise von Flugzeugen erreicht und technisch beherrscht werden kann, dh ca. 20–30 km. Dies ist bedeutsam bei der Gewährung von Überflugrechten. Hingegen wird eine weitergehende Erstreckung des Staatsgebiets, ggf. bis zur Höhe geostationärer Satellitenumlaufbahnen (ca. 36.000 km über dem Äquator), nicht anerkannt, so dass etwa am Äquator gelegene Staaten daran keine Rechte herleiten können.

c) Die Staatsgrenze auf See verläuft 12 sm (früher 3 sm) von der Küste entfernt (sog. Küstenmeer). Diese Entfernung bemaß sich völkergewohnheitsrechtlich nach dem Stand der Militärtechnik, weil landgestützte Kanonen bis zu dieser Entfernung effektiv das angrenzende Meer beherrschen konnten. Davon zu unterscheiden sind die Anschlusszone (24 sm senkrecht zur Niedrigwasserlinie), in der in bestimmten rechtlichen Bereichen Staatsgewalt ausgeübt wird (zB zur Verhinderung von Verstößen gegen Zoll- und Einreisebestimmungen sowie zur Ahndung von Straftaten; Art. 33 SRÜ), die Ausschließliche Wirtschaftszone (200 sm senkrecht zur Niedrigwasserlinie; bedeutsam insbesondere für den Fischfang und zunehmend als Standort für Offshore-Windkraftanlagen; Art. 55 ff. SRÜ), sowie der Festlandssockel, dh der küstennahe, jenseits des Küstenmeers gelegene Meeresboden und Meeresuntergrund bis zum Beginn der Tiefsee (mind. 200 sm; Art. 76 ff. SRÜ), v. a. bedeutsam für die Ausbeutung von Bodenschätzen. Um die dreidimensionale Ausdehnung des Staatsgebiets auszudrücken, kann man auch von einem Staatsraum sprechen. Siehe *Khan,* Die deutschen Staatsgrenzen, 2004.

74. Exklaven und Enklaven

Die deutsche Ortschaft Büsingen liegt im Schweizer Kanton Schaffhausen. Handelt es sich bei Büsingen um eine Exklave oder um eine Enklave?

Das kommt auf den Blickwinkel an: Aus deutscher Sicht handelt es sich bei Büsingen um eine Exklave, weil es deutsches Hoheitsgebiet ist, das von dem Gebiet eines fremden Staates vollständig umgeben ist. Aus Schweizer Perspektive stellt Büsingen eine Enklave dar, weil es fremdes Hoheitsgebiet ist, das vollständig von eigenem Gebiet umschlossen wird. Siehe *Auhagen,* Die völkerrechtliche Stellung der Enklaven und Exklaven, 1967.

75. Natürliches Staatsgebiet

Der Abenteurer A besetzt mit einer Gruppe von ca. 50 bewaffneten Anhängern eine außerhalb der 12-Meilen-Zone gelegene ehemalige Bohrplattform in der Nordsee und ruft sich selbst zum Präsidenten der Republik Seeland aus.
a) Handelt es sich um einen Staat?

b) Ändert sich etwas, wenn A mit seinen Anhängern stattdessen eine bisher unbewohnte Insel besetzt?
c) Wie nennt man solche „freien" Territorien und gibt es solche noch?

a) Hier bestehen zwar eine Bevölkerung und Ansätze organisierter Herrschaftsgewalt, es fehlt aber an einem Staatsgebiet, dh an einem nicht durch Menschenhand geschaffenen Gebiet, das zur Besiedelung von Menschen geeignet ist.

b) Die Insel ist hier im Gegensatz zum Ausgangsfall in natürlicher Form vorhanden und kommt als Staatsgebiet in Betracht. Da auch Bevölkerung und Hoheitsgewalt existent sind, ist von einem neu entstandenen Staat auszugehen.

c) Solche freien Territorien nennt man „terra nullius". Aufgrund der vollständigen Erkundung der Welt und der damit erfolgten Okkupationen existieren keine freien Territorien mehr. In der Antarktis ruhen nach dem Antarktisvertrag von 1959 (BGBl. 1978 II S. 1517) die entsprechenden Gebietsansprüche.

76. Staatsangehörigkeitsrecht

a) Welche Prinzipien liegen dem Staatsangehörigkeitsrecht Deutschlands einerseits, der USA andererseits zugrunde?
b) Welche Staatsangehörigkeit hat das in den USA geborene Kind deutscher Staatsangehöriger?
c) Welche Staatsangehörigkeit hat das in Deutschland geborene Kind US-amerikanischer Staatsangehöriger?

a) In Deutschland gilt grds. das Abstammungsprinzip (lat. „ius sanguinis", frei übersetzt: „Recht des Blutes"), wonach das Kind deutscher Staatsangehöriger selbst die deutsche Staatsangehörigkeit erhält. In den USA hingegen findet das Territorialprinzip (lat. „ius soli", frei übersetzt: „Recht des Gebietes") Anwendung, nach dem jede auf dem Gebiet der USA geborene Person die US-amerikanische Staatsangehörigkeit bekommt. Das Abstammungsprinzip ist in kontinentaleuropäischen Staaten die Regel, das Territorialprinzip ist typisch für (frühere) Einwandererstaaten wie die USA, Australien und Neuseeland. Siehe *Hailbronner/ Maaßen/Hecker/Kau,* Staatsangehörigkeitsrecht, 6. Auflage, 2017; *Leopold,* JuS 2006, 126 ff.; *Ziemske,* Die deutsche Staatsangehörigkeit nach dem Grundgesetz, 1995.

b) Das Kind ist Doppelstaatler. Es erhält nach dem Abstammungsprinzip die deutsche und nach dem Territorialprinzip die US-amerikanische Staatsangehörigkeit.

c) Das Kind ist staatenlos. Es erhält weder die deutsche Staatsangehörigkeit, weil es nicht von Deutschen abstammt, noch die US-amerikanische Staatsangehörigkeit, da es nicht in den USA geboren wurde. Um diesen Härtefall zu mildern, besteht nach amerikanischem Recht ein erleichterter Einbürgerungsanspruch.

77. Staatenlosigkeit und Doppelstaatlichkeit

Welche Nachteile sind mit Staatenlosigkeit oder Doppelstaatlichkeit verbunden?

Ein Staatenloser kann in keinem Staat die nur Staatsangehörigen vorbehaltenen Rechte, insbesondere das Wahlrecht, ausüben. Ihm wird zudem kein diplomatischer Schutz gewährt. Dagegen können Doppelstaatler von jedem Heimatstaat zu den staatsbürgerlichen Pflichten, v. a. zu der Wehrpflicht, herangezogen werden. Zwischenstaatliche Abkommen und nationale Gesetzgebung versuchen, diese Nachteile zu mindern, schaffen dies jedoch nur teilweise. Am günstigsten erweist es sich daher idR, im Besitz genau einer Staatsangehörigkeit zu sein.

78. Statusdeutsche

a) Wie setzt sich das deutsche Staatsvolk zusammen?
b) Was versteht man unter Statusdeutschen?

a) Das deutsche Staatsvolk besteht aus den deutschen Staatsangehörigen sowie den sog. Statusdeutschen, Art. 116 I GG.

b) Statusdeutscher ist, wer als Flüchtling oder Vertriebener deutscher Volkszugehörigkeit oder als dessen Ehegatte oder Abkömmling in dem Gebiet des Deutschen Reichs nach dem Stand vom 31.12.1937 Aufnahme gefunden hat.

79. Entzug der Staatsangehörigkeit

Kann durch Bundesgesetz allen deutschen Staatsangehörigen mit doppelter Staatsangehörigkeit **a)** die deutsche Staatsangehörigkeit, **b)** die ausländische Staatsangehörigkeit entzogen werden?

a) Ja. Als Ausnahme zum grundsätzlichen Verbot des Entzuges der deutschen Staatsangehörigkeit, Art. 16 I 1 GG, ist die Entziehung erlaubt, wenn der Betroffene nicht staatenlos wird, Art. 16 I 2 GG, was bei doppelter Staatsangehörigkeit der Fall ist.

b) Nein. Es besteht eine allgemeine Regel des Völkerrechts, die nach Art. 25 GG Bestandteil des Bundesrechts ist, dass jeder Staat den Kreis seiner Staatsangehörigen selbst ohne Einmischung anderer Staaten bestimmt.

80. Erwerb und Verlust der deutschen Staatsangehörigkeit

a) Auf welche Weise erfolgt der Erwerb der deutschen Staatsangehörigkeit?
b) Wie geht die deutsche Staatsangehörigkeit verloren?

a) Der Erwerb der deutschen Staatszugehörigkeit erfolgt durch Abstammung von einem deutschen Elternteil (§ 4 I StAG, ius sanguinis), durch Geburt im Inland bei langjährigem rechtmäßigem Aufenthalt wenigstens eines Elternteils (§ 4 III StAG, eingeschränktes ius soli), durch Legitimation (§ 5 StAG), durch Annahme als Kind (§ 6 StAG; §§ 1741–1766 BGB), durch Ausstellung der Bescheinigung gemäß § 15 BVertrG (§ 7 StAG), durch Überleitung der Gruppe der Statusdeutschen (§ 40a StAG) sowie durch Einbürgerung (§§ 8–16; 40b StAG).

b) Der Verlust tritt ein durch Entlassung (§§ 18–24 StAG), durch Erwerb einer ausländischen Staatsangehörigkeit (§ 25 StAG), durch Verzicht (§ 26 StAG), durch Annahme als Kind durch einen Ausländer (§ 27 StAG), durch Eintritt in ausländische Streitkräfte (§ 28 StAG) und durch Wahl der ausländischen Staatsangehörigkeit durch einen volljährigen Doppelstaatler (§ 29 StAG).

81. Wahlrecht der EU-Ausländer

Im Land X wird durch Änderung des Landeswahlgesetzes auch EU-Ausländern das aktive und passive Wahlrecht zum Landtag eingeräumt. Ist diese Regelung grundgesetzgemäß?

Nein. Unter „Volk" im Sinne des Art. 28 I 2 GG sind lediglich deutsche Staatsangehörige und sog. Statusdeutsche (Art. 116 I GG) zu verstehen, wie sich im Wege der historischen Interpretation sowie im Umkehrschluss zu Art. 28 I 3 GG ergibt (vgl. BVerfGE 83, 37 (50 f.); *Grube,* BayVBl. 1998, 746 ff.)

82. Unionsbürgerschaft

Wie bezeichnet man die besondere Zugehörigkeit der Staatsangehörigen der EU-Mitgliedstaaten zur Europäischen Union? In welchem Verhältnis steht sie zur nationalen Staatsangehörigkeit? Welche Rechtsfolgen ergeben sich daraus?

Diese Zugehörigkeit nennt man „Unionsbürgerschaft", die durch die Art. 20 ff. AEUV geregelt wird. Nach Art. 20 I 2 AEUV wird diese über die nationale Staatsangehörigkeit vermittelt, die sie nach Art. 20 I 3 AEUV ergänzt, aber nicht ersetzt. Die Unionsbürgerschaft führt gemäß Art. 22 AEUV zum aktiven und passiven Wahlrecht auf kommunaler Ebene sowie bei Wahlen zum Europäischen Parlament (nicht aber bei der Wahl nationaler Parlamente) und gibt einen Anspruch auf diplomatischen und konsularischen Schutz durch die anderen Unionsstaaten nach Art. 23 AEUV. Siehe *Schönberger,* Unionsbürger, 2005.

83. Staatliche Gebietshoheit

Der norwegische Staatsangehörige N verursacht im Urlaubsreiseverkehr auf einer deutschen Autobahn einen Verkehrsunfall, bei dem ein anderer Fahrer getötet wird. Gegen seine Strafverfolgung wegen fahrlässiger Tötung (§ 222 StGB) wendet er sich mit der Begründung, er sei weder deutscher Staatsangehöriger noch zumindest Angehöriger eines EU-Mitgliedstaates, so dass der deutsche Staat ihm gegenüber keine Hoheitsgewalt ausüben könne. Zu Recht?

Staaten verfügen nicht nur über Personalhoheit über ihre Angehörigen, sondern als Gebietskörperschaften auch über Gebietshoheit über die auf ihrem Gebiet stattfindenden Handlungen. Für eine Strafverfolgung des N kommt es insoweit alleine auf den Tatort, nicht auf seine Staatsangehörigkeit an (vgl. §§ 3; 9 StGB).

84. Souveränität

a) Woher kommt der Begriff der Souveränität, was besagt dieser und wer hat ihn geprägt?
b) Sind alle Staaten souverän?

a) Souveränität stammt vom lat. Wort „superanus" (= „zu höchst befindlich") und bezeichnet die höchste, grds. allumfassende Herrschaftsmacht, die sich von keiner anderen Macht ableitet. Der Begriff geht auf *Jean Bodin,* „Six livres de la République", 1577, zurück, siehe *Hoven,* JuS 2007, 10 ff.

b) Die traditionelle Souveränitätslehre geht von dem Dogma der Souveränität aller Staaten aus, aber bereits die Existenz von Gliedstaaten (zB die deutschen Länder) innerhalb eines Bundesstaates (zB Bundesrepublik Deutschland) zeigt die Unhaltbarkeit dieser These. Die moderne Lehre löst sich bei der Bestimmung der Staatseigenschaft von dem Souveränitätsbegriff und stellt eher auf die Selbstorganisationsfähigkeit (Verfassungsautonomie) eines politischen Herrschaftsgebildes ab. Siehe *Schliesky,* Souveränität und Legitimität von Herrschaftsgewalt, 2004; *Seiler,* Der souveräne Verfassungsstaat zwischen demokratischer Rückbindung und überstaatlicher Einbindung, 2005.

85. Staatssymbole

a) Welche Funktion erfüllen Staatssymbole?
b) Welche Staatssymbole verwendet die Bundesrepublik Deutschland und wo ist deren Gebrauch jeweils geregelt?

a) Staatssymbole wie Flagge und Hymne vergegenwärtigen sinnlich wahrnehmbar einen Staat. Sie dienen nach innen der Integration der Bevölkerung und nach außen der Abgrenzung von anderen Staaten. Siehe *Klein,* Die Staatssymbole, in: Isensee/Kirchhof (Hrsg.), Handbuch des Staatsrechts der Bundesrepublik Deutschland, Band II, 3. Auflage, 2004, § 19.

b) Die Bundesrepublik Deutschland verwendet folgende Staatssymbole: Die Nationalflagge ist gemäß Art. 22 II GG die an die Revolution von 1848 erinnernde schwarz-rot-goldene Bundesflagge. Details finden sich in der Anordnung über die deutschen Flaggen vom 13.11.1996 (BGBl. I S. 1729). Das Bundeswappen ist durch Festlegung von Bundespräsident *Heuss* vom 20.1.1950 ein rot bewehrter schwarzer Adler auf goldenem Grund. Als Nationalhymne wurde durch einen Briefwechsel zwischen Bundespräsident *Heuss* und Bundeskanzler *Adenauer* vom 29.4.1952/2.5.1952 sowie durch einen erneuten Briefwechsel zwischen Bundespräsident *v. Weizsäcker* und Bundeskanzler *Kohl* vom 19.8.1991/23.8.1991 das Lied der Deutschen von *Hoffmann v. Fallersleben* mit der Maßgabe festgelegt, nur die dritte Strophe zu singen. Der Nationalfeiertag ist gemäß Art. 2 II EV (BGBl. 1990 II S. 885) der 3. Oktober. In einem weiteren Sinne kann man auch noch die Festlegung der Bundeshauptstadt Berlin durch Art. 2 I EV und neuerdings durch Art. 22 I 1 GG sowie die Bestimmung von Berlin als Regierungssitz durch Beschluss des Bundestages vom 20.6.1991 zu den Staatssymbolen rechnen.

3. Staatsstrukturprinzipien

Literatur: *Reimer,* Verfassungsprinzipien, 2001; *Schladebach,* Staatszielbestimmungen im Verfassungsrecht, JuS 2018, 118; *Sommermann,* Staatsziele und Staatszielbestimmungen, 1997; *Kees,* Die Staatsstrukturprinzipien in der Klausurbearbeitung, JA 2008, 795–800.

86. Staatszwecke

Welche Staatszwecke verfolgt der neuzeitliche Staat? Welche Staatstheoretiker sind mit ihren Lehren für diese Staatszwecke maßgebend gewesen? Wo sind diese Zwecke im Grundgesetz verankert?

Der neuzeitliche Staat verfolgt wenigstens vier Zwecke:

(1) Innerer Frieden. Siehe *Bodin*, „Six livres de la République", 1577, sowie *Thomas Hobbes*, „Leviathan", 1651. Vgl. Art. 8 I GG.

(2) Freiheit der Bürger. Siehe *Locke,* „Two Treatises on Government", 1689. Vgl. Art. 2 I GG.

(3) Sozialer Ausgleich. Siehe *von Nell-Breuning*, „Baugesetze der Gesellschaft", 1968, und andere Vertreter der katholischen Soziallehre. Vgl. Art. 20 I; 28 I 1 GG.

(4) Schutz der natürlichen Lebensbedingungen. Siehe statt vieler *Jonas*, „Das Prinzip Verantwortung", 1979. Vgl. Art. 20a GG.

87. Staatsstrukturprinzipien

a) Was ist ein Staatsstrukturprinzip und welche Staatsstrukturprinzipien unterscheidet man nach dem Grundgesetz?
b) Wie unterscheiden sich Staatszweck und Staatsstrukturprinzip?

c) Welche Bedeutung hat die Qualifizierung als Staatszielbestimmung im Unterschied zur Einordnung als Grundrecht?
d) Können die Staatszielbestimmungen und die Staatsstrukturprinzipien verändert werden?
e) Wie wird die Einhaltung der Staatsstrukturprinzipien auf Landesebene gesichert?

a) Ein Staatsstrukturprinzip ist eine grundlegende verfassungsrechtliche Bestimmung, die alles staatliche Handeln auf ein Ziel hin verpflichtet, den inneren Aufbau des Staates prägt und zumeist einer Verfassungsänderung entzogen ist. Dabei kann kein Staatsstrukturprinzip in Reinform verwirklicht werden, da sie sich thematisch überschneiden und daher wechselseitig beschränkt werden müssen. Als Staatsstrukturprinzipien in diesem Sinne kann man nach Art. 20 I–III GG Rechtsstaats-, Demokratie-, Sozialstaats-, Bundesstaats- und Republikprinzip unterscheiden. In den Ländern treten neben den von Art. 28 I 1 GG geforderten Rechtsstaats-, Demokratie-, Sozialstaats- und Republikprinzipien zumeist noch die Grundsätze des ökologischen und des Kulturstaates. Auch auf Bundesebene sind neuerdings die Ökologiestaatlichkeit und der Tierschutz in Art. 20a GG anerkannt worden, weshalb man sie auch zu den Staatsstrukturprinzipien – statt zu den Staatszielen – rechnen könnte. Zu den Grundrechten als Prinzipien siehe *Alexy,* Theorie der Grundrechte, 1985.

b) Beide sind schwerlich zu trennen. Am ehesten kann man einen Staatszweck als ein außerhalb des Staates liegendes Ziel betrachten, das von diesem angestrebt wird, ein Staatsprinzip als ein Organisationsprinzip, das dem Aufbau des Staates selbst innewohnt. Siehe auch *Bull,* Die Staatsaufgaben nach dem Grundgesetz, 1973.

c) Staatszielbestimmungen wie Art. 20a GG sind Normen, welche die Staatsgewalt in ihren drei Ausprägungen als Legislative, Exekutive und Judikative verpflichten, ein bestimmtes Ziel anzustreben, ohne aber dem einzelnen Bürger wie bei einer grundrechtlichen Gewährleistung einen einklagbaren Anspruch einzuräumen.

d) Grundsätzlich nein. Im Grundsatz sind die Staatsstrukturprinzipien des Art. 20 GG selbst einer Verfassungsänderung entzogen, Art. 79 III GG. Lediglich in Fragen, die nicht die Grundsätze der Staatsstrukturprinzipien betreffen, wäre eine Änderung möglich. Siehe: *Hain,* Die Grundsätze des Grundgesetzes, 1999.

e) Die sog. Homogenitätsklausel des Art. 28 I GG sichert die landesrechtliche Einhaltung der Grundsätze der Staatsstrukturprinzipien: Republik, Demokratie, Sozialstaatlichkeit und Rechtsstaat.

Übersicht 3: Staatsstrukturprinzipien

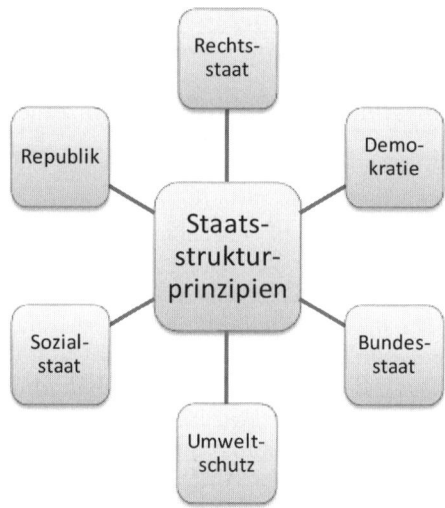

a) Republik

Literatur: *Gröschner,* Das Republikprinzip der Weimarer Reichsverfassung und des Bonner Grundgesetz, in: 80 Jahre Weimarer Reichsverfassung – was ist geblieben?, 1999, S. 49 ff.; *Lewinski,* Das Ende der Monarchie im einfachen Recht – Fragen der Praxis beim Übergang zur Republik, NJW 2018, 3357–3362; *Schachtschneider,* Res publica – res populi, 1994.

---

88. Staats- und Regierungsform

a) Worin unterscheiden sich Staats- und Regierungsform?
b) Was für eine Staats- und Regierungsform weist Deutschland auf?
c) Welche beiden Grundtypen der Staatsform lassen sich nach dem Träger der Souveränität unterscheiden?

---

a) Die Staatsform gibt Auskunft über die Bestellung des Staatsoberhaupts und damit über die innerstaatliche Souveränitätsformel. Die Regierungsform beschreibt die Art und Weise der Herrschaftsausübung.

b) Die deutsche Staatsform ist die Republik, die Regierungsform die Demokratie.

c) Es lassen sich die auf herrschaftlicher Souveränität beruhende Monarchie und die auf Volkssouveränität aufbauende Republik unterscheiden.

---

89. Monarchie

a) Woher stammt und was bedeutet der Begriff „Monarchie"?
b) Welche Arten der Monarchie lassen sich nach der Ausgestaltung der Regierungsform und damit nach dem Umfang monarchischer Macht unterscheiden? Nennen Sie Beispiele!

a) Monarchie stammt von den griechischen Wörtern „monos" (= „allein") und „archein" (= „herrschen") und bedeutet so viel wie Alleinherrschaft.

b) Es sind wenigstens die folgenden Arten der Monarchie zu unterscheiden:

(1) Absolute Monarchie

Der souveräne Monarch ist in der Theorie allein an das göttliche Recht, Natur- und Völkerrecht gebunden, herrscht in der Praxis aber uneingeschränkt, vgl. *Ludwig XIV.* in Frankreich.

(2) Ständische Monarchie

Der Monarch ist souverän, aber in einzelnen Bereichen auf die Mitwirkung der Landstände angewiesen, v. a. bei der Steuerbewilligung, vgl. die deutschen Monarchien am Ende des Heiligen Römischen Reiches Deutscher Nation.

(3) Konstitutionelle Monarchie

Der Monarch wird vom Träger der Souveränität zum Verfassungsorgan mit in der Verfassung festgelegten Kompetenzen, vgl. das Deutsche Kaiserreich von 1871–1918.

(4) Parlamentarische Monarchie

Der Monarch ist auf repräsentative Aufgaben beschränkt, die Macht liegt bei einem vom Volk gewählten Parlament; vgl. die britische Monarchie im 21. Jahrhundert.

Siehe *Dreitzel,* Monarchiebegriffe in der Fürstengesellschaft, 1980.

90. Republik

a) Was bedeutet der Begriff Republik in wörtlicher Übersetzung?
b) Worin erschöpft sich nach überwiegender Auffassung die Bedeutung des Republikprinzips in Art. 20 I GG?

a) Republik (lat. „res" = „Sache" sowie „publica" = „öffentlich") bedeutet „öffentliche Angelegenheit". In diesem weiten Sinne wird der Begriff noch bei *Jean Bodin,* Six livres de la République, 1577, gebraucht.

b) Die überwiegende Auffassung erblickt im Wege der historischen Interpretation darin lediglich die Absage an einen gewählten oder im Wege der Erbfolge bestimmten Monarchen als Staatsoberhaupt auf Lebenszeit, fordert also die regelmäßige Wahl des Staatsoberhaupts, vgl. Art. 54 II GG. Vereinzelt werden aus dem Republikprinzip weiterreichende Folgerungen gezogen, die sich aber zumeist mit den aus dem Rechtsstaats- und Demokratieprinzip ableitbaren Inhalten decken. Siehe *Schachtschneider,* Res publica res populi: Grundlegung einer allgemeinen Republiklehre, 1994.

91. Homogenitätsprinzip

Der bayerische Landtag ändert die bayerische Landesverfassung und wählt nach einem zustimmenden Volksentscheid (Art. 75 II 2 BayV) ein überlebendes Mitglied der Familie der Wittelsbacher einstimmig zum bayerischen König mit rein repräsentativen Aufgaben. Ist dieses Vorgehen grundgesetzgemäß?

Nein. Nach Art. 28 I 1 GG muss auch die verfassungsmäßige Ordnung in den Ländern den Grundsätzen des republikanischen Rechtsstaates entsprechen. Weder die Anknüpfung an traditionelle dynastische Verbundenheiten noch die Beschränkung auf rein repräsentative Aufgaben oder das einstimmige Votum des bayerischen Landtages sowie der zustimmende Volksentscheid können daran etwas ändern.

92. Grundtypen der Regierungsform

Welche beiden Grundtypen der Regierungsform lassen sich unterscheiden?

Nach der Form der Herrschaftsausübung lassen sich Demokratie und Diktatur unterscheiden.

93. Diktatur

a) Woher stammt und was bedeutet der Begriff „Diktator"?
b) Welche Arten der Diktatur kann man nach der Anzahl der Herrschenden unterscheiden? Nennen Sie Beispiele!

a) „Diktator" stammt vom lat. Wort „dicere" (= sagen) in Form des Intensivums/Frequentativums („dictare" = „wiederholt sagen") und wird ergänzt durch die Nachsilbe „-tor", welche eine männliche handelnde Person kennzeichnet. Ein Diktator ist also ein Mann, der etwas mit unbeschränkter Macht anordnet. In der römischen Republik war der Diktator ein zur Behebung eines Staatsnotstandes vom Senat auf die Dauer von sechs Monaten eingesetzter oberster Beamter ohne gleichberechtigten Kollegen. Siehe *Bleicken,* Die Verfassung der römischen Republik, 1995, S. 112 ff.

b) Man kann nach der Anzahl der Herrschenden folgende Arten der Diktatur unterscheiden:

(1) Diktatur eines Einzelnen

Regelfall der Diktatur, zB *Mussolini* in Italien.

(2) Diktatur einer Gruppe

Zumeist Militärdiktatur, zB in Südamerika in den 80er Jahren des 20. Jahrhunderts.

(3) Diktatur des Proletariats

Schlagwort der kommunistischen Ideologie, sollte die Herrschaft einer ganzen Bevölkerungsschicht kennzeichnen, verdeckte aber die Diktatur eines Einzelnen (zB *Stalin*) oder einer Gruppe (zB poststalinistisches Politbüro der Sowjetunion).

b) Demokratie

Literatur: *Bleckmann*, Das europäische Demokratieprinzip, JZ 2001, 53–58; *Dreier*, Das Demokratie-prinzip des Grundgesetzes, Jura 1997, 249–257; *Fisahn*, Demokratie und Öffentlichkeitsbeteiligung, 2002; *Hobe*, Das Demokratieprinzip des Grundgesetzes, JA 1995, 43–46; *Kaufmann*, Europäische Integration und Demokratieprinzip, 1997; *Kühling*, Volksgesetzgebung und Grundgesetz – „Mehr direkte Demokratie wagen"?, JuS 2009, 777–783; *Schröder*, Das Demokratieprinzip des Grundgesetzes, JA 2017, 809–818.

---

94. Demokratie

a) Was besagen die Begriffe „Demokratie" und „Volksdemokratie" in wörtlicher Übersetzung?
b) Welche beiden Grundformen der repräsentativen Demokratie lassen sich nach dem Einfluss des Parlaments auf die Exekutive unterscheiden? Nennen Sie Beispiele!

---

a) Demokratie (griech. „demos" = „Volk" sowie „kratein" = „herrschen) bedeutet „Volksherrschaft". Der in den früheren Ostblockstaaten verwendete Begriff Volks-demokratie heißt daher in wörtlicher Übersetzung „Volksvolksherrschaft" und ist insofern tautologisch.

b) Nach dem parlamentarischen Einfluss lassen sich unterscheiden:

(1) Parlamentarische Demokratie

Das Parlament wählt den Regierungschef, zB in der Bundesrepublik Deutschland, teils sogar die gesamte Regierung, zB den Bremer Senat.

(2) Präsidialdemokratie

Die Spitze der Exekutive wird ihrerseits vom Wahlvolk unmittelbar gewählt und hängt nur in geringem Maße vom Parlament ab, zB Frankreich der gegenwärtigen V. Republik, USA.

---

95. Demokratische Legitimation der Bundesorgane

Sind die nachfolgenden Bundesorgane demokratisch legitimiert:
a) Bundestag?
b) Bundesregierung?
c) Bundesrat?
d) Bundesverfassungsgericht?

---

a) Ja. Es erfolgt eine unmittelbare demokratische Legitimation durch die Wahlen nach Art. 38 GG.

b) Ja. Es besteht eine mittelbare demokratische Legitimation durch Wahl des Bundeskanzlers nach Art. 63 GG durch den nach Art. 38 GG unmittelbar demokratisch legitimierten Bundestag. Die Bundesminister werden nach Art. 64 GG dem Bundespräsidenten vom Bundeskanzler zur Ernennung vorgeschlagen und sind daher geringer demokratisch legitimiert als dieser.

c) Ja. Die Landesstaatsvölker wählen die Landesparlamente, die nach Landesverfassungsrecht über die Bildung der Landesregierungen entscheiden, welche ihrerseits durch die Bestellung nach Art. 51 I 1 GG die Bundesratsmitglieder mittelbar legitimieren.

d) Ja. Die Richter werden nach Art. 94 I 2 GG je zur Hälfte durch den unmittelbar demokratisch legitimierten Bundestag und den mittelbar legitimierten Bundesrat gewählt und sind damit ihrerseits mittelbar demokratisch legitimiert.

96. Legitimationskette

Der Richter des Bundesverfassungsgerichts R wurde durch den Bundesrat gewählt. Zeigen Sie seine Legitimationskette auf!

Die Legitimationskette lautet: Landesstaatsvolk – Landesparlament – Landesregierung – Bundesratsmitglieder – Bundesverfassungsrichter. Siehe *Pieper,* Verfassungsrichterwahlen, 1998.

97. Wahlen und Abstimmungen

Worin liegt der Unterschied zwischen Wahlen und Abstimmungen nach Art. 20 II 2 GG und hat die Unterscheidung Relevanz?

In Wahlen wird eine Entscheidung zwischen verschiedenen Personen getroffen und in Abstimmungen werden Sachfragen entschieden. Diese Unterscheidung darf nicht überbewertet werden, weil Personen für bestimmte Programme stehen und Sachthemen durch Personen verkörpert werden.

98. Mehrheitsprinzip

a) Wie kann man das Mehrheitsprinzip rechtfertigen?
b) Worin liegen die Schwächen des Mehrheitsprinzips und wie wird diesen begegnet?

a) Die Anwendung des Mehrheitsprinzips ermöglicht es, auch in schwierigen Fragen zu einer Entscheidung zu kommen. Diese hat die Vermutung der Richtigkeit für sich, weil sie mehr Beteiligten einsichtig gemacht werden konnte als jede Alternative. Diese einmal gefasste Entscheidung ist zudem leichter durchsetzbar, weil sie von mehr Menschen mitgetragen wird als jede andere denkbare Entscheidung. Dabei beruht diese Entscheidung auf einem Prozess, der zumindest rechtlich jedem Beteiligten die gleiche Chance zur Durchsetzung seiner Ansichten einräumt und überdies die Möglichkeit späterer Korrektur in sich schließt. Siehe *Heun*, Das Mehrheitsprinzip in der Demokratie, 1983.

b) Die Anwendung des Mehrheitsprinzips führt zwar zu Entscheidungen, diese sind aber nicht unbedingt inhaltlich richtig. Insbesondere besteht die Gefahr der Aufopferung von Einzelinteressen im Interesse des Gemeinwohls (dazu *Anderheiden*, Gemeinwohl in Republik und Union, 2006). Dabei sind v. a. strukturelle Minderheiten, die keine Chance haben, selbst einmal zur Mehrheit zu werden, in besonderem Maße gefährdet. Nicht jeder Betroffene kann damit in gleichem Maße seine Ansichten in dem demokratischen Prozess durchsetzen. Hat sich eine Mehrheit erst einmal etabliert, besteht deren Neigung, die eigene Position zu verfestigen und die Möglichkeit späterer Korrektur bereits getroffener Entscheidungen auszuschließen. Um diesen Gefahren zu begegnen, sind ein System der Gewaltenteilung und die Einführung einer zweiten Kammer oder anderer deliberativer Elemente im Gesetzgebungsverfahren unabdingbare Voraussetzungen. Es müssen periodische Wahlen stattfinden, eine unabhängige Justiz sowie eine freie Presse bestehen und die Möglichkeit politischer Alternativen eröffnet sein. In der Verfassung gewährleistete Grundrechte beugen Auswüchsen des Mehrheitsprinzips vor.

99. Bezugspunkte und Quoren der Mehrheit

Welche Bezugspunkte der Mehrheit und welche relevanten Quoren kann man nach dem Grundgesetz unterscheiden?

Es kommen als Bezugspunkte der Mehrheit die Anzahl der Mitglieder bzw. der gesetzlichen Stimmenzahl eines Organs, der Anwesenden, der Abstimmenden sowie der gültigen Stimmen in Betracht. An relevanten Quoren kann man (neben der zumeist nur theoretisch interessierenden Einstimmigkeit) die Zweidrittelmehrheit, die absolute Mehrheit, die einfache Mehrheit sowie Minderheitsquoren unterscheiden. Grds. genügt nach Art. 42 II 1 GG zu einem Beschluss des Bundestages (einschließlich eines Gesetzesbeschlusses nach Art. 77 I 1 GG) die Mehrheit der abgegebenen Stimmen. Auch nach Art. 63 IV 1, 3 GG sowie für die Bundesversammlung nach Art. 54 VI 2 GG ist die einfache Mehrheit ausreichend. Auf die Mehrheit der gesetzlichen Mitgliederzahl wird abgestellt in Art. 29 VII 2; 63 II 1, III, IV 2; 67 I 1; 68 I 1, 2 GG sowie für die Bundesversammlung in Art. 54 VI 1 GG. Der Begriff der Mehrheit der Mitglieder ist legaldefiniert in Art. 121 GG. Auch Art. 52 III 1 GG betr. Bundesratsbeschlüsse gehört in diese Gruppe. Eine Zweidrittelmehrheit wird gefordert in Art. 61 I 3; 77 IV 2; 79 II GG. Da nach Art. 77 IV 2 GG außerdem eine Mehrheit der Mitglieder des Bundestages verlangt wird, spricht man auch von einer „doppelt qualifizierten Mehrheit". Ein bloßes Viertel der Mitglieder, resp. Stimmen, genügt hingegen nach Art. 44 I 1 GG für die Einsetzung eines Untersuchungsausschusses bzw. nach Art. 61 I 2 GG für den Antrag auf Erhebung der Anklage gegen den Bundespräsidenten. Auch eine abstrakte Normenkontrolle gemäß Art. 93 I Nr. 2 GG kann bereits von einem Viertel der Mitglieder des Bundestages erhoben werden.

100. Einfache und absolute Mehrheit

In einem Wahlkreis entfallen von 120.000 abgegebenen gültigen Stimmen 50.000 Stimmen auf den Kandidaten A, 40.000 auf B sowie 30.000 auf C. Wer ist gewählt, wenn eine einfache Mehrheit erforderlich ist, wer, wenn die absolute Mehrheit verlangt wird?

Ist lediglich die einfache Mehrheit notwendig, genügt es, dass auf einen Kandidaten mehr Stimmen entfallen als auf jeden anderen. Dann ist Kandidat A, der mehr Stimmen als B oder C für sich genommen erzielte, gewählt. Ist hingegen die absolute Mehrheit gefordert, muss der siegreiche Kandidat die Hälfte der Stimmen zuzüglich wenigstens einer weiteren erzielt haben. Hier hat keiner der Kandidaten die erforderlichen 60.001 Stimmen oder mehr erreicht, weshalb ein zweiter Wahlgang stattfinden muss. Dabei wird je nach Ausgestaltung des Wahlsystems nunmehr die einfache Mehrheit genügen oder es findet eine Stichwahl zwischen den beiden bestplatzierten Kandidaten des ersten Wahlgangs statt.

101. Legitimation der Bundesoberbehörden

Um der einseitigen parteipolitischen Besetzung von Spitzenämtern in der Bundesverwaltung entgegenzuwirken, beschließt der Bundestag eine Änderung des Bundesbeamtengesetzes, wonach die Präsidenten der Bundesoberbehörden künftig von den Bediensteten der jeweiligen Behörde auf die Dauer von fünf Jahren gewählt werden. Ist diese Regelung verfassungsgemäß?

Nein. Das Demokratieprinzip gebietet eine ununterbrochene Legitimationskette von dem unmittelbar demokratisch gewählten Parlament über den von diesem gewählten Bundeskanzler, die von ihm zur Ernennung durch den Bundespräsidenten vorgeschlagenen Minister bis hin zu den einzelnen Amtswaltern. Diese Legitimationskette ist nur aufrecht zu erhalten, wenn nachgeordnete Amtswalter von der Spitze der Exekutive, dh den Ministern, ernannt werden. Zudem verstößt die Wahl gegen die hergebrachten Grundsätze des Berufsbeamtentums nach Art. 33 V GG und stellt auch keine zulässige Fortentwicklung dar.

102. Legitimation von Sondergremien

Zur Beschleunigung der sog. Euro-Rettungsmaßnahmen wird in einem formell verfassungsgemäßen Gesetz ein Sondergremium errichtet, das aus insgesamt neun Experten besteht und die rechtliche Befugnis erhält, eigenständige und völkerrechtlich verbindliche Entscheidungen in der Sache einzugehen, insb. bei der Frage, der Übernahme von Bürgschaften im dreistelligen Millionenbereich durch die Bundesrepublik. Ist die Regelung verfassungsgemäß?

Nein. Aus demokratischen Gründen ist es erforderlich, dass wesentliche Entscheidungen nur durch den Bundestag selbst getroffen werden. Dazu gehören insb. solche, die den Staatshaushalt auf lange Zeit erheblich beeinträchtigen können. Dies ist bei den Eurorettungspaketen der Fall. Zumindest wird man eine wesentliche Mitbestimmung des Bundestages zu fordern haben. Siehe BVerfGE 129, 284; 130, 318.

103. Ministerialfreie Räume

Was versteht man unter ministerialfreien Räumen und sind diese verfassungsrechtlich zulässig?

Ministerialfreie Räume sind Bereiche der Exekutive, die nicht den Weisungen eines Ministers unterstehen. Beispiele sind das Bundeskartellamt und die Bundesprüfstelle für jugendgefährdende Medien. Vor dem Hintergrund des Demokratieprinzips begegnen sie verfassungsrechtlichen Bedenken, weil keine demokratische Legitimationskette vom Volk über das Parlament und den Minister zu diesem Bereich der Exekutive besteht. Diesen Bedenken wird durch eine kollegiale, binnenpluralistische Organisation dieser ministerialfreien Räume Rechnung getragen. Zudem sind sie an die von dem unmittelbar demokratisch legitimierten Gesetzgeber erlassenen Vorschriften gebunden, so dass insgesamt ein ausreichendes Legitimationsniveau noch gewährleistet erscheint. Siehe *Gross,* Das Kollegialprinzip in der Verwaltungsorganisation, 1999, sowie *Klein,* Die verfassungsrechtliche Problematik des ministerialfreien Raumes, 1974.

104. Demokratische Legitimation der Europäischen Union

Ist das Demokratieprinzip auch bei der Europäischen Union verwirklicht?

Größtenteils ja. Die Europäische Union ist auf zwei Wegen (eingeschränkt) demokratisch legitimiert: Das in Art. 14 EUV geregelte Europaparlament, dem nach Art. 225 AEUV ein indirektes Gesetzesinitiativrecht zukommt und das nach Art. 294 AEUV im Verfahren der Mitentscheidung an der Rechtsetzung und im Rahmen des Art. 314 AEUV am Beschluss des Haushaltsplans beteiligt ist, wird zwar seit 1979 direkt in den Mitgliedstaaten gewählt. Dies erfolgt aber gemäß Art. 14 EUV degressiv proportional, dh ohne Berücksichtigung des Grundsatzes der Gleichheit der Wahl. Die in dem Europäischen Rat gemäß Art. 15 EUV vertretenen Staats- und Regierungschefs sind in ihrem jeweiligen Mitgliedstaat demokratisch legitimiert, ebenso die im Rat nach Art. 16 EUV beteiligten mitgliedstaatlichen Minister. Die Mitglieder der Kommission schließlich werden nach Art. 17 VII EUV vom Europäischen Rat vorgeschlagen und bedürfen der Zustimmung des Europäischen Parlaments, das nach Art. 234 AEUV auch einen Misstrauensantrag gegen die Kommission als Ganzes stellen kann.

c) Rechtsstaat

Literatur: *Erichsen,* Vorrang und Vorbehalt des Gesetzes, Jura 1995, 550–554; *Hobe,* Staatsrecht – Rechtsstaatsprinzip, JA 1994, 394–396; *Kunig,* Das Rechtsstaatsprinzip, 1986; *Sobota,* Das Prinzip Rechtsstaat, 1997; *Trentmann,* Die Grundlagen des Rechtsstaatsprinzips, JuS 2017, 979–983; *Voßkuhle/Kaufhold,* Grundwissen – Öffentliches Recht: Das Rechtsstaatsprinzip, JuS 2010, 116–118.

105. Legalität und Legitimität

a) Was versteht man unter Legalität, was unter Legitimität?
b) In welchem Verhältnis stehen Legalität und Legitimität zueinander?

a) Die Legalität bezeichnet die Beachtung von Rechtsvorschriften. Eine Herrschaft ist legal, wenn sie im Einklang mit den Vorschriften über die Herrschaftserlangung ergriffen und in Übereinstimmung mit den Vorschriften über die Herrschaftsausübung praktiziert wird. Die Legitimität bezeichnet die Billigung durch Dritte. Eine Herrschaft ist legitim, wenn die Herrschaftsunterworfenen ihr zustimmen.

b) Sie verhalten sich wie zwei einander schneidende Kreise. Die Schnittmenge beider Kreise ist sehr groß, denn die Legitimität von Herrschaft beruht maßgeblich auf ihrer Legalität. Daneben steht die legale Herrschaft ohne Legitimität; zumeist ging die Legitimität im Lauf der Herrschaftsausübung verloren, ohne dass die zugrunde liegenden Rechtsnormen bereits ihrerseits geändert wurden und die Herrschaft illegal gemacht haben. Schließlich besteht die legitime, aber illegale Herrschaft, welche regelmäßig Folge von Umsturzsituationen mit Zustimmung großer Teile des Staatsvolkes ist. Hier wird in aller Regel eine nachträgliche Legalisierung, etwa durch Amnestiegesetze, angestrebt. Siehe *H. H. Klein,* FS Carstens, 1984, S. 645 ff.; *Carl Schmitt,* Legalität und Legitimität, 1932.

106. Formeller und materieller Rechtsstaat

a) Wo ist das Rechtsstaatsprinzip im Grundgesetz verankert?
b) Was versteht man unter dem formellen, was unter dem materiellen Rechtsstaat?

a) Eine rechtsstaatliche Ordnung muss nach Art. 23 I 1 GG auf Ebene der Europäischen Union sowie nach Art. 28 I 1 GG in den Ländern bestehen. Zwar fehlt eine ausdrückliche textliche Verankerung des Rechtsstaatsprinzips für den Bund, aber wenn schon nach den Homogenitätsklauseln auf diesen beiden anderen Stufen jeweils eine rechtsstaatliche Ordnung herrschen muss, dann erst recht auf Bundesebene. Daneben wird das Rechtsstaatsprinzip herkömmlicherweise Art. 20 III GG entnommen.

b) Der formelle Rechtsstaat betont die Gesetzmäßigkeit der Verwaltung mit den Ausprägungen des Vorrangs und des Vorbehalts des Gesetzes. Der materielle Rechtsstaat als Gerechtigkeit erstrebender Staat erfasst über diese formale Auffassung hinausgehend auch den Schutz der Grundrechte und die Gewaltenteilung, die Unabhängigkeit der Justiz, die Bindung der Justiz an Gesetz und Recht, das Verhältnismäßigkeitsprinzip, das Rückwirkungsverbot, den Vertrauensschutz sowie das Verbot des Einzelfallgesetzes und des Formmissbrauchs.

107. Vorbehalt und Vorrang des Gesetzes

a) Was bedeuten Vorbehalt und Vorrang des Gesetzes und wie lassen sich beide Begriffe schlagwortartig beschreiben?
b) Welche inhaltlichen Ausprägungen des Vorbehalts des Gesetzes kann man unterscheiden?

a) Der Vorbehalt des Gesetzes beschreibt das Erfordernis einer gesetzlichen Ermächtigungsgrundlage für das Handeln der Verwaltung, der Vorrang des Gesetzes legt die Rechtsgebundenheit sämtlichen Verwaltungshandelns dar. Schlagwortartig lässt sich Vorbehalt des Gesetzes mit „nie ohne ein Gesetz", Vorrang des Gesetzes mit „nie gegen ein Gesetz" beschreiben. Siehe *Detterbeck,* Jura 2002, 135; *Voßkuhle,* JuS 2007, 118 f.

b) Es sind wenigstens vier verschiedene inhaltliche Ausprägungen des Vorbehalts des Gesetzes zu unterscheiden:

(1) Der *rechtsstaatliche* Vorbehalt des Gesetzes erfasst Eingriffe in grundrechtlich geschützte Positionen des Bürgers.

(2) Der *demokratische* Vorbehalt des Gesetzes greift bei wesentlichen politischen Entscheidungen ein und gebietet, besonders bedeutsame Fragen in dem Gesetz selbst zu regeln.

(3) Der *institutionelle oder organisatorische* Vorbehalt des Gesetzes fordert die Einhaltung der Gesetzesform bei grundlegenden organisatorischen Entscheidungen wie der Einrichtung bedeutender neuer Behörden. Siehe *Burmeister,* Herkunft, Inhalt und Stellung des institutionellen Gesetzesvorbehalts, 1991.

(4) Der *föderative* Vorbehalt des Gesetzes betrifft wichtige Entscheidungen im Bund-Länder-Verhältnis.

108. Rückwirkung von Gesetzen

a) Was versteht das BVerfG unter echter, was unter unechter Rückwirkung von Gesetzen?
b) Wie werden die Begriffe „echte"/„unechte" Rückwirkung und „Rückbewirkung von Rechtsfolgen"/„tatbestandliche Rückanknüpfung" beim BVerfG verwendet und ist damit ein inhaltlicher Unterschied verbunden?
c) Ist die Rückwirkung von Gesetzen zulässig?

a) Ein Fall echter Rückwirkung eines Gesetzes ist gegeben, wenn das Gesetz an einen in der Vergangenheit liegenden, bereits abgeschlossenen Sachverhalt nachträglich andere Rechtsfolgen knüpft, zB Einkommen aus dem vergangenen Jahr stärker besteuert. Eine unechte Rückwirkung liegt vor, wenn das Gesetz Rechtsfolgen an einen in der Vergangenheit begonnenen und im Zeitpunkt des In-Kraft-Tretens des Gesetzes noch nicht abgeschlossenen Tatbestand bindet, zB Einkommen aus dem laufenden Jahr mit einer höheren Steuer belegt. Siehe *Kisker,* Die Rückwirkung von Gesetzen, 1963; *Leisner,* Der Staat, 1973, 599 ff.; *Pieroth,* Rückwirkung und Übergangsrecht, 1981.

b) Die Begriffe „echte" und „unechte" Rückwirkung verwendet der 1. Senat des BVerfG. Der 2. Senat des BVerfG hingegen bezeichnet die „echte Rückwirkung" als „Rückbewirkung von Rechtsfolgen" und die „unechte Rückwirkung" als „tatbestandliche Rückanknüpfung". In der Sache sind mit diesem unterschiedlichen Sprachgebrauch keine nennenswerten inhaltlichen Unterschiede verbunden.

c) Die Rückwirkung ausschließlich den Bürger begünstigender Gesetze ist stets zulässig. Eine unechte Rückwirkung belastender Gesetze ist grundsätzlich zulässig, wenn Gründe des Gemeinwohls den Vertrauensschutz des Bürgers überwiegen. Eine echte belastende gesetzliche Rückwirkung ist nur ganz ausnahmsweise zulässig, und zwar wenn die Neuregelung vorhersehbar war, zur Bereinigung einer unklaren oder verworrenen Rechtslage, zur Schließung einer verfassungswidrigen Rechtslücke (etwa bei Ersatz einer nichtigen Norm), in Bagatellfällen oder aus zwingenden Gründen des Gemeinwohls. Die Kommunalabgabengesetze der Länder treffen häufig ausdrückliche Regelungen über die Rückwirkung kommunaler Satzungen (zB § 2 II NKAG). Siehe zur unechten Rückwirkung im Steuerrecht BVerfGE 127, 31.

109. Rückwirkung von Strafgesetzen

In Anbetracht einer erheblichen Zunahme ausländerfeindlich motivierter Gewalttaten, die unter den in Deutschland lebenden Ausländern große Verunsicherung hervorrufen und das Bild Deutschlands in ausländischen Medien schwer schädigen, wird die Strafandrohung für Volksverhetzung (§ 130 StGB) für seit dem 1.1.2018 begangene Straftaten auf Freiheitsstrafe nicht unter einem Jahr erhöht. Ist diese Regelung verfassungsgemäß?

Nein. Bei Strafgesetzen kommt es auf eine Abwägung zwischen dem Vertrauensschutz der Bürger und den für eine Rückwirkung sprechenden Gemeinwohlbelangen nie an, hier ist nach Art. 103 II GG jede rückwirkende Strafverschärfung in jedem Fall unzulässig (nulla poena sine lege praevia). Siehe *Kley,* Keine Strafe ohne Gesetz, 1983; *Schreiber,* Gesetz und Richter, 1976.

Übersicht 4: Echte und unechte Rückwirkung

Kriterium	Echte Rückwirkung/ Rückbewirkung von Rechtsfolgen	Unechte Rückwirkung/ tatbestandliche Rückanknüpfung
Zeitraum	bereits abgeschlossen	dauert noch an
begünstigende Vorschrift	immer zulässig	immer zulässig

Kriterium	Echte Rückwirkung/ Rückbewirkung von Rechtsfolgen	Unechte Rückwirkung/ tatbestandliche Rück- anknüpfung
Strafgesetze	immer unzulässig	immer unzulässig
sonstige belastende Vor- schrift	grds. unzulässig	grds. zulässig
Ausnahmen	Neuregelung war vorher- sehbar; alte Rechtslage war unklar und verworren; nichtige Norm wird er- setzt; bloße Bagatelle; zwingende Gemeinwohl- gründe	Vertrauen des Bürgers ist ausnahmsweise besonders schutzwürdig und über- wiegt öffentliches Interesse an Neuregelung

110. Begnadigung

Strafgefangener S stellt nach Verbüßung von zwei Dritteln seiner Haftzeit bei dem Ministerpräsidenten M ein Gnadengesuch, das dieser ohne Angabe von Gründen ablehnt. Ist die Ablehnung rechtmäßig?

Dies ist sehr umstritten. Gnade ist ihrer Natur nach etwas Außerrechtliches, so dass an sich eine gerichtliche Überprüfung ausschiede. Eine im Vordringen begriffene Ansicht verlangt indes eine gleichmäßige Handhabung des Begnadigungsrechts gemäß Art. 3 I GG, die auch gerichtlich gemäß Art. 19 IV GG überprüfbar sein soll (vgl. *Maurer*, Staatsrecht, § 8 Rn. 13, 29). Eine solche Überprüfung setzt aber eine zumindest kurze Begründung der Gnadenentscheidung voraus, so dass das Fehlen jeglicher Begründung nach dieser Ansicht zur Rechtswidrigkeit der Ableh- nung führt. Siehe *Campagna*, Das Begnadigungsrecht. Vom Recht zu begnadigen zum Recht auf Begnadigung, ARSP 89 (2003), 171 ff.; *Großmann*, Recht und Gnade – Gnade vor Recht?, RTh 36 (2005), 495 ff.; *Alfons Klein*, Gnade – ein Fremdkörper im Rechtsstaat?, 2001

d) Sozialstaat

Literatur: *Kingreen*, Das Sozialstaatsprinzip im europäischen Verfassungsverbund, 2003; *Könemann*, Der verfassungsunmittelbare Anspruch auf das Existenzminimum: zum Einfluss von Menschenwürde und Sozialstaatsprinzip auf die Sozialhilfe, 2005; *Schnapp*, Was können wir über das Sozialstaatsprinzip wissen?, JuS 1998, 873–877; *ders.*, Die Sozialstaatsklausel – Beschwörungsformel oder Rechtsprinzip?, Sozialgerichtsbarkeit 47 (2000), 341–345; *Zacher*, Sozialstaatsprinzip, 1977; *Volkmann*, Solidarität – Programm und Prinzip der Verfassung, 1998; *Voßkuhle*, Grundwissen – Öffentliches Recht: Das Sozialstaatsprinzip, JuS 2015, 693–695.

111. Herleitung und Inhalt des Sozialstaatsprinzips

a) Wo findet das Sozialstaatsprinzip seine verfassungsrechtliche Verankerung?
b) Leiten sich konkrete und individuelle Rechte aus dem Sozialstaatsprinzip ab?
c) Welches sind die wichtigsten Inhalte des Sozialstaatsprinzips?

a) Das Sozialstaatsprinzip ist für den Bund in Art. 20 I 1 GG verankert; eine Beachtung in den Ländern wird in Art. 28 I 1 GG verlangt. Daneben wird in Art. 14 I 2 und II GG eine besondere Sozialpflichtigkeit des Eigentümers postuliert.

b) Solche Rechte lassen sich nur in geringem Umfang herleiten. Aufgrund der Unbestimmtheit des Begriffes ergibt sich ein großer Beurteilungsspielraum für den Staat bei der Bestimmung dessen, was sozial ist. Daher sind die konkreten Rechte des Einzelnen aus dem Sozialstaatsprinzip nur auf ein absolutes Mindestmaß reduziert.

c) Das Sozialstaatsprinzip dient der Sicherung eines menschenwürdigen Lebens für alle. Zu diesem Zweck bestehen beitragsfinanzierte Sozialversicherungssysteme (Art. 74 I Nr. 12 GG) und die aus allgemeinen Steuermitteln getragene Sozialhilfe als System sozialer Minimalsicherung (Art. 74 I Nr. 7 GG). Sozialstaatlich motiviert sind auch Verfassungsaufträge wie Art. 6 IV, V; 7 I GG und Gesetzesvorbehalte wie Art. 5 II (Jugendschutz); 6 III; 7 IV 3; 11 II; 13 VII GG.

112. Sozialstaatsprinzip und Grundrechte

Welche Bedeutung kommt dem Sozialstaatsprinzip bei der Einschränkung von Gleichheitsrechten einerseits, von Freiheitsrechten andererseits zu?

Bei der Prüfung von Gleichheitsrechten kann das Sozialstaatsprinzip als sachlicher Grund für eine Ungleichbehandlung herangezogen werden, etwa zur Rechtfertigung der einkommensteuerrechtlichen Progression. Hingegen dient das Sozialstaatsprinzip nicht als allgemeine Einschränkungsmöglichkeit von Freiheitsrechten (str.). Es kann lediglich als Abwägungsgesichtspunkt im Rahmen der Verhältnismäßigkeit eine Rolle spielen. Allenfalls bei der Eigentumsfreiheit und dem Erbrecht könnte man angesichts des Art. 14 I 2 GG eine umfassende Sozialpflichtigkeit bereits auf Schutzbereichsebene in Betracht ziehen.

113. Sozialhilfe

Durch das Bundesgesetz zur Konsolidierung der öffentlichen Finanzen wird das SGB XII betreffend die Gewährung von Sozialhilfe ersatzlos aufgehoben. Hilfeempfänger H erblickt darin einen Verstoß gegen das Sozialstaatsprinzip und erhebt Verfassungsbeschwerde zum BVerfG.
a) Ist die Verfassungsbeschwerde begründet?

b) Wie würde das BVerfG verfassungsprozessual vorgehen, um die tatsächliche Gewährung der Sozialhilfe zu sichern?

a) Ja. Das Sozialstaatsprinzip begründet als Staatsprinzip zwar grds. keine subjektiven Rechte eines einzelnen Hilfsbedürftigen, sondern stellt lediglich einen objektiven Grundsatz für die gesamte Staatstätigkeit dar, so dass an sich die Verfassungsbeschwerde wenigstens als unbegründet abzuweisen wäre. Der vollständige Verzicht auf eine minimale Existenzsicherung verletzt den Hilfsbedürftigen aber zumindest in seiner Menschenwürde nach Art. 1 I GG, weshalb unter diesem Gesichtspunkt die Verfassungsbeschwerde Erfolg haben wird.

b) Das BVerfG tenorierte so, dass sich eine bezifferte Anspruchsgrundlage für den Beschwerdeführer direkt aus dem Urteil ergäbe. Zur Sicherung der Ansprüche vergleichbarer Personen weitete es diese Anspruchsgrundlage auf alle vom Gesetz betroffenen Personen aus.

e) Bundesstaat

Literatur: *Estel,* Bundesstaatsprinzip und direkte Demokratie im Grundgesetz, 2006; *Hobe,* Staatsrecht – Bundesstaatsprinzip, JA 1995, 301–304; *Oeter,* Integration und Subsidiarität im deutschen Bundesstaatsrecht, 1998; *Sanden,* Die Weiterentwicklung der föderalen Strukturen der Bundesrepublik Deutschland, 2005; *Šarčević,* Das Bundesstaatsprinzip: eine staatsrechtliche Untersuchung zur Dogmatik der Bundesstaatlichkeit des Grundgesetzes, 2000; *Voßkuhle,* Grundwissen – Öffentliches Recht: Das Bundesstaatsprinzip, JuS 2010, 873–876.

---

114. Staatenbund, Einheitsstaat und Bundesstaat

a) Wie unterscheiden sich Staatenbund, Einheitsstaat und Bundesstaat?
b) Nennen Sie historische Beispiele für deutsche Bundesstaaten, Staatenbünde und Zentralstaaten!
c) Wie wird die Europäische Union nach der Rechtsprechung des BVerfG in diese Kategorien eingeordnet?

a) Beim Staatenbund sind nur die einzelnen Glieder Staaten, nicht aber die zentrale Ebene. Beim Einheitsstaat hingegen kommt nur der Zentralebene Staatsqualität zu, die einzelnen Glieder sind lediglich mehr oder minder verselbstständigte Verwaltungseinheiten/Provinzen. Bei einem Bundesstaat schließlich sind sowohl die Gliedstaaten als auch der Zentralstaat selbst als Staaten anzusehen.

b) Einen Bundesstaat stellten das Deutsche Kaiserreich und die Weimarer Republik dar, einen Staatenbund bildete der Deutsche Bund von 1815. Als Zentralstaat kann man die nationalsozialistische Herrschaftsordnung seit Übergang der Länderkompetenzen auf das Reich im Jahr 1934 bis zum Zusammenbruch 1945 betrachten und die DDR von der Abschaffung der Länder 1952 bis zu deren Neugründung 1990.

c) Das BVerfG (E 89, 155 (186)) bezeichnet die Europäische Union als Staatenverbund. Damit wird zum Ausdruck gebracht, dass die EU mehr als ein Staatenbund, aber weniger als ein Bundesstaat ist.

115. Staatlichkeit der deutschen Länder

a) Sind die deutschen Länder Staaten?
b) Sind die Länder in ihrem Bestand garantiert?
c) Wie viele Länder muss es nach dem Grundgesetz geben? Wie viele darf es höchstens geben?
d) Kommt auch den Gemeinden Staatsqualität zu?

a) Dafür müssen sie die Merkmale der 3-Elementen-Lehre erfüllen. Die Länder verfügen über ein eigenes Gebiet, eine eigene Bevölkerung und originäre, dh selbst organisierte, nicht abgeleitete Hoheitsgewalt. Sie stellen deshalb Staaten dar. Davon zu unterscheiden ist die Völkerrechtssubjektivität der Länder, die auf Grund ihrer durch Art. 32 III GG eingeschränkten völkerrechtlichen Vertragsfähigkeit nur in begrenztem Umfang gegeben ist.

b) Hier ist zu differenzieren: Die derzeit bestehenden Länder sind in ihrem konkreten Bestand nur innerhalb der Vorgaben des Art. 29 GG garantiert. Durch Verfassungsänderung könnte auch Art. 29 GG in der Weise verändert werden, dass eine Länderneugliederung erleichtert würde. Eine Abschaffung aller Länder generell kann weder durch einfaches Bundesgesetz noch im Wege einer Verfassungsänderung erfolgen (Art. 79 III GG).

c) Ausdrückliche Unter- und Obergrenzen der Anzahl an Ländern legt das Grundgesetz nicht fest. Die Länder wirken aber gemäß Art. 50 GG über den Bundesrat an der Willensbildung des Bundes mit, was die Herstellung von Mehrheiten im Bundesrat und damit wenigstens drei Länder erfordert. Im Übrigen ist den Einwohnerschwellenwerten in Art. 51 II GG und der historischen Auslegung des GG eine Absage an die frühere deutsche Kleinstaaterei zu entnehmen, so dass die Anzahl der Länder jedenfalls nicht wesentlich über die jetzt bestehenden 16 hinaus erhöht werden darf.

d) Nein. Zwar kann man auch von einem Gemeindegebiet sowie einer Gemeindebevölkerung sprechen, und es besteht auch eine gemeindliche Verwaltung, aber die Gemeinden sind nicht selbst organisiert, sondern in ihrer rechtlichen Entstehung und in ihrem Bestand von den Ländern als übergeordneten Hoheitsträgern abhängig. Vgl. die Bestimmungen in den Gemeindeordnungen bzw. Kommunalverfassungen über die Bildung, Änderung und Auflösung von Gemeinden durch Landesgesetz.

116. Kompetenzverteilung zwischen Bund und Ländern

a) Welche Normen des Grundgesetzes wiederholen und konkretisieren die in Art. 30 GG getroffene grundsätzliche Verteilung der Kompetenzen zwischen Bund und Ländern?
b) Liegt nach der grundgesetzlichen Kompetenzverteilung jeweils der Schwerpunkt der Kompetenzen in Gesetzgebung, Verwaltung und Rechtsprechung beim Bund oder bei den Ländern?

a) Hier sind vier Normen zu nennen, und zwar Art. 70 GG für die Gesetzgebung, Art. 83 GG für die Verwaltung, Art. 92 GG für die Rechtsprechung sowie Art. 104a I GG für die finanziellen Folgen der Aufgabenwahrnehmung.

b) Zwar geht das Grundgesetz von einer Landeskompetenz im Regelfall aus, enthält aber für den Bereich der Gesetzgebung so zahlreiche Ausnahmen, dass in diesem Bereich der Bund dominiert. Für Verwaltung und Rechtsprechung bleibt es im Schwerpunkt bei den Landeszuständigkeiten. Als Folge davon tragen die Länder gemäß Art. 104a I GG die Zweckausgaben, sofern nicht eine der Ausnahmen nach Art. 104a II, III GG eingreift.

117. Vertikale Gewaltenteilung

Erläutern Sie den Zusammenhang von Bundesstaat und Gewaltenteilung!

Gewaltenteilung findet nicht nur auf horizontaler Ebene zwischen Legislative, Exekutive und Judikative statt, sondern auch in vertikaler Hinsicht zwischen Bund und Ländern. So liegt der Schwerpunkt der Gesetzgebungsbefugnisse beim Bund, das Schwergewicht der Verwaltung aber bei den Ländern. Dabei stehen beide Ebenen der Staatlichkeit nicht isoliert nebeneinander, sondern es erfolgen vielfältige Einwirkungen. Die Länder gestalten über den Bundesrat Gesetzgebung und Verwaltung des Bundes mit, die Bundesregierung wirkt über den Erlass von Verwaltungsvorschriften mit Zustimmung des Bundesrates (Art. 84 II; 85 II GG) und die Erteilung von Weisungen (Art. 84 V; 85 III GG) in die Verwaltung der Länder hinein. Siehe *Schodder,* Föderative Gewaltenteilung in der Bundesrepublik Deutschland, 1998.

118. Bundestreue

a) Was versteht man unter dem Grundsatz bundesfreundlichen Verhaltens, welche Pflichten ergeben sich daraus und wo ist er verankert?
b) Wie wird die Einhaltung des bundesfreundlichen Verhaltens bei internationalen Verträgen gewährleistet? Welche Rechtsnatur hat diese Absprache?
c) Die von der A-Partei geführte Bundesregierung nimmt ausschließlich mit den ebenfalls von der A-Partei regierten Ländern Verhandlungen über ein neues Forschungsförderungsprogramm (vgl. Art. 91b GG) auf. Mit Recht?
d) Welcher privatrechtlichen Pflicht ist der Grundsatz der Bundestreue vergleichbar?

a) Der Grundsatz bundesfreundlichen Verhaltens, auch Bundestreue genannt, verpflichtet Bund und Länder zueinander sowie die Länder untereinander, bei der Wahrnehmung ihrer Kompetenzen auf die Interessen des jeweils anderen Rücksicht zu nehmen. Dies erfordert die Unterlassung drittschädigender Maßnahmen, zB keine Abtretung von Länderkompetenzen auf die europäische Ebene durch den Bund ohne Zustimmung der Länder (s. nun Art. 23 GG), ausnahmsweise auch ein Tun, zB rechtsaufsichtliches Einschreiten durch die Länder gegen Kommunen, die durch Volksbefragungen über die Stationierung von Atomwaffen in Bundeskompetenzen eingreifen. Über diese mäßigende Funktion hinaus ist dieses Prinzip grds. nicht geeignet, neue Kompetenzen zu begründen. Dieser Grundsatz ist nicht ausdrücklich im Grundgesetz verankert, ergibt sich aber aus dem Bundesstaatsprinzip in seiner grundgesetzlichen Ausprägung. Siehe *Bauer,* Die Bundestreue, 1992, sowie *Bayer,* Die Bundestreue, 1961.

b) Die Interessen von Bund und Ländern bei internationalen Verträgen werden durch das zwischen Bund und Ländern abgeschlossene sog. Lindauer Abkommen/ Lindauer Absprache vom 14.11.1957 gewahrt. Danach bedarf der Abschluss einer völkerrechtlichen Vertrages, der Rechte und Interessen der Länder berührt, innerstaatlich der Zustimmung der betroffenen Länder. Die Rechtsnatur des Abkommens ist umstritten. Nach einer Auffassung ist es ein verfassungsrechtlicher Vertrag zwischen Bund und Ländern, was jedoch Verfassungsrecht außerhalb des Grundgesetzes begründete. Nach einer föderalistischen Sichtweise, die in Art. 32 III GG eine unabdingbare Vorschrift erblickt, ist das Abkommen verfassungswidrig, da auch in Angelegenheiten, die der Gesetzgebung der Länder unterliegen, der Bund zuständig ist. Nach der hM, der zentralistischen Sichtweise, stellt das Lindauer Abkommen eine zulässige Absprache zwischen Bund und Ländern dar, das Verfahren in Angelegenheiten des Art. 32 III GG in allgemeiner Form zu regeln.

c) Nein. Zwar erscheint es nicht zwingend, dass sich stets alle Länder an Vereinbarungen mit dem Bund beteiligen, gleichwohl gebietet der auch aus der Bundestreue folgende Grundsatz der Gleichbehandlung der Länder, dass der Bund zumindest allen Ländern in gleicher Weise die Möglichkeit zum Abschluss von Vereinbarungen eröffnet, vgl. BVerfGE 12, 205.

d) Der Grundsatz der Bundestreue weist auffällige Parallelen zu der im Privatrecht erörterten Treuepflicht auf. Diese wird allgemein bei Dauerschuldverhältnissen (vgl. § 314 BGB) anerkannt und tritt insbesondere im Verhältnis der Mitglieder einer juristischen Person untereinander und zu dieser juristischen Person in Erscheinung.

---

119. Musterentwürfe

Eine Konferenz der Landesinnenminister beschließt einstimmig den Musterentwurf eines Polizeigesetzes. Die Regierung des Landes A weigert sich, den Musterentwurf in den Landtag einzubringen, der Landtag des Landes B beschließt das Polizeigesetz in einer vom Musterentwurf deutlich abweichenden Form. Das Land C strengt ein Verfahren vor dem BVerfG mit dem Ziel an, A und B zur Verabschiedung der Polizeigesetze entsprechend dem Musterentwurf zu zwingen. Verspricht dieses Vorgehen Erfolg?

Hier kommt nur ein Länderstreit nach Art. 93 I Nr. 4, Var. 2 GG; §§ 13 Nr. 8; 71 I Nr. 2; 72 BVerfGG in Betracht. Ein Antrag auf Verabschiedung des Polizeigesetzes entsprechend dem Musterentwurf ist von vornherein aussichtslos (und damit bereits unzulässig), weil bei Erfolg eines solchen Antrags das Gesetzgebungsrecht der Landtage in ihrem Kernbestandteil ausgehöhlt würde, was Art. 28 I 2 GG widerspräche. Allenfalls könnte der Antrag gegen das Land A, vertreten durch seine

Landesregierung, Erfolg haben, den Musterentwurf als Gesetzentwurf in den Landtag einzubringen. Dann müsste dem Konferenzbeschluss Rechtswirkung zukommen (str.), und das BVerfG spräche gemäß § 72 I Nr. 2 BVerfGG eine Verpflichtung zur Einbringung des Entwurfs aus. Siehe *Ossenbühl,* SKV 1966, 297 ff.; *Scholler,* ZRP 1976, 270 ff.

f) Umweltschutz

Literatur: *Ekardt,* Das Prinzip Nachhaltigkeit, 2005; *Kloepfer,* Umweltrecht, 4. Auflage, 2016; *ders.,* Umweltschutzrecht, 2. Auflage, 2011; *Koch,* Umweltrecht, 4. Auflage, 2014.

120. Umweltschutz als Staatszielbestimmung

Der X wohnt 5 km von einem Atomkraftwerk entfernt, in dessen Nähe bereits zahlreiche Menschen an Leukämie erkrankt sind.
a) Kann X gestützt auf Art. 20a GG die sofortige Abschaltung des Atomkraftwerks verlangen?
b) Auf welche Weise können die Rechte der möglicherweise von Erbgutschädigungen betroffenen späteren Kinder und Kindeskinder des noch kinderlosen X bereits jetzt geltend gemacht werden?

a) Nein. Art. 20a GG ist kein Grundrecht, sondern nur eine Staatszielbestimmung. Sollte aber tatsächlich ein kausaler Zusammenhang zwischen dem Atomkraftwerk und den Leukämieerkrankungen nicht auszuschließen sein, kommt ggf. ein Anspruch auf staatliches Einschreiten unter dem Gesichtspunkt der Schutzpflicht für Leben und Gesundheit nach Art. 2 II GG in Betracht.

b) Die deutsche Rechtsordnung sieht derzeit keine Möglichkeit vor, die Rechte zukünftiger Generationen gerichtlich geltend zu machen. Insbesondere gibt es keine Prozessstandschaft oder ein entsprechendes Verbandsklagerecht. Staatsorgane trifft aber nach Art. 20a GG die objektiv-rechtliche Verpflichtung, bei ihren Entscheidungen die Rechte zukünftiger Generationen zu berücksichtigen.

121. Tierschutz

Bevor im Jahr 2002 Art. 20a GG um den Schutz der Tiere erweitert wurde, war der Tierschutz bereits in Art. 74 I Nr. 20 GG erwähnt. Was hat sich durch die Ergänzung des Art. 20a GG geändert?

Vor der Grundgesetzergänzung des Jahres 2002 (BGBl. I S. 2862) war umstritten, ob der bloß im Rahmen der Gesetzgebungszuständigkeiten erwähnte Tierschutz in der Lage sei, Grundrechte, wie beispielsweise die Forschungsfreiheit des Art. 5 III GG, einzuschränken. Mit der Erweiterung des Art. 20a GG ist der Tierschutz zu einer Staatszielbestimmung geworden und stellt damit unbestritten ein Rechtsgut mit Verfassungsrang dar, welches Grundrechte einschränken kann.

122. Tiere als Rechtsobjekte

Haben Tiere Rechte und wie werden Interessen von Tieren allgemein berücksichtigt?

Nein. Tiere können keine Rechte haben, da sie nicht Rechtssubjekte sind, sondern Rechtsobjekte. Zwar sind sie keine Sachen, werden aber wie solche behandelt, § 90a BGB. Interessen von Tieren werden rechtlich dadurch berücksichtigt, dass den Personen, die mit Tieren zu tun haben, bestimmte Pflichten auferlegt werden (zB Verbot der Misshandlung). Siehe das Tierschutzgesetz. Besonders artwidrige, aber der gesetzlichen Regelung noch entsprechende Zustände der Tierhaltung können jedoch auch zur Verfassungswidrigkeit einer Norm führen. Vgl. BVerfGE 127, 293.

4. Normenhierarchie und Verfassungsänderung

a) Normenhierarchie

Literatur: *Hofmann*, Normenhierarchien im europäischen Gemeinschaftsrecht, 2000; *Lepsius*, Normenhierarchie und Stufenbau der Rechtsordnung, JuS 2018, 950–954; *Reiners*, Die Normenhierarchie in den Mitgliedstaaten der Europäischen Gemeinschaften, 1971; *Ruffert*, Vorrang der Verfassung und Eigenständigkeit des Privatrechts, 2001; *Th. Schmidt*, Der Stufenbau der Rechtsordnung (erscheint in Jura 2019).

123. Normenhierarchie

Ordnen Sie die folgenden Normen nach ihrer Rangstufe beginnend mit der höchstrangigen Norm: einfaches Bundesgesetz, Grundgesetz, einfaches Landesgesetz, Landesverfassung!

Das Grundgesetz geht einem einfachen Bundesgesetz gemäß Art. 20 III GG vor, dieses einer Landesverfassung nach Art. 31 GG und jene schließlich einem einfachen Landesgesetz nach Maßgabe der jeweiligen landesverfassungsrechtlichen Bestimmungen.

124. Stellung der Landesverfassungen in der Normenhierarchie

a) Nimmt eine Rechtsverordnung des Bundes oder eine Landesverfassung einen höheren Rang ein?
b) Gehen die Grundrechte in einer Landesverfassung oder ein Bundesgesetz vor?

a) Wie sich aus Art. 31 GG ergibt, geht grds. Bundesrecht jeder Rangstufe Landesrecht jeder Ebene vor. Deshalb ist eine Bundesrechtsverordnung höherrangig als eine Landesverfassung.

b) Auch hier geht das Bundesgesetz vor. Art. 142 GG erhebt Grundrechte in einer Landesverfassung nicht in den Rang von Bundesgrundrechten, sondern stellt lediglich die Landeskompetenz zur Normierung dieser Grundrechte klar. Siehe BVerfGE 96, 345 sowie Frage 160.

125. Abweichungsgesetzgebung

Welche Ausnahme von dem Vorrang des Bundesrechts gegenüber dem Landesrecht kennt das Grundgesetz?

Nach Art. 72 III GG nF können die Länder in den dort aufgeführten Sachgebieten der konkurrierenden Gesetzgebungskompetenz – außerhalb eines etwaigen abweichungsfesten Kerns – vom Bundesgesetz divergierende Regelungen treffen (Überleitungsrecht: Art. 125b I GG). Dann gilt gemäß Art. 72 III 3 GG nF der Grundsatz lex posterior derogat legi priori und nicht lex superior derogat legi inferiori. Eine vergleichbare Regelung trifft Art. 84 I 2–4 GG nF für das Verwaltungsverfahren (Überleitungsrecht: Art. 125b II GG; hier kann jedoch der Bund nach Art. 84 I 5, 6 GG die Abweichungsmöglichkeit der Länder mit Zustimmung des Bundesrates ausschließen).

126. „Ping-Pong-Gesetzgebung"

Der Bund erlässt ein neues Bundeshochschulgesetz, das auch Handwerksmeistern ohne Abitur, aber mit fünf Jahren Berufserfahrung den Zugang zu den Universitäten eröffnet. Das Land X fürchtet um gewohnte Qualitätsstandards und beschließt sieben Monate später ein Landeshochschulgesetz, das am Abitur als Zugangsvoraussetzung festhält.
a) Kann Handwerksmeister M ohne Abitur im Land X ein Medizinstudium aufnehmen?
b) Der Bund beschließt daraufhin erneut das Bundeshochschulgesetz mit unverändertem Inhalt. Ändert sich etwas für M?

a) Nein. Gemäß Art. 72 III 3 GG geht das Landeshochschulgesetz vor.

b) Ja. Das (zweite) Bundeshochschulgesetz geht gemäß Art. 72 III 3 GG vor; in Kraft treten kann es jedoch frühestens sechs Monate nach Verkündung (Art. 72 III 2 GG). Theoretisch könnte das Land X nunmehr erneut eine abweichende Regelung erlassen; in der Praxis dürften jedoch politische Gründe eine solche „Ping-Pong-Gesetzgebung" ausschließen.

127. Landesrechtsverordnungen auf Grund von Bundesgesetzen

Ein Bundesgesetz ermächtigt die Landesregierung zum Erlass einer Rechtsverordnung. Die daraufhin erlassene Verordnung verstößt in Teilen gegen die Landesverfassung. Ist insoweit die Verordnung oder ist die Landesverfassung unwirksam?

Die Rechtsverordnung ist insoweit wegen Verstoßes gegen die Landesverfassung unwirksam. Sie nimmt einen geringeren Rang ein als die Landesverfassung, obgleich sie aufgrund eines Bundesgesetzes erlassen wurde. Der Rang einer Rechtsnorm beurteilt sich nach dem erlassenden Organ, nicht nach der Ermächtigungsgrundlage. Davon unabhängig ist aber die Frage zu prüfen, ob nicht die Landesverfassung ihrerseits gegen das Bundesgesetz verstößt.

128. Konflikt zwischen Rechtsverordnung und Satzung

Eine kommunale Satzung und eine Rechtsverordnung des Landes stehen in Widerspruch zueinander. Welche Regelung nimmt den höheren Rang ein?

Nach Art. 28 II 1 GG können die Gemeinden alle Angelegenheiten der örtlichen Gemeinschaft im Rahmen der Gesetze regeln. Weil hier Gesetze im materiellen Sinne (s. Frage 62) gemeint sind, ist die Rechtsverordnung des Landes höherrangig.

129. Rang der fortgeltenden Artikel der Weimarer Reichsverfassung

Welchen Rang nehmen die Art. 136–139; 141 WRV ein, auf die in Art. 140 GG Bezug genommen wird?

Diese Vorschriften bekleiden den gleichen Rang wie die Norm des Art. 140 GG, der sie in das Grundgesetz inkorporiert. Folglich können sie auch in Konkurrenz zu anderen Bestimmungen des Grundgesetzes treten, zB stellt Art. 136 I WRV nach teilweise vertretener Ansicht einen Gesetzesvorbehalt des Grundrechts der Religions- und Weltanschauungsfreiheit aus Art. 4 I, II GG dar.

130. Normenhierarchie im Haushaltsrecht

Eine neu erlassene Vorschrift der Bundeshaushaltsordnung (BHO) verstößt gegen eine ältere Bestimmung des Haushaltsgrundsätzegesetzes (HGrG). Welche bundesgesetzliche Vorschrift ist wirksam (vgl. Art. 109 GG)?

An sich ginge nach dem Grundsatz lex posterior derogat legi priori die neu erlassene Vorschrift der Bundeshaushaltsordnung der älteren Bestimmung des Haushaltsgrundsätzegesetzes vor. Art. 109 IV GG bestimmt jedoch, dass in dem HGrG für Bund und Länder gemeinsam geltende Grundsätze des Haushaltsrechts aufgestellt werden. Eine Selbstbindung des Bundes an das von ihm einst selbst erlassene HGrG kann nur sichergestellt werden, wenn diesem auf Grund der ausdrücklichen verfassungsrechtlichen Anordnung in Art. 109 IV GG ein höherer Rang als sonstigen Bundesgesetzen zuerkannt wird. Allerdings könnte der Bundesgesetzgeber jederzeit das HGrG selbst ändern – jedoch nur mit Wirkung zugleich auch für die Länder.

131. Anwendungsbereich des Art. 31 GG

Welcher Anwendungsbereich kommt Art. 31 GG zu?

Der Anwendungsbereich des Art. 31 GG ist entgegen dem ersten Anschein sehr gering. Denn diese Kollisionsentscheidungsnorm kommt nur zum Tragen, wenn keine Kollisionsvermeidungsnorm eingreift. Kollisionsvermeidungsnormen sind aber alle Vorschriften, die Kompetenzen an den Bund oder die Länder zuweisen, insbesondere die Art. 30; 70; 83; 92 GG. Der Hauptanwendungsfall des Art. 31 GG liegt vor, wenn der Bund von einer konkurrierenden Gesetzgebungskompetenz Gebrauch macht, nachdem zuvor die Länder entsprechende Gesetze erlassen haben. Siehe *März*, Bundesrecht bricht Landesrecht, 1989.

132. Rang des Völkerrechts im deutschen Recht

a) Ordnen Sie die allgemeinen Regeln des Völkerrechts nach Art. 25 GG in die Normenhierarchie ein!
b) Welchen Rang nehmen völkerrechtliche Verträge des Bundes ein und wie wirkt es sich normhierarchisch aus, wenn allgemeine Regeln des Völkerrechts in einem völkerrechtlichen Vertrag festgehalten werden?
c) Welchen Rang innerhalb der Normenhierarchie nimmt die Europäische Menschenrechtskonvention ein und welche praktische Bedeutung kommt ihr in der Bundesrepublik Deutschland zu?

a) Art. 25 S. 1 GG zählt diese Regeln zum Bestandteil des Bundesrechts, so dass sie in ihrem Rang unterhalb des Grundgesetzes stehen. Art. 25 S. 2 GG bestimmt ihren Vorrang vor den Gesetzen. Im Ergebnis nehmen die allgemeinen Regeln des Völkerrechts damit eine Zwischenstufe zwischen Grundgesetz und Bundesgesetzen ein.

b) Völkerrechtliche Verträge stehen auf der Ebene von Bundesgesetzen, da sie nach Art. 59 II 1 GG der Zustimmung der gesetzgebenden Körperschaften in Form eines Bundesgesetzes bedürfen. Soweit durch den Vertrag lediglich allgemeine Regeln des Völkerrechts verschriftlicht werden (zB das Wiener Abkommen über das Recht der völkerrechtlichen Verträge, BGBl. 1985 II S. 927), bleibt deren Vorrang nach Art. 25 GG trotz der vertraglichen Regelung erhalten, denn die verbesserte völkerrechtliche Absicherung kann nicht zu einer schwächeren innerstaatlichen Geltung führen.

c) Nach deutscher Auffassung nimmt die Europäische Menschenrechtskonvention grds. den Rang eines einfachen Bundesgesetzes ein, vgl. *Grabenwarter/Pabel*, Europäische Menschenrechtskonvention, 5. Auflage, 2012, § 3, Rn. 5 ff. Hingegen wird ihr in Österreich Verfassungsrang eingeräumt, siehe *Grabenwarter/Pabel*, a. a. O., Rn. 2. Dies überzeugt mehr, denn in Fortsetzung der herrschenden deutschen Auffassung könnte die EMRK durch jedes einfache Bundesgesetz auch konkludent geändert werden. Diese Folge mag indes durch eine konventionsfreundliche Auslegung später ergangener deutscher Gesetze abgeschwächt werden. Die praktische

Bedeutung der EMRK als subsidiärem Sicherungsnetz für Grundrechte ist in der Bundesrepublik Deutschland angesichts der umfassenden grundgesetzlichen Grundrechtsgewährleistungen derzeit gering. Oftmals herangezogen wird allerdings die Unschuldsvermutung (in dubio pro reo) des Art. 6 II EMRK, da es im übrigen Bundesrecht an einer ausdrücklichen gesetzlichen Normierung fehlt. Das BVerfG (E 111, 307) betont nunmehr, dass zur Bindung an Gesetz und Recht gemäß Art. 20 III GG auch die Berücksichtigung der EMRK im Rahmen methodisch vertretbarer Gesetzesauslegung gehöre. Auf diesem Umweg kann die EMRK zumindest teilweise an den Schutzwirkungen des Rechtsstaatsprinzips partizipieren. So kann bspw. das Recht auf Achtung des Privatlebens nach Art. 8 EMRK der Ausweisung eines Ausländers aus Deutschland entgegenstehen.

133. Unverletzlichkeit der Diplomaten

Nachdem Diplomaten ausländischer Staaten in der Bundesrepublik Deutschland wiederholt Verkehrsunfälle verschuldeten, bei denen mehrere Menschen getötet wurden, werden durch das „Diplomatenstrafgesetz" die §§ 18–21 GVG aufgehoben. Muss Botschafter B, der bei einem von ihm verursachten Verkehrsunfall den Radfahrer R getötet hat, mit einer Bestrafung nach § 222 StGB rechnen?

Nein. Grundsätzlich kann zwar das jüngere Diplomatenstrafgesetz als lex posterior die älteren §§ 18–21 GVG als leges priores aufheben, selbst wenn die Bundesrepublik Deutschland dadurch gegen das Wiener Übereinkommen über diplomatische Beziehungen vom 18.4.1961 (BGBl. 1964 II S. 957) als völkerrechtlichen Vertrag verstoßen sollte. Der Grundsatz der Unverletzlichkeit der Diplomaten zählt aber zusätzlich zu seiner Normierung in der Wiener Konvention auch zu den allgemeinen Regeln des Völkerrechts und geht deshalb nach Art. 25 S. 2 GG dem Diplomatenstrafgesetz vor. Weil das Diplomatenstrafgesetz danach unwirksam ist, verbleibt es bei der Exterritorialität nach §§ 18–21 GVG.

134. Rechtswidrigkeit und Nichtigkeit

a) Welche Rechtsfolge hat der Verstoß einer Norm gegen höherrangiges Recht?
b) Wie ist das bei rechtswidrigen Verwaltungsakten?
c) Wie sieht es bei einem rechtswidrigen Urteil aus?

a) Verstößt ein Normgeber gegen die ihn treffende Verhaltenspflicht, nur im Einklang mit höherrangigen Vorschriften stehende Regelungen zu erlassen, führt dies zwar zur Rechtswidrigkeit – häufig zur Verfassungswidrigkeit – der Norm, entgegen weit verbreiteter Ansicht aber nicht in Anlehnung an § 134 BGB automatisch zu deren Nichtigkeit. Vielmehr steht ein ganzes Spektrum abgestufter Sanktionsfolgen zur Verfügung, das von der schlichten Feststellung des Verstoßes gegen höherrangiges Recht über die fortbestehende Anwendbarkeit der Norm für einen Übergangszeitraum bis zu deren Nichtigkeit ex tunc reicht. Das BVerfG erklärt ein verfassungswidriges Gesetz insbesondere bei Gleichheitsverstößen mit Rücksicht auf die gesetzgeberische Gestaltungsfreiheit sowie zur Vermeidung einer äußerst aufwändigen Rückabwicklung von auf diesem Gesetz beruhenden Rechtsverhältnissen nicht ex tunc für nichtig. Siehe *Breuer,* DVBl. 2008, 555 ff.

b) Ein gegen höheres Recht verstoßender Verwaltungsakt ist grds. lediglich binnen Monatsfrist anfechtbar (§ 70 I VwGO), aber im Übrigen wirksam. Wird er nicht fristgerecht angefochten, erwächst er in Bestandskraft. Nur unter engen Voraussetzungen ist ein Wiederaufgreifen des Verwaltungsverfahrens möglich (§ 51 VwVfG). Nur wenn der Verwaltungsakt an einem besonders schweren Fehler leidet, ist er von Anfang an nichtig (§ 44 VwVfG) und löst insofern keine Rechtsfolge aus. Siehe *Breuer,* DVBl. 2008, 555 ff.; *Domke,* Rechtsfragen der Bestandskraft von Verwaltungsakten, 1989; *Ipsen,* DV 1984, 169 ff.; *Steiner,* VerwArch 1992, 479 ff.

c) Auch rechtswidrige Urteile sind wirksam und können in Rechtskraft (vgl. für den Zivilprozess §§ 322; 705 ZPO) erwachsen, wenn sie nicht rechtzeitig mit Rechtsmitteln angefochten werden. Auch hier ist nur unter engen Voraussetzungen ein Wiederaufgreifen des Prozesses möglich. Siehe *Musielak,* NJW 2000, 3593 ff.; *Reischl,* Die objektiven Grenzen der Rechtskraft im Zivilprozess, 2002.

135. Geltungs- und Anwendungsvorrang

a) Erklären Sie den Unterschied zwischen Geltungs- und Anwendungsvorrang!
b) Was ist der wichtigste Fall des Anwendungsvorrangs?

a) Kommt einer höherrangigen Norm Geltungsvorrang zu, wie es der Regelfall ist, so sind alle entgegenstehenden Normen nach hM (s. aber Frage 134) bereits bei abstrakter Betrachtung nichtig. Genießt die höherrangige Norm lediglich Anwendungsvorrang, so ist sie im Konfliktfall vorrangig heranzuziehen, die niederrangige Norm bleibt im konkreten Fall unberücksichtigt, aber weiterhin rechtlich wirksam.

b) Wichtigster Fall des Anwendungsvorrangs ist derjenige des Europarechts vor dem nationalen Recht. Bei Fällen mit europarechtlichem Bezug bleibt entgegenstehendes nationales Recht unberücksichtigt, aber weiterhin wirksam. Bei Fällen ohne europarechtlichen Einschlag sind ausschließlich die nationalen Regelungen heranzuziehen; dies kann zu einer sog. Inländerdiskriminierung (vgl. *Hammerl,* Inländerdiskriminierung, 1997; *Oppermann,* Europarecht, Rn. 1522) führen. Nach der Neufassung des Art. 72 III 3 GG wird man auch bei dem dort geregelten Konflikt zwischen Bundes- und Landesrecht von einem Anwendungsvorrang des späteren Gesetzes auszugehen haben. Siehe *Heckmann,* Geltungskraft und Geltungsverlust von Rechtsnormen, 1997.

136. Innen- und Außenrecht

a) Worin liegt der Unterschied zwischen Regelungen des Innen- und des Außenrechts?

b) Nennen Sie Regelungen des Innenrechts!

a) Regelungen des Innenrechts wirken nur innerhalb des erlassenden Hoheitsträgers, während Regelungen des Außenrechts Außenwirkung im Verhältnis zum Bürger entfalten.

b) Regelungen des Innenrechts sind unter anderem die Geschäftsordnungen der Verfassungsorgane (Art. 40 I 2; 52 III 2; 53a I 4; 65 S. 4; 77 II 2 GG), die Verwaltungsvorschriften (Art. 84 II; 85 II 1; 86 S. 1 GG) sowie die Weisungen (Art. 84 V; 85 III GG). Siehe *Freund,* Innenrecht und Außenrecht, 1984.

Übersicht 5: Normenhierarchie

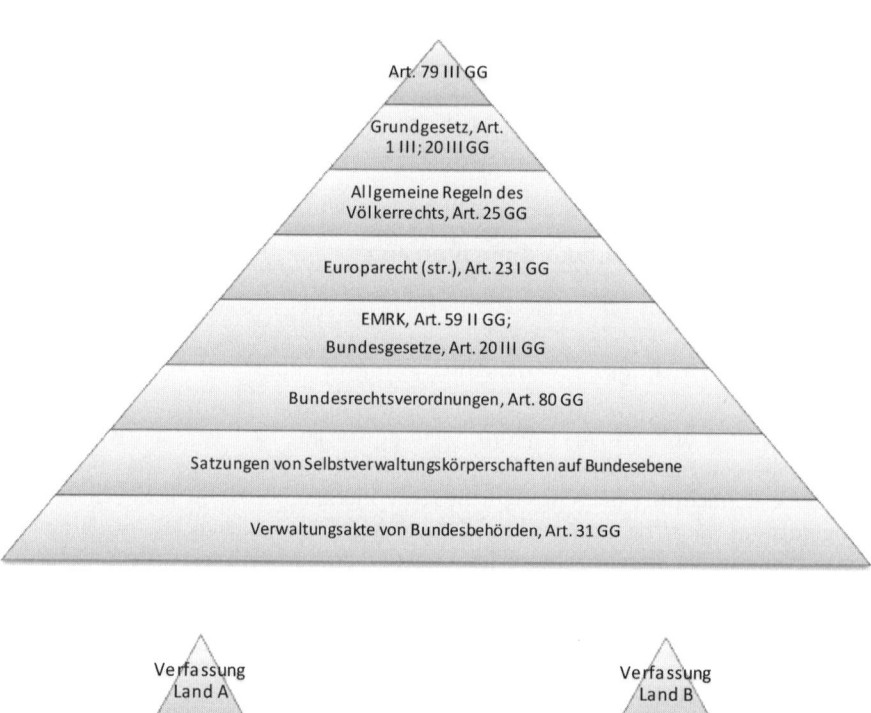

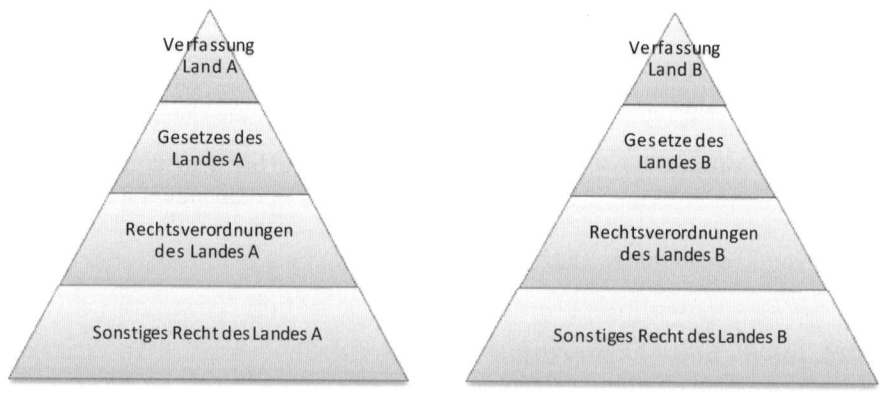

b) Verfassungsänderung

Literatur: *Masing,* Zwischen Kontinuität und Diskontinuität: Die Verfassungsänderung, Der Staat 44 (2005), 1–17; *Unruh,* Der Verfassungsbegriff des Grundgesetzes, 2002; *Winterhoff,* Verfassung – Verfassungsgebung – Verfassungsänderung, 2007.

137. Verfassungskern und Verfassungsänderung

a) Ist innerhalb des Grundgesetzes ein Bestandteil an Normen noch besonders hervorgehoben?
b) Welche formellen und materiellen Besonderheiten sind bei verfassungsändernden Gesetzen zu beachten?

a) Ja. Die in Art. 79 III GG festgelegten Grundsätze sind jeglicher Verfassungsänderung entzogen (sog. Ewigkeitsklausel). Hier hat der Verfassungsgeber, le pouvoir constituant, den Verfassungsgesetzgeber, le pouvoir constitué, gebunden. Die Unterscheidung zwischen pouvoir constituant und pouvoir constitué geht auf *Emmanuel Sieyès* (1748–1836) zurück und wurde von *Carl Schmitt,* Verfassungslehre, 1928, verfassungsdogmatisch fruchtbar gemacht.

b) Ein verfassungsänderndes Gesetz bedarf in formeller Hinsicht gemäß Art. 79 II GG der Zustimmung von zwei Dritteln der Mitglieder des Bundestages und zwei Dritteln der Stimmen des Bundesrates und muss nach Art. 79 I 1 GG den Wortlaut des Grundgesetzes ausdrücklich ändern oder ergänzen. In materieller Hinsicht darf es laut Art. 79 III GG die Gliederung des Bundes in Länder, die grundsätzliche Mitwirkung der Länder an der Gesetzgebung oder die in den Art. 1 und 20 GG niedergelegten Grundsätze nicht berühren. Siehe: *Hain,* Die Grundsätze des Grundgesetzes, 1999.

138. Kompetenz-Kompetenz

a) Was versteht man unter der Kompetenz-Kompetenz?
b) Wem kommt die Kompetenz-Kompetenz nach dem Grundgesetz zu?
c) Besitzt die Europäische Union die Kompetenz-Kompetenz nach EUV oder AEUV?

a) Die Kompetenz-Kompetenz bezeichnet die Befugnis, die eigenen Kompetenzen selbst zu erweitern.

b) Gemäß Art. 79 GG kommt sie im Bund-Länder-Verhältnis dem Bund zu und wird im Wege der Verfassungsänderung durch Zusammenwirken von Bundestag und Bundesrat ausgeübt. Siehe *Lerche,* Die Kompetenzkompetenz und das Maastricht-Urteil des BVerfG, in: Ausgewählte Abhandlungen, 2004, S. 492 ff.

c) Nein. Gemäß dem Grundsatz der beschränkten Einzelermächtigung ist die EU nicht in der Lage, hoheitlich tätig zu werden, wenn die Mitgliedstaaten sie nicht explizit in den europarechtlichen Verträgen dazu ermächtigt haben.

139. Rang des Widerstandsrechts

Art. 20 IV GG wurde erst durch Verfassungsänderung des Jahres 1968 in das Grundgesetz eingefügt. Hat diese Bestimmung auch Anteil an dem durch Art. 79 III GG vermittelten Schutz?

Nein. Denn Art. 79 III GG kann sich nur auf die im Zeitpunkt des Erlasses des Grundgesetzes in Art. 20 GG niedergelegten Grundsätze beziehen. Anderenfalls könnte der spätere verfassungsändernde Gesetzgeber durch Aufnahme weiterer Grundsätze in Art. 20 GG (oder in Art. 1 GG) den Inhalt der Unabänderlichkeitsgarantie neu bestimmen. Es hinge dann vom Zufall ab, ob eine neue Verfassungsbestimmung in Art. 20 GG aufgenommen und fortan nicht mehr geändert werden könnte oder ob sie an anderer Stelle innerhalb des Grundgesetzes ihren Platz fände und der Änderung offen stände. Art. 79 III GG ist also so zu lesen, dass er sich nur auf die im Jahr 1949 bereits vorhandenen Absätze 1 bis 3 des Art. 20 GG bezieht; Art. 20 IV GG kann folglich jederzeit wieder aufgehoben werden. Siehe *Anding,* Das Spannungsverhältnis zwischen Art. 20 IV GG und Art. 79 III GG, 1973; *Isensee,* Das legalisierte Widerstandsrecht, 1969; *Schneider,* Widerstand im Rechtsstaat, 1969.

140. Senatsmodell

Könnte der Bundesrat durch eine Grundgesetzänderung abgeschafft werden?

Ja. Art. 79 III GG verlangt nur die grundsätzliche Mitwirkung der Länder an der Gesetzgebung des Bundes. Diese könnte auch in anderen Formen als durch den Bundesrat erfolgen, etwa durch ein Senatsmodell oder durch Zustimmungs- und Einspruchsmöglichkeiten der Länderparlamente gegen Bundesgesetze. Siehe *Papier,* Es lohnt sich, das Senatsmodell zu diskutieren, StAnZ für Baden-Württemberg, 2003, Nr. 45 v. 17.11.2003, S. 3.

141. Verfassungswidriges Verfassungsrecht

a) Was versteht man unter „verfassungswidrigem Verfassungsrecht"?
b) Welche zwei Arten von verfassungswidrigem Verfassungsrecht lassen sich theoretisch unterscheiden und sind beide Arten existent?

a) Als verfassungswidriges Verfassungsrecht bezeichnet man eine in die Verfassung aufgenommene Vorschrift, die gegen den in Art. 79 III GG verankerten Kernbestand des Grundgesetzes verstößt. Präziser formuliert könnte man daher von verfassungs*kern*widrigem Verfassungsrecht sprechen.

b) Vom Zeitpunkt des Erlasses des GG aus betrachtet, lassen sich *nachträgliches* und *anfängliches* Verfassungsrecht unterscheiden. Anerkannt ist die Möglichkeit *nachträglichen* verfassungswidrigen Verfassungsrechts, wozu gelegentlich die erst im Zuge einer Verfassungsänderung aufgenommenen Art. 10 II 2; 143 nF; 146 nF GG gezählt werden. Rechtstheoretische und rechtsdogmatische Probleme bereitet hingegen *anfängliches* verfassungswidriges Verfassungsrecht, weil eine Verfassungsvorschrift, die bereits in der Ursprungsfassung des Grundgesetzes enthalten war, nur dann einen Verstoß gegen Art. 79 III GG darstellen könnte, wenn man dieser Bestimmung Vorgaben entnähme, an die auch der Parlamentarische Rat selbst bei der Grundgesetzgebung gebunden gewesen wäre. Dies liefe auf einen Selbstbezug hinaus, könnte aber ggf. durch Gesichtspunkte zulässiger Selbstbindung und Folgerichtigkeit gerechtfertigt werden. Gelegentlich wird Art. 139 GG als anfängliches verfassungswidriges Verfassungsrecht betrachtet. Siehe *Otto Bachof,* Verfassungswidrige Verfassungsnormen?, 1951.

142. Abänderbarkeit des Art. 79 III GG?

a) Kann Art. 79 III GG selbst Gegenstand einer Verfassungsänderung sein?
b) Ist dies rein logisch begründbar?

a) Nein. Zwar wird in Art. 79 III GG diese Norm selbst nicht ausdrücklich erwähnt, die Voraussetzung der Unantastbarkeit der in Art. 79 III GG aufgezählten Grundsätze ist aber, dass auch Art. 79 III GG selbst an dieser Unabänderlichkeitsgarantie teilhat. Anderenfalls könnte erst Art. 79 III GG geändert werden und in einem nächsten Schritt dann auch jeder sonstige Kernbestandteil der Verfassung. Vergleichbare Klauseln in Art. 20 III BremV, Art. 150 III HessV, Art. 129 III RheinlPfV erwähnen denn auch ausdrücklich ihre eigene Unabänderlichkeit. Vgl. *Röhl,* Allgemeine Rechtslehre, 3. Auflage, 2008, § 12 II.

b) Nein. Entweder nimmt man im Wege eines infiniten Regresses eine noch über Art. 79 III GG stehende Norm an, die verbietet, Art. 79 III GG zu verändern, welche dann aber ihrerseits abänderbar ist, sofern man über dieser nicht noch eine weitere Norm einführt usw., oder man lässt den logischen Ableitungszusammenhang an einer beliebigen Stelle abbrechen oder man sieht die Unabänderlichkeit in Art. 79 III GG selbst verankert, was auf einen Zirkelschluss hinausläuft. Es handelt sich damit um einen Fall des von *Hans Albert* (Kritische Vernunft, 5. Auflage, 1991, S. 11 ff.) sog. Münchhausen-Trilemmas. Siehe *Suber,* The Paradox of Self-Amendment, 1990.

143. Verfassungsgewohnheitsrecht

Worin liegt die Problematik des Verfassungsgewohnheitsrechts und welche gewohnheitsrechtlichen Grundsätze auf Verfassungsebene sind Ihnen bekannt?

Verfassungsgewohnheitsrecht kann gegen das Gebot der ausdrücklichen Wortlautänderung des Grundgesetzes nach Art. 79 I 1 GG verstoßen. Es kommt daher allenfalls zur Ergänzung, nicht zur Abänderung des Grundgesetzes in Betracht. Zu solchem verfassungsergänzenden Gewohnheitsrecht werden etwa der Grundsatz der Bundestreue (sofern man diese nicht im Bundesstaatsprinzip verankert sieht), die sachliche Diskontinuität von Bundestagsvorlagen bei Zusammentritt eines neuen Bundestages (Ausnahme bei Petitionen), die Einberufung des neuen Bundestages nach Art. 39 II GG durch den bisherigen Bundestagspräsidenten sowie das Recht der stärksten Parlamentsfraktion, den Bundestagspräsidenten zu stellen, gezählt. Siehe *Heinrich Amadeus Wolff*, Ungeschriebenes Verfassungsrecht unter dem Grundgesetz, 2000.

III. Staatsorganisationsrecht

1. Gewaltenteilung

Literatur: *Locke,* Two Treatises of Government, 1689; *Möllers,* Gewaltengliederung, 2005; *Montesquieu,* L'Esprit des Lois; *Starck,* Gewaltenteilung und Verfassungsgerichtsbarkeit, in: Fortschritte der Verfassungsgerichtsbarkeit in der Welt, Bd. 1, 2004, S. 117–131; *Voßkuhle/Kaufhold,* Grundwissen – Öffentliches Recht: Der Grundsatz der Gewaltenteilung, JuS 2016, 314–316; *Weber-Fas,* Freiheit durch Gewaltenteilung – Montesquieu und der moderne Verfassungsstaat, JuS 2005, 882–884.

---

144. Gewaltenteilung

a) Was bedeutet vertikale, was horizontale Gewaltenteilung?
b) Erläutern Sie die Begriffe organisatorische, funktionelle und personelle Gewaltenteilung!
c) Was bezweckt die Gewaltenteilung?

---

a) Die vertikale Gewaltenteilung bezeichnet die Aufteilung von Hoheitsfunktionen auf Bund (Zentralstaat) und Länder (Gliedstaaten) innerhalb eines Bundesstaates (Gesamtstaates) (s. Frage 283), die horizontale Gewaltenteilung erfasst die Verteilung von Hoheitsfunktionen auf verschiedene, jeweils auf derselben staatlichen Ebene stehende Stellen (sowohl auf Bundes- als auch auf Landesebene). Zumeist werden gesetzgebende (Legislative), vollziehende (Exekutive) und rechtsprechende (Judikative) Gewalt unterschieden.

b) Die organisatorische Gewaltenteilung bezeichnet die Errichtung verschiedener Organe, die funktionelle Gewaltenteilung die Zuweisung unterschiedlicher Aufgaben an diese Organe, die personelle Gewaltenteilung die fehlende personelle Identität der Organwalter, dh dass niemand gleichzeitig Mitglied mehrerer Organe sein darf.

c) Die Gewaltenteilung bezweckt die wechselseitige Kontrolle der Teilgewalten, die in ihrem Zusammen- und Gegeneinanderwirken ein Gleichgewicht („checks and balances") herstellen und damit den einzelnen Bürger gegenüber einer sonst übermächtigen Staatsgewalt schützen sollen. Dies ermöglicht zudem eine gewisse Spezialisierung der jeweiligen Organ- und Amtswalter.

---

145. Volkssouveränität

In Art. 20 II 1 GG heißt es: „Alle Staatsgewalt geht vom Volke aus." Widerspricht dies nicht dem Grundsatz der Gewaltenteilung?

Nein. Dies betrifft nur die Trägerschaft der Staatsgewalt. Davon ist aber die der Gewaltenteilung unterliegende Ausübung der Staatsgewalt zu trennen (vgl. Art. 20 II 2 GG).

146. Einschränkungen der Gewaltenteilung

In welchen Fällen wird die Gewaltenteilung dadurch abgeschwächt, dass eine Staatsgewalt Aufgaben ausübt, die materiell betrachtet an sich einer anderen Staatsgewalt zuzuordnen wären?

Jede der drei Staatsgewalten kann Aufgaben ausüben, die materiell betrachtet an sich einer anderen Gewalt zuzuordnen wären. Beispielhaft sind zu nennen:

(1) Der Gesetzgeber übt mit Feststellung des Haushaltsplans durch Haushaltsgesetz (Art. 110 II GG) materiell Verwaltungstätigkeit aus. Erlässt er ein Amnestiegesetz, greift er in den Bereich der Rechtsprechung ein.

(2) Die Verwaltung übt mit dem Erlass von Rechtsverordnungen (Art. 80 GG) und Satzungen (Art. 28 II GG) materiell Gesetzgebungstätigkeit aus. Der Verfolgung von Ordnungswidrigkeiten (§§ 35 ff. OWiG) wohnen rechtsprechende Züge inne.

(3) Bilden Gerichte das Recht fort oder kommt ihren Entscheidungen gar Gesetzeskraft zu (vgl. § 31 II BVerfGG), werden sie rechtsetzend tätig. Im Bereich der freiwilligen Gerichtsbarkeit üben sie Tätigkeiten vergleichbar einer Verwaltungsbehörde aus.

147. Inkompatibilitäten

Darf der Bundestagsabgeordnete B zugleich sein:
a) Bundespräsident?
b) Mitglied der Bundesversammlung?
c) Richter des BVerfG?
d) Bundesminister?
e) Mitglied des Vermittlungsausschusses?
f) Mitglied des Gemeinsamen Ausschusses?
g) Landesminister?
h) Abgeordneter des Europaparlaments?

a) Nein; vgl. Art. 55 I GG.

b) Ja. Hier ist er sogar kraft Amtes Mitglied gemäß Art. 54 III GG.

c) Nein; vgl. Art. 94 I 3 GG.

d) Ja. Darin zeigt sich die spezielle grundgesetzliche Ausprägung des parlamentarischen Regierungssystems.

e) Ja; vgl. Art. 77 II 1 GG.

f) Ja; siehe Art. 53a I 1 GG.

g) Dies ist zweifelhaft. Ein ausdrückliches Verbot findet sich im Grundgesetz nicht. Als Landesminister könnte B aber zugleich Mitglied des Bundesrates nach Art. 51 I GG sein. Damit würde er gleichzeitig beiden an der Gesetzgebung maßgeblich beteiligten Organen angehören und die Kontroll- und Korrekturfunktion des Bundesrates gegenüber dem Bundestag würde geschwächt. Als Folgeproblem ergäbe sich, ob B sowohl als Bundestagsabgeordneter wie auch als Bundesratsmitglied dem Gemeinsamen Ausschuss und dem Vermittlungsausschuss angehören könnte, so dass es jeweils zu einer Doppelmitgliedschaft käme. § 2 GOBRat ordnet mit nur bundesratsinterner Wirkung eine Inkompatibilität beider Ämter an.

h) Ja. Auf deutscher Rechtsebene äußert sich das Grundgesetz zu dieser Frage nicht, indes setzt § 5 II EuAbgG die Kompatibilität voraus. Auf europarechtlicher Ebene gestattet Art. 5 Direktwahlakt (BGBl. 1977 II S. 734) ausdrücklich die Doppelmitgliedschaft in dem nationalen und dem Europaparlament. In der Rechtspraxis nehmen die Doppelmitgliedschaften ab.

148. Gewaltenteilung auf Ebene der Europäischen Union

Welches europarechtliche Prinzip sichert die Gewaltenteilung auf Ebene der Europäischen Union ab?

Das Prinzip des institutionellen Gleichgewichts sichert die Gewaltenteilung auf Ebene der EU ab. Nach diesem Prinzip übt jedes Organ der EU seine Befugnisse unter Beachtung der Befugnisse der anderen Organe aus und es werden Verstöße gegen diesen Grundsatz geahndet. Siehe *Huber,* EuR 2003, 574 ff.

2. Bund und Länder

a) Parteien

Literatur: *Ipsen,* Das neue Parteienrecht, NJW 2002, 1909–1916.; *Mauersberger,* Die Freiheit der Parteien, 1994; *Milker,* Äußerungen von Hoheitsträgern im Wahlkampf und darüber hinaus, JA 2017, 647–654; *Morlok,* Parteienrecht als Wettbewerbsrecht, Tsatsos-FS, 2003, 408–447.

149. Parteibegriff

Was versteht man unter einer Partei im Sinne des Art. 21 GG?

Eine Partei ist eine Vereinigung von Bürgern, die dauernd oder für längere Zeit für den Bereich des Bundes oder eines Landes auf die politische Willensbildung Einfluss nehmen und an der Vertretung des Volkes im Deutschen Bundestag oder in einem Landtag mitwirken will, wenn sie nach dem Gesamtbild der tatsächlichen Verhältnisse, insb. nach Umfang und Festigkeit ihrer Organisation, nach der Zahl ihrer Mitglieder und nach ihrem Hervortreten in der Öffentlichkeit eine ausreichende Gewähr für die Ernsthaftigkeit dieser Zielsetzung bietet. Siehe BVerfGE 91, 262; 91, 276.

150. Keine einfachgesetzliche Auslegung des Grundgesetzes

Diese Parteidefinition wurde § 2 I 1 PartG entnommen. Warum kann man § 2 I 1 PartG gleichwohl nicht einfach zur Auslegung des Art. 21 GG heranziehen?

Art. 21 GG und § 2 PartG befinden sich auf verschiedenen Normebenen. Die verfassungsrechtliche Norm des Art. 21 GG kann nicht durch die einfachgesetzliche Vorschrift des § 2 I 1 PartG ausgelegt werden. Anderenfalls hätte es der einfache Gesetzgeber in der Hand, durch die Änderung des § 2 PartG zugleich über den verfassungsrechtlichen Inhalt des Art. 21 GG zu verfügen. Derzeit entsprechen sich aber verfassungsrechtlicher und einfachgesetzlicher Parteienbegriff.

151. Anspruch der Parteien auf Nutzung öffentlicher Einrichtungen

Die in Norddeutschland gelegene Gemeinde G verfügt über ein großes Sportstadion, welches sie in Wahlkampfzeiten politischen Parteien gegen geringes Entgelt zur Verfügung stellt. Die im Bundestag vertretene P-Partei will das Stadion für eine Bundestagswahlkampfveranstaltung mieten. Sie hat bisher Anhänger nur in Süddeutschland, erhofft sich aber für die nächste Wahl erhebliche Stimmenzuwächse auch im Norden. G lehnt die Vermietung mit der Begründung ab, ein Ortsverband der P-Partei existiere bisher nicht, das Interesse der Bürger an überregionalen Kundgebungen werde durch die anderen Parteien bereits hinreichend befriedigt und ein besonderer kommunalrechtlicher Nutzungsanspruch bestehe nur für die Einwohner der Gemeinde (was zutrifft). Steht der P-Partei ein Überlassungsanspruch zu?

Ja. Der Anspruch ergibt sich aus § 5 I 1 PartG. Danach muss die Gemeinde G als Trägerin öffentlicher Gewalt die P-Partei in gleicher Weise wie die übrigen Parteien behandeln, dh ihr das Stadion zumindest für eine Veranstaltung gegen Entgelt zur Verfügung stellen. Der Umfang der Gewährleistung kann gemäß § 5 I 2–4 PartG nach der Bedeutung der Parteien abgestuft werden (sog. Prinzip der abgestuften Chancengleichheit). Dieser spezielle bundesrechtliche Anspruch geht dem allgemeinen landesrechtlichen – idR auf Einwohner beschränkten – Nutzungsanspruch vor.

152. Rathausparteien

Der ausschließlich in der benachbarten Universitätsstadt U kommunalpolitisch aktive Allgemeine Studentenbund (ASB) möchte gleichfalls das mit finanzieller Unterstützung des Landes errichtete Stadion in G für eine Großveranstaltung mit mehr als 1000 erwarteten Teilnehmern mieten. Auch hier lehnt G die Vermietung ab. Zu Recht?

Ein Nutzungsanspruch aus § 5 I 1 PartG steht dem ASB nicht zu, weil er weder im Bundestag noch im Landtag vertreten ist und als sog. Rathauspartei gerade keine

Partei im Sinne des PartG darstellt. Auch die kommunalrechtlichen Nutzungs-ansprüche sind ihrem Wortlaut nach auf Einwohner und deren Vereinigungen beschränkt, zB § 30 NKomVG. Sollte allerdings in U selbst kein geeigneter Ver-sammlungsort zur Verfügung stehen, käme eine verfassungskonforme Erweiterung des Begriffs der Einwohner auf die Bewohner des Einzugsbereichs in Betracht, zumal das Stadion auch aus Landesmitteln und damit nicht ausschließlich durch Leistung der Einwohner von G finanziert wurde (vgl. *Schmidt,* DÖV 2002, 695 ff.).

153. Parteienprivileg

a) Was versteht man unter dem „Parteienprivileg"?
b) Finden die Vorschriften des BGB-Vereinsrechts sowie des Vereinsgesetzes auf politische Parteien Anwendung?

a) Nach Art. 21 II 2 GG entscheidet ausschließlich das BVerfG über die Frage der Verfassungswidrigkeit einer Partei. Bis zur Entscheidung des BVerfG dürfen aus der (vermuteten) Verfassungswidrigkeit einer Partei von anderen Staatsorganen keine Folgerungen gezogen werden. Dies betrifft v. a. die Zurverfügungstellung öffent-licher Einrichtungen wie Stadthallen für Wahlkampfveranstaltungen, Sendezeiten im Rundfunk und die Wahlkampfkostenerstattung.

b) Nein. Bei Anwendung des BGB-Vereinsrechts unterlägen die Parteien der Kon-trolle eines Amtsgerichts als Registergericht (§§ 43; 55 BGB). § 37 PartG schließt ausdrücklich die Anwendung von § 54 S. 2 BGB, die persönliche Haftung Han-delnder, aus. Gemäß § 2 II Nr. 1 VereinsG sind politische Parteien keine Vereine im Sinne dieses Gesetzes und unterfallen nicht dessen Bestimmungen. So kann insb. kein Verbot durch die Exekutive ausgesprochen werden und dem Parteienprivileg des Art. 21 II 2 GG wird genügt.

154. Chancengleichheit

Die A-Partei veranstaltet eine Versammlung unter dem Motto „Rote Karte für die Regierung – Asyl braucht Grenzen". Bundesministerin W veröffent-licht daraufhin auf der Internetpräsenz des Bundesministeriums für Bildung und Forschung die Pressemitteilung: „Ministerin W: Rote Karte für die A-Partei! Die Sprecher der Partei leisten der Radikalisierung Vorschub. Rechts-extreme erhalten damit unerträgliche Unterstützung." Mit Recht?

Nein. W hat sich in ihrer Rolle als Bundesministerin und nicht als Privatperson geäußert. Das ergibt sich aus der Veröffentlichung auf der Internetpräsenz des Ministeriums. Das Gebot der Chancengleichheit politischer Parteien aus Art. 21 I GG verpflichtet die Regierung zu Neutralität und Sachlichkeit. Anderenfalls würde der politische Wettbewerb zu Gunsten der Parteien verzerrt, denen die Mitglieder der Bundesregierung angehören. Die Bundesregierung muss jedoch keineswegs jegliche Kritik kommentarlos hinnehmen. Sie ist zur Informations- und Öffentlich-keitsarbeit befugt, darf hierbei aber nur sachlich aufklären. Die zulässige Öffentlich-keitsarbeit endet dort, wo Werbung für oder gegen einzelne im politischen Wettbewerb stehende Parteien beginnt (vgl. BVerfG NJW 2018, 928 ff.; zu den Äußerungsbefugnissen von Hoheitsträgern s. *Kalscheuer,* Was ein Amtsträger sagen darf und was nicht – Zu den Äußerungsbefugnissen von Hoheitsträgern, KommJur 2018, 121).

155. Parteieinnahmen

a) Welches sind die Haupteinnahmequellen der politischen Parteien?
b) Warum begegnet die steuerliche Abzugsfähigkeit von Parteispenden verfassungsrechtlichen Bedenken?
c) Warum ist auch die Wahlkampfkostenerstattung verfassungsrechtlich nicht unbedenklich?

a) Die Parteien finanzieren sich aus verschiedenen Quellen, dazu zählen Mitgliedsbeiträge und Leistungen der Abgeordneten, Einnahmen aus Vermögen, aus Spenden, Wahlkampfkostenerstattung und Kreditaufnahme. Siehe *Volkmann,* Politische Parteien und öffentliche Leistungen, 1993.

b) Aufgrund der steuerlichen Progression (§ 32a EStG) kommt diese Abzugsfähigkeit v. a. Beziehern hoher Einkommen zugute, die traditionell bestimmte politische Parteien bevorzugen. So wird der Grundsatz der Gleichbehandlung der Parteien gefährdet. Deshalb ist der Steuerabzug als Sonderausgabe gemäß § 10b II EStG sowie als Steuerermäßigung gemäß § 34 EStG höhenmäßig begrenzt.

c) Gemäß Art. 20 II 1 GG geht die Staatsgewalt vom Volke aus. Nach Art. 21 I 1 GG wirken die Parteien bei der politischen Willensbildung des Volkes mit. Daraus ergibt sich, dass die politische Willensbildung vom Volk über die Parteien zu den Staatsorganen zu verlaufen hat und nicht umgekehrt. Die Wahlkampfkostenerstattung (§§ 18 ff. PartG) stellt aber gerade eine Einwirkung der Staatsorgane auf die Parteien dar, die sich in verbesserten Wahlchancen der finanziell unterstützten Parteien äußert.

156. Verfahren gegen Parteien

a) Welche Gründe sprechen für die Einleitung eines Parteiverbotsverfahrens gegen verfassungswidrige Parteien, welche dagegen?
b) Welche weitere Möglichkeit besteht neuerdings, verfassungsfeindlichen Parteien zu begegnen?

a) Bei einem erfolgreich durchgeführten Parteiverbotsverfahren verliert eine verfassungswidrige Partei sämtliche Ansprüche auf Zurverfügungstellung öffentlicher Einrichtungen und auf finanzielle Förderung, die von ihr errungenen Mandate werden vakant; Ersatzorganisationen sind verboten. Auf der anderen Seite verschafft ein Parteiverbotsverfahren einer verfassungswidrigen Partei eine Bühne zur öffentlichen Präsentation ihres Gedankenguts, die sie ohne das Verbotsverfahren nie errungen hätte. Überdies mag der Vorwurf erhoben werden, auf politischem Wege habe man dieser Partei nicht begegnen können. Zudem besteht die Gefahr, dass sich die Partei nach einem Verbot vollständig dem von Polizei und Verfassungsschutz überprüfbaren Bereich entzieht und im Untergrund weiter agiert. Deshalb steht die Einleitung des Verbotsverfahrens im Ermessen der Antragsberechtigten nach § 43 BVerfGG. Vgl. BVerfGE 2, 1 (SRP-Verbot); 5, 85 (KPD-Verbot); 107, 339 (kein NPD-Verbot); BVerfGE 144, 20 (kein NPD-Verbot). Siehe *Emek,* Parteiverbote und EMRK, 2006; *Hatje,* DVBl. 2005, 261 ff.; *Morlok,* NJW 2001, 2931 ff.; *Pforr,* ThürVBl. 2002, 149 ff.

b) Durch Verfassungsänderung vom 13.7.2017 (BGBl. I S. 2346) wurde der neue Art. 21 III GG eingefügt, wonach eine verfassungsfeindliche Partei durch Entscheidung des BVerfG auch von staatlicher Finanzierung ausgeschlossen werden kann. Einfachgesetzlich ist dieses neue Verfahren in § 13 Nr. 2a; § 46a BVerfGG geregelt.

157. Europäische Parteien

Gibt es auch politische Parteien auf europäischer Ebene?

Zwar sehen Art. 10 IV EUV und Art. 224 AEUV politische Parteien auf europäischer Ebene als wichtigen Faktor der europäischen Integration vor, bisher haben sich aber erst wenige europäische Parteien gegründet. Ein europäisches Parteiensystem hat sich jedenfalls noch nicht etabliert. Allerdings haben sich die Abgeordneten des Europaparlaments in Fraktionen nicht nach ihrer nationalen Herkunft, sondern nach ihrer politischen Orientierung organisiert. Siehe *Deinzer,* Europäische Parteien, 1999.

b) Landesverfassungen

Literatur: *Jutzi,* Landesverfassungsrecht und Bundesrecht, 1982; *Stiens,* Chancen und Grenzen der Landesverfassungen im deutschen Bundesstaat der Gegenwart, 1997; *Storr,* Verfassungsgebung in den Ländern, 1995; Sonderheft 12, NdsVBl. 2005.

158. Grenzen der Landesverfassungen

a) Welche Grenzen zieht die Homogenitätsklausel des Grundgesetzes den Ländern bei deren Verfassungsgebung?
b) Auf welchen weiteren Wegen wirkt das Grundgesetz in die Landesverfassungen ein?

a) Nach Art. 28 I 1 GG muss die verfassungsmäßige Ordnung in den Ländern den Grundsätzen des republikanischen, demokratischen und sozialen Rechtsstaates im Sinne des Grundgesetzes entsprechen. Wie sich aus dem Begriff „Grundsätze" ergibt, muss die Regelung in der Landesverfassung zwar nicht die grundgesetzliche Regelung spiegelbildlich abbilden, dieser aber doch in den wesentlichen Zügen gleichkommen.

b) Neben Art. 28 I 1 GG enthält das Grundgesetz auch an anderen Stellen Vorgaben für die Landesverfassungen. So sieht Art. 109 III 5 GG vor, dass die Länder, für die die grundgesetzliche Schuldenbremse auch gilt, im Rahmen ihrer verfassungsrechtlichen Kompetenzen Ausnahmen vom Verbot der Nettokreditaufnahme vorsehen dürfen. Zudem sollen grundgesetzliche Bestimmungen wie Art. 21 GG in das Landesverfassungsrecht hineinwirken und zugleich auch (ungeschriebener) Teil der Landesverfassungen sein. Schließlich rezipieren manche Landesverfassungen (zB Niedersachsen und Nordrhein-Westfalen) die Grundrechte des Grundgesetzes und nehmen diese zugleich als Landesgrundrechte auf.

159. Gesetzgebung durch Volksentscheid

Wäre es zulässig, in einer Landesverfassung neben der parlamentarischen Gesetzgebung auch die Gesetzgebung durch Volksentscheid vorzusehen?

Ja. Die fehlende Gesetzgebung durch Volksentscheid auf Bundesebene darf nicht dazu führen, eine entsprechende Gesetzgebung auch auf Landesebene für unzulässig zu halten. Ein entsprechender Grundsatz ist schon deshalb zu verneinen, weil das Grundgesetz für den Sonderfall der Neugliederung des Bundesgebiets nach Art. 29 GG selbst eine Volksbeteiligung und damit eine Form unmittelbarer Demokratie vorsieht. Auch die Entscheidung über eine neue Bundesverfassung bedarf gemäß Art. 146 GG einer Volksabstimmung.

160. Grundrechte in den Landesverfassungen

a) Welche Besonderheit besteht bei der Normierung von Grundrechten in der Landesverfassung?
b) Welche sachliche Bedeutung kommt einer Grundrechtsgewährleistung in der Landesverfassung zu?

a) Hier ist die Sonderregelung des Art. 142 GG zu beachten, die in Anbetracht des Art. 31 GG zumindest klarstellend den Ländern die Möglichkeit zur Gewährleistung von Grundrechten in der Landesverfassung einräumt. Siehe BVerfGE 96, 345.

b) Angesichts der Bindung auch der Landesstaatsgewalt an die Grundrechte des Grundgesetzes nach Art. 1 III; 20 III GG können Grundrechtsgewährleistungen in der Landesverfassung kaum weitergehende materiell-rechtliche Bindungen erzeugen. Sie eröffnen aber dem Bürger, wenn ein Verfassungsbeschwerdeverfahren (in Hessen sog. Grundrechtsklage) vorgesehen ist, den Rechtsweg zu den Landesverfassungsgerichten und führen so zu einer Verdoppelung des Rechtsschutzes.

c) Garantie kommunaler Selbstverwaltung, Art. 28 II GG

Vorbemerkung: Für eine umfassende Erörterung kommunalrechtlicher Fragen siehe *Schmidt*, Prüfe dein Wissen: Kommunalrecht, 2013.

Literatur: *Franz*, Gewinnerzielung durch kommunale Daseinsvorsorge, 2005; *Hellermann*, Örtliche Daseinsvorsorge und gemeindliche Selbstverwaltung, 2000; *Magen*, Die Garantie kommunaler Selbstverwaltung, JuS 2006, 404–410, *Schmidt*, Kommunale Kooperation, 2005; *ders.*, Kommunalrecht, 2011; *ders.*, Prüfe Dein Wissen – Kommunalrecht, 2013; *Voßkuhle*, Grundwissen – Öffentliches Recht: Die verfassungsrechtliche Garantie der kommunalen Selbstverwaltung, JuS 2017, 728–730.

161. Kommunale Selbstverwaltungsgarantie

Sind die folgenden Landesgesetze grundgesetzgemäß?
a) Die Gemeinde G wird in die Stadt S eingegliedert.
b) Sämtliche Gemeindeverwaltungen werden aufgelöst und ihre Aufgaben auf die Kreisverwaltungen übertragen
c) Die Direktwahl der Bezirkstage bei den bayerischen Bezirken wird abgeschafft.

a) Ja. Art. 28 II 1 GG garantiert nicht den Bestand einer einzelnen Gemeinde.

b) Nein. In dem Land muss gemäß Art. 28 II 1 GG überhaupt noch eine gemeindliche Ebene mit hinreichenden Aufgaben verbleiben.

c) Grundsätzlich ja. Die Bezirke werden von dem Wortlaut des Art. 28 I 2 GG nicht erfasst, sodass grds. das Gesetz als verfassungsgemäß zu betrachten ist. Ggf. könnte man erwägen, Art. 28 I 2 GG entsprechend auf die Bezirke anzuwenden, weil danach sowohl die oberhalb der Bezirke stehenden Länder als auch die darunter befindlichen Kreise und Gemeinden eine direkt gewählte Vertretungskörperschaft aufweisen müssen und nicht recht ersichtlich ist, warum an die mit beträchtlichen Kompetenzen ausgestatteten Bezirke, die auch Gebietskörperschaften darstellen, geringere demokratische Legitimationsanforderungen gestellt werden.

162. Rechtsnatur der kommunalen Selbstverwaltungsgarantie

Handelt es sich bei Art. 28 II 1 GG um ein Grundrecht?

Nein. Es ist eine staatsorganisationsrechtliche Bestimmung, die eine institutionelle Garantie der Gemeinden festschreibt. Allerdings wurde in Zeiten des monarchischen Staates und bis in die Weimarer Republik hinein die kommunale Selbstverwaltung noch als Grundrecht der Gemeinde verstanden (§ 184 PaulskirchenV; Art. 127 WRV). Für die studentische Fallbearbeitung kann dennoch eine Orientierung am grundrechtlichen Prüfungsaufbau empfehlenswert sein. Um Missverständnissen vorzubeugen, sollte von „Gewährleistungsbereich" (statt „Schutzbereich"), „Eingriff" und „verfassungsrechtlicher Rechtfertigung des Eingriffs" gesprochen werden.

163. Gemeindliche Hoheiten

Welche einzelnen gemeindlichen Rechte, sog. Hoheiten, werden durch Art. 28 II 1 GG geschützt?

Geschützt werden die Gebiets- und Planungshoheit, die Satzung- und Finanzhoheit sowie die Personal- und Organisationshoheit. Daneben werden weitere Hoheiten als möglicher Schutzgegenstand diskutiert, etwa die Sparkassen-, die Kultur- und die Kooperationshoheit.

164. Gemeindliches Aufgabenfindungsrecht

Die Gemeinde G stellt den Breitbandinternetzugang für ihre Einwohner bereit. Ist dies durch Art. 28 II 1 GG geschützt?

Ja. Der Aufgabenbereich der durch Art. 28 II 1 GG garantierten gemeindlichen Selbstverwaltung steht nicht ein für alle Mal fest, sondern ist auch für neue Entwicklungen offen. Grds. kann eine Gemeinde jede neu erwachsende örtliche Aufgabe übernehmen.

165. Bundesgewährleistung der kommunalen Selbstverwaltung

Das Land X fasst seine Gemeindeordnung neu. § 2 der Novelle lautet „Die Gemeinden haben folgende Aufgaben: (Es folgt eine Aufzählung der bisher von den Gemeinden wahrgenommenen Aufgaben). Weitere Aufgaben können die Gemeinden nur mit Genehmigung des Landesinnenministeriums übernehmen." Der Bundesinnenminister möchte wissen, ob diese Regelung grundgesetzgemäß ist und was dagegen unternommen werden kann.

Die Regelung ist nicht grundgesetzgemäß, denn sie verstößt gegen Art. 28 II 1 GG. Danach muss den Gemeinden das Recht gewährleistet sein, alle Aufgaben der örtlichen Gemeinschaft im Rahmen der Gesetze in eigener Verantwortung zu regeln. Durch die novellierte Gemeindeordnung werden den Gemeinden aber das eigenverantwortliche Aufgreifen neuer örtlicher Aufgaben und der Verzicht auf bisher wahrgenommene Aufgaben verweigert. Nach Art. 28 III GG gewährleistet der Bund, dass die verfassungsmäßige Ordnung in den Ländern ua Art. 28 II GG genügt. Zu diesem Zweck ist zum einen bundesverfassungsrechtlich die Kommunalverfassungsbeschwerde nach Art. 93 I Nr. 4b GG eingeräumt, zum anderen kann die Bundesregierung selbst eine abstrakte Normenkontrolle nach Art. 93 I Nr. 2 GG gegen die novellierte Gemeindeordnung anstrengen, einen Bund-Länder-Streit nach Art. 93 I Nr. 3 GG einleiten und als ultima ratio sogar im Wege des Bundeszwangs nach Art. 37 GG gegen das Land X vorgehen. Zum Teil wird darüber hinaus auch Art. 28 III GG selbst als Ermächtigungsgrundlage für bundesrechtliche Eingriffe in die Länderstaatlichkeit zum Schutze der Kommunen angesehen, etwa für eine bundesgesetzliche Ersatzvornahme, durch die der *Bundes*gesetzgeber *Landes*-recht setzt.

166. Mindesthebesatz der Gewerbesteuer

Ist es zulässig, dass den Gemeinden aufgegeben wird, einen Hebesatz der Gewerbesteuer von mindestens 200 % der Bemessungsgrundlagen anzusetzen?

Dies ist umstritten. Nach der herrschenden Auffassung schützt Art. 28 II 3 Hs. 2 GG nur das Recht der Kommunen auf eine wirtschaftskraftbezogene Steuerquelle dem Grunde nach. Zur Vermeidung von sog. Steueroasen sei es jedoch zulässig, einen Mindesthebesatz vorzuschreiben, über dem die Gemeinden liegen können, nicht jedoch darunter (BVerfGE 125, 141). Nach der Gegenauffassung handelt es sich um einen unzulässigen Eingriff in den Kernbereich der Finanzhoheit.

d) Staatsverträge

Literatur: *Bortnikov,* Staatsverträge der Länder, JuS 2017, 27–30; *Niedobitek,* Das Recht der grenzüberschreitenden Verträge, 2001; *Schladebach,* Staatsverträge zwischen Ländern – Grundfragen eines intraföderalen Kooperationsinstruments, VerwArch 98 (2007), 238–261; *Vedder,* Intraföderale Staatsverträge, 1996.

167. Neugliederung durch Staatsvertrag

Rheinland-Pfalz und das Saarland wollen sich durch Staatsvertrag zu einem Land zusammenschließen. Ist dieser Zusammenschluss mit dem Grundgesetz vereinbar?

Ja. Art. 29 VIII GG sieht ausdrücklich die Möglichkeit der Neugliederung durch Staatsvertrag vor. Eine Bestandsgarantie der derzeit 16 Länder gibt es nicht. Auch S. 2 der Präambel ist im Lichte des Art. 29 GG auszulegen.

168. Partielle Völkerrechtssubjektivität der deutschen Länder

Schleswig-Holstein will mit Dänemark einen Vertrag über den Dänischunterricht in den Schulen dieses Landes abschließen. Die Bundesregierung tritt dem mit der Begründung entgegen, die Pflege der Beziehungen zu auswärtigen Staaten sei Sache des Bundes und Schleswig-Holstein sei als Land gar kein Völkerrechtssubjekt und daher zum Abschluss eines solchen Vertrags nicht fähig. Trifft diese Auffassung zu?

Nein. Wie sich aus Art. 32 III GG ergibt, sind aus staatsrechtlicher Sicht auch die Länder mit Zustimmung der Bundesregierung zum Abschluss von Verträgen mit auswärtigen Staaten befugt, soweit ihnen dafür die Gesetzgebungskompetenz zusteht. Allerdings ist die Erteilung der Zustimmung durch die Bundesregierung eine politische Ermessensentscheidung. Völkerrechtlich führt Art. 32 III GG zu einer partiellen Völkerrechtssubjektivität der deutschen Länder. Siehe *Biehler,* Auswärtige

Gewalt, 2005; *Seidel,* Die Zustimmung der Bundesregierung zu Verträgen der Bundesländer mit auswärtigen Staaten gemäß Art. 32 III GG, 1975.

169. Vertragsabschluss-, Ratifikations- und Transformationskompetenz

Der Bund schließt mit der Schweiz einen Vertrag über die gleiche inhaltliche Ausgestaltung der Abiturprüfungen ab.
a) Ist der Bund für diesen Vertrag zuständig?
b) Wie wird der Vertrag in Deutschland umgesetzt?

a) Dies ist umstritten. Es handelt sich innerstaatlich eigentlich um eine Materie ausschließlicher Gesetzgebungskompetenz der Länder. Fraglich ist, ob dem Bund gleichwohl nach Art. 32 I GG wegen der Beziehungen zu auswärtigen Staaten eine Vertragsabschlusskompetenz zusteht. Während die Bundesregierungen dies stets vertreten haben, folgern die Länder aus ihrer innerstaatlichen Gesetzgebungskompetenz zugleich eine ausschließliche Vertragsabschlusskompetenz nach Art. 32 III GG.

b) Auch dies ist streitig. Während der Bund aus der (bestrittenen) Ratifikationskompetenz zugleich eine Transformationskompetenz herleitet, beharren die Länder zumindest auf ihrer Umsetzungsbefugnis. In der Praxis wird der Konflikt durch die Lindauer Absprache von 1957 entschärft, wonach der Bund zwar die Verträge schließt, die Länder aber möglichst frühzeitig an den Vertragsverhandlungen beteiligt und deren Einverständnis herbeigeführt wird. Siehe *Frenz,* DVBl. 1999, 945 ff.; *Hartung,* Die Praxis des Lindauer Abkommens, 1984; *Papier,* DÖV 2003, 265 ff.

170. Verwaltungsabkommen

Der saarländische Kultusminister trifft mit dem französischen Kultusminister eine Vereinbarung, wonach in beiden Staaten Schulen errichtet werden, die Französisch, resp. Deutsch, als erste Fremdsprache anbieten.
a) Welche Rechtsnatur weist diese Vereinbarung auf?
b) Ist der saarländische Kultusminister zum Abschluss befugt?
c) Bedarf die Vereinbarung der gesetzlichen Umsetzung?

a) Diese Vereinbarung wird zwischen den Verwaltungsspitzen geschlossen und kann allein mit den Mitteln der Verwaltung durch Errichtung neuer unselbstständiger Anstalten des öffentlichen Rechts umgesetzt werden. Es handelt sich daher um ein Verwaltungsabkommen, nicht um einen Staatsvertrag.

b) Ja. Für Verwaltungsabkommen gelten gemäß Art. 59 II 2 GG die Vorschriften über die Bundesverwaltung entsprechend. Da eine Bundesverwaltungskompetenz für das Schulwesen nach Art. 83 ff. GG nicht besteht, verbleibt es nach Art. 30 GG bei der Landeskompetenz. Der Kultusminister ist auch nach saarländischem Landesrecht für das Schulwesen zuständig.

c) Nein. Darin liegt gerade der wesentliche Unterschied zu einem Staatsvertrag.

---

171. Konkordate

a) Was versteht man unter einem Konkordat und was regelt dieses typischerweise?

b) Nennen Sie ein Beispiel für ein Konkordat!

a) Ein Konkordat (lat. „concordia" – Eintracht) ist ein öffentlich-rechtlicher Vertrag zwischen einem Staat und einer Kirche zur Regelung staatskirchenrechtlicher Fragen wie der Gestaltung des Religionsunterrichts, der Stellung der konfessionellen Schulen und der theologischen Fakultäten.

b) Wichtigstes Beispiel ist das Reichskonkordat vom 10.9.1933 (RGBl. 1933 II S. 679) zwischen dem Deutschen Reich und der Katholischen Kirche (s. Art. 123 II GG, BVerfGE 6, 309; *Schulz*, Der Staat 22 (1983), 578 ff.). Konkordate wurden aber auch zwischen den deutschen Ländern und den evangelischen Landeskirchen geschlossen.

e) Europäisierung

Literatur: *Daiber*, Die Umsetzung des Lissabon-Urteils des Bundesverfassungsgerichts durch Bundestag und Bundesrat, DÖV 2010, 293–302; *di Fabio*, Der neue Art. 23 des Grundgesetzes, Der Staat 32 (1993), 191–217; *Murswiek*, Die heimliche Entwicklung des Unionsvertrags zur Europäischen Oberverfassung, NVwZ 2009, 481–486; *Schorkopf*, Die Europäische Union im Lot, EuZW 2009, 718–724; *Streinz*, Verfassungsvorbehalte gegenüber Gemeinschaftsrecht – eine deutsche Besonderheit?, FS Steinberger, 2002, 1437–1468; *Voßkuhle*, Der Europäische Verfassungsgerichtsverbund, NVwZ 2010, 1–8; *Voßkuhle/Wischmeyer*, Grundwissen – Öffentliches Recht: Die Organe der Europäischen Union, JuS 2018, 1184–1187; *Voßkuhle*, Grundwissen – Öffentliches Recht: Die Europäisierung des Verwaltungsrechts, JuS 2019, 347–350; *Weiß*, Die Integrationsverantwortung der Landtage, JuS 2019, 97–104.

---

172. Anwendungsbereiche der Art. 23 I GG und Art. 24 I GG

Wie unterscheiden sich die Anwendungsbereiche der Art. 23 I GG und Art. 24 I GG?

Während Art. 24 I GG allgemein die Übertragung von Hoheitsrechten auf zwischenstaatliche Einrichtungen ermöglicht, trifft Art. 23 I GG eine spezielle Regelung für den Transfer von Hoheitsrechten auf die Europäische Union. Diese Sonderregelung wurde erforderlich, weil angesichts des Ausmaßes der Übertragung von Hoheitsrechten und des bereits erreichten Integrationsstandes Art. 24 I GG als nicht mehr ausreichend erachtet wurde.

173. Homogenitätsklauseln

Welche Gemeinsamkeiten und welche Unterschiede bestehen zwischen den Vorgaben der Art. 23 I 1 GG und Art. 28 I 1 GG?

Beide Homogenitätsklauseln richten inhaltliche Anforderungen an andere Hoheitsträger. Während Art. 23 I 1 GG dabei „nach oben" auf die Europäische Union schaut, ist Art. 28 I 1 GG „nach unten" an die Länder gerichtet. Nach beiden Bestimmungen sind die anderen Hoheitsträger rechtsstaatlich, demokratisch und sozial zu organisieren, Art. 23 I 1 GG verlangt darüber hinaus die Beachtung föderativer Grundsätze und des Grundsatzes der Subsidiarität, Art. 28 I 1 GG eine republikanische Staatsform.

174. Geltung des Europarechts

Warum gilt das Recht der Europäischen Union in Deutschland?

Das EU-Recht gilt nicht aus eigener Machtvollkommenheit in Deutschland, sondern weil Art. 23 I 2 GG die Übertragung von Hoheitsrechten auf die EU ermöglicht und von dieser Ermächtigung durch das Zustimmungsgesetz zu dem EG-Vertrag (Gesetz vom 25.3.1957, BGBl. 1957 II S. 766) sowie die Zustimmungsgesetze zu den Vertragsänderungen (zuletzt Lissabon-Vertrag, Gesetz vom 8.1.2008, BGBl. 2008 II S. 1038) Gebrauch gemacht wurde.

3. Bundesorgane

175. Amtszeiten deutscher Organwalter

Wie lange dauert die Amtszeit der folgenden Organwalter und ist jeweils eine Wiederwahl möglich?
a) des Bundespräsidenten?
b) des Bundestagspräsidenten?
c) des Bundesratspräsidenten?
d) des Bundeskanzlers?
e) eines Richters des Bundesverfassungsgerichts?
f) des Präsidenten des Bundesrechnungshofs?

a) Fünf Jahre (Art. 54 II 1 GG), eine anschließende Wiederwahl ist einmal zulässig (Art. 54 II 2 GG).

b) Solange wie die Wahlperiode des Bundestages, dh grds. vier Jahre (Art. 40 I 1; 39 I GG); die Wiederwahl ist zulässig.

c) Ein Jahr (Art. 52 I GG); eine Wiederwahl wäre verfassungsrechtlich zulässig, im Königsteiner Abkommen vom 30.8.1950 haben sich die Ministerpräsidenten der

Länder jedoch darauf geeinigt, dass jeweils der Ministerpräsident des Landes mit der nächstgeringeren Bevölkerungszahl gewählt wird.

d) Bis zum Zusammentritt eines neuen Bundestages, dh idR vier Jahre (Art. 69 II; 39 I GG); die Wiederwahl ist zulässig.

e) Zwölf Jahre (§ 4 I BVerfGG), eine Wiederwahl ist unzulässig (§ 4 II BVerfGG).

f) Zwölf Jahre (§ 3 II 2 BRHG); eine Wiederwahl ist unzulässig (§ 5 I 4 BRHG).

---

176. Amtszeiten europäischer Organwalter

Wie lange dauert die Amtszeit der folgenden Amtsinhaber und ist jeweils eine Wiederernennung möglich?
a) eines Kommissars der EU-Kommission?
b) eines Richters des EuGH?
c) eines Mitglieds des europäischen Rechnungshofes?

---

a) Fünf Jahre (Art. 17 III EUV), Wiederernennung ist zulässig, vgl. *Epping* in: Vedder/Heintschel von Heinegg, Europäisches Unionsrecht, Art. 17 EUV, Rn. 9.

b) Sechs Jahre (Art. 19 II UAbs. 3 S. 2 EUV), Wiederernennung ist zulässig (Art. 19 II UAbs. 3 S. 3 EUV).

c) Sechs Jahre (Art. 286 II 1 AEUV), Wiederernennung ist zulässig (Art. 286 II 3 AEUV).

a) Bundestag

aa) Wahlrecht

Literatur: *Austermann*, Grundfälle zum Geschäftsordnungsrecht des Bundestags, JuS 2018, 760–764; *Burkiczak*, Die verfassungsrechtlichen Grundlagen der Wahl des Deutschen Bundestages, JuS 2009, 805–809; *Erichsen*, Repetitorium öffentliches Recht – Die Wahlrechtsgrundsätze des Grundgesetzes, Jura 1983, 635–647; *ders.*, Repetitorium Öffentliches Recht – Wahlsysteme, Jura 1984, 22–43; *Guckelberger*, Wahlsystem und Wahlrechtsgrundsätze Teil I – Allgemeinheit, Unmittelbarkeit, Freiheit und Geheimheit der Wahl, JA 2012, 561–565; *dies.* Wahlsystem und Wahlrechtsgrundsätze Teil II – Gleichheit und Öffentlichkeit der Wahl, JA 2012, 641–646; *Hermanns/Hülsmann*, Parlamentarische Untersuchungsausschüsse – PUAG, JA 2003, 573–579; *Hobe*, Staatsrecht – Die Staatsorgane, JA 1995, 406–409; *ders.*, Alte und neue Probleme der Wahlrechtsgleichheit, JA 1998, 50–52; *Kunig*, Fragen zu den Wahlrechtsgrundsätzen, Jura 1994, 554–558; *Mager*, Die Vertrauensfrage – Zu Auslegung und Justitiabilität von Art. 68 GG, Jura 2006, 290–296; *Morlok/Kühr*, Wahlrechtliche Sperrklauseln und die Aufgaben einer Volksvertretung, JuS 2012, 385–392; *Müller/Mesnil*, Die Rechtsstellung der Bundestagsabgeordneten, JuS 2016, 504–506 und 603–608; *Schliesky*, Art. 44 GG – Zulässigkeit der Änderung des Untersuchungsgegenstandes gegen den Willen der Einsetzungsmehrheit, AöR 126 (2001), 244–270; *Schreiber*, 50 Jahre Bundeswahlgesetz – Rückblick, Ausblick, DVBl. 2006, 529–539; *Wiefelspütz*, Die Änderung des Untersuchungsauftrags von Untersuchungsausschüssen, DÖV 2002, 803–809; *ders.*, Untersuchungsausschuss und öffentliches Interesse, NVwZ 2002, 10–15.

---

177. Zusammensetzung des Bundestages

Wie ist der Bundestag zusammengesetzt?

Der Deutsche Bundestag wird gemäß Art. 39 I 1 GG auf vier Jahre gewählt. Er besteht aus Abgeordneten, die in allgemeiner, unmittelbarer, freier, gleicher und geheimer Wahl von allen wahlberechtigten Deutschen gewählt werden (s. Art. 38 I, III GG iVm dem BWahlG). Der Bundestag umfasst 5̶9̶8̶ Abgeordnete zuzüglich der Abgeordneten aufgrund der jeweiligen Überhang- und Ausgleichsmandate.

---

178. Personalisierte Verhältniswahl

a) Wird der Bundestag nach Mehrheits- oder Verhältniswahlrecht gewählt?
b) Wann entstehen Überhangmandate? Warum sind diese verfassungsrechtlich so problematisch?
c) Was versteht man unter Ausgleichsmandaten?

---

a) Die Bundestagswahl erfolgt nach dem Grundsatz der personalisierten Verhältniswahl. Dabei handelt es sich um ein Wahlsystem, das Elemente der Verhältniswahl mit solchen der Mehrheitswahl verbindet. Jeder Wähler hat in diesem Wahlsystem zwei Stimmen (§ 4 BWahlG). Die Hälfte der 598 Abgeordneten (= 299) wird von den Wahlbürgern mittels der Erststimme in den 299 Wahlkreisen direkt gewählt (§ 1 II BWahlG, daher die Bezeichnung „Direktmandate"). Gewählt ist in einem Wahlkreis der Bewerber, der die meisten Stimmen auf sich vereinigt (§ 5 Satz 2 BWahlG), dh erforderlich ist die relative Mehrheit der (abgegebenen) Stimmen (Element der Mehrheitswahl). Die Zweitstimme dient der nach dem Prinzip der Verhältniswahl stattfindenden Wahl einer Landesliste, die von einer politischen Partei aufgestellt worden sein muss (§§ 1 II; 27 BWahlG). Die zu vergebenden Sitze werden nach dem Stärkeverhältnis der politischen Parteien auf die Landeslisten verteilt.

Dabei erhält jede Landesliste so viele Sitze, wie sich nach Teilung ihrer im Wahlgebiet erhaltenen Zweitstimmen durch einen Zuteilungsdivisor ergeben. Zahlenbruchteile werden mathematisch gerundet. Der Zuteilungsdivisor ist so zu bestimmen, dass insgesamt so viele Sitze auf die Landeslisten entfallen, wie Sitze zu vergeben sind (§ 6 II BWahlG, sog. Sainte-Laguë-Verfahren).

Von der für jede Landesliste so ermittelten Abgeordnetenzahl wird gemäß § 6 IV BWahlG die Zahl der auf die jeweilige Partei entfallenen Direktmandate abgezogen. Lediglich die nach dieser Anrechnung noch verbleibenden Sitze werden mit den Kandidaten aus der Landesliste nach der dort vorgesehenen Reihenfolge besetzt (sog. Listenmandate). Die Zweitstimme ist demnach entscheidend für das Zahlenverhältnis, in welchem die Parteien im Bundestag vertreten sind, während die Erststimme primär Einfluss auf seine personelle Besetzung hat.

b) Überhangmandate entstehen gemäß § 6 V BWahlG, wenn die Anzahl der von einer Partei aufgrund von Erststimmen in Wahlkreisen errungenen Direktmandate die ihr nach dem Anteil an Zweitstimmen zustehende Anzahl an Sitzen nach der Landesliste übersteigt. Überhangmandate begünstigen große Parteien, deren Wahlkreisbewerber sich durchsetzen können, und führen zu einer Verzerrung des Grundsatzes der Erfolgswertgleichheit der einzelnen abgegebenen Stimme. Zudem vergrößern sie die verfassungsrechtlich vorgesehene Zahl an Mandaten. Siehe BVerfGE 92, 80; 95, 355.

c) Ausgleichsmandatc sind Mandate, die einer Partei zuerkannt werden als Kompensation dafür, dass andere Parteien durch die Entstehung von Überhangmandaten einen Anteil an Mandaten errungen haben, der ihren Stimmenanteil übersteigt. Nunmehr sieht § 6 V, VI BWahlG auch Ausgleichsmandate vor.

Der 19. Deutsche Bundestag weist 111 Überhang- und Ausgleichsmandate auf.

---

179. Zähl- und Erfolgswert

a) Was versteht man unter dem gleichen Zählwert, was unter dem gleichen Erfolgswert von Wählerstimmen?
b) Welches Wahlsystem verwirklicht in idealer Weise den gleichen Erfolgswert der Wählerstimmen? Warum wird es nicht praktiziert?

---

a) Stimmen weisen gleichen Zählwert auf, wenn im Rahmen der Stimmenauszählung jede Stimme mathematisch gleichermaßen angerechnet wird (Prinzip des „one man, one vote"). Stimmen haben gleichen Erfolgswert, wenn sie iE in gleicher Weise die Zusammensetzung des zu wählenden Gremiums beeinflussen.

b) Das reine Verhältniswahlrecht kommt diesem Ideal am nächsten. Es führt aber zu einer extremen Zersplitterung der im Parlament vertretenen politischen Richtungen und wird aus diesem Grunde kaum angewandt.

---

180. Historische Sonderformen des Wahlrechts

a) Erläutern Sie das preußische Dreiklassenwahlrecht!
b) Was verstand man unter dem in Großbritannien bis 1948 praktizierten Pluralstimmrecht?

---

a) Nach diesem in Preußen von 1849 bis 1918 praktizierten Wahlsystem wurden die wahlberechtigen Männer nach ihrer Steuerleistung in drei Klassen eingeteilt. Die geringe Anzahl der Hauptbesteuerten, die das erste Drittel des Gesamtsteueraufkommens erbrachten, wählte ein Drittel der Abgeordneten, die deutlich größere Gruppe der mittleren Steuerklasse das zweite Drittel und die verbliebenen Wahlberechtigten das restliche Drittel. Dies führte zu einer Bevorzugung reicher Bevölkerungskreise, man könnte sogar von einer Timokratie sprechen. So wählte in Essen Alfred Krupp zeitweise alleine $1/3$ der dortigen Staatsverordneten. Siehe *Grünthal*, Das preußische Dreiklassenwahlrecht, Historische Zeitschrift 226 (1978), 17 ff.; *Vollrath*, Der parlamentarische Kampf um das preußische Dreiklassenwahlrecht, 1931.

b) Nach diesem Stimmsystem stand Akademikern eine weitere Stimme zu, eine als Staatsbürger, eine als Hochschulabsolvent. Dadurch wurde nicht nur der gleiche Erfolgswert, sondern sogar der gleiche Zählwert der Stimmen beeinträchtigt.

181. Die 5%-Klausel

a) Was bedeutet die 5%-Klausel, warum ist sie problematisch und wie wird sie gerechtfertigt?
b) Kann eine 5%-Klausel auch bei den Wahlen zum Europaparlament eingeführt werden?
c) Durch Änderung des BWahlG wird in § 6 VI die Zahl 5 durch die Zahl 10 ersetzt. Ist diese Änderung verfassungsgemäß?

a) Die in § 6 III 1 BWahlG verankerte 5%-Klausel besagt, dass nur solche Parteien in den Bundestag einziehen, die mindestens 5% der im Wahlgebiet abgegebenen gültigen Zweitstimmen erhalten haben. Die 5%-Klausel verzerrt damit den Grundsatz der Erfolgswertgleichheit der abgegebenen Stimmen. Sie beugt aber einer Zersplitterung des Parlaments vor und wird zur Erhaltung von dessen Funktionsfähigkeit vor dem Hintergrund der historischen Erfahrungen im deutschen Parlamentssystem verfassungsrechtlich gerechtfertigt. Siehe *Becht*, Die 5%-Klausel im Wahlrecht: Garant für ein funktionierendes parlamentarisches Regierungssystem?, 1990.

b) Nein. Anders als der Deutsche Bundestag ist das Europaparlament gerade auf die politische Vielschichtigkeit der entsandten Abgeordneten angelegt. Diese schließen sich in der Praxis ohnehin zu großen mitgliedsstaatsübergreifenden Fraktionen zusammen, die gemeinsame politische Ansichten teilen. Daher besteht dort die Gefahr einer Zersplitterung und einer Handlungsunfähigkeit nur in geringerem Maße. Eine Beeinträchtigung der Gleichheit der Wahl zum Europaparlament kann daher nicht gerechtfertigt werden. Zudem entfaltete eine deutsche 5%-Klausel nur bei den Wahlen im Bundesgebiet Wirkung, welche ohnehin verpufft, wenn die anderen Mitgliedstaaten ihrerseits keine 5%-Klausel haben. Siehe BVerfGE 129, 300.

c) Nein. Durch diese Änderung wird eine 10%-Sperrklausel für die Vertretung von Parteien im Bundestag eingeführt. Diese Klausel schränkt den Grundsatz der Gleichheit der Wahl nach Art. 38 I 1 GG unverhältnismäßig ein und ist verfassungswidrig, weil zur Erhaltung der Funktionsfähigkeit des Parlaments eine solch hohe Sperrklausel nicht erforderlich ist.

182. Grundmandatsklausel

a) Die „Hanseatische Partei" erringt bei der Bundestagswahl in Hamburg vier Direktmandate, i. Ü. erzielt sie bundesweit nur 3% der Zweitstimmen. Ist diese Partei im nächsten Bundestag vertreten?
b) Wie wäre es, wenn die „Hanseatische Partei" nur zwei Direktmandate gewonnen hätte?

a) Ja. Die „Hanseatische Partei" ist mit 3% der Abgeordneten vertreten, nicht nur mit den vier direkt gewählten Abgeordneten. Denn gemäß § 6 VI 1 Alt. 1 BWahlG werden auch solche Parteien bei der Verteilung der Sitze auf die Landeslisten berücksichtigt, die in mindestens drei Wahlkreisen einen Sitz errungen haben. Der

Gesetzgeber hat durch diese sog. Grundmandatsklausel nach der Rspr. des BVerfG (E 95, 408) zulässigerweise aus besonderen regionalen Erfolgen einer Partei auf die Bedeutung der von ihr aufgegriffenen Anliegen geschlossen und diese mit der Funktionsfähigkeit des Parlaments abgewogen.

b) In diesem Fall wäre die „Hanseatische Partei" gemäß § 5 BWahlG nur mit den zwei in Wahlkreisen direkt gewählten Abgeordneten im Bundestag vertreten. Die übrigen auf Bundesebene erzielten 3 % der Stimmen blieben wegen der 5 %-Klausel des § 6 VI 1 Alt. 1 BWahlG unberücksichtigt. Das Unterschreiten der 5 %-Klausel führt auch nicht zum Verlust der zwei erreichten Direktmandate. Anderenfalls hätten parteiunabhängige Bewerber gar keine Chance, ein Direktmandat im Bundestag zu erringen.

183. Wahlpflicht

Angesichts sinkender Wahlbeteiligung wird das Bundeswahlgesetz derart geändert, dass das unentschuldigte Fernbleiben von der Bundestagswahl mit einer Geldbuße belegt wird. Ist diese Regelung verfassungsgemäß?

Wohl nicht. Durch die Sanktionsnorm wird als Verhaltensnorm eine Wahlpflicht eingeführt. Die Verfassungsmäßigkeit dieser Pflicht hängt davon ab, ob der Grundsatz der Freiheit der Wahl nach Art. 38 I 1 GG sich nur auf das Wie der Wahlentscheidung oder auch auf das Ob der Wahlbeteiligung bezieht (vgl. *Schmidt,* Grundpflichten, S. 218 ff.). Zwar mag die Nichtbeteiligung zum Teil auf bloßer Bequemlichkeit beruhen, oft bringt sie aber auch eine insgesamt ablehnende Stellungnahme zum Ausdruck, die über die Abgabe einer ungültigen Stimme oder eine bloße Stimmenthaltung hinausgeht. Beim derzeitigen Grad der Wahlbeteiligung dürfte eine Wahlpflicht noch unverhältnismäßig sein. Im Übrigen war eine solche Wahlpflicht für Staaten des früheren Ostblocks typisch, zumeist begründet mit einer vermeintlichen Einheit von Wahlrecht und Wahlpflicht.

184. Wahlmännersystem

Könnte das bei der Wahl des US-amerikanischen Präsidenten praktizierte Wahlmännersystem auch für die Bundestagswahlen eingeführt werden?

Nein. Eine Wahl der Bundestagsabgeordneten durch von den Wählern bestimmte Wahlmänner nach dem Vorbild der Wahl des US-amerikanischen Präsidenten (dazu *Bennett,* Taming the Electoral College, 2006) verstieße gegen den Grundsatz der Unmittelbarkeit der Wahl nach Art. 38 I 1 GG.

185. Geheimheit der Wahl

Liegt in diesen Fällen jeweils ein Verstoß gegen den Grundsatz der geheimen Wahl vor?

a) Bekannte Künstler kündigen in Zeitungsanzeigen an, für die Partei des amtierenden Bundeskanzlers zu stimmen.
b) Bürger B teilt nach der Wahl dem Meinungsforschungsinstitut M seine Stimmabgabe für die bisherige Oppositionspartei mit.

a) und **b)** Nein. Das Wahlgeheimnis verbietet zwar jeden Zwang, die Stimmabgabe zu offenbaren, schließt eine freiwillige Mitteilung aber nicht aus. Im Übrigen ist nicht gesichert, dass die Aussage der Wahrheit entspricht.

186. Wahlcomputer

Ist die Einführung sog. Wahlcomputer, bei denen die Wähler elektronisch ihre Stimmen abgeben, zulässig?

Dies ist umstritten. Während eine Auffassung Wahlcomputer aufgrund der Einschränkung des aus dem Demokratieprinzip fließenden Grundsatzes der Öffentlichkeit der Wahl gänzlich ablehnt, lässt das BVerfG (E 123, 39) Wahlcomputer dann ausnahmsweise zu, wenn die wesentlichen Schritte des Wahlcomputers und die Ergebnisermittlung für den Wähler nachvollziehbar sind.

187. Wahlen zum Europaparlament

Finden die in Art. 38 I 1 GG genannten Wahlrechtsgrundsätze auch bei der Wahl zum Europaparlament Anwendung? Warum?

Nein. Art. 14 III EUV schreibt lediglich die Grundsätze der allgemeinen, unmittelbaren, freien und geheimen Wahl fest. Es fehlt insb. der Grundsatz der Wahlgleichheit. Dies hängt mit der unterschiedlichen proportionalen Vertretung des jeweiligen Staatsvolks eines Mitgliedsstaates im Europaparlament zusammen, welche kleine Mitgliedsstaaten übermäßig begünstigt. So kommt derzeit ein Abgeordneter Maltas auf ca. 70.000 Einwohner, ein Abgeordneter Deutschlands auf ca. 830.000 Einwohner. Innerhalb des deutschen Wahlgebiets zum Europaparlament gelten hingegen nach § 1 I 2 EuWG die aus Art. 38 I 1 GG bekannten Wahlrechtsgrundsätze.

188. Verlängerung der Wahlperiode

Um umfangreiche Reformvorhaben im Steuer- und Sozialrecht unter geringerem Zeitdruck durchführen zu können, beschließt der im Jahr 2017 gewählte 19. Deutsche Bundestag Anfang 2020 mit Zweidrittelmehrheit unter einstimmiger Zustimmung des Bundesrates die Ersetzung der Zahl „vier" durch die Zahl „sechs" in Art. 39 I 1 GG, die Ersetzung der Zahlen „sechsundvierzig" und „achtundvierzig" durch „siebzig" und „zweiundsiebzig" sowie folgende Neufassung des Art. 136 GG: „Art. 39 I 1, 3 GG findet erstmals auf den am 24.9.2017 gewählten Bundestag Anwendung." Wann endet die Wahlperiode des 19. Deutschen Bundestages?

Sie endet gemäß Art. 39 I 2 GG mit dem Zusammentritt des nächsten Bundestages, der nach Art. 39 II GG spätestens am dreißigsten Tag nach der Wahl zusammenzutreten hat. Diese Wahl hat weiterhin nach Art. 39 I 3 GG aF frühestens 46 (Juli 2021), spätestens 48 Monate (September 2021) nach Beginn der Wahlperiode stattzufinden. Die Neufassung des Art. 39 I 1, 3 GG erfasst zumindest nicht den 19. Bundestag, da dieser anderenfalls eigenmächtig seine eigene Wahlperiode verlängern könnte. Dies widerspräche dem Demokratieprinzip und dem Grundsatz der Volkssouveränität nach Art. 20 I, II GG, welche periodische Wahlen und die Einräumung politischer Macht nur auf Zeit gebieten, sowie dem Rechtsstaatsprinzip und verstieße damit gegen Art. 79 III GG.

189. Termin der Bundestagswahl

Eine Bundestagswahl findet a) 45 Monate b) 49 Monate nach Beginn der Wahlperiode statt. Ist die Wahl gültig?

a) Nein. Dies schmälerte die Kompetenzen des alten Bundestages aus Art. 39 I GG.

b) Ja. Anderenfalls könnten nach Fristablauf überhaupt keine gültigen Wahlen mehr durchgeführt werden.

bb) Aufgaben, Organisation und Verfahren

190. Zusammentritts des neu gewählten Bundestages

a) Wer bestimmt den Tag des Zusammentritts des neu gewählten Bundestages?
b) Wer leitet die erste Sitzung?

a) Der Bundestagspräsident des vorhergehenden Bundestages beruft (vermutlich auf verfassungsgewohnheitsrechtlicher Grundlage) den neu gewählten Bundestag gemäß Art. 39 II GG ein; in diesem Punkt wird der Grundsatz der Diskontinuität durchbrochen (§ 1 I GOBT).

b) Die erste Sitzung wird durch den sog. Alterspräsidenten geleitet (§ 1 II GOBT).

191. Aufgaben des Bundestages

Geben Sie unter Nennung von Beispielen die vier wesentlichen Aufgabengruppen des Bundestages an!

(1) Legislativfunktion

Recht zur Gesetzesinitiative (Art. 76 I GG) und Gesetzgebung (Art. 77 I 1 GG), einschließlich Haushaltsgesetz (Art. 110 II GG), Zustimmung zu völkerrechtlichen

Verträgen (Art. 59 II GG) und Friedensschluss (Art. 115l III GG), Erlass von Geschäftsordnungen (Art. 40 I 2; 53a I 4; 77 II 2 GG).

(2) Etatfunktion

Haushaltsrecht (Art. 110 II GG), einschließlich Kreditbewilligung (Art. 115 I GG).

(3) Kreationsfunktion

Mitwirkung an der Bestellung und Abberufung anderer Verfassungsorgane, und zwar Gemeinsamer Ausschuss (Art. 53a I 1 GG), Bundesversammlung (Art. 54 III GG), Bundeskanzler (Art. 63; 67 GG), Vermittlungsausschuss (Art. 77 II 1, 2 GG) und Bundesverfassungsgericht (Art. 94 I 2 GG).

(4) Kontrollfunktion

Interpellationsrecht (Art. 43 I GG), Recht zur Einsetzung von Untersuchungsausschüssen (Art. 44 I GG), Berufung des Wehrbeauftragten (Art. 45b GG) sowie Rechnungslegung und Entlastung (Art. 114 I GG).

Übersicht 6: Funktionen des Bundestages

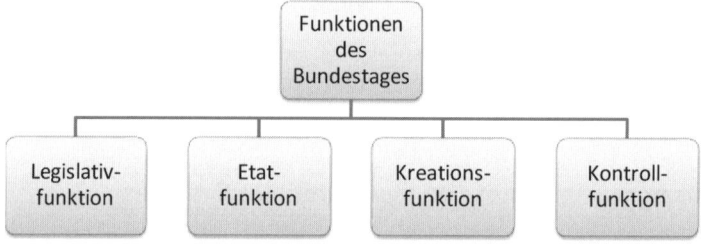

---

192. Reichweite des Art. 42 II 1 GG

Betrifft Art. 42 II 1 GG lediglich von dem Bundestag zu treffende Gesetzesbeschlüsse?

Nein. Art. 42 II 1 GG erfasst vielmehr jeden von dem Bundestag gefassten Beschluss, soweit keine der Sonderregelungen, etwa in Art. 63 II; 67 I 1; 79 II GG, eingreift. Dazu zählen neben Gesetzesbeschlüssen andere rechtlich relevante Beschlüsse, wie solche über die Einleitung von Verfahren vor dem BVerfG, sowie sog. schlichte Parlamentsbeschlüsse. Dabei handelt es sich um Beschlüsse ohne unmittelbare rechtliche Wirkungen, wie etwa Meinungsäußerungen, Resolutionen oder bloße unverbindliche Aufforderungen an andere Verfassungs- oder Staatsorgane. Vgl. *Sellmann*, Der schlichte Parlamentsbeschluß, 1966.

193. Beschlussfähigkeit des Bundestages

a) Wann ist der Bundestag beschlussfähig?
b) Was geschieht bei Beschlussunfähigkeit?
c) Ist eine trotz Beschlussunfähigkeit erfolgte Abstimmung oder Wahl gültig?

a) Die Beschlussfähigkeit des Bundestages ist nicht im Grundgesetz selbst geregelt, sondern in der aufgrund der Geschäftsordnungsautonomie erlassen Geschäftsordnung des Bundestages (GOBT). Gemäß § 45 I GOBT ist der Bundestag beschlussfähig, wenn mehr als die Hälfte seiner Mitglieder im Sitzungssaal anwesend sind. Nach § 45 II GOBT wird die Beschlussfähigkeit solange vermutet, wie ihr Fehlen nicht von einer Fraktion oder von anwesenden 5 % der Mitglieder des Bundestages bezweifelt wird. Siehe *Schneider,* Die Beschlussfähigkeit und die Beschlussfassung von Kollegialorganen, 2000.

b) Nach Feststellung der Beschlussunfähigkeit hebt der Bundestagspräsident die Sitzung sofort auf (§ 45 III 1 GOBT). Er kann sodann für denselben Tag eine weitere Sitzung mit derselben Tagesordnung ansetzen (§§ 45 III 2; 20 V GOBT).

c) Hier ist zu unterscheiden. Wurde die Beschlussunfähigkeit nicht festgestellt, ist die Abstimmung oder Wahl zumindest aus diesem Grund nicht ungültig. Bei festgestellter Beschlussunfähigkeit hingegen ist jede dennoch erfolgte Abstimmung oder Wahl ungültig. Diese Rechtsfolge ist zwar nicht ausdrücklich angeordnet, anderenfalls verlören die Vorschriften über die Beschlussunfähigkeit aber jede Bedeutung und parlamentarische Minderheiten könnten das Gesamtbild im Parlament verzerrende Entscheidungen treffen.

194. Stimmenthaltung

Zwei Bundestagsabgeordnete stimmen für einen Gesetzentwurf, einer dagegen, 706 enthalten sich.
a) Hat der Bundestag einen wirksamen Gesetzesbeschluss gefasst?
b) Mit der gleichen Mehrheit wird der X zum Bundeskanzler gewählt. Muss der Bundespräsident ihn ernennen?

a) Nach der herrschenden Auffassung, die als Mehrheit im Sinne des Art. 42 II 1 GG lediglich ein Überwiegen der Ja-Stimmen über die Nein-Stimmen fordert, liegt ein wirksamer Gesetzesbeschluss vor. Die Stimmenthaltung kommt der zahlenmäßig stärkeren Meinungsgruppe zugute. Dieser – zugegebenermaßen extreme – Fall sollte Anlass bieten, diese Ansicht kritisch zu überprüfen. Vgl. *Roschek,* Enthaltung und Nichtbeteiligung bei staatlichen Wahlen und Abstimmungen, 2003.

b) Nein. Nach Art. 63 II 1 GG bedarf der X für die Wahl zum Kanzler der Mehrheit der Mitglieder des Bundestages. Das ist aber nach Art. 121 GG die gesetzliche Mitgliederzahl, die deshalb auch Kanzlermehrheit genannt wird. Stimmenthaltung wirkt sich in diesen Fällen wie eine Nein-Stimme aus.

195. Irrtümliche Stimmabgabe

Bundestagsabgeordneter A hat sich bei der Abstimmung über einen Gesetzentwurf geirrt. Kann er sein Votum nach §§ 142 I; 119 I BGB anfechten?

Nein. Die zivilrechtlichen Regelungen über die Anfechtung von Willenserklärungen sind auf staatsrechtliche Erklärungen gänzlich unanwendbar. Der Bestand von Hoheitsakten wie Gesetzen darf nicht in gleicher Weise wie privatrechtliche Willenserklärungen von Fehlern in der Willensbildung oder -äußerung der einzelnen Beteiligten abhängig sein.

196. Pairing-Abkommen

Was versteht man unter dem Pairing-Abkommen und welche Rechtsfolgen hat dieses?

Mit dem Pairing-Abkommen vereinbaren die Fraktionen vielfach zu Beginn einer Legislaturperiode, dass im Bundestag Mehrheiten nicht von Zufällen abhängen sollen. Sind beispielsweise Abgeordnete der Regierungsfraktionen etwa durch Krankheit oder Dienstreisen verhindert, beteiligt sich von Seiten der Opposition eine entsprechende Anzahl von Parlamentariern nicht an Abstimmungen. Eine rechtliche Verpflichtung zum Abschluss einer solchen Regelung besteht ebenso wenig wie der Bruch eines geschlossenen Abkommens Auswirkungen auf die Wirksamkeit von Parlamentsbeschlüssen hat. Siehe *Schuldei*, Die Pairing-Vereinbarung, 1997.

197. Stimmengleichheit

Welche Folgen ergeben sich, wenn bei einer Abstimmung im Bundestag Stimmengleichheit eintritt?

Dann ist der Antrag abgelehnt, wie aus Art. 42 II 1 GG folgt. Mehrheit bedeutet in dieser Vorschrift, dass die Zahl der Ja-Stimmen die der Nein-Stimmen um wenigstens eine übertrifft. Siehe *Lorz*, ZRP 2003, 36 ff.; *Schmidt*, JZ 2003, 133 ff.

198. Konstruktive Stimmenthaltung im Rat der Europäischen Union

Was versteht man unter konstruktiver Stimmenthaltung im Rat der Europäischen Union und ist dieser Fall der Stimmenthaltung nach Art. 42 II 1 GG vergleichbar?

Nach Art. 238 IV AEUV steht die Stimmenthaltung von anwesenden oder vertretenen Mitgliedern dem Zustandekommen von Beschlüssen des Rates, zu denen Einstimmigkeit erforderlich ist, nicht entgegen. Ein Ratsbeschluss kommt danach selbst dann zustande, wenn nur ein Ratsmitglied zustimmt, alle übrigen sich aber enthalten. In gleicher Weise wie nach der zu Art. 42 II 1 GG herrschenden Auffassung müssen die Ja-Stimmen also nicht die Hälfte der gesetzlichen Mitgliederzahl übersteigen; im Gegensatz zu Art. 42 II 1 GG steht jedoch schon eine einzige Nein-Stimme einem Ratsbeschluss entgegen.

199. Selbstauflösung des Bundestages?

Kann der Bundestag sich selbst auflösen?

Nein. Im Gegensatz zu vielen Landesparlamenten (zB Art 43 I BWV; Art. 18 I BayV; Art. 80 HessV; Art. 10 NdsV; Art. 35 I NWV) ist dem Bundestag die Selbstauflösung verwehrt. Allerdings kann der Bundespräsident den Bundestag auflösen, wenn der Bundeskanzler mit der Vertrauensfrage gescheitert ist. Enthalten sich die die Regierung tragenden Abgeordneten bei einer Vertrauensfrage der Stimme, so kann auf diesem Umweg der Kanzler trotz fortbestehender parlamentarischer Rückendeckung dennoch Neuwahlen erreichen, wie 1982/83 und 2005 geschehen (s. Frage 264). Nach Ansicht des BVerfG (E 114, 121) ist dabei die Einschätzung des Bundeskanzlers und des Bundespräsidenten, die Bundesregierung habe ihre politische Handlungsfähigkeit verloren, nur eingeschränkt gerichtlich überprüfbar. Siehe *Hirsch,* Gegenrede 1994, 387 ff.; *Niclauß,* Zeitschrift für Parlamentsfragen 37 (2006), 40 ff.

cc) Unterorgane und Beauftragte

200. Ausschüsse Bundestages und Enquêtekommissionen

Worin liegt der Unterschied zwischen Ausschüssen des Bundestages und Enquêtekommissionen? Welche Aufgaben haben beide?

Ausschüsse bestehen ausschließlich aus Mitgliedern des Bundestages zusammengesetzt nach dem Stärkeverhältnis der einzelnen Fraktionen (§§ 54 f. GOBT). Sie dienen der Vorbereitung der Verhandlungen des Bundestages. Enquêtekommissionen sind zusammengesetzt aus Bundestagsabgeordneten und Sachverständigen (§ 56 GOBT). Sie sollen Entscheidungen über umfangreiche und bedeutsame Sachkomplexe vorbereiten. Siehe zB die 2018 eingesetzte Enquetekommission „Berufliche Bildung in der digitalen Arbeitswelt". Vgl. *Brandner,* Jura 1999, 449 ff.; *Syrbe,* Die Sicherung der Vertraulichkeit der Arbeit von Bundestagsausschüssen, 1995.

201. Überblick über die Bundestagsausschüsse

a) Welche Bundestagsausschüsse sind schon von Verfassung wegen als ständige Ausschüsse vorgesehen?
b) Welche weiteren Bundestagsausschüsse bestehen?

a) Bereits von Verfassung wegen sind als ständige Ausschüsse der Ausschuss für die Angelegenheiten der Europäischen Union (Art. 45 GG, s. auch §§ 93 f. GOBT), der Ausschuss für Auswärtige Angelegenheiten und der Verteidigungsausschuss (Art. 45a GG) sowie der Petitionsausschuss (Art. 45c GG, s. auch §§ 108 ff. GOBT) vorgesehen.

b) Daneben besteht eine große Anzahl weiterer Ausschüsse spiegelbildlich zu den entsprechenden Bundesministerien. Besonders bedeutsam sind etwa der Haushaltsausschuss (§§ 94 ff. GOBT) und der Rechtsausschuss. Neben diesen ständigen Ausschüssen werden zur Aufklärung einzelner Missstände Untersuchungsausschüsse eingesetzt (Art. 44 GG).

202. Untersuchungsausschüsse

Warum genügt nach Art. 44 I 1 GG bereits ein Viertel der Mitglieder des Bundestages, um einen Untersuchungsausschuss einzusetzen?

Art. 44 I 1 GG trägt dem parlamentarischen Regierungssystem Rechnung, wonach die Mehrheit des Bundestages die Regierung stützt (vgl. Art. 63; 67 GG). Die Wahrnehmung der parlamentarischen Kontrollaufgaben ist daher v. a. von der Opposition, dh regelmäßig der Minderheit des Parlaments, zu erwarten. Siehe *Glauben,* Das Recht der parlamentarischen Untersuchungsausschüsse in Bund und Ländern, 2005; *Masing,* Parlamentarische Untersuchungen privater Sachverhalte, 1998; *Platter,* Das parlamentarische Untersuchungsverfahren vor dem Verfassungsgericht, 2004.

203. Ältestenrat

Wie ist der Ältestenrat zusammengesetzt und welche Aufgaben hat er?

Der Ältestenrat besteht gemäß § 6 GOBT aus dem Bundestagspräsidenten, dessen Stellvertretern und zurzeit 23 weiteren Mitgliedern, welche die Fraktionen im Verhältnis ihrer Stärke benennen. Der Ältestenrat wirkt als Bindeglied zwischen dem Bundestagspräsidium und den Fraktionen und als parlamentarisches Lenkungs- und Schlichtungsorgan. Er legt Termine und Tagesordnung jeder Sitzung fest, bestimmt die Dauer der Aussprache über die einzelnen Verhandlungsgegenstände und die Verteilung der Redezeit (§ 20 I GOBT). Siehe *Kabel,* Ältestenrat: Wie er agiert und funktioniert, 4. Auflage, 1989; *Maibaum,* Der Ältestenrat des Deutschen Bundestages, 1986.

204. Wehrbeauftragter

Welche Stellung und welche Funktion hat der Wehrbeauftragte des Bundestages?

Der Wehrbeauftragte ist nach Art. 45b GG ein Hilfsorgan des Bundestages. Er handelt grds. weisungsfrei und hat ein umfassendes Auskunfts- und Zutrittsrecht zu militärischen Einrichtungen. Dies dient dem Schutz der Grundrechte der Soldaten und der Sicherung der parlamentarischen Kontrolle der Bundeswehr. Siehe *Busch,* Der Wehrbeauftragte: Organ der parlamentarischen Kontrolle, 4. Auflage, 1999.

205. Fraktionsbegriff

Was versteht man unter einer Fraktion?

Unter einer Fraktion versteht man den Zusammenschluss von Mitgliedern eines Parlaments, die derselben Partei oder solchen Parteien angehören, die auf Grund gleichgerichteter politischer Ziele in keinem Wahlgebiet miteinander im Wettbewerb stehen (vgl. § 10 GOBT, der auch den verfassungsrechtlichen Fraktionsbegriff zutreffend wiedergibt). Siehe *Hauenschild,* Wesen und Rechtsnatur der parlamentarischen Fraktionen, 1968; *Kretschmer,* Fraktionen: Parteien im Parlament, 2. Auflage, 1996; *Wolters,* Der Fraktions-Status, 1996.

206. Fraktionsbildung

Die P-Partei erzielte bei der letzten Bundestagswahl 4 % der Stimmen und drei Direktmandate.
a) Können die Abgeordneten der P-Partei eine Bundestagsfraktion bilden?
b) Was ist ihnen zu raten?

a) Nein. § 10 GOBT verlangt in Übereinstimmung mit dem verfassungsrechtlichen Fraktionsbegriff einen Zusammenschluss von wenigstens 5 % der Bundestagsmitglieder.

b) Die Abgeordneten der P-Partei können sich aber als Gruppe gemäß § 10 IV GOBT zusammenschließen. Siehe BVerfGE 96, 264.

207. Fraktionen im Europaparlament

Gibt es auch Fraktionen im Europaparlament?

Ja. Zwar werden diese weder in EUV noch in AEUV ausdrücklich erwähnt, die Geschäftsordnung des Europaparlaments regelt jedoch in Art. 32 ff. die Rechtsstellung der Fraktionen. In der Praxis haben sich Fraktionen nicht nach der nationalen Herkunft der Abgeordneten, sondern nach ihrer politischen Ausrichtung gebildet, siehe zB die konservative EVP- und die sozialdemokratische PASD-Fraktion. Siehe *Neßler,* Europäische Willensbildung: Die Fraktionen im Europaparlament zwischen nationalen Interessen, Parteipolitik und europäischer Integration, 1997.

dd) Status der Abgeordneten

208. Begriff des Vertreters

Ist der Begriff des Vertreters in Art. 38 I 2 GG im gleichen Sinne wie in §§ 164 ff. BGB zu verstehen?

Nein. Hier bestehen große Unterschiede. Vertreter im Sinne der §§ 164 ff. BGB sind an Weisungen der Vertretenen gebunden und ihre Vertretungsmacht kann ihnen wieder entzogen werden. Bundestagsabgeordnete sind Inhaber eines freien Mandats, wie Art. 38 I 2 GG es formuliert, an Aufträge und Weisungen nicht gebunden und nur ihrem Gewissen unterworfen. Dabei sind sie nach Art. 39 I 1 GG auf vier Jahre gewählt. Zutreffender wäre es, sie als „Repräsentanten" zu bezeichnen.

209. Rechte des einzelnen Bundestagsabgeordneten

Nennen Sie die wichtigsten Rechte des einzelnen Bundestagsabgeordneten!

Diese Rechte lassen sich in Anlehnung an die Aufgaben des Bundestags (s. Frage 191) ordnen:

(1) Rederecht (Art. 42 I 1 GG) und Recht, parlamentarische Initiativen zu ergreifen (Art. 76 I GG).

(2) Prinzipielle Möglichkeit der Mitwirkung in einem Parlamentsausschuss (Art. 43 I GG).

(3) Recht zur Beteiligung an Wahlen und Abstimmungen (Art. 42 II GG).

(4) Beteiligung am Frage- und Informationsrecht des Parlaments (Art. 43 I; 44 I GG).

(5) Zur organisatorischen Verstärkung der aufgeführten Rechte das Recht, sich mit anderen Abgeordneten zu einer Fraktion oder Gruppe zusammenzuschließen (aus Art. 38 I 2 GG herzuleiten (vgl. *Hauenschild*, Wesen und Rechtsnatur der parlamentarischen Fraktionen, 1968; *Schmidt*, DÖV 2003, 846 ff. (847 f.)) und vorausgesetzt von Art. 53a I 2 GG).

(6) Absicherung durch Indemnität (Art. 46 I GG) und Immunität (Art. 46 II GG).

(7) Wirtschaftliche Unabhängigkeit durch Anspruch auf Entschädigung (Art. 48 III 1 GG, sog. Diäten).

210. Mitgliederentscheid der Parteibasis

Die S-Partei möchte einen Mitgliederentscheid durchführen um die Parteibasis darüber entscheiden zu lassen, ob die S- und C-Fraktion eine Koalitionsvereinbarung treffen.

a) Ist das mit dem Grundsatz des freien Mandats aus Art. 38 I 2 GG vereinbar?
b) Was bedeuten Fraktionsdisziplin und Fraktionszwang?

a) Ja. Die Beschlüsse des Parteitages binden die Abgeordneten schließlich nicht rechtlich sondern beeinflussen ihr Verhalten lediglich faktisch. Diese Form der Einflussnahme durch die Partei ist bis zu einem gewissen Punkt zulässig, was sich daraus ergibt, dass Art. 21 I GG den Parteien die Aufgabe zuweist, an der politischen Willensbildung mitzuwirken und die Abgeordneten als Mitglieder der Parteien auf deren Unterstützung angewiesen sind. Die Grenze zur unzulässigen Druckausübung kann nicht präzise gezogen werden. Sie ist in jedoch jedem Fall erreicht, wenn der Abgeordnete wirtschaftlich unter Druck gesetzt wird oder das scheinbar freie Mandat lediglich ein imperatives Mandat verdeckt.

b) Abgeordnete sind mit der Erwartung konfrontiert, konform mit den anderen Fraktionsmitgliedern abzustimmen (Fraktionsdisziplin). Wenn der damit einhergehende Druck die skizzierte Schwelle überschreitet, handelt es sich um unzulässigen Fraktionszwang. Die Zulässigkeit von Fraktionsdisziplin ergibt sich daraus, dass Fraktionen die Fortsetzung der Parteien innerhalb des Parlaments sind und diese wie dargestellt Einfluss auf die Abgeordneten nehmen dürfen.

211. Verlust des Bundestagsmandates

Durch Bundesgesetz wird in § 46 I 1 BWahlG folgende Nr. 6 eingefügt „Ausscheiden aus seiner Fraktion". Ist diese Neuregelung verfassungsgemäß?

Nein. Diese Neuregelung führt dazu, dass ein Bundestagsabgeordneter im Falle des Ausscheidens aus seiner Fraktion zugleich sein Bundestagsmandat verliert. Damit wird in den Grundsatz des freien Mandats nach Art. 38 I 2 GG eingegriffen. Der Abgeordnete erscheint nicht mehr als Repräsentant des ganzen Volkes, sondern lediglich als Vertreter seiner Partei. Der Partei wird zwar nicht rechtlich, wohl aber faktisch über die Einwirkung auf die Fraktion mit dem Ziel eines Fraktionsausschlusses ein Weisungsrecht gegenüber den Abgeordneten eingeräumt. Dieses ist auch nicht durch Art. 21 I 1 GG gerechtfertigt. Denn danach wirken die Parteien bei der politischen Willensbildung des Volkes nur mit, können aber keinen Alleinvertretungsanspruch erheben und sind von sonstigen verfassungsrechtlichen Bindungen wie Art. 38 I 2 GG nicht freigestellt.

212. Suspendierung des Bundestagsmandates?

Es wird ein § 48a BWahlG eingefügt, nach dem das Mandat eines Abgeordneten, der ein Regierungsamt übernimmt, für die Dauer seiner Regierungstätigkeit ruht. An seine Stelle tritt solange der jeweils nächstplatzierte Listenbewerber.
a) Wäre diese Regelung verfassungsgemäß?

b) Wie wäre es, wenn der in die Regierung aufgenommene Abgeordnete dauerhaft sein Abgeordnetenmandat verlöre?

a) Nein. Zwar verwirklichte § 48a BWahlG besser als der jetzige Rechtszustand die personelle Gewaltenteilung zwischen Legislative und Exekutive, indes würde durch das nur vorübergehend ruhende Mandat der nachrückende Abgeordnete zu einem Abgeordneten auf Abruf. Seine Abgeordnetenstellung wäre abhängig von dem nicht von ihm zu beeinflussenden Ausscheiden seines Vorgängers aus der Regierung. Diese Situation machte ihn zu einem Abgeordneten zweiter Klasse, was mit der von Art. 38 I 1 GG vorgesehenen Gleichheit aller Abgeordneten unvereinbar ist.

b) Diese Regelung wäre verfassungsgemäß. Der Fall wäre dem sonstigen Nachrücken eines Abgeordneten etwa wegen Todes oder Verzichts des Vorgängers vergleichbar. Der Nachrücker wäre den übrigen Abgeordneten gleichgestellt, Bedenken aus Art. 38 I 1 GG beständen nicht.

213. Rechte eines fraktionslosen Abgeordneten

Welche Rechte hat ein fraktionsloser Abgeordneter?

Auch ein fraktionsloser Abgeordneter ist Vertreter des ganzen Volkes nach Art. 38 I 2 GG. Seine daraus sich ergebenden parlamentarischen Mitwirkungsrechte sind aber beschränkt durch die Herstellung und Wahrung der Funktionsfähigkeit des Bundestages im Ganzen. So hat er nach Auffassung des BVerfG (E 80, 188) zwar Anspruch darauf, in einem Ausschuss vertreten zu sein, dabei soll ihm aber neben dem Rede- und Antragsrecht kein Stimmrecht zukommen, weil die personelle Zusammensetzung des Ausschusses auch die Mehrheitsverhältnisse im Plenum widerspiegele. Entgegen der Ansicht des BVerfG wird man den Abgeordneten auch für stimmberechtigt halten müssen; nur so wird man der formalen Gleichheit der Abgeordneten und der Bedeutung der in den Ausschüssen geleisteten Sacharbeit gerecht. Siehe *Kürschner,* Die Statusrechte des fraktionslosen Abgeordneten, 1984; *Schulze-Fielitz,* DÖV 1989, 829 ff.

214. Effektive Opposition

Nach der Wahl des Bundestages vereinen die Fraktionen, die die Regierung tragen, 546 der 709 Sitze auf sich. Die Oppositionsfraktion X ist empört, dass nunmehr die Oppositionsrechte „leerlaufen".
a) Welche Oppositionsrechte meint die X-Fraktion?
b) Besteht ein verfassungsrechtlicher Grundsatz, dass effektive Oppositionsarbeit möglich sein muss?
c) Ergibt sich aus diesem Grundsatz die Verpflichtung, die Quoren innerhalb der Verfassung abzusenken?

a) Sowohl Art. 93 I Nr. 2 GG (abstrakte Normenkontrolle) als auch Art. 44 I 1 GG (Untersuchungsausschuss) sowie Art. 23 I a 2 GG (Subsidiaritätsklage) und

Art. 45a II 1 GG (Verteidigungsausschuss als Untersuchungsausschuss) verlangen als Quorum ein Viertel der Mitglieder des Bundestages. Art. 39 III 3 GG (Einberufung des Bundestages durch seinen Präsidenten) erfordert sogar ein Drittel der Mitglieder.

b) Ja. Die rechtstaatliche Gewaltenteilung gem. Art. 20 III GG sieht die Kontrolle der Regierung durch das Parlament vor. Aufgrund der Fraktionsdisziplin sind insbesondere die Oppositionsabgeordneten als natürliche Gegenspieler von Regierung und regierungstragender Mehrheit hierfür entscheidend. Ferner erfordert das Demokratieprinzip nach Art. 20 I, II GG, dass eine Minderheit zur Mehrheit erstarken können muss. Der hierfür erforderliche Wettbewerb unterschiedlicher politischer Kräfte setzt voraus, dass die Opposition effektiv arbeiten kann.

c) Nein. Die in den Text der Verfassung aufgenommenen Quoren konkretisieren den Grundsatz effektiver Opposition. Die Belange des Minderheitenschutzes und die Gefahr des Missbrauchs von Minderheitenrechten wurden vom parlamentarischen Rat erkannt und gegeneinander abgewogen.

215. Rechtsfolgen des Fraktionsausschlusses

Der Abgeordnete X, der Mitglied des Gemeinsamen Ausschusses und des Vermittlungsausschusses ist, wird aus der A-Fraktion ausgeschlossen. Welchen Einfluss hat dies auf seine Ausschusssitze?

Nach Art. 53a I 2 GG können nur fraktionsangehörige Abgeordnete Mitglied des Gemeinsamen Ausschusses sein. Diesen Ausschusssitz verliert A durch seinen Fraktionsausschluss von Verfassung wegen. Für den Vermittlungsausschuss fehlt es an einer entsprechenden Regelung, sei es in Art. 77 GG, sei es in der Geschäftsordnung des Vermittlungsausschusses. Hier kann aber die A-Fraktion den X abberufen und einen anderen Bundestagsabgeordneten entsenden. Siehe *Hölscheidt*, DVBl. 1989, 291 ff.; *Spalckhaver*, Mandatsverlust bei Fraktionswechsel und freies Abgeordnetenmandat, 1977.

216. Rücktrittsrecht

Können diese Organwalter jeweils ihr Amt niederlegen und sich ins Privatleben zurückziehen:
a) Bundestagsabgeordneter A?
b) Bundeskanzler K?
c) Bundesminister M?
d) Bundespräsident P?
e) Richter des Bundesverfassungsgerichts R?

a) Ja. Der Grundsatz des freien Mandats nach Art. 38 I 2 GG erfasst auch die Entscheidung über das Ob der Mandatsausübung.

b) Nein. Der Bundespräsident kann den Bundeskanzler nach Art. 69 III GG ersuchen, die Geschäfte bis zur Ernennung eines Nachfolgers weiterzuführen. Hier wird der allgemeine rechtsstaatliche Grundsatz durchbrochen, dass eine Weiterführung des Amtes nicht verlangt werden kann, wenn der Amtswalter es aufgeben will.

c) Nein. Der Bundespräsident oder der Bundeskanzler können den Bundesminister ebenfalls nach Art. 69 III GG ersuchen, die Geschäfte bis zur Ernennung eines Nachfolgers weiterzuführen. Auch insofern wird der obige Grundsatz durchbrochen.

d) Ja. Durch Art. 57 GG ist für diesen Fall Vorsorge getroffen.

e) Ja; siehe § 12 BVerfGG.

---

217. Indemnität und Immunität

a) Worin liegt der Unterschied zwischen Indemnität und Immunität?
b) Kann ein Abgeordneter auf Indemnität und Immunität verzichten?

a) Indemnität (Art. 46 I GG) bedeutet Straflosigkeit und stellt das Verhalten des Abgeordneten im Bundestag von Sanktionen außerhalb des Bundestages frei. Immunität (Art. 46 II GG) meint Schutz vor Strafverfolgung und betrifft das Verhalten des Abgeordneten außerhalb des Parlaments. Die Vorschrift über die Indemnität sichert sowohl die Gewissensfreiheit des einzelnen Abgeordneten (Art. 38 I 2 GG) als auch die sachgerechte Parlamentsarbeit ab, die Regelung über Immunität gewährleistet die Funktionsfähigkeit des Parlaments im Ganzen, das nicht durch massenweise Verhaftung von Abgeordneten wie 1933 gefährdet werden soll. Siehe *Wurbs,* Regelungsprobleme der Immunität und der Indemnität in der parlamentarischen Praxis, 1988.

b) Nein. Ein Verzicht ist nur auf im eigenen Interesse eingeräumte Rechte möglich. Daher scheidet jeder Verzicht auf Indemnität und Immunität aus. Der Abgeordnete kann aber einen Antrag auf Aufhebung seiner Immunität bei dem Ausschuss für Immunität, Wahlprüfung und Geschäftsordnung stellen.

b) Bundesrat

aa) Bildung

Literatur: *Blanke,* Der Bundesrat im Verfassungsgefüge des Grundgesetzes, Jura 1995, 57–66; *Diekmann,* Das Verhältnis des Bundesrates zu Bundestag und Bundesregierung im Spannungsfeld von Demokratie- und Bundesstaatsprinzip, 2007; *Hobe,* Staatsrecht – Die Staatsorgane, JA 1995, 406–409; *Mulert,* Der Bundesrat im Lichte der Föderalismusreform, DÖV 2007, 25–29; *Reuter,* Praxishandbuch Bundesrat, 2. Auflage, 2007; *Scholl,* Der Bundesrat in der deutschen Verfassungsentwicklung, 1982.

---

218. Bundesrat als Bundes- oder Länderorgan

Ist der Bundesrat ein Bundes- oder ein Länderorgan? Welche Rechtsfolgen ergeben sich aus der Einordnung?

Er ist ein Bundesorgan, auch wenn er politisch die Interessen der Länder vertritt. Seine Handlungen werden daher dem Bund und nicht einer davon zu unterscheidenden „Gesamtheit der Länder" zugerechnet.

219. Zusammensetzung des Bundesrates

Aus welchen Mitgliedern besteht der Bundesrat und wie wird er gebildet?

Der Bundesrat besteht aus Mitgliedern der Regierungen der Länder, die von diesen bestellt und abberufen werden (Art. 51 I GG). Die Zahl der Mitglieder, die jedes Land entsenden kann, richtet sich nach der Stimmenzahl des Landes (Art. 51 III 1 GG), welche wiederum von seiner Einwohnerzahl abhängig ist (Art. 51 II GG). Seit der Wiedervereinigung Deutschlands besteht der Bundesrat aus 68, neuerdings 69, stimmberechtigten Vertretern der 16 Länder.

220. Mitgliederzahlen der Länder

a) Warum wird die Anzahl der Bundesratsmitglieder je Land nicht streng nach der Einwohnerzahl bestimmt, zB je eine Million Einwohner ein Bundesratsmitglied?
b) Warum werden in Art. 51 II GG die Länder nicht namentlich mit den ihnen jeweils zustehenden Stimmen aufgeführt?

a) Bei dieser Stimmgewichtung käme es im Bundesrat praktisch nur noch auf die besonders einwohnerstarken Länder Nordrhein-Westfalen (17,9 Mio. EW); Bayern (13,1 Mio. EW); Baden-Württemberg (11,0 Mio. EW); Niedersachsen (8,0 Mio. EW) und Hessen (6,2 Mio. EW) an, während das bundespolitische Gewicht von Ländern wie Hamburg (1,8 Mio. EW) oder gar Bremen (0,7 Mio. EW) minimal wäre. Insofern stellt die vorgenommene Stimmenverteilung einen Kompromiss zwischen dem Grundsatz der Gleichheit der Länder und ihrem Gewicht nach der Einwohnerzahl dar. Siehe *Pleyer,* Föderative Gleichheit, 2005.

b) Während die bestehende Regelung auch für Veränderungen der Einwohnerzahl der Länder Vorsorge trifft, wäre anderenfalls jeweils eine Verfassungsänderung erforderlich. Vgl. den Stimmenzuwachs Hessens auf fünf Stimmen im Jahr 1996 durch Überschreiten des Einwohnerschwellenwerts von 6 Mio. Siehe *Deecke,* Verfassungsrechtliche Anforderungen an die Stimmenverteilung im Bundesrat, 1998.

221. Alternative Bestellungsmöglichkeiten

Welcher andere Bestellungsmodus der Bundesratsmitglieder wäre vorstellbar?

Die Bundesratsmitglieder könnten nach dem Vorbild des US-amerikanischen Senats von den Länderparlamenten (vgl. Art. 1 Section 3 US-Verfassung 1787) oder gar direkt von dem jeweiligen Landesvolk (vgl. Amendment XVII zur US-Verfassung 1913) gewählt werden. Siehe *Papier*, StAnz für Baden-Württemberg 52 (2003), Nr. 45 vom 17.11.2003, S. 3.

bb) Aufgaben, Organisation und Verfahren

222. Aufgaben des Bundesrates

Geben Sie unter Nennung von Beispielen die sechs wesentlichen Aufgabengruppen des Bundesrates an!

(1) Legislativfunktion

Mitwirkung an der Gesetzgebung des Bundes (Art. 50 GG), und zwar Recht zur Gesetzesinitiative (Art. 76 I GG) und Gesetzgebung (Art. 77 IIa, III GG), einschließlich Haushaltsgesetz (Art. 110 II GG), Zustimmung zu völkerrechtlichen Verträgen (Art. 59 II GG), Friedensschluss (Art. 115l III GG), Zustimmung zu Rechtsverordnungen der Bundesregierung oder eines Bundesministers (Art. 80 II; 109 IV 3; 119 S. 1; 130 I 2; 132 IV GG), Erlass einer Geschäftsordnung (Art. 52 III GG) bzw. Zustimmung dazu (Art. 53a I 4; 77 II 2 GG).

(2) Administrative Funktion

Mitwirkung an der Verwaltung des Bundes (Art. 50 GG), zB Zustimmung zum Erlass von Verwaltungsvorschriften (Art. 84 II; 85 II GG), Zustimmung zur Entsendung von Beauftragten (Art. 84 III 2 GG).

(3) Europarechtliche Funktion

Mitwirkung in Angelegenheiten der Europäischen Union (Art. 50 GG).

(4) Kreationsfunktion

Mitwirkung an der Bestellung und Abberufung anderer Verfassungsorgane, und zwar Gemeinsamer Ausschuss (Art. 53a I 1 GG), Vermittlungsausschuss (Art. 77 II 1, 2 GG) und Bundesverfassungsgericht (Art. 94 I 2 GG).

(5) Kontrollfunktion

Interpellationsrecht (Art. 53 S. 1 GG), Rechnungslegung und Entlastung (Art. 114 I GG).

(6) Reservefunktion

Bundeszwang (Art. 37 GG), Gesetzgebungsnotstand (Art. 81 GG), Polizeieinsatz im inneren Notstand (Art. 91 II 2 GG).

Übersicht 7: Funktionen des Bundesrates

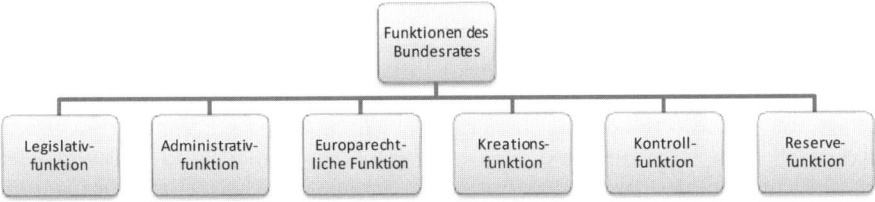

223. Unterschiede der Aufgaben zwischen Bundestag und Bundesrat

Welche Funktionen des Bundestages sind dem Bundesrat also verschlossen?

Im Bereich der Legislativfunktion kommt dem Bundesrat zumindest bei den Einspruchsgesetzen nicht die gleiche Machtfülle wie dem Bundestag zu, im Rahmen der Kreationsfunktion wirkt der Bundesrat weder bei Bestellung und Abberufung des Bundeskanzlers noch bei der Zusammensetzung der Bundesversammlung mit.

224. Stimmenthaltung im Bundesrat

Im Bundesrat werden 32 Stimmen für und 31 Stimmen gegen ein vom Bundestag beschlossenes Gesetz abgegeben. Wie wirkt sich die Stimmenthaltung des über 6 Stimmen verfügenden Landes L aus, wenn es sich **a)** um ein Einspruchsgesetz **b)** um ein Zustimmungsgesetz handelt?

a) Bei einem Einspruchsgesetz zählt die Stimmenthaltung des Landes L bei der Berechnung der für einen Einspruch erforderlichen Mehrheit nach Art. 77 III, IV GG nicht mit. Die Stimmenthaltung wirkt sich wie eine Ja-Stimme aus. Der Bundesrat hat keinen Einspruch eingelegt.

b) Zwar zählt auch bei einem Zustimmungsgesetz die Stimmenthaltung bei der Berechnung der für die Zustimmung notwendigen Mehrheit nach Art. 78 GG nicht mit, sie wirkt sich hier aber wie eine Nein-Stimme aus, weil die nach Art. 52 III 1 GG erforderliche Mehrheit der Stimmen nicht erreicht wurde. Der Bundesrat hat dem Gesetz die erforderliche Zustimmung verweigert. Siehe *Wulfert-Markert*, Stimmabgabe im Bundesrat, 2005.

225. Uneinheitliche Stimmabgabe

Was passiert, wenn die Stimmen im Bundesrat entgegen Art. 51 III 2 GG nicht einheitlich abgegeben werden?

Die Rechtsfolge dieses Verstoßes ist im Grundgesetz nicht ausdrücklich geregelt. Nach hM sind in diesem Fall alle Stimmen des Landes ungültig, weil kein einheitlicher Wille des Landes festgestellt werden kann. Nach der Gegenansicht kommt es auf die Stimmabgabe durch den sog. Stimmführer, dh idR durch den jeweiligen Ministerpräsidenten, an, da dieser nach den Landesverfassungen das Land nach außen vertritt und zu dieser Außenvertretung auch die Mitgliedschaft im Bundesrat zählen soll. Das BVerfG erkennt in der Entscheidung über das Zuwanderungsgesetz (BVerfGE 106, 310) zutreffend die Gleichberechtigung aller Bundesratsmitglieder an, spricht von der Verfassungserwartung der einheitlichen Stimmabgabe und räumt dem Bundesratspräsidenten nur in Ausnahmefällen ein Nachfragerecht zur Herstellung der einheitlichen Stimmabgabe ein. Siehe *Becker,* NVwZ 2002, 569 ff.; *Starke,* SächsVBl. 2002, 232 ff.

226. Vergleichbare europarechtliche Organe

Welches Organ entspricht im Organisationsgefüge der Europäischen Union dem Bundesrat?

Eine genaue Entsprechung findet sich nicht. Am nächsten kommt dem Bundesrat noch der Ministerrat als Vertretung der Exekutive der Mitgliedstaaten nach Art. 16 EUV, Art. 237 AEUV, der in seinen Kompetenzen indes weit über die Befugnisse des Bundesrates hinausgeht. Eine besondere Vertretung regionaler und lokaler Interessen wird daneben durch den Ausschuss der Regionen nach Art. 305 ff. AEUV angestrebt.

cc) Unterorgane

227. Untersuchungsausschuss des Bundesrates?

Darf der Bundesrat einen Untersuchungsausschuss einsetzen?

Eine ausdrückliche verfassungsrechtliche Regelung dieser Frage ist nicht erfolgt. Angesichts der dem Bundesrat auch i. Ü. zugewiesenen Kontrollfunktionen dürfte dies zu bejahen sein; ein solcher Ausschuss hätte aber mangels einer dem Art. 44 II GG vergleichbaren verfassungsrechtlichen Spezialregelung nicht die einem Untersuchungsausschuss des Bundestages zugewiesenen besonderen strafprozessualen Befugnisse. Siehe *Herzog,* BayVBl. 1966, 181 (183 f.).

dd) Status der Mitglieder

228. Stellung der Staatssekretäre

Zählen nach dem Grundgesetz Staatssekretäre in den Ländern zur Landesregierung und können diese daher Mitglied des Bundesrates sein?

Das kommt auf das jeweilige Landesrecht an. Das Grundgesetz äußert sich zu dieser Frage nicht. Insofern überlässt es den jeweiligen Landesverfassungen zu regeln, wer in dem entsprechenden Land zur Landesregierung gehört. Mittelbar haben die Landesverfassungen daher Einfluss auf die Fähigkeit, Mitglied im Bundesrat zu sein.

229. Weisungsgebundenheit

Sind die Mitglieder des Bundesrates weisungsgebunden?

Ja. Dies ergibt sich zum einen im Umkehrschluss aus Art. 77 II 3; 53a I GG, welche Bundesratsmitglieder im Vermittlungsausschuss bzw. im Gemeinsamen Ausschuss ausnahmsweise von ihrer Weisungsgebundenheit freistellen. Zum anderen folgt dies aus Art. 51 III 2 GG, da eine einheitliche Stimmabgabe eines Landes nur sichergestellt werden kann, wenn die bis zu sechs Vertreter eines Landes weisungsgebunden sind. Insofern mag man davon sprechen, dass die Mitglieder des Bundesrates ein „imperatives Mandat" wahrnehmen.

230. Weisungsgeber

Wer erteilt die Weisung an die Bundesratsmitglieder?

Weisungen können nur von der jeweiligen Landesregierung erteilt werden, nicht aber von den Landesparlamenten oder gar im Wege des Volksbegehrens und Volksentscheids.

231. Weisungswidrige Stimmabgabe

Die Regierung des Landes X beschließt, im Bundesrat einem Gesetz zur Reform der Arbeitslosenversicherung nicht zuzustimmen. In der entscheidenden Sitzung geben die Minister des Landes X dennoch die vier Stimmen des Landes zu Gunsten des Gesetzes ab. Ist das Gesetz zustande gekommen, wenn 35 Stimmen für und 34 Stimmen gegen das Gesetz gezählt wurden?

Ja. Weisungen beschränken das rechtliche Dürfen der angewiesenen Regierungsmitglieder nur im Innenverhältnis. Ihr rechtliches Können im Außenverhältnis wird aber nicht begrenzt, so dass eine weisungswidrige Stimmabgabe wirksam ist. Eine parallele Problematik besteht im Privatrecht mit der Unterscheidung zwischen Geschäftsführung im Innenverhältnis und Stellvertretung im Außenverhältnis. Auch dort ist die geschäftsführungswidrige Vertretung im Außenverhältnis in aller Regel wirksam.

c) Vermittlungsausschuss

Literatur: *Bauer*, Der Vermittlungsausschuss: Politik zwischen Konkurrenz und Konsens, 1998; *Cornils*, Politikgestaltung durch den Vermittlungsausschuss, DVBl. 2002, 497–507; *Dästner*, Die Geschäftsordnung des Vermittlungsausschusses, 1995; *Hasselsweiler*, Der Vermittlungsausschuss, 1981; *Schenke*, Die verfassungsrechtlichen Grenzen der Tätigkeit des Vermittlungsausschusses, 1984; *Stein*,

Die Besetzung der Sitze des Bundestages im Vermittlungsausschuss, NVwZ 2003, 557–562; *Wehrmeister*, Der Vermittlungsausschuß, 1995.

232. Vermittlungsausschuss

a) Gründe für den Vermittlungsausschuss
Warum hat der Verfassungsgeber nach Art. 77 II GG einen Vermittlungsausschuss eingerichtet?
b) Wie viele Mitglieder hat der Vermittlungsausschuss?
c) Der Bundestag beschließt mit den Stimmen der großen Fraktionen, dass die dem Bundestag zustehenden Sitze im Vermittlungsausschuss künftig nach dem Mehrheitswahlrecht unter den Fraktionen verteilt werden sollen. Ist dieser Beschluss grundgesetzgemäß?

a) An dem grundgesetzlichen Gesetzgebungsverfahren sind mit Bundestag und Bundesrat zwei Organe gleichermaßen beteiligt. Fassen diese unterschiedliche Beschlüsse, muss ein Verfahren des Ausgleichs zwischen beiden Verfassungsorganen vorgesehen sein.

b) Nach § 1 GOVermAussch besteht dieser aus 32 Mitgliedern, und zwar 16 des Bundestages und 16 des Bundesrates. Dadurch ist jedes Land mit einem Mitglied vertreten und die Parität zwischen Bundestag und Bundesrat wird gewahrt.

c) Nein. Das Grundgesetz enthält zwar keine ausdrückliche Regelung darüber, nach welchem Schlüssel die dem Bundestag zustehenden 16 Sitze unter den Fraktionen verteilt werden sollen. Die Mitglieder des Bundestages im Vermittlungsausschuss müssen aus demokratischen Gründen aber die politischen Stärkeverhältnisse im Plenum repräsentieren (vgl. BVerfGE 112, 118). Die Anwendung des reinen Mehrheitswahlrechts, das iE dazu führte, dass nur noch Abgeordnete der großen Fraktionen in den Vermittlungsausschuss entsandt würden, ist damit unvereinbar.

233. Zuständigkeit des Vermittlungsausschusses

Wer kann den Vermittlungsausschuss anrufen?

Generell kann der Bundesrat den Vermittlungsausschuss nach Art. 77 II 1 GG anrufen, im Fall von Zustimmungsgesetzen überdies auch Bundestag und Bundesregierung gemäß Art. 77 II 4 GG.

234. Ergebnisse des Vermittlungsverfahrens

Welche Ergebnisse des Vermittlungsverfahrens sind möglich?

Es sind drei Konstellationen denkbar:

(1) Der Vermittlungsausschuss bestätigt nach § 11 GOVermAussch den Gesetzesbeschluss des Bundestages. In diesem Fall wird das Gesetz unmittelbar an den Bundesrat weitergeleitet, der dann über das Einlegen eines Einspruchs bzw. über die Erteilung der Zustimmung zu entscheiden hat.

(2) Der Vermittlungsausschuss schlägt die Änderung oder Aufhebung des vom Bundestag beschlossenen Gesetzes vor. Der Bundestag muss gemäß Art. 77 II 5 GG iVm § 10 GOVermAussch erneut abstimmen, diesmal über den Einigungsvorschlag des Vermittlungsausschusses. Stimmt der Bundestag dem Vorschlag zu, wird das Gesetz in Gestalt des Änderungsvorschlages dem Bundesrat zugeleitet. Lehnt der Bundestag den Vorschlag ab, so bleibt der ursprüngliche Gesetzesbeschluss des Bundestages Gegenstand des weiteren Verfahrens.

(3) Im Fall des § 12 GOVermAussch endet das Vermittlungsverfahren ausnahmsweise ohne Einigungsvorschlag.

---

235. Inhaltliche Gestaltungsbefugnis des Vermittlungsausschusses

Der Bundestag hat eine umfassende Neuregelung der Einkommensteuer beschlossen. Der Bundesrat lehnt die Vorschriften über die Besteuerung von Einkommen aus nicht-selbstständiger Arbeit ab und ruft den Vermittlungsausschuss an.
a) Kann der Vermittlungsausschuss bei dieser Gelegenheit auch gleich einen Vorschlag zur Neufassung der Umsatzsteuer unterbreiten?
b) Kann der Vermittlungsausschuss im Rahmen eines politischen Kompromisses zumindest auch eine Neufassung der Besteuerung des Einkommens aus selbstständiger Tätigkeit vorschlagen?

a) Nein. Zwar besteht keine ausdrückliche verfassungsrechtliche Grenze der Kompetenzen des Vermittlungsausschusses. Zumindest aber stellt die Reichweite des ursprünglichen Gesetzgebungsvorhabens eine äußerste Grenze dar. Der inhaltliche Sachzusammenhang mit dem ursprünglichen Gesetzesbeschluss des Bundestages muss gewahrt bleiben und dessen Wesensgehalt darf nicht verändert werden. Könnte der Vermittlungsausschuss ein völlig neues Gesetz entwerfen, käme dies einem Gesetzesinitiativrecht gleich, das dem Vermittlungsausschuss gemäß Art. 76 I GG gerade nicht zusteht. Siehe BVerfG, Beschlüsse vom 11.12.2018 und 15.1.2019, Az. 2 BvL 4/11, 2 BvL 4/13, 2 BvL 5/11, 2 BvL 1/09.

b) Nein. Zwar hätte der Bundesrat den Vermittlungsausschuss auch hinsichtlich dieser Bestimmungen anrufen können, soweit das Anrufungsbegehren aber beschränkt wird, hat der Vermittlungsausschuss diese Schranken zu akzeptieren. Das Vermittlungsverfahren dient keiner umfassenden Beratung eines Gesetzentwurfs wie im Bundestag nach Art. 42 I GG, sondern der Auslotung eines politischen Kompromisses zwischen den während des bisherigen Gesetzgebungsverfahrens in Bundestag und Bundesrat geäußerten Ansichten.

236. Alternativen zum Vermittlungsausschuss

Wie könnte das Gesetzgebungsverfahren aussehen, wenn der Vermittlungsausschuss nicht existierte?

Es könnte eine Situation wie in Frankreich bestehen, dh Gesetzentwürfe würden solange zwischen Bundestag und Bundesrat hin- und hergehen, bis beide Organe sich auf eine einheitliche Fassung geeinigt hätten. Diesen Vorgang nennt man im französischen Verfassungsrecht „la navette" (vom franz. „faire la navette" = „hin- und herfahren/reisen"). Siehe *Camby,* Revue droit public de la science politique en France et à l'étranger, 122 (2006), 293 ff.; *Tsebelis,* British Journal of Political Science, 1995, 101 ff.

d) Gemeinsamer Ausschuss

Literatur: *Amann,* Verfassungsrechtliche Probleme des Gemeinsamen Ausschusses, 1971; *Delbrück,* Kritische Bemerkungen zur Geschäftsordnung des Gemeinsamen Ausschusses, DÖV 1970, 229–234.

237. Mitglieder des Gemeinsamen Ausschusses

Wie viele Mitglieder hat der Gemeinsame Ausschuss?

Der Gemeinsame Ausschuss hat 48 Mitglieder. Nach Art. 53a I 3 GG wird jedes der 16 Länder durch ein von ihm bestelltes Mitglied des Bundesrates vertreten. Diese 16 Mitglieder machen nach Art. 53a I 1 GG ein Drittel der Mitglieder des Gemeinsamen Ausschusses aus. Hinzu tritt die doppelte Anzahl an Bundestagsabgeordneten, also weitere 32.

238. Unterschiede zwischen Gemeinsamem Ausschuss und Vermittlungsausschuss

Wie unterscheidet sich die Zusammensetzung des Gemeinsamen Ausschusses von der des Vermittlungsausschusses? Welche Gründe bestehen dafür?

Der Vermittlungsausschuss besteht im Gegensatz zum Gemeinsamen Ausschuss nach Art. 77 II 2 GG iVm § 1 GOVermAussch lediglich aus 32 Mitgliedern, und zwar aus je 16 des Bundestages und 16 des Bundesrates. Er bildet damit ein kleineres Gremium als der Gemeinsame Ausschuss, was das Erzielen einer Einigung im Vermittlungsverfahren erleichtert. Die gleiche Anzahl von Mitgliedern des Bundestages und des Bundesrates bringt die grundsätzliche Gleichberechtigung beider Organe im Gesetzgebungsverfahren zum Ausdruck, welche sich besonders deutlich bei Zustimmungsgesetzen zeigt. Der Gemeinsame Ausschuss hingegen bildet ein Einkammerparlament für den Notstand. Er nimmt Aufgaben sowohl des Bundestages als auch des Bundesrates im Gesetzgebungsverfahren und darüber hinaus wahr. Wegen der weitergehenden Befugnisse des Bundestages außerhalb des Gesetzgebungsverfahrens, zB bei Bestellung und Kontrolle der Bundesregierung, ist es gerechtfertigt, dem Bundestag im Gemeinsamen Ausschuss ein Übergewicht einzuräumen.

239. Zuständigkeiten des Gemeinsamen Ausschusses

Kann auch der Gemeinsame Ausschuss einen Gesetzesbeschluss fassen
a) in der staatsrechtlichen Normallage?
b) im Verteidigungsfall?
c) im Gesetzgebungsnotstand?

a) Nein; gemäß Art. 77 I 1 GG werden Gesetzesbeschlüsse durch den Bundestag gefasst.

b) Ja; siehe Art. 115e GG.

c) Nein; nach Art. 81 II 1 GG ist der Bundesrat unter den dort genannten weiteren Voraussetzungen zuständig.

e) Bundesversammlung und Bundespräsident

aa) Bundesversammlung

Literatur: *Braun,* Die Bundesversammlung, 1993; *Burkiczak,* Die Bundesversammlung und die Wahl des Bundespräsidenten – Rechtliche Grundlagen und Staatspraxis, JuS 2004, 278–282; *Kessel,* Bundesversammlung: Die Wahl des Bundespräsidenten, 7. Auflage, 2004.

240. Wahl des Bundespräsidenten

Wer wählt den Bundespräsidenten?

Die Wahl des Bundespräsidenten (vgl. Art. 54 GG) erfolgt durch die aus allen Bundestagsabgeordneten (598 zzgl. Überhangmandate) und einer gleichen Anzahl von durch die Volksvertretungen der Länder gewählten Mitgliedern bestehende Bundesversammlung.

241. Mitglieder der Bundesversammlung

Hat die Bundesversammlung stets dieselbe Anzahl an Mitgliedern?

Nein. Die Möglichkeit von Überhangmandaten des Bundestages macht sich hier gleich in doppelter Hinsicht bemerkbar; zum einen in der Anzahl der Bundestagsabgeordneten als geborene Mitglieder, zum anderen in der dieser entsprechenden Anzahl von Abgeordneten, die von den Landtagen gewählt werden, als gekorene Mitglieder.

242. Alternative Wahlmöglichkeiten

Welche anderen Wege, den Bundespräsidenten zu wählen, wären vorstellbar und welche Nachteile wären damit jeweils verbunden?

Der Bundespräsident könnte (1) nur von dem Bundestag oder (2) lediglich von dem Bundesrat gewählt werden. Beides stärkte einseitig eine der beiden staatlichen Ebenen in Deutschland. Würde der Bundespräsident stattdessen (3) direkt von dem Bundesstaatsvolk gewählt nach dem Vorbild des Reichspräsidenten gemäß Art. 41 WRV, stände diese starke unmittelbare demokratische Legitimation in Widerspruch zu der nur mittelbaren demokratischen Legitimation des Bundeskanzlers, der über wesentlich mehr Kompetenzen verfügt.

bb) Bundespräsident

Literatur: *Erdemir,* Das Prüfungsrecht des Bundespräsidenten, JA 1996, 52–54; *Gehrlein,* Braucht Deutschland einen Bundespräsidenten, DÖV 2007, 280–288; *Kunig,* Der Bundespräsident, Jura 1994, 217–222.

243. Maximale Amtszeit des Bundespräsidenten

a) Wie lange kann eine Präsidentschaft höchstens dauern?
b) Der X war sein ganzes Leben über so beliebt, dass er von der Bundesversammlung so oft als möglich zum Bundespräsidenten gewählt wurde. Wie lange war er bis zu seinem Tod im Alter von 80 Jahren Bundespräsident?

a) Eine Präsidentschaft dauert fünf Jahre. Anschließende Wiederwahl ist nur einmal zulässig.

b) X war 30 Jahre Präsident, und zwar vom 40. bis zum 50. Lebensjahr, vom 55. bis zum 65. Lebensjahr und vom 70. bis zum 80. Lebensjahr. Beachten Sie, dass Art. 54 II 2 GG nur die anschließende Wiederwahl einschränkt, nicht aber die Wiederwahl zu einem späteren Zeitpunkt.

244. Wiederwahl des Bundespräsidenten

Nachdem der allseits beliebte Bundespräsident X nach zwei Amtszeiten nicht mehr kandidieren durfte, wählte die Bundesversammlung den Y, der einen Monat später bei einem Flugzeugabsturz ums Leben kam. Könnte X nun erneut für eine Wiederwahl zur Verfügung stehen?

Wohl nicht. Der Wortlaut des Art. 54 II 2 GG scheint dies zwar zuzulassen. Allerdings dürfte Art. 54 II 2 GG im Hinblick auf den von dieser Vorschrift verfolgten Zweck, keine Machtzusammenballung durch personelle Kontinuität in diesem höchsten Staatsamte entstehen zu lassen, teleologisch extensiv zu interpretieren sein, so dass zumindest nach einer so kurzen anderen Präsidentschaft eine Wiederwahl ausscheidet.

245. Aufgaben des Bundespräsidenten

Geben Sie unter Nennung von Beispielen die wesentlichen Aufgabengruppen des Bundespräsidenten an!

(1) Legislativfunktion

Ausfertigung und Verkündung von Bundesgesetzen (Art. 82 I 1 GG) auch „staats-notarielle Funktion" genannt. Siehe *Rode*, Die Ausfertigung der Bundesgesetze, 1968.

(2) Kreationsfunktion

Mitwirkung an der Bestellung und Abberufung anderer Verfassungsorgane, und zwar Bundeskanzler (Art. 63; 67 GG), Bundesminister (Art. 64 I GG) sowie sonstiger Organ- und Amtswalter (Art. 60 I GG), Auflösung des Bundestages nach gescheiterter Vertrauensfrage des Bundeskanzlers (Art. 68 I 1 GG) und Verlangen nach Einberufung des Bundestages (Art. 39 III GG).

(3) Kontrollfunktion

Genehmigung der Geschäftsordnung der Bundesregierung (Art. 65 S. 4 GG), formelle und materielle Prüfung von Gesetzen (Art. 82 I 1 GG).

(4) Repräsentationsfunktion

Allgemeine Repräsentation (nicht ausdrücklich geregelt), völkerrechtliche Vertretung (Art. 59 I GG).

(5) Gnadenrecht und Ordensverleihung

Begnadigung (Art. 60 II GG), Ordensverleihung (§ 3 I 1 OrdensG).

(6) Reservefunktion

Ersuchen an Bundeskanzler oder Bundesminister, die Amtsgeschäfte weiterzuführen (Art. 69 III GG), Erklärung des Gesetzgebungsnotstandes (Art. 81 GG).

Übersicht 8: Funktionen des Bundespräsidenten

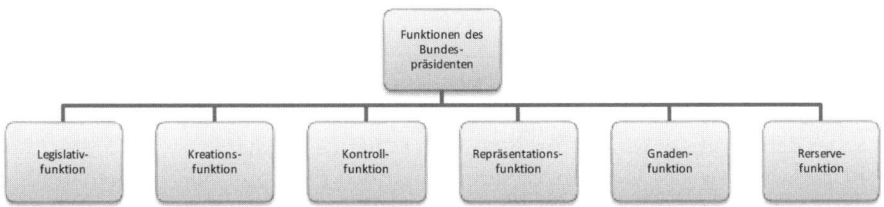

246. Gegenzeichnung

Was bedeutet die Gegenzeichnung?

Durch die Gegenzeichnung nach Art. 58 GG übernimmt das jeweilige Regierungsmitglied die politische Verantwortung für die Handlungen des Bundespräsidenten. Daraus resultiert eine weitere Beschränkung der ohnehin nur geringen „Macht" des Bundespräsidenten, da die Mehrzahl der von ihm getroffenen Maßnahmen zu ihrer Gültigkeit der Gegenzeichnung durch den Bundeskanzler bzw. den zuständigen Bundesminister bedarf (vgl. speziell für das Gesetzgebungsverfahren Art. 82 I 1 GG). Siehe *Biehl,* Die Gegenzeichnung im parlamentarischen Regierungssystem der Bundesrepublik Deutschland, 1971; *Nierhaus,* Entscheidung, Präsidialakt und Gegenzeichnung, 1973; *Schulz,* Die Gegenzeichnung, 1978.

247. Maßnahmen des Bundespräsidenten ohne Gegenzeichnung

a) Welche Maßnahmen kann der Bundespräsident auch ohne Gegenzeichnung durchführen?
b) Warum wurde in diesen Fällen auf das Erfordernis der Gegenzeichnung verzichtet?
c) In welchen Fällen hat der Bundespräsident selbst politische Entscheidungen zu treffen?

a) Gemäß Art. 58 S. 2 GG kann der Bundespräsident ohne Gegenzeichnung den Bundeskanzler nach Art. 63 II 2 GG ernennen, den Bundestag nach Art. 63 IV 3 GG auflösen sowie ein Regierungsmitglied gemäß Art. 69 III GG ersuchen, die Geschäfte bis zur Ernennung eines Nachfolgers weiterzuführen.

b) In diesen Fällen ist ein zur Gegenzeichnung fähiges Regierungsmitglied noch nicht oder nicht mehr vorhanden.

c) Ein staatspolitisches Ermessen steht dem Bundespräsidenten aufgrund seiner Reservefunktion in besonderen, im Einzelnen aufgeführten Krisensituationen zu. Dazu zählen die Bundestagsauflösung (Art. 63 IV 3; 68 GG) sowie die Erklärung des Gesetzgebungsnotstandes (Art. 81 GG).

248. Ordensverleihung

Der Bundespräsident will dem bekannten Sportler S das Bundesverdienstkreuz verleihen.
a) Ist der Bundespräsident für diese Verleihung zuständig?
b) Bedarf diese der Gegenzeichnung durch den für Sport zuständigen Bundesinnenminister?
c) Der Bundesinnenminister hält die Ordensverleihung an Sportler für unzweckmäßig und verfassungswidrig, weil sportliche Leistungen alleine keine

besonderen Verdienste um die Bundesrepublik Deutschland begründeten. Kann der Minister die Gegenzeichnung verweigern?

a) Ja. Die Verleihung von Orden durch den Bundespräsidenten ist im Grundgesetz zwar nicht ausdrücklich geregelt, die Zuständigkeit des Bundespräsidenten ergibt sich aber aus seiner Funktion als Staatsoberhaupt. Insofern mag man von einer „Organkompetenz kraft Natur der Sache" sprechen. Siehe auch § 3 I 1 OrdensG.

b) Ja; nach Art. 58 S. 1 GG.

c) Ja. Der Minister übernimmt durch die Gegenzeichnung die parlamentarische Verantwortung für die Ordensverleihung nach Art. 65 S. 2 GG. Dann liegt aber die Vornahme der Gegenzeichnung auch in seinem politischen Ermessen und seiner Einschätzung der Verfassungsrechtslage.

249. Vertretung des Bundespräsidenten

Wäre eine Änderung des Art. 57 GG dahingehend, dass künftig der Präsident des BVerfG den Bundespräsidenten vertritt, verfassungsgemäß?

Nein; darin läge ein Verstoß gegen den Grundsatz der Gewaltenteilung nach Art. 79 III GG iVm Art. 20 II 2 GG. Es würden die Funktionen von Exekutive und Judikative vermischt. Als Vertreter des Bundespräsidenten würde der Präsident des BVerfG Gesetze ausfertigen, über deren Verfassungsmäßigkeit er sodann als Richter zu entscheiden hätte. Hält man mit der überwiegenden Auffassung die Präsidentenanklage des Art. 61 GG auch auf den Vertreter des Bundespräsidenten für anwendbar, so könnte der Präsident des BVerfG sogar Angeklagter und Richter in einer Person sein. Hingegen wurde Art. 51 WRV, der ursprünglich eine Vertretung des Reichspräsidenten durch den Reichskanzler vorsah, mit Gesetz vom 17.12.1932 (RGBl. S. 547) dahingehend geändert, dass der Präsident des Reichsgerichts den Reichspräsidenten vertreten sollte.

250. Indemnität und Immunität des Bundespräsidenten

Genießt der Bundespräsident Indemnität und Immunität?

Wie sich aus Art. 60 IV GG ergibt, kommt dem Bundespräsidenten in den Grenzen des Art. 46 II–IV GG Immunität zu. Für eine Indemnitätsregelung besteht kein Anlass, weil der Bundespräsident nach Art. 55 I GG weder selbst dem Bundestag angehören darf noch nach Art. 43 GG jederzeit vor dem Bundestag gehört werden muss.

251. Begnadigungsrecht

Das Hanseatische OLG Hamburg verurteilt den T wegen Bildung einer terroristischen Vereinigung zu einer Freiheitsstrafe von drei Jahren. Kann der Bundespräsident den T begnadigen?

Ja. Zwar übt der Bundespräsident gemäß Art. 60 II GG nur für den Bund das Begnadigungsrecht aus, und das Hanseatische OLG stellt ein Gericht des Landes Hamburg dar. In Staatsschutzsachen üben indes Oberlandesgerichte gemäß Art. 96 V Nr. 5 GG iVm § 120 I GVG im Wege verfassungsrechtlicher Organleihe Gerichtsbarkeit des Bundes aus, so dass das Begnadigungsrecht des Bundespräsidenten erhalten bleibt.

252. Amnestie

Im Interesse der Rückführung des in sog. Steueroasen wie Liechtenstein angelegten und nicht ordnungsgemäß in Deutschland versteuerten Kapitals verkündet der Bundespräsident eine Amnestie für Steuerhinterzieher (§ 370 AO), sofern diese bis zu einem Stichtag zu Beginn des nächsten Jahres das Kapital wieder nach Deutschland zurückbringen und pauschal 10 % davon als Steuernachzahlung abführen. Voller Empörung erhebt der ehrliche Steuerzahler S dagegen Verfassungsbeschwerde. Wie wird das BVerfG entscheiden?

Das BVerfG würde der Beschwerde wohl stattgeben. S ist beschwerdebefugt und die Verfassungsbeschwerde damit zulässig, wenn man die Steuerpflicht als Grundrecht auf gleiche Lastenverteilung deutet (dazu *Schmidt,* Grundpflichten, S. 293 ff.). Die Beschwerde ist begründet, weil der Bundespräsident gemäß Art. 60 II GG nur im Einzelfall Begnadigungen aussprechen, nicht aber einen individuell unbestimmten Personenkreis amnestieren darf, wozu es stets eines Parlamentsgesetzes bedarf. Im Übrigen dürfte auch ein solches Amnestiegesetz keine (allzu große) Prämie auf die Begehung von Straftaten aussprechen, wodurch zumindest eine wesentlich unter den allgemeinen Steuersätzen liegende Pauschalabgabe ausgeschlossen wird. Siehe *Süß,* Studien zur Amnestiegesetzgebung, 2001; *Thomsen,* Das Amnestiegesetz aus steuerstrafrechtlicher Hinsicht, 1995.

f) Bundesregierung

aa) Bildung

Literatur: *Ipsen,* Regierungsbildung im Mehrparteiensystem, JZ 2006, 217–222; *Kloepfer/Thull,* Öffentliches Recht – Der Mitarbeiter als Abgeordneter, JuS 1986, 394–399.

253. Wahl des Bundeskanzlers

Wie wird der Bundeskanzler gewählt?

Der Bundeskanzler wird im ersten Wahlgang vom Bundestag auf Vorschlag des Bundespräsidenten mit der Mehrheit seiner Mitglieder (Art. 121 GG) gewählt (Art. 63 I, II GG). Erreicht der Vorgeschlagene diese Mehrheit nicht, kann der Bundestag in einem weiteren Wahlgang binnen zwei Wochen mit der Mehrheit seiner Mitglieder einen Kanzler wählen. Dabei kann es sich um den ursprünglich Vorgeschlagenen oder auch einen anderen Kandidaten handeln (Art. 63 III GG). Kommt diese Wahl nicht zustande, so genügt in einem folgenden Wahlgang die einfache Mehrheit der Stimmen. Erreicht der Gewählte zugleich die Mehrheit der Mitglieder, hat der Bundespräsident ihn zu ernennen, anderenfalls ist dem Bundespräsidenten Ermessen eingeräumt, den Gewählten zu ernennen oder den Bundestag aufzulösen (Art. 63 IV GG).

Übersicht 9: Kanzlerwahl

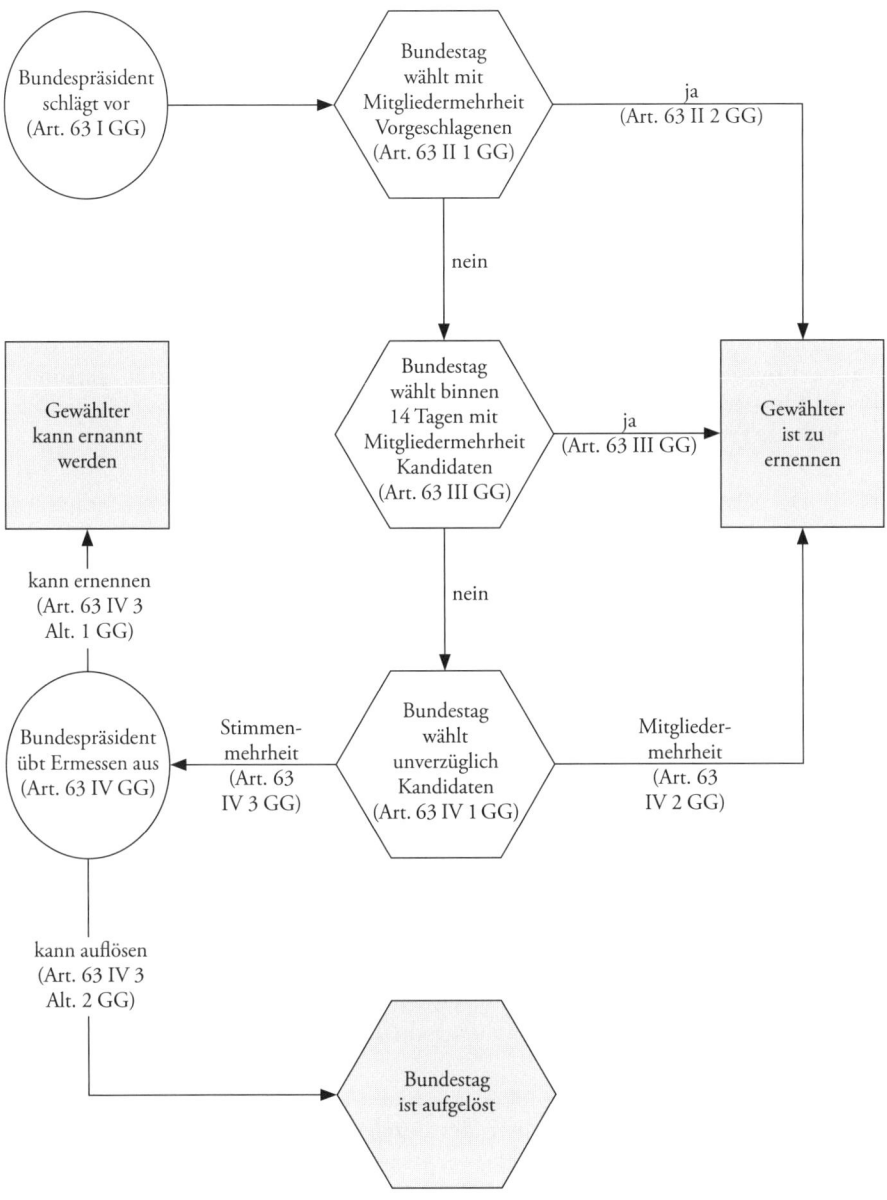

254. Ernennung und Entlassung der Bundesminister

Wie werden die Bundesminister ernannt und entlassen?

Die Bundesminister werden gemäß Art. 64 I GG auf Vorschlag des Bundeskanzlers vom Bundespräsidenten ernannt und entlassen, dh einzelne Minister können vom Bundestag weder berufen noch abgewählt werden, was einer strikten Verwirklichung des parlamentarischen Regierungssystems entspräche (vgl. dazu Art. 107 II BremV). Vielmehr kann der Bundestag nur die Bundesregierung als Ganze im Wege des konstruktiven Misstrauensvotums stürzen, da gemäß Art. 69 II GG mit der Erledigung des Amtes des Bundeskanzlers auch das Amtende aller Bundesminister einhergeht.

255. Vorschlagsrecht des Bundeskanzlers

Nach der Koalitionsvereinbarung zwischen den die Regierung tragenden Parteien A und B steht der B-Partei die Besetzung des Amtes des Bundesumweltministers zu. Die B-Partei benennt den X, einen erklärten persönlichen Gegner des Bundeskanzlers. Muss der Kanzler dem Bundespräsidenten den X zur Ernennung vorschlagen?

Nein. Der Kanzler ist in seinem Vorschlagsrecht nach Art. 64 I GG rechtlich frei. Die Koalitionsvereinbarung stellt lediglich eine politische Geschäftsgrundlage der Bundesregierung ohne Rechtsbindungswillen dar; nach anderer Ansicht handelt es sich um einen nicht einklagbaren Vertrag zwischen den Regierungsparteien, der den Kanzler als außenstehenden Dritten nicht verpflichten kann. Davon zu unterscheiden ist die rein politische Lage des Kanzlers, der ggf. dennoch den X dem Bundespräsidenten zur Ernennung vorschlagen wird, um die Unterstützung der B-Partei und der B-Fraktion im Bundestag nicht zu verlieren. Siehe *Kropp,* Koalitionen und Koalitionsvereinbarungen, 1998; *Weber,* Der Koalitionsvertrag, 1967.

256. Prüfungskompetenz des Bundespräsidenten

Der Bundeskanzler schlägt dem Bundespräsidenten den vor einem Jahr wegen Nötigung von Verfassungsorganen (§ 105 StGB) verurteilten A sowie den bekennenden Marxisten B zur Ernennung als Bundesminister vor; der Bundespräsident lehnt die Ernennung beider ab und beruft sich dafür auf seinen Amtseid, Schaden von dem deutschen Volk zu wenden. Zu Recht?

Hier ist zu differenzieren: Aus dem Amtseid (Art. 56 GG) ergeben sich keine weitergehenden Rechte und Pflichten des Bundespräsidenten als solche, die bereits an anderer Stelle im Grundgesetz verankert sind (siehe *Hennis,* FAZ vom 27.10.1998, S. 43). Nach Art. 64 I GG werden die Bundesminister auf Vorschlag des Bundeskanzlers vom Bundespräsidenten ernannt. Die Wendung im Indikativ „werden ernannt" spricht gegen eine eigene Ermessensentscheidung des Bundespräsidenten, die Formulierung „auf Vorschlag" dafür. Zutreffenderweise ist an dieser Stelle ähnlich wie im Gesetzgebungsverfahren nach Art. 82 I GG nach Art des Prüfungsmaßstabs zu differenzieren. Dem Bundespräsidenten steht eine formelle Prüfungskompetenz zu. Daraus ergibt sich die Unzulässigkeit der Ernennung des A zum Bundesminister, weil dieser nach §§ 105 I; 45 I StGB die Fähigkeit, öffentliche Ämter zu bekleiden, verloren hat. Ein politisches Prüfungsrecht steht dem Bundespräsidenten hingegen nicht zu; den B hat er zu ernennen.

257. Vizekanzler

a) Wer ernennt den Vizekanzler?
b) Welche Aufgabe hat er?

a) Nach Art. 69 I GG ausschließlich der Bundeskanzler, einer Mitwirkung des Bundespräsidenten bedarf es nicht. Siehe *Welan*, FS Schambeck, 1994, S. 635 ff.

b) Der Vizekanzler vertritt gemäß § 8 GOBReg den Bundeskanzler, soweit dieser an der Wahrnehmung seiner Geschäfte allgemein verhindert ist.

258. Amtsende eines Bundesministers

In welchen Fällen endet das Amt eines Bundesministers?

Nach Art. 69 II GG sind unmittelbare und mittelbare Beendigungsgründe zu unterscheiden. Das Amt endet unmittelbar mit Rücktritt, Entlassung oder Tod des Ministers sowie mit dem Zusammentritt eines neuen Bundestages. Mittelbar endet das Ministeramt mit jeder Erledigung des Amtes des Bundeskanzlers, dh mit dessen Rücktritt, Tod oder Abwahl im Wege eines konstruktiven Misstrauensvotums.

259. Erzwungener Ministerrücktritt

Kann der Bundestag einen Minister zum Rücktritt zwingen?

Nein. Zwar mag der Bundestag einem einzelnen Minister das Misstrauen aussprechen und ihn auf diese Weise politisch so belasten, dass ein Rücktritt unerlässlich erscheint, eine rechtliche Möglichkeit, Minister aus der Regierung „hinauszuschießen", besteht für den Bundestag aber nicht. Vielmehr kann der Bundestag lediglich im Wege des konstruktiven Misstrauensvotums nach Art. 67 GG einen neuen Bundeskanzler wählen, wodurch dann nach Art. 69 II GG auch das Amt des bisherigen Bundesministers endet.

260. Konstruktives Misstrauensvotum

Was bedeutet das konstruktive Misstrauensvotum?

Das konstruktive Misstrauensvotum ist in Art. 67 GG geregelt. Danach kann der Bundestag dem Bundeskanzler das Misstrauen nur dadurch aussprechen, dass er mit der Mehrheit seiner Mitglieder einen Nachfolger wählt, den der Bundespräsident dann zu ernennen hat. Art. 67 GG dient der Verhinderung nur negativer Mehrheiten, dh solcher Mehrheiten, die sich nur in der Ablehnung des amtierenden Kanzlers, nicht aber in der Wahl eines Nachfolgers einig sind. Art. 67 GG schließt damit das destruktive Misstrauensvotum aus, das in der Weimarer Republik (Art. 54 WRV) zum Sturz vieler Regierungen beitrug. Art. 67 GG ist von entscheidender Bedeutung für die politische Stabilität der Bundesrepublik Deutschland. Siehe *Brandt*, Vertrauenserfordernis, Misstrauensvotum und parlamentarisches Regierungssystem, 1979; *Burkiczak*, Jura 2002, 465 ff.; *Ooyen*, RuP 41 (2005) 137 ff.

261. Bundestagsauflösung und Kanzlerwahl

Nachdem ein Antrag des Bundeskanzlers X, ihm das Vertrauen auszusprechen, nicht die Zustimmung der Mehrheit der Mitglieder des Bundestages gefunden hatte, löste der Bundespräsident auf Vorschlag des Bundeskanzlers den Bundestag auf. Sodann hat der Bundestag mit der Mehrheit seiner Mitglieder den Y zum neuen Bundeskanzler gewählt.
a) Muss der Bundespräsident den Y ernennen?
b) Wie lange dauert die Amtszeit des Y?

a) Ja (str.). Die Wahlperiode des Bundestages endet nach Art. 39 I 2 GG mit dem Zusammentritt eines neuen Bundestages, nicht mit der Auflösung durch den Bundespräsidenten. In den maximal 90 Tagen (60 Tage nach Art. 39 I 4 GG zzgl. 30 Tage nach Art. 39 II GG) zwischen Auflösung des alten und Zusammentritt des neuen Bundestages kann der alte Bundestag weiterhin alle ihm zustehenden Rechte ausüben, zB Gesetze beschließen oder Wahlen vornehmen. Art. 68 I 2 GG regelt nur das Erlöschen des Auflösungsrechts bei vorgenommener Wahl eines neuen Bundeskanzlers, für den umgekehrten Fall ist ihm kein Wahlverbot zu entnehmen.

b) Die Amtszeit dauert höchstens bis zum Zusammentritt des neuen Bundestages (Art. 69 II GG).

262. Vertrauensfrage

a) Was versteht man unter positiver und was unter negativer Vertrauensfrage?
b) Ist die negative Vertrauensfrage mit Art. 68 GG vereinbar?
c) Ist es zulässig, eine Vertrauensfrage mit einer Sachfrage zu verbinden?

a) Eine positive Vertrauensfrage wird vom Bundeskanzler in der Absicht gestellt, vom Bundestag tatsächlich ein Vertrauensvotum zu erhalten, während die negative (auch: auflösungsgerichtete) Vertrauensfrage in der Erwartung oder gar Absicht gestellt wird, keine Mehrheit zu erlangen, um den Bundespräsidenten um die Auflösung des Parlaments ersuchen zu können.

b) Ja. Voraussetzung für eine negative Vertrauensfrage ist, dass die Handlungsfähigkeit der Bundesregierung verloren gegangen ist, wobei Handlungsfähigkeit bedeutet, dass der Bundeskanzler mit politischem Gestaltungswillen die Richtung der Politik bestimmt und hierfür auch eine Mehrheit der Abgeordneten hinter sich weiß. Die Einschätzung des Bundeskanzlers und des Bundespräsidenten, die Bundesregierung habe ihre politische Handlungsfähigkeit verloren, ist nach dem BVerfG (E 114, 121) nur eingeschränkt gerichtlich überprüfbar.

c) Ja; dies folgt aus Art. 81 I 2 GG. Siehe *Reimer,* JuS 2005, 680 ff.

---

263. Überblick über die bislang gestellten Vertrauensfragen

In der Bundesrepublik kam es bislang fünfmal zu Vertrauensfragen. Wann, durch welchen Bundeskanzler, in welcher historischen Situation und mit welchem Ziel wurde die Vertrauensfrage jeweils gestellt? Wie gingen diese Vertrauensfragen jeweils aus?

(1) Am 22.9.1972 stellte *Willy Brandt* (SPD) die Vertrauensfrage, nachdem in Folge der Ostpolitik der SPD-/FDP-Koalition viele Abgeordnete der FDP zur Union wechselten und die Regierungskoalition dadurch ihre parlamentarische Mehrheit verloren hatte. *Brandt* erstrebte mit der negativen Vertrauensfrage ein neues Mandat des Wählers für die Fortführung der Koalition – freilich mit FDP-Abgeordneten, die nicht ebenfalls zum Fraktionswechsel neigten. Wie gewünscht wurde Willy Brandt das Vertrauen nicht ausgesprochen.

(2) Am 5.2.1982 stellte *Helmut Schmidt* (SPD) die Vertrauensfrage. Unmittelbarer Anlass waren Auseinandersetzungen – innerparteilich und mit dem Koalitionspartner FDP – in der Sozialpolitik, daneben aber auch Differenzen über den Bundeshaushalt und den sog. Nato-Doppelbeschluss. Mit der positiv bewerteten Vertrauensfrage wurde zunächst der Erhalt der Koalition erzielt.

(3) Am 17.12.1982 stellte *Helmut Kohl* (CDU) die Vertrauensfrage, nachdem er über ein konstruktives Misstrauensvotum (Art. 67 GG) zum Bundeskanzler gewählt worden war. Über den Weg der negativen Vertrauensfrage sollte die neue CDU/CSU/FDP-Koalition, der der Bruch der SPD/FDP-Koalition unter *Helmut Schmidt* vorausgegangen war, durch eine Neuwahl des Bundestages bestätigt werden. Wie beabsichtigt, wurde Helmut Kohl das Vertrauen nicht ausgesprochen.

(4) Am 16.11.2001 verknüpfte *Gerhard Schröder* (SPD) die Abstimmung über den Militäreinsatz in Afghanistan – dem ersten Einsatz der Bundeswehr außerhalb Europas, der in der SPD/GRÜNE-Koalition umstritten war – mit einer auf Fortführung seiner Regierung gerichteten positiven Vertrauensfrage, die erfolgreich war.

(5) Am 1.7.2005 stellte *Gerhard Schröder* nach wachsender innerparteilicher Kritik an der Arbeitsmarktreform und einer Reihe von Niederlagen der Koalitionsparteien

bei Landtagswahlen und der daraus resultierenden großen Mehrheit der Opposition im Bundesrat eine auflösungsgerichtete Vertrauensfrage. Wie geplant wurde ihm das Vertrauen verweigert.

---

264. Geschäftsführende Bundesregierung

a) Auf welche Weise verhindert das Grundgesetz ein „interregnum", dh eine regierungslose Zeit?
b) Kann die geschäftsführende Bundesregierung den Entwurf eines neuen Haushaltsgesetzes gemäß Art. 110 III GG in den Bundestag einbringen?
c) Kann der geschäftsführende Bundeskanzler die Vertrauensfrage nach Art. 68 GG stellen?
d) Der geschäftsführende Bundeskanzler schlägt nach dem Tod des bisherigen Amtsinhabers dem Bundespräsidenten den X, der bisher keiner Bundesregierung angehört hat, als neuen Bundesfinanzminister vor. Muss der Bundespräsident den X ernennen?

---

a) Nach Art. 69 III GG sind Bundeskanzler und Bundesminister auf Ersuchen des Bundespräsidenten bzw. des Kanzlers verpflichtet, die Amtsgeschäfte bis zur Ernennung eines Nachfolgers weiterzuführen, sog. geschäftsführende Bundesregierung. Im Fall des Todes des Bundeskanzlers nimmt der ihn vertretende Minister (Art. 69 I GG) seine Aufgaben wahr. Vgl. *Krings,* Die Minderheitsregierung, ZRP 2018, S. 2–5.

b) Ja. Grundsätzlich kommen einer geschäftsführenden Bundesregierung alle Kompetenzen zu, die auch einer regulären Bundesregierung zustehen. Sie kann insbesondere ihr Gesetzesinitiativrecht ausüben und ist im Fall des Haushaltsgesetzes sogar verpflichtet, rechtzeitig (vgl. Art. 110 II 1 GG) einen Gesetzentwurf in den Bundestag einzubringen.

c) Nein. Der geschäftsführende Bundeskanzler ist nicht vom Vertrauen des Bundestages abhängig, sondern von dem Ersuchen des Bundespräsidenten. Dann kann er auch nicht den Fortbestand dieses Vertrauens nach Art. 68 GG erfragen.

d) Ja (str.). Grundsätzlich geht Art. 69 III GG davon aus, dass nur die bisherigen Amtsinhaber zur Weiterführung der Geschäfte verpflichtet sind, was gegen die Möglichkeit zur Ernennung neuer Minister zu sprechen scheint. Bleibt die geschäftsführende Bundesregierung allerdings längere Zeit im Amt, dann muss für den geschäftsführenden Bundeskanzler zumindest die Möglichkeit bestehen, frei gewordene Ministerposten gemäß Art. 64 I GG wieder besetzen zu lassen. Nach der Gegenauffassung soll auch in diesen Fällen nur ein anderer, bereits amtierender Minister zusätzlich mit der Führung eines weiteren Ministeriums betraut werden dürfen.

bb) Aufgaben, Organisation und Verfahren

265. Organisationsprinzipien der Bundesregierung

Welche internen Organisationsprinzipien der Bundesregierung kann man unterscheiden und in welchem Verhältnis stehen diese zueinander?

Nach Art. 65 GG sind drei Prinzipien zu unterscheiden. Dem Bundeskanzler kommt eine Richtlinienkompetenz zu. Er bestimmt die Grundlinien der Politik der Bundesregierung und trifft auch besonders wichtige Einzelfallentscheidungen (Art. 65 S. 1 GG). Nach dem Ressortprinzip leiten die Bundesminister ihren Geschäftsbereich selbstständig und in eigener Verantwortung (Art. 65 S. 2 GG). Nach dem Kollegialprinzip (Art. 65 S. 3 GG) entscheidet die Bundesregierung als Ganzes über Meinungsverschiedenheiten zwischen den Bundesministern, nicht etwa der Bundeskanzler alleine. Diese drei Prinzipien stehen grds. gleichberechtigt nebeneinander. Siehe *Böckenförde,* Die Organisationsgewalt im Bereich der Regierung, 2. Auflage, 1998; *Maurer,* Zur Organisationsgewalt im Bereich der Regierung, FS Kirchhof, 2000, S. 331 ff.

266. Richtlinienkompetenz des Bundeskanzlers

Kann der Bundeskanzler aufgrund seiner Richtlinienkompetenz
a) die von der deutschen Delegation auf einer UN-Konferenz zu verfolgenden Ziele festlegen?
b) die Organisation des Auswärtigen Amtes ändern?
c) wegen antisemitischer Äußerungen den deutschen Botschafter in Israel abberufen?

a) Ja. Grundlegende Entscheidungen der Außenpolitik unterfallen der Richtlinienkompetenz.

b) Nein. Hier ist der Bundesaußenminister aufgrund des Ressortprinzips nach Art. 65 S. 2 GG alleine zuständig.

c) Dies dürfte wohl zu bejahen sein. In besonders bedeutsamen Politikbereichen kann der Bundeskanzler aufgrund seiner Richtlinienkompetenz ausnahmsweise auch Einzelfallentscheidungen treffen, soweit diese über den konkreten Fall hinaus als politische Führungsentscheidungen Bedeutung haben und der Kanzler nur so seine parlamentarische Verantwortung wahrnehmen kann. Auch dabei ist der Bundeskanzler aber an gesetzliche Vorgaben gebunden, er wird daher in diesem Fall den Außenminister anweisen, den Botschafter abzuberufen. Siehe *Hennis,* Richtlinienkompetenz und Regierungstechnik, 1965; *Junker,* Die Richtlinienkompetenz des Bundeskanzlers, 1963; *Schuett-Wetschky,* Zeitschrift für Politikwissenschaft, 2003, 1897 ff.; 2004, 5 ff.

267. Ressortprinzip

Welche Aufgaben beinhaltet die selbstständige und eigenverantwortliche Leitung eines Geschäftsbereichs durch einen Bundesminister?

Diese Aufgaben umfassen die Organisation des Ministeriums, die Einstellung des erforderlichen Personals in den Grenzen des Haushaltsplans, die Aufsicht über nachgeordnete Behörden, den Erlass von Rechtsverordnungen, sofern dazu ermächtigt nach Art. 80 I 1 GG, und Verwaltungsvorschriften, die Erteilung von Weisungen sowie die politische Verantwortung für diese Maßnahmen gegenüber dem Bundestag und Bundesrat nach Art. 65 S. 2; 43 I; 53 S. 1 GG.

268. Befehls- und Kommandogewalt des Bundesverteidigungsministers

Nachdem sich Abstürze des in den 80er Jahren des vergangenen Jahrhunderts beschafften Tornado-Jagdbombers gehäuft haben, bei denen mehrere Menschen getötet worden sind, fordert der Bundestag den Bundesverteidigungsminister zur sofortigen Außerdienststellung dieses Flugzeugtyps auf. Der Bundesverteidigungsminister hält aus Gründen der Landesverteidigung die Tornado-Jagdbomber aber für unverzichtbar und lehnt deren Außerdienststellung ab.
a) Muss der Bundesverteidigungsminister den Beschluss des Bundestages befolgen?
b) Der Bundestag beschließt stattdessen ein „Außerdienststellungsgesetz". Ändert sich etwas?

a) Nein; es handelt sich um einen sog. schlichten Parlamentsbeschluss, der rechtlich nicht bindend ist.

b) Nein. Zwar ist der Bundesverteidigungsminister als Teil der vollziehenden Gewalt nach Art. 20 III GG an Gesetz und Recht gebunden. Dazu zählen aber nur verfassungsmäßige Gesetze. Das Außerdienststellungsgesetz greift aber unzulässig in die Befehls- und Kommandogewalt des Bundesverteidigungsministers nach Art. 65a GG ein, die auch die Entscheidung über die Ausrüstung der Bundeswehr mit einzelnen Waffensystemen umfasst. Ein solcher Eingriff in den Kernbereich der Exekutive führt zur Verfassungswidrigkeit und Nichtigkeit des Gesetzes.

269. Übernahme des Oberbefehls durch den Bundeskanzler

Kann der Bundeskanzler in Friedenszeiten den Oberbefehl über die Bundeswehr übernehmen?

Nein. Nach Art. 65a GG hat der Bundesminister für Verteidigung die Befehls- und Kommandogewalt über die Streitkräfte. Gemäß Art. 115b GG geht mit Verkündung des Verteidigungsfalles die Befehls- und Kommandogewalt auf den Bundes-

kanzler über. Aus der ausdrücklichen Regelung in Art. 65a GG iVm dem Umkehrschluss zu Art. 115b GG ergibt sich, dass in Friedenszeiten der Bundeskanzler den
Oberbefehl nicht übernehmen darf. Damit wird einer Machtzusammenballung in
seiner Person vorgebeugt, die im Verteidigungsfall nur im Interesse effektiver Hand-
lungsmöglichkeiten hinnehmbar ist.

270. Kollegialprinzip

In welchen Fällen ist die Bundesregierung als Kollegium zuständig?

Zu den ausdrücklich geregelten Zuständigkeiten der Bundesregierung zählen Beschluss des Bundeszwangs und Weisungsrecht (Art. 37 GG), Entscheidung von
Meinungsverschiedenheiten zwischen den Bundesministern (Art. 65 S. 3 GG), Gesetzesinitiative (Art. 76 I GG), Erlass von Rechtsverordnungen (Art. 80 I 1 GG),
Antrag auf Erklärung des Gesetzgebungsnotstandes (Art. 81 I GG), Erlass von
allgemeinen Verwaltungsvorschriften (Art. 84 II; 85 II 1; 86 S. 1 GG), Einzelweisungen (Art. 84 V GG), Bundesaufsicht (Art. 84 III, IV; 85 IV GG), Errichtung
von Bundesbehörden (Art. 86 S. 2 GG), Erhebung einer abstrakten Normenkon-
trolle (Art. 93 I Nr. 2 GG) sowie Zustimmung zu ausgabenwirksamen Gesetzen
(Art. 113 I GG). Im Übrigen ergeben sich ihre Zuständigkeiten aus dem Wesen der
Regierung als dem mit Leitung und Führung des Staatsganzen betrauten Organ (zB
Setzen bestimmter politischer Ziele im Bereich der Außenpolitik, Ausübung der
Organisationsgewalt im Bundesbereich).

271. Errichtung von Ministerien

Wer bestimmt über die Errichtung von Ministerien auf Bundesebene?

Darüber bestimmt zum einen der Verfassungsgeber, zum anderen der Bundeskanzler. Das Grundgesetz setzt in Art. 65a GG die Existenz des Verteidigungsministers,
in Art. 96 II 4 GG des Bundesjustizministers, in Art. 112 GG des Bundesfinanz-
ministers voraus. Diese Ministerien sind damit von Verfassung wegen vorgegeben.
Im Übrigen ist die Einrichtung und der Zuschnitt der Ministerien Teil der Organi-
sationskompetenz des Bundeskanzlers nach Art. 64 I GG. Äußerste Grenzen ergeben sich dabei aus dem Grundsatz der Funktionsfähigkeit der Regierung.

272. Einzelfälle zur Errichtung von Ministerien

**Wäre folgendes Gesetz zur Organisation der Bundesregierung: „§ 1 Die
Bundesregierung besteht aus dem Bundeskanzler und den Bundesministern
für Äußeres, für Inneres, für Finanzen und für Wirtschaft." mit dem Grundgesetz vereinbar?**

Nein, und zwar unter zwei Gesichtspunkten: Zwar darf der Bundestag als unmittelbar demokratisch legitimiertes Organ grds. Gesetze in allen dem Bund zugewiesenen

Bereichen erlassen. Dabei wird er aber durch Kernbereich der anderen Verfassungsorgane, insb. durch den Kernbereich der Exekutive eingeschränkt. Aus Art. 62 GG lässt sich die Befugnis der Bundesregierung zur Selbstorganisation herleiten. Überdies müssen der Bundesregierung zumindest die im Grundgesetz ausdrücklich genannten Bundesminister für Verteidigung (Art. 65a GG) und für Justiz (Art. 96 II 4 GG) angehören.

273. Geschäftsordnung der Bundesregierung

Der Bundespräsident leitet der Bundesregierung den Entwurf einer „Geschäftsordnung der Bundesregierung" zu mit der Aufforderung, die Bundesregierung möge diesen beschließen. Ist dieses Vorgehen verfassungsrechtlich zu beanstanden?

Ja. Nach Art. 65 S. 4 GG beschließt die Bundesregierung ihre Geschäftsordnung, die sodann vom Bundespräsidenten zu genehmigen ist. Diese Genehmigung knüpft an die entsprechende Regelung in Art. 55 WRV an und stellt unter der Geltung des Grundgesetzes einen systemwidrigen Anachronismus dar. Folgerichtig wird sie von der ganz überwiegenden Meinung teleologisch reduziert und im Sinne einer bloßen Rechtmäßigkeitskontrolle interpretiert. Dann kann dem Bundespräsidenten aber kein Spielraum für Zweckmäßigkeitserwägungen und damit für ein eigenes Initiativrecht zustehen, siehe *Schmidt*, AöR 128 (2003), 608 (623). Sollte die Bundesregierung gleichwohl den Entwurf beschließen, wird man von einer Heilung des Fehlers ausgehen können.

274. Vertretung eines Bundesministers

Wer vertritt den erkrankten Bundesinnenminister
a) in der Kabinettssitzung?
b) in der Anhörung des Innenausschusses des Deutschen Bundestages?
c) in der Leitung des Bundesinnenministeriums?

a) In der Kabinettssitzung vertritt ihn ein anderer Minister, idR der Bundesjustizminister (§ 14 I GOBReg).

b) Dem Innenausschuss steht der Parlamentarische Staatssekretär Rede und Antwort (§ 14 II 1 GOBReg).

c) Die Leitung des Ministeriums übernimmt ein beamteter Staatssekretär (§ 14 III GOBReg).

cc) Status der Regierungsmitglieder

275. Mitglieder der Bundesregierung

Wer zählt zu den Mitgliedern der Bundesregierung?

Die Bundesregierung besteht aus dem Bundeskanzler und den Bundesministern (Art. 62 GG). Die Parlamentarischen und beamteten Staatssekretäre zählen also nicht zu den Mitgliedern der Bundesregierung.

276. Staatssekretäre

Worin liegt der Unterschied zwischen einem Parlamentarischen und einem beamteten Staatssekretär?

Ein Parlamentarischer Staatssekretär ist ein Amtsinhaber ohne Stimmrecht und Mitgliedschaft im Kabinett. Er soll den Minister entlasten und diesen parlamentarisch vertreten (§ 1 II ParlStG und § 14 II GOBReg). Durch die Bestellung Parlamentarischer Staatssekretäre sollen neue geeignete ministerfähige Personen herangebildet und die Koalitionsarithmetik gewahrt werden. Abgesehen vom Parlamentarischen Staatssekretär des Bundeskanzlers muss jeder Parlamentarische Staatssekretär zugleich Bundestagsabgeordneter sein (§ 1 I ParlStG). Beamtete Staatssekretäre sind die höchsten Beamten eines Ministeriums unterhalb der Ministerebene und vertreten den Minister in der Leitung dieser obersten Bundesbehörde (§ 14 III GOBReg). Siehe *Hefty*, Die parlamentarischen Staatssekretäre im Bund, 2005; *Neumann*, ZRP 2002, 203 ff.

277. Indemnität und Immunität der Mitglieder der Bundesregierung

Genießen der Bundeskanzler und die Bundesminister Indemnität und Immunität?

In diesen alleinigen Funktionen nicht. Für den Bundeskanzler und die Bundesminister fehlt es an einer Art. 46 II–IV GG vergleichbaren Regelung von Indemnität und Immunität (s. Frage 217). Es wird auch nicht wie bei der Immunität des Bundespräsidenten gemäß Art. 60 IV GG darauf verwiesen. Bundeskanzler und Bundesminister können allerdings selbst Bundestagsabgeordnete sein und in dieser Funktion Indemnität und Immunität genießen.

278. Ministerverantwortlichkeit

Wie unterscheiden sich die strafrechtliche und die politische Verantwortlichkeit eines Ministers?

Die strafrechtliche Verantwortlichkeit eines Ministers hängt von dessen schuldhaftem Fehlverhalten ab, welches den Tatbestand einer Strafrechtsnorm verwirklicht hat, und führt zu Geld- oder Freiheitsstrafe. Die politische Verantwortlichkeit eines Ministers bezieht sich auf alle Vorgänge in seinem Geschäftsbereich, knüpft teils an dessen eigenes Fehlverhalten, zB die mangelnde Überwachung seiner Untergebenen, an, wirkt sich teils aber auch als reine Erfolgshaftung für allgemeine Missstände in dem Ressort unabhängig vom Verschulden aus und führt zumeist zum Rücktritt des Ministers.

4. Gesetzgebung

Literatur: *Frenzel,* Das Gesetzgebungsverfahren – Grundlagen, Problemfälle und neuere Entwicklungen, JuS 2010, 27–30; *Mengel,* Gesetzgebung und Verfahren, 1997; *Noll,* Gesetzgebungslehre, 1973; *Pernice-Warnke,* Die Gesetzgebungsverfahren auf Bundes- und Unionsebene, JuS 2018, 666–669; *Schneider,* Gesetzgebung, 3. Auflage, 2002.

279. Normierung des Gesetzgebungsverfahrens

Wo ist das Gesetzgebungsverfahren normiert?

Gesetze im formellen (und meist gleichzeitig materiellen) Sinne können in der Bundesrepublik Deutschland, einem Bundesstaat, sowohl vom Zentralstaat (Bund) als auch von den Gliedstaaten (Länder) erlassen werden. In Bezug auf den Bund ist das Gesetzgebungsverfahren in Art. 76–82; 113 GG geregelt. Ergänzende Bestimmungen finden sich in den §§ 75 ff. GOBT (vgl. Art. 40 I 2 GG), in §§ 17 ff. der GOBRat (vgl. Art. 52 III 2 GG) sowie in den Geschäftsordnungen der Bundesregierung (vgl. Art. 65 Satz 4 GG) und des Vermittlungsausschusses (vgl. Art. 77 II 2 GG). In den Ländern enthalten die Landesverfassungen Vorschriften über die Gesetzgebung (zB Art. 58 ff. BWV; Art. 70 ff. BayV; Art. 116 ff. HessV; Art. 41 ff. NdsV; Art 66 ff. NWV).

280. Beteiligte Verfassungsorgane

Welche Verfassungsorgane wirken am Gesetzgebungsverfahren mit?

An der Gesetzgebung beteiligte Verfassungsorgane sind Bundestag (Art. 38 ff. GG), Bundesrat (Art. 50 ff. GG), Bundesregierung (Art. 62 ff. GG), Bundespräsident (Art. 54 ff. GG) und Vermittlungsausschuss (Art. 77 II GG).

a) Gesetzgebungskompetenzen

Literatur: *Bäumerich,* Grundfälle zu den Gesetzgebungskompetenzen, JuS 2018, 123–128; *Battis,* Die Raumordnung nach der Föderalismusreform, DVBl. 2007, 152–159; *Erichsen,* Die Verteilung der Gesetzgebungszuständigkeiten nach dem Grundgesetz, Jura 1993, 385–389; *Fischer-Hüftle,* Zur Gesetzgebungskompetenz auf dem Gebiet „Naturschutz und Landschaftspflege" nach der Förderalismusreform, NuR 2007, 78–85; *Frenz,* Gesetzgebungskompetenzen nach der Föderalismusreform, Jura 2007, 165–169; *Hoppe,* Kompetenz-Debakel für die Raumordnung durch die Föderalismusreform infolge der uneingeschränkten Abweichungszuständigkeit der Länder?, DVBl. 2007, 144–152; *Mammen,* Der neue Typus der konkurrierenden Gesetzgebung mit Abweichungsrecht, DÖV 2007, 376–380.

281. Verbands- und Organkompetenz

a) Was versteht man unter Verbandskompetenz, was unter Organkompetenz?

b) Wie ist zu verfahren, wenn lediglich die Organkompetenz oder nur die Verbandskompetenz geregelt ist?

a) In einem ersten Schritt legt die Verbandskompetenz fest, welcher Hoheitsträger für eine Maßnahme zuständig ist. In einer zweiten Stufe bestimmt sodann die Organkompetenz, welche(s) der verschiedenen Organe dieses Hoheitsträgers tätig zu werden hat/haben.

b) In jeder ausdrücklichen Regelung einer Organkompetenz liegt implizit zugleich eine Regelung der Verbandskompetenz. Beispielsweise folgt aus der Bestimmung der Landesregierungen als Adressat einer Verordnungsermächtigung in Art. 80 I 1 GG zugleich die Kompetenz des Landes zum Erlass von Rechtsverordnungen auf bundesgesetzlicher Grundlage.

Ist hingegen lediglich die Verbandskompetenz festgelegt, wie in Art. 28 III GG, bestimmt sich die Organkompetenz nach dem sonstigen Organisationsrecht des jeweiligen Hoheitsträgers.

282. Ermächtigungsgrundlage für Gesetze?

a) Bedürfen alle Gesetze einer ausdrücklichen Ermächtigung in der Verfassung?
b) Gibt es auch Bereiche, die der Regelung durch Gesetz von vornherein verschlossen sind?

a) Nein; die gesetzgebenden Körperschaften des Bundes und des Landes können jeweils im Rahmen der ihnen zugewiesenen Verbandskompetenz Gesetze auch ohne ausdrückliche Ermächtigung in der Verfassung erlassen, da das Gesetz das klassische Mittel der Rechtsetzung darstellt. Die Verfassung darf lediglich dem Gesetz nicht entgegenstehen.

b) Ja. Diese sind aber aufgrund der prinzipiellen Allzuständigkeit des Gesetzgebers sehr selten. Dazu wird man v. a. die Regelung von Angelegenheiten innerhalb eines anderen Verfassungsorgans rechnen müssen. So ist ein Kernbereich der Exekutive gemäß Art. 65 GG anerkannt, und die rechtsprechende Gewalt ist nach Art. 92 GG den Richtern anvertraut.

283. Verteilung der Gesetzgebungskompetenzen

a) Wie erfolgt die grundsätzliche Verteilung der Gesetzgebungskompetenzen zwischen Bund und Ländern?
b) Welche anderen Verteilungen der Gesetzgebungskompetenzen zwischen Bund und Ländern wären vorstellbar und welche Nachteile wären damit verbunden?

a) Nach der Grundregel des Art. 30 GG sind die Länder zur Ausübung staatlicher Befugnisse zuständig, soweit nicht das Grundgesetz eine andere Regelung trifft oder zulässt, dh soweit nicht das Grundgesetz dem Bund die Materie zur Entscheidung zuweist. Art. 70 GG wiederholt und konkretisiert diese Zuständigkeitsverteilung für den Bereich der Gesetzgebung. Danach haben die Länder das Recht der Gesetzgebung, soweit nicht das Grundgesetz dem Bund Gesetzgebungsbefugnisse verleiht.

b) Es sind wenigstens drei andere Verteilungsmuster vorstellbar:

(1) Das Grundgesetz könnte dem Bund das Recht der Gesetzgebung zuweisen, soweit es nicht den Ländern Gesetzgebungsbefugnisse verliehe. Diese Umkehrung der Grundregel der Art. 30; 70 GG schwächte indes die Stellung der Länder noch weiter.

(2) Verzichtete das Grundgesetz auf eine allgemeine Regelung der Verteilung der Gesetzgebungskompetenzen und führte stattdessen alle Gesetzgebungskompetenzen enumerativ auf, könnten Sachgebiete vergessen werden, es also Lücken geben. Außerdem könnten neu auftretende Materien ohne historische Vorbilder, wie zB das Gentechnikrecht, jeweils erst nach einer entsprechenden Verfassungsergänzung einfachgesetzlich geregelt werden.

(3) Verteilte das Grundgesetz entsprechend dem AEUV die Regelungskompetenzen nicht nach Sachgebieten, sondern nach den verfolgten Zwecken, also nicht materiell, sondern final, käme es zu vielfältigen Überschneidungen samt der damit verbundenen Rechtsunsicherheiten, die letztlich nur durch Entscheidungen des BVerfG zu beseitigen wären.

---

284. Arten geschriebener Gesetzgebungskompetenzen des Bundes

Welche Arten geschriebener Gesetzgebungskompetenzen des Bundes sind seit der Föderalismusreform zu unterscheiden?

Das Grundgesetz kennt seit der Föderalismusreform drei verschiedene Arten geschriebener Bundesgesetzgebungskompetenzen:

(1) Die ausschließliche Kompetenz nach Art. 71; 73; 105 I GG. In diesen Sachgebieten haben die Länder gemäß Art. 71 GG das Recht zur Gesetzgebung nur, wenn und soweit sie hierzu in einem Bundesgesetz ausdrücklich ermächtigt werden.

(2) Die konkurrierende Gesetzgebungskompetenz nach Art. 72; 74; 105 II GG. In diesen Gebieten haben die Länder nach Art. 72 I GG die Befugnis zur Gesetzgebung, solange und soweit der Bund von seiner Gesetzgebungszuständigkeit keinen Gebrauch gemacht hat.

(3) Die Grundsatzgesetzgebung nach Art. 109 IV GG sowie 140 GG iVm Art. 138 I 2 WRV.

285. Geschriebene ausschließliche Bundesgesetzgebungskompetenzen außerhalb des Art. 73 GG

Gibt es weitere geschriebene ausschließliche Bundesgesetzgebungskompetenzen außerhalb des Art. 73 GG?

Ja. Immer wenn das Grundgesetz von einer Regelung durch „Bundesgesetz" spricht, handelt es sich um eine ausschließliche Gesetzgebungskompetenz des Bundes, Beispiele sind Art. 4 III 2; 23 I 2; 26 II 2; 38 III; 93 III; 94 II; 98 I; 131 S. 1 GG. Für ungeschriebene ausschließliche Bundesgesetzgebungskompetenzen s. Frage 293.

286. Konkurrierende Gesetzgebungskompetenzen

Ein Bundesgesetz kann auf eine konkurrierende Gesetzgebungszuständigkeit gemäß Art. 74 GG gestützt werden. Welche beiden weiteren Fragen sind seit der Föderalismusreform stets zu klären?

Während vor der Föderalismusreform I alle konkurrierenden Gesetzgebungskompetenzen nach Art. 72 GG den gleichen Anforderungen unterworfen wurden, ist seitdem zu differenzieren: Zum einen ist anhand des Art. 72 II GG nF zu klären, ob der Bund das Erfordernis einer bundesgesetzlichen Regelung nachweisen muss. Zum anderen ist zu untersuchen, ob die Länder gemäß Art. 72 III GG nF von dem Bundesgesetz abweichen dürfen.

287. Fallgruppen konkurrierender Bundesgesetzgebungskompetenzen

Welche vier Fallgruppen der konkurrierenden Bundesgesetzgebungskompetenz sind theoretisch denkbar und welche davon sind praktisch verwirklicht worden?

Da eine konkurrierende Kompetenz mit oder ohne Erforderlichkeitsprüfung sowie mit oder ohne Abweichungsmöglichkeit gegeben sein kann, sind 2x2=4-Fallgruppen denkbar, und zwar:

(1) Bundesgesetze ohne Erforderlichkeitsprüfung und ohne Abweichungsmöglichkeit

Dies sind Gesetze nach Art. 72 I GG iVm Art. 74 I Nr. 1, 2, 3, 5, 6, 8, 9, 10, 12, 14, 16, 17, 18, 19, 21, 23, 24, 27.

(2) Bundesgesetze ohne Erforderlichkeitsprüfung, aber mit Abweichungsmöglichkeit

Hier handelt es sich um Gesetze nach Art. 72 III GG nF iVm Art. 74 I Nr. 28, 29, 30, 31, 32, 33. Dabei handelte es sich v. a. um ehemalige Rahmengesetzgebungskompetenzen nach Art. 75 GG aF Von dieser Abweichungsmöglichkeit ausgenommen sind nach Art. 72 III GG nF als abweichungsfeste Kerne allerdings das Recht der Jagdscheine, die allgemeinen Grundsätze des Naturschutzes, das Recht des Artenschutzes und des Meeresnaturschutzes sowie die stoff- und anlagenbezogenen Regelungen des Wasserhaushalts.

(3) Bundesgesetze mit Erforderlichkeitsprüfung, aber ohne Abweichungsmöglichkeit

Dazu zählen Gesetze nach Art. 72 II GG nF iVm Art. 74 I Nr. 4, 7, 11, 13, 15, 19a, 20, 22, 25, 26.

(4) Bundesgesetze mit Erforderlichkeitsprüfung und Abweichungsmöglichkeit

Solche theoretisch denkbaren Gesetze sind praktisch nicht vorgesehen worden, weil nicht auf der einen Seite das Erfordernis für eine bundeseinheitliche Regelung bejaht, auf der anderen Seite den Ländern dann aber gerade eine Abweichungsmöglichkeit eingeräumt werden kann.

Übersicht 10: Konkurrierende Gesetzgebungskompetenzen

Erforderlichkeitsprüfung/ Abweichungsbefugnis	Erforderlichkeit ist nicht zu prüfen	Erforderlichkeit ist zu prüfen
Länder dürfen nicht abweichen	Art. 72 I GG iVm Art. 74 I Nr. 1, 2, 3, 5, 6, 8, 9, 10, 12, 14, 16, 17, 18, 19, 21, 23, 24, 27 GG	Art. 72 II GG nF. iVm Art. 74 I Nr. 4, 7, 11, 13, 15, 19a, 20, 22, 25, 26 GG
Länder dürfen abweichen	Art. 72 III GG nF iVm Art. 74 I Nr. 28, 29, 30, 31, 32, 33 GG (ex-Rahmenkompetenz)	entfällt

288. Staatshaftungsgesetz

Der Bund erlässt ein Staatshaftungsgesetz.
a) Muss die Erforderlichkeit des Gesetzes nachgewiesen werden?
b) Dürfen die Länder von dem Staatshaftungsgesetz durch Landesgesetz abweichen?
c) Muss der Bundesrat dem Staatshaftungsgesetz zustimmen?

a) Ja; siehe Art. 72 II GG iVm Art. 74 I Nr. 25 GG.

b) Nein. Die Staatshaftung ist in Art. 72 III GG nicht aufgeführt.

c) Ja; vgl. Art. 74 II GG.

289. Unterschiede zwischen ausschließlicher und konkurrierender Bundesgesetzgebungskompetenz

Worin liegt der Unterschied zwischen einer konkurrierenden Bundesgesetzgebungskompetenz, für deren Ausschöpfung der Bund keine Erforderlichkeit nachweisen muss und bei welcher die Länder von dem in Ausnutzung dieser Kompetenz erlassenen Gesetz nicht abweichen dürfen, und einer ausschließlichen?

Bleibt der Bund untätig, dürfen die Länder zwar bei einer konkurrierenden Gesetzgebungskompetenz gemäß Art. 72 I GG tätig werden, bei einer ausschließlichen aber nur, wenn und soweit sie hierzu in einem Bundesgesetz nach Art. 71 GG ausdrücklich ermächtigt werden.

290. Rahmengesetzgebungskompetenz

a) Was verstand man unter der Rahmengesetzgebungskompetenz und warum wurde diese im Zuge der Föderalismusreform abgeschafft?
b) Was geschah mit den bisherigen Kompetenztiteln der Rahmengesetzgebungskompetenz?

a) Bei der Rahmengesetzgebungskompetenz nach Art. 75 GG aF durfte der Bund unter den Voraussetzungen des Art. 72 GG aF Rahmenvorschriften erlassen, die gemäß Art. 75 II GG aF aber nur in Ausnahmefällen in Einzelheiten gehende oder unmittelbar geltende Regelungen enthalten durften. Die Länder mussten nach Erlass eines Bundesrahmengesetzes in einem zweiten Gesetzgebungsschritt die bundesrechtlichen Vorgaben in Landesrecht umsetzen. Dieses zweistufige Gesetzgebungsverfahren war recht umständlich, erschwerte die Umsetzung europarechtlicher Richtlinien und wurde deshalb abgeschafft.

b) Die bisherigen Rahmengesetzgebungskompetenzen haben im Zuge der Föderalismusreform drei verschiedene Wege genommen: Die Kompetenzen für das Melde- und Ausweiswesen sowie den Schutz deutschen Kulturgutes gegen Abwanderung ins Ausland wurden zu ausschließlichen Gesetzgebungskompetenzen nach Art. 73 I Nr. 3, 5a GG verändert. Die meisten Rahmenkompetenzen wurden zu konkurrierenden Bundesgesetzgebungskompetenzen nach Art. 74 I Nr. 27–33 GG umgestaltet. Allein Teile des Hochschulrechts sowie die Zuständigkeit für die allgemeinen Rechtsverhältnisse der Presse gingen in die Gesetzgebungszuständigkeit der Länder über.

291. Naturschutz und Landschaftspflege

In § X des Entwurfs eines neuen Bundesnaturschutzgesetzes heißt es: „Die Länder bestimmen durch Gesetz, dass Teile von Natur und Landschaft zum Naturschutzgebiet erklärt werden können." Ist die Regelung zulässig?

Dies dürfte wohl zu verneinen sein. Die Gesetzgebungskompetenz für den Naturschutz und die Landschaftspflege wurde mit der Föderalismusreform dem Kompetenztypus der konkurrierenden Gesetzgebungskompetenz (Art. 74 I Nr. 29 GG) zugeordnet, während der Kompetenztypus der Rahmengesetzgebungskompetenz aufgegeben wurde. Mit der fraglichen Regelung wird dem Landesgesetzgeber eine Verpflichtung zur Legislativtätigkeit aufgegeben. Derartige Regelungsaufträge waren der früheren Rahmengesetzgebungskompetenz immanent. Seit der Föderalismusreform jedoch erscheint solches im Hinblick auf die Eigenstaatlichkeit der Länder bedenklich (vgl. auch Art. 28 I 1, 2 GG). Es dürfte daher davon auszugehen sein, dass der Bund, wenn er von seiner Gesetzgebungskompetenz Gebrauch macht, nur Bundesrecht erlassen kann, das materiell keiner ergänzenden Rechtsetzungstätigkeit des Landesgesetzgebers bedarf und insofern aus sich heraus vollziehbar ist. Anderes gilt indes für das Verfahrensrecht, denn für dieses sind die Länder kraft Verfassung (Art. 84 I 1 GG) zur Regelung verpflichtet, solange nicht der Bund eigene Regelungen erlässt (Art. 84 II GG).

292. Arten ungeschriebener Gesetzgebungskompetenzen des Bundes

Welche Arten ungeschriebener Gesetzgebungskompetenzen des Bundes sind Ihnen bekannt?

Es werden auch nach der Föderalismusreform drei Arten ungeschriebener Gesetzgebungskompetenzen des Bundes unterschieden:

(1) Zuständigkeit kraft Sachzusammenhangs

Sie wird angenommen, wenn eine dem Bund ausdrücklich zugewiesene Materie verständigerweise nicht geregelt werden kann, ohne dass zugleich eine nicht ausdrücklich zugewiesene Materie mitgeregelt wird, wenn also ein Übergreifen in nicht ausdrücklich zugewiesene Materien *unerlässliche* Voraussetzung ist für die Regelung einer der Bundesgesetzgebung zugewiesenen Materie. Die Zuständigkeit kraft Sachzusammenhangs erstreckt sich folglich in die Breite. Beispiel: Befugnis des Bundes, die Vergabe von Sendezeiten an politische Parteien zwecks Wahlwerbung und damit Teilaspekte des Rundfunkwesens (ausschließliche Länderkompetenz) im Zusammenhang mit Fragen des Parteienrechts (Bundeskompetenz, Art. 21 III GG) zu regeln.

(2) Annexkompetenz

Eine Annexkompetenz erweitert die Gesetzgebungsbefugnisse des Bundes von ausdrücklich ihm zugewiesenen Kompetenzmaterien auf Stadien der Vorbereitung und Durchführung, sofern diese in untrennbarem Zusammenhang stehen. Im Gegensatz zur Kompetenz kraft Sachzusammenhangs, als deren Unterfall Annexkompetenzen teils angesehen werden, geht es hier nicht um die Ausweitung einer zugewiesenen Sachmaterie auf andere, nicht zugewiesene, aber verwandte Gebiete, sondern lediglich um die Ausdehnung einer zugeteilten Kompetenz, und zwar gewissermaßen nicht in die Breite, sondern in die Tiefe des Gegenstandes. Typischer Anwendungsfall ist die Aufrechterhaltung der öffentlichen Sicherheit (grds. Landeszuständigkeit) auf einem Gebiet, für das der Bund die Gesetzgebungszuständigkeit hat, zB

Bekämpfung der von Gewerbebetrieben ausgehenden Gefahren für die Allgemeinheit (vgl. §§ 34a; 34b GewO) als Annex zu Art. 74 I Nr. 11 GG; Regelungen betreffend bahnpolizeiliche Aufgaben (heute Aufgabe der Bundespolizei, vgl. § 3 BPolG) als Annex zu Art. 73 I Nr. 6a GG.

(3) Kompetenz kraft Natur der Sache

Eine Zuständigkeit des Bundes kraft Natur der Sache wird bei Sachgebieten angenommen, die ihrer Natur nach eigenste, der partikularen Gesetzgebungszuständigkeit a priori entrückte Angelegenheiten des Bundes darstellen, vom Bund und nur von ihm geregelt werden können. Kompetenzen kraft Natur der Sache können nur in äußerst engen Grenzen angenommen werden, nämlich wenn eine sinnvolle Regelung durch die Länder denknotwendig ausgeschlossen ist, weil die Frage für das Bundesgebiet nur einheitlich geregelt werden kann. Kompetenzen kraft Natur der Sache sind anerkannt etwa bezüglich der Bestimmung der Bundessymbole (soweit nicht schon in Art. 22 II GG geregelt) und des Nationalfeiertages. Kompetenzen kraft Natur der Sache sind stets ausschließliche Kompetenzen. Vor Einfügung des Art. 22 I 1 GG nF wurde auch die Bestimmung der Bundeshauptstadt auf eine Kompetenz kraft Natur der Sache gestützt.

Siehe *V. Mutius,* Jura 1986, 498 ff.

Übersicht 11: Gesetzgebungskompetenzen des Bundes

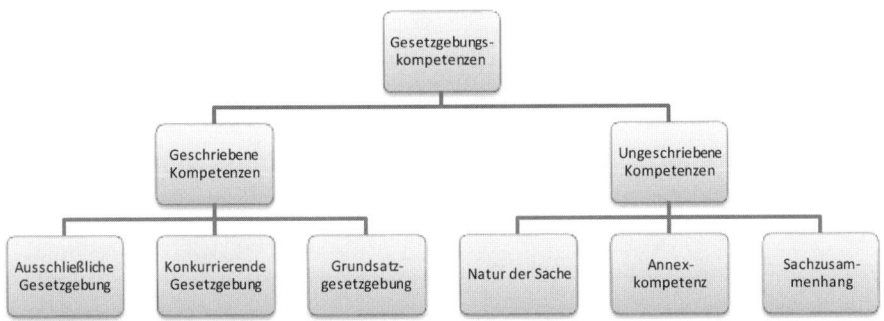

293. Landeskompetenz kraft Natur der Sache?

Gibt es auch eine Landeskompetenz kraft Natur der Sache?

Nein. Für die Zuweisung von Gesetzgebungsmaterien an die Länder muss man gar keine ungeschriebenen Gesetzgebungskompetenzen bemühen, denn bei Fehlen von Kompetenzen des Bundes greift stets zu Gunsten der Länder die Grundregel der Art. 30; 70 GG ein.

294. Kompetenzen für Verfahrens- und Prozessgesetze

Welche Gesetze regeln das Verfahren a) der allgemeinen Verwaltungsbehörden? b) der Finanzbehörden? c) der Sozialbehörden? d) der allgemeinen Verwaltungsgerichte? e) der Finanzgerichte? f) der Sozialgerichte? Woraus ergibt sich jeweils die grundgesetzliche Gesetzgebungskompetenz?

a) Die Tätigkeit der Allgemeinen Verwaltungsbehörden wird durch das Verwaltungsverfahrensgesetz (VwVfG) geregelt. Eine ausdrückliche Bundesgesetzgebungskompetenz besteht nicht. Soweit nach § 1 I Nr. 1 VwVfG dieses Gesetz auf das Verfahren der Behörden des Bundes sowie der bundesunmittelbaren juristischen Personen des öffentlichen Rechts Anwendung findet, mag man die Kompetenz dem Art. 86 GG entnehmen oder von einer Bundeskompetenz kraft Natur der Sache ausgehen. Soweit darüber hinaus gemäß § 1 I Nr. 2, II VwVfG auch die Tätigkeit der Landesbehörden in Fällen der Bundesauftragsverwaltung und der Verwaltung als landeseigene Angelegenheit durch das VwVfG bestimmt wird, ist zumindest eine Annexkompetenz zur jeweiligen Sachgesetzgebungskompetenz des Bundes anzunehmen. In Zusammenfassung dieser Annexkompetenzen kann der Bund die verfahrensrechtlichen Regelungen dann auch „vor die Klammer ziehen" und ein allgemeines Verfahrensgesetz erlassen. Soweit die Landesbehörden Landesrecht vollziehen, gilt für sie das jeweilige Landesverwaltungsverfahrensgesetz, das aber idR mit dem VwVfG des Bundes wortgleich ist oder auf dieses verweist. Siehe *Jochum*, Verwaltungsverfahrensrecht und Verwaltungsprozeßrecht, 2004.

b) Das Verfahren der Finanzbehörden bestimmt sich nach der gemäß Art. 108 V GG erlassenen Abgabenordnung (AO).

c) Für das Verfahren der Sozialbehörden ist das Sozialgesetzbuch X maßgebend, das v. a. als Annexkompetenz zu Art. 74 I Nr. 7, 12 GG erlassen wurde.

d) Die Verwaltungsgerichte entscheiden auf der Grundlage der Verwaltungsgerichtsordnung gemäß Art. 74 I Nr. 1 GG.

e) Für die Finanzgerichte ist die Finanzgerichtsordnung nach Art. 108 VI GG entscheidend.

f) Die Sozialgerichte judizieren auf der Basis des Sozialgerichtsgesetzes gemäß Art. 74 I Nr. 1 GG.

295. Regelungskompetenzen der Europäischen Union

Welche nicht ausdrücklichen Regelungskompetenzen der Europäischen Union kennen Sie und welchen ungeschriebenen Gesetzgebungskompetenzen des Bundes entsprechen diese?

Vorrangig ist Art. 352 AEUV zu nennen, welcher der Union eine Kompetenzabrundung ermöglicht, wenn der Union zwar eine Aufgabe, aber nicht ausdrücklich die entsprechenden rechtlichen Mittel zur Erfüllung der Aufgabe zugewiesen worden sind. Diese Kompetenzabrundung kommt der Kompetenz kraft Sachzusammenhangs am nächsten. Daneben gibt es Unionskompetenzen kraft Natur der Sache, etwa die Regelung des Verwaltungsverfahrens der EU-Behörden in Fällen unmittelbaren Vollzugs des Unionsrechts. Schließlich sind ungeschriebene Außenkompetenzen der Union gegenüber Dritten als Folge geschriebener Innenkompetenzen gegenüber den Mitgliedern zu nennen, wohingegen im deutschen Recht zumeist von einem Auseinanderfallen von Vertragsschluss- und Ratifikationskompetenz einerseits und Transformationskompetenz andererseits ausgegangen wird.

296. Gesetzgebung im Bereich eines anderen Hoheitsträgers

a) Gibt es Fälle, in denen ein Land im Bereich der ausschließlichen Gesetzgebungskompetenz des Bundes Gesetze erlassen darf?
b) Dürfen Bundesgesetze in den den Ländern vorbehaltenen Bereichen erlassen werden?
c) Kann der Bund Landesgesetze erlassen?

a) Ja; soweit es hierzu in einem Bundesgesetz ausdrücklich ermächtigt wird (Art. 71 GG).

b) Nein. Dies würde gegen die Kompetenzverteilung der Art. 30; 70 ff. GG verstoßen. Der Bund kann, wie sich im Umkehrschluss zu Art. 71 GG ergibt, auch nicht durch Landesgesetz ermächtigt werden, eine gesetzliche Regelung zu treffen.

c) Ja; beim Bundeszwang nach Art. 37 GG in Form der Ersatzvornahme sowie ggf. im Sonderfall des Art. 28 III GG (str.).

297. Funktion des Art. 72 II GG

Kann aus Art. 72 II GG eine konkurrierende Gesetzgebungskompetenz des Bundes hergeleitet werden, die stets eingreift, wenn die Herstellung gleichwertiger Lebensverhältnisse oder die Wahrung der Rechts- oder Wirtschaftseinheit im gesamtstaatlichen Interesse eine bundesgesetzliche Regelung erforderlich macht?

Nein; Art. 72 II GG stellt nicht selbst eine Kompetenznorm dar, sondern tritt ergänzend zu einer anderweitig begründeten Kompetenz hinzu. Die Voraussetzungen des Art. 72 II GG müssen kumulativ zu der besonderen Kompetenzgrundlage aus Art. 74 GG vorliegen, nicht alternativ (vgl. Frage 288). Siehe aber die Sonderregelung für das Steuerrecht in Art. 105 II GG (vgl. Frage 418).

298. Historische Entwicklung des Art. 72 II GG

Welche Einschränkungen der Gesetzgebungsmöglichkeiten des Bundes stellte Art. 72 II GG dar
a) bis zur Verfassungsreform 1994?
b) in den ersten Jahren nach 1994?

c) von der Entscheidung des BVerfG zum Altenpflegegesetz bis zur Föderalismusreform?
d) seit der Föderalismusreform?

a) Bis zur Verfassungsreform 1994 wurde die Bedürfnisklausel des damaligen Art. 72 II GG sehr großzügig gehandhabt und ein von verfassungsgerichtlicher Kontrolle weitgehend freier Beurteilungsspielraum des Bundesgesetzgebers anerkannt.

b) Mit der Verfassungsreform 1994 wurde zwar der Wortlaut des Art. 72 II GG von einer Bedürfnisklausel hin zu einer Erforderlichkeitsklausel geändert, eine sachliche Änderung der verfassungsgerichtlichen Rechtsprechung war damit zunächst aber nicht verbunden. Siehe *Neumeyer*, Der Weg zur neuen Erforderlichkeitsklausel für die konkurrierende Gesetzgebung des Bundes (Art. 72 II GG), 1999.

c) Mit der Entscheidung über das Altenpflegegesetz nahm das BVerfG (E 106, 62) dann den verfassungsändernden Gesetzgeber beim Wort und verschärfte die Anforderungen an das Vorliegen der Erforderlichkeitsklausel erheblich.

d) Im Rahmen der Föderalismusreform 2006 bekam der verfassungsändernde Gesetzgeber in Kenntnis der neuen Rechtsprechung des BVerfG offenbar „Angst vor der eigenen Courage" des Jahres 1994 und schränkte den Anwendungsbereich der Erforderlichkeitsklausel in Art. 72 II GG nF erheblich ein.

299. Anwendungsbereiche von Art. 125a II GG und Art. 72 IV GG

Wie sind die Anwendungsbereiche von Art. 125a II GG und Art. 72 IV GG zu unterscheiden?

Art. 125a II GG erfasst als Übergangsvorschrift die Gesetze aus dem Bereich der konkurrierenden Gesetzgebung, die unter der Geltung des Art. 72 II GG aF bis zum 15.11.1994 erlassen wurden und dessen Anforderungen genügten, die aber nicht mehr den Anforderungen des Art. 72 II GG nF entsprechen. Art. 72 IV GG erfasst demgegenüber Gesetze, bei denen in ihrem Erlasszeitpunkt eine Erforderlichkeit im Sinne des Art. 72 II GG bestand, aber später weggefallen ist, unabhängig davon, ob das Gesetz vor oder nach In-Kraft-Treten der Neuregelung des Art. 72 II GG 1994 erlassen wurde.

300. Ende einer konkurrierenden Bundesgesetzgebungskompetenz

Kann der Landesgesetzgeber ohne Weiteres tätig werden, wenn
a) der Bund eine konkurrierende Gesetzgebungskompetenz im Wege der Verfassungsänderung verloren hat?
b) die Erforderlichkeit entfallen ist?
c) Was ist dem Land im Fall b) zu raten, wenn der Bund untätig bleibt?

a) Ja; siehe Art. 125a I 2 GG.

b) Nein; vgl. Art. 72 IV; 125a II 2 GG; es bedarf jeweils eines die Länder ermächtigenden Bundesgesetzes.

c) Das Land kann ein Freigabeverfahren nach Art. 93 II GG nF; §§ 13 Nr. 6b; 97 GG auf Feststellung des Wegfalls der Erforderlichkeit vor dem BVerfG betreiben. Das Feststellungsurteil des BVerfG ersetzt gemäß Art. 93 II 2 GG nF das ermächtigende Bundesgesetz.

---

301. Zeitpunkt des Vorliegens der Gesetzgebungskompetenz

Ist das vom BVerfG allein wegen fehlender Bundesgesetzkompetenz für verfassungswidrig und nichtig erklärte Staatshaftungsgesetz 1981 durch die Einfügung des Art. 74 I Nr. 25 GG im Jahr 1994 wieder aufgelebt?

Nein. Die Gesetzgebungskompetenz muss im Zeitpunkt des Erlasses des Gesetzes vorliegen, sonst ist dieses unwiederbringlich verfassungswidrig und nichtig. Die Wirksamkeit des Gesetzes kann auch nicht unter die aufschiebende Bedingung der Schaffung einer entsprechenden Gesetzgebungskompetenz gestellt werden. Allerdings könnte der Bundesgesetzgeber nach der Verfassungsänderung des Jahres 1994 ein mit dem Staatshaftungsgesetz 1981 inhaltsgleiches Gesetz erneut erlassen, sofern die Voraussetzungen des Art. 72 II GG nF gewahrt werden.

---

302. Landesgesetze vor Erlass des Bundesgesetzes

Der Bund beabsichtigt, ein Gesetz über die Staatshaftung in Bund und Ländern zu erlassen. Nachdem der Bundestag das Gesetz beschlossen hat und dieses dem Bundesrat zwecks Zustimmung zugeleitet wird, beschließt das Land X noch ein eigenes Staatshaftungsgesetz, welches am Tag nach seiner Verkündung in Kraft tritt. Kann der Bürger X, der eine Woche nach In-Kraft-Treten des Gesetzes durch einen Landesbeamten geschädigt wird, Ansprüche aus diesem Landesgesetz herleiten?

Nein (str.). Zwar sieht Art. 72 I GG nach seiner Neufassung im Jahr 1994 eine Landeskompetenz vor, bis der Bund von seinem Gesetzgebungsrecht „Gebrauch gemacht hat" und diese Formulierung im Perfekt deutet darauf hin, dass das Gesetzgebungsverfahren zumindest zu seinem Abschluss gelangt sein muss, so dass bloße Gesetzentwürfe auf Bundesebene die Sperrwirkung noch nicht auslösen. In diesem Fall hat der Bundestag aber bereits Beschluss gefasst, und das Vorhaben hat das bloße Entwurfsstadium verlassen. Der Grundsatz der Bundestreue gebietet daher dem Land, den Abschluss des bundesgesetzlichen Verfahrens abzuwarten. Das Landesgesetz ist grundgesetzwidrig und nichtig, Bürger X ist auf die bisherigen staatshaftungsrechtlichen Ansprüche zu verweisen.

303. Abweichungsgesetzgebung

Der Bund erlässt ein neues Wasserhaushaltsgesetz, in dem ua die wasserrechtliche Bewilligung (bisher § 8 WHG) abgeschafft wird.
a) Verstößt das neue Wasserhaushaltsgesetz gegen das bisherige Wasserhaushaltsgesetz idF der Bekanntmachung von 1996?
b) Verstößt das Wasserhaushaltsgesetz gegen das Wassergesetz des Landes X?
c) Kann das Land X weiterhin an der wasserrechtlichen Bewilligung festhalten?

a) Nein. Hier gilt der lex-posterior-Satz. Das neue Wasserhaushaltsgesetz löst das alte auch ohne ausdrückliche verfassungsrechtliche Regelung ab.

b) Hier ist nach dem Inhalt zwischen den beiden Bereichen zu differenzieren. Soweit es um Regelungen des Wasserhaushalts geht, besteht eine Bundeszuständigkeit, sofern sonstige wasserrechtliche Materien betroffen sind, sind die Länder zuständig. Sollte es dennoch zu Überschneidungen kommen, greift Art. 31 GG ein.

c) Nein. Hier stellt sich die Frage nach der Abweichungskompetenz des Landes gemäß Art. 72 III 1 Nr. 5 GG. Die Bewilligung wird als eine anlagenbezogene Regelung einzuordnen sein, weshalb eine Abweichung ausscheidet. Das Land X kann nicht an der Bewilligung festhalten.

304. Geschäftsordnung und Gesetz

Könnte die Geschäftsordnung des Bundestages auch als Gesetz verabschiedet werden?

Das dürfte zu verneinen sein, weil die Geschäftsordnung den inneren Betrieb des Bundestages regelt, während an dem Gesetzgebungsverfahren auch noch andere Verfassungsorgane des Bundes beteiligt sind. Anders die hM; siehe BVerfGE 92, 74.

305. Zuordnung zum Bundes- oder Landesrecht

Handelt es sich in den folgenden Fällen jeweils um Bundes- oder Landesrecht?
a) Aufgrund einer bundesgesetzlichen Ermächtigung wird ein Landesverlagsgesetz verabschiedet.
b) Das Land X erlässt ein Ausführungsgesetz zum BGB.
c) Das Land Y erlässt ein Landesjagdgesetz, das von dem Bundesjagdgesetz abweicht.
d) Aufgrund der Ermächtigung in einem Bundesgesetz erlässt eine Landesregierung eine Rechtsverordnung.

e) Art. 3 II 1 NdsV bestimmt „Die im Grundgesetz für die Bundesrepublik Deutschland festgelegten Grundrechte und staatsbürgerlichen Rechte sind Bestandteil dieser Verfassung."
f) Das Versammlungsgesetz nach der Föderalismusreform.

a) bis e) Es handelt sich jeweils um Landesrecht. Zur Abgrenzung kommt es nicht auf die Ermächtigungsgrundlage, sondern auf die erlassende Stelle an. Dabei kann es wie in Fall e) ausnahmsweise auch zu inhaltlichen Doppelnormierungen kommen.

f) Gemäß Art. 125a I 1 GG gilt das Versammlungsgesetz als Bundesrecht fort, bis es nach Art. 125a I 2 GG durch Landesrecht ersetzt wird.

306. Gleichlautende Bundes- und Landesgesetze

Der Bund und ein Land verabschieden gleichlautende Gesetze. Welches ist gültig?

Dies hängt von der jeweiligen Regelungsmaterie ab. Im Bereich ausschließlicher Bundesgesetzgebungskompetenzen (Art. 71; 73 GG) ist das Bundesgesetz gültig, im Bereich ausschließlicher Landesgesetzgebungskompetenzen (Art. 30; 70 GG) ist das Landesgesetz gültig. Im Bereich konkurrierender Bundesgesetzgebungskompetenzen (Art. 72; 74 GG) ist danach zu differenzieren, ob eine Abweichungskompetenz nach Art. 72 III GG besteht. Besteht keine Abweichungsgesetzgebungskompetenz, kommt es auf den Zeitpunkt des In-Kraft-Tretens der Gesetze an: Trat zuerst das Bundesgesetz in Kraft, fehlt dem Land von vornherein die Gesetzgebungskompetenz nach Art. 72 I GG. Trat zuerst das Landesgesetz in Kraft, wird dieses durch das später in Kraft tretende Bundesgesetz nach Art. 31 GG „gebrochen", dh unwirksam (str.). Besteht eine Abweichungsmöglichkeit des Landes nach Art. 72 III GG nF, ist noch ungeklärt, ob danach auch gleichlautende landesrechtliche Regelungen gestattet sind.

307. Partielles Bundesrecht

a) Was versteht man unter partiellem Bundesrecht und wie ist es ursprünglich entstanden?
b) Kann auch weiterhin partielles Bundesrecht entstehen?

a) Dabei handelt es sich um Bundesrecht, welches nur in einem Teil des Bundesgebietes gilt. Es ist in Fortgeltung vorkonstitutionellen Rechts nach Art. 124 und Art. 125 GG entstanden, wie sich aus der Formulierung „innerhalb seines Geltungsbereiches" ergibt.

b) Ja. Grundsätzlich hat zwar der Bundesgesetzgeber wegen der durch Art. 124; 125 GG angestrebten Rechtseinheit und seiner Bindung an den allgemeinen Gleichheitssatz des Art. 3 I GG einheitliche Regelungen für das gesamte Bundesgebiet zu erlassen. Durch die seit der Föderalismusreform den Ländern in Art. 72 III GG eröffnete Abweichungsmöglichkeit kann allerdings nunmehr partielles Bundesrecht (in den nicht abweichenden Ländern) erneut entstehen.

b) Gesetzgebungsverfahren

Literatur: *Bäumerich/Fadavian,* Grundfälle zu den Gesetzgebungsverfahren, JuS 2017, 1067–1073; *Erichsen,* Bund und Länder im Bundesstaat des Grundgesetzes, Jura 1986, 337–344; *ders.,* Die Zustimmungsbedürftigkeit von Bundesgesetzen nach Art. 84 Abs. 1, 85 Abs. 1 GG, Jura 1998, 494–499; *Hebeler,* Die Einbringung von Gesetzesvorlagen gemäß Art. 76 GG, JA 2017, 413–418; *ders.,* Die Beschlussfassung von Gesetzesvorlagen sowie die Mitwirkung des Bundesrates an der Gesetzgebung gem. Art. 77 GG, JA 2017, 484–490; *Hellenthal,* Zur verfassungsrechtlichen Überprüfung von Entscheidungen des Bundes vor ihrem Erlaß, Jura 1989, 169–178; *Hobe,* Gesetzgebungsverfahren, Sicherung der Verfassung und Notstandsverfassung, JA 1995, 575–577; *Kloepfer,* Das Gesetzgebungsverfahren nach dem Grundgesetz, Jura 1991, 169–175; *Kunig,* Der Bundespräsident, Jura 1994, 217–222; *Nolte/Tams,* Das Gesetzgebungsverfahren nach dem Grundgesetz, Jura 2000, 158–164; *Winterhoff,* Verfahren der Bundesgesetzgebung, JA 1998, 666–671.

308. Gesetzesinitiativrecht

Was bedeutet das Gesetzesinitiativrecht?

Das Gesetzesinitiativrecht ist das Recht, den gesetzgebenden Körperschaften einen textlich ausformulierten Gesetzentwurf zu unterbreiten und so das parlamentarische Gesetzgebungsverfahren einzuleiten. Siehe *Schürmann,* Grundlagen und Prinzipien des legislatorischen Einleitungsverfahrens nach dem Grundgesetz, 1987.

309. Einzelfälle zum Gesetzesinitiativrecht

Welche der folgenden Stellen ist gesetzesinitiativberechtigt:
a) der Bundeskanzler?
b) der Bundesjustizminister?
c) die Bundesregierung?
d) die Fraktion F im Bundestag?
e) der Abgeordnete A?
f) 50 Abgeordnete verschiedener Fraktionen?
g) die Landesregierung L?
h) der Bundesrat?
i) das Bundesverfassungsgericht?
j) der Bürger B?
k) das Staatsvolk?

a) bis c) Nur die Bundesregierung als Kollegialorgan ist gesetzesinitiativberechtigt, weder der Kanzler noch der einzelne Bundesminister alleine. Die Vorlagen der Bundesregierung werden nach Art. 76 II 1 GG durch den Bundeskanzler mittels eines an den Präsidenten des Bundesrates gerichteten Schreibens dem Bundesrat zur Stellungnahme zugeleitet (sog. erster Durchgang). Nach Ablauf der in Art. 76 II

GG bestimmten Fristen wird die Vorlage dann versehen mit der Stellungnahme des Bundesrates durch die Bundesregierung dem Bundestag zugeleitet.

d) bis f) Außerdem können Vorlagen aus der „Mitte des Bundestages" eingebracht werden. Danach ist sowohl jede Fraktion initiativberechtigt als auch jeder fraktionsübergreifende Zusammenschluss von wenigstens 5 % der Bundestagsabgeordneten. Umstritten ist, ob auch weniger als 5 % der Abgeordneten, im Extremfall gar nur ein einzelner, einen Gesetzentwurf einbringen dürfen. Der Wortlaut des Art. 76 I, Var. 2 GG lässt dies scheinbar zu, auch die Funktion der Abgeordneten nach Art. 38 I 2 GG spricht dafür. Indes soll die Funktionsfähigkeit des Parlaments gewahrt werden, so dass der Bundestag sich nicht mit von vornherein aussichtslosen Entwürfen zu beschäftigen hat. Wie der Vergleich der 2. Var. des Art. 76 I GG mit den anderen beiden Varianten erhellt, sind daher nur Kollegialorgane bzw. Verbindungen mehrerer Abgeordneter initiativberechtigt.

g) und h) Nur der Bundesrat als Kollegialorgan ist initiativberechtigt. Die Landesregierung L muss daher zuvor einen entsprechenden Beschluss des Bundesrates erwirken (Art. 52 III 1 GG).

i) Nein. Das BVerfG ist nicht gesetzesinitiativberechtigt. Durch Appellentscheidungen und bloße Unvereinbarkeitserklärungen fordert es jedoch die gesetzgebenden Körperschaften zur Herstellung einer der Verfassung entsprechenden Lage und damit zum Tätigwerden auf.

j) Nein. Ein einzelner Bürger ist nicht gesetzesinitiativberechtigt. Er kann jedoch im Wege des Petitionsrechts (Art. 17 GG) Bitten und Beschwerden dem Parlament unterbreiten und auf diese Weise seinen Gesetzesvorschlag zur Kenntnis bringen.

k) Weit überwiegend nicht, denn ein Volksbegehren oder eine Volksinitiative sind dem Grundgesetz grds. fremd. Zu Ausnahmen bei der Neugliederung des Bundesgebietes siehe Art. 29 GG.

Übersicht 12: Gesetzesinitiativrecht

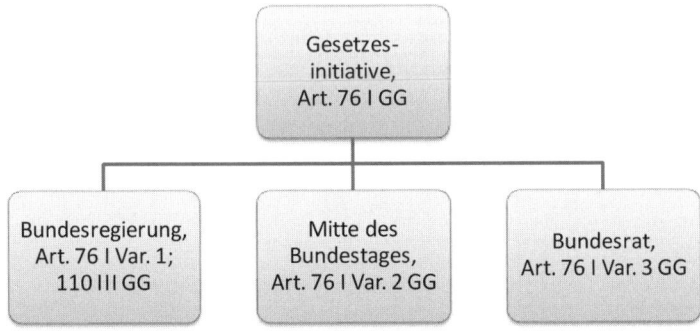

310. Sonderfälle des Gesetzesinitiativrechts

a) Wer kann den Entwurf des Haushaltsgesetzes in den Bundestag einbringen?
b) Wem kommt das Verfassungsinitiativrecht zu, dh das Recht, Entwürfe zur Verfassungsänderung zu unterbreiten?

a) Nur die Bundesregierung kann den Entwurf des Haushaltsgesetzes einbringen, das ergibt sich aus Art. 110 III; 113 I 1 GG.

b) Die Verfassungsänderung geschieht durch Gesetz (Art. 79 I 1 GG) und das Verfassungsinitiativrecht stellt daher einen Unterfall des Gesetzesinitiativrechts (Art. 76 I GG) dar; insoweit bestehen keine Besonderheiten.

311. Zuleitung von Gesetzentwürfen

Wem sind Gesetzentwürfe **a)** der Bundesregierung **b)** des Bundesrates zuerst zuzuleiten?

a) Gesetzentwürfe der Bundesregierung sind gemäß Art. 76 II 1 GG zunächst dem Bundesrat zuzuleiten und werden dann mit dessen Stellungnahme versehen an den Bundestag weitergeleitet.

b) Gesetzentwürfe des Bundesrates sind nach Art. 76 III 1 GG zunächst der Bundesregierung zuzuleiten und dann zusammen mit deren Stellungnahme an den Bundestag zu übermitteln.

312. Gleichzeitige Einbringung eines Gesetzentwurfs bei Bundestag und Bundesrat

Aus welchem Grund werden vielfach gleichlautende Gesetzesentwürfe der Bundesregierung und der diese tragenden Fraktionen gleichzeitig in die gesetzgebenden Körperschaften eingebracht?

Dieses dient der Beschleunigung des Gesetzgebungsverfahrens, da zur gleichen Zeit der Gesetzentwurf der Bundesregierung nach Art. 76 II 1 GG im Bundesrat und derjenige der Fraktionen gemäß Art. 76 I GG im Bundestag behandelt werden können. Dieses Verfahren ist vom Grundgesetz nicht vorgesehen, widerspricht ihm aber auch nicht, da die verfassungsmäßigen Rechte von Bundestag und Bundesrat gewahrt bleiben.

313. Verfahrensstufen der Entstehung eines Gesetzes

a) In den Fernsehnachrichten heißt es, dass auf Initiative der zuständigen Bundesministerin der Entwurf eines neuen Jugendschutzgesetzes diskutiert

wird. Lässt sich auf Grund dieser Meldung erkennen, wie weit das Gesetz-gebungsverfahren gediehen ist?
b) Welche Verfahrensstufen der Entstehung eines Gesetzes, das auf Initiative der Bundesregierung zustande kommt, lassen sich unterscheiden?

a) Kaum. Bei Gesetzentwürfen, die – wie hier – nicht auf Initiative des Bundesrates oder des Bundestages entstehen, lassen sich bei der regierungsinternen Willens-bildung wenigstens drei Stadien unterscheiden: (1) Als Arbeitsentwurf bezeichnet man den im federführenden Ministerium erarbeiteten Entwurf, der Grundlage der regierungsinternen Abstimmung ist; der Arbeitsentwurf ist nicht zur Verbreitung in der Öffentlichkeit bestimmt. (2) Der Referentenentwurf ist die Grundlage für die nach § 47 GGO vorgesehene Anhörung von Ländern und Verbänden; damit ein Arbeitsentwurf zum Referentenentwurf wird und der Öffentlichkeit im Wortlaut bekannt wird, bedarf es regelmäßig der Zustimmung der anderen Bundesressorts. (3) Zum Regierungsentwurf wird ein Gesetzentwurf, wenn er vom Bundeskabinett beschlossen wurde. Erst der Regierungsentwurf ist Gegenstand der parlamentari-schen Beratungen.

b) Es lassen sich folgende Verfahrensstufen unterscheiden: Arbeitsentwurf; Referen-tenentwurf; Kabinettsvorlage; Gesetzesinitiative der Bundesregierung (Regierungs-entwurf); Bundesrat, erster Durchgang; Bundestag; Bundesrat, zweiter Durchgang; Gegenzeichnung; Ausfertigung; Verkündung; In-Kraft-Treten.

314. Rechtsfolgen fehlenden Gesetzesinitiativrechts

Welche Rechtsfolgen treten ein, wenn ein unzuständiger Initiativberechtigter tätig wurde?

Der Bundestag braucht sich mit dem Gesetzentwurf nicht zu befassen. Hat der Bundestag dennoch das parlamentarische Verfahren eingeleitet und gar einen ent-sprechenden Gesetzesbeschluss gefasst, so wird der Verstoß gegen Art. 76 I GG geheilt.

315. Behandlung von Gesetzesvorlagen im Bundestag

Wie werden Gesetzesvorlagen im Bundestag behandelt?

Aus Art. 42 I 1 GG ist zu entnehmen, dass der Bundestag öffentlich „verhandelt", dh Gesetze nur nach Beratung im Plenum verabschiedet werden können. Art. 77 I 1 GG beschränkt sich auf den Satz, dass Bundesgesetze vom Bundestage beschlossen werden, wobei gemäß Art. 42 II 1 GG grds. die Mehrheit der abgegebenen Stimmen ausreichend ist. Das eigentliche Verfahren zwischen Einbringung der Gesetzesvorlage beim Bundestag und Gesetzesbeschluss gemäß Art. 77 I GG ist dagegen in der Geschäftsordnung des Bundestages geregelt. Nach §§ 78 bis 86 GOBT werden Gesetzentwürfe vom Bundestag in drei Lesungen beraten. Zwischen erster und zweiter Lesung findet eine Behandlung der Vorlagen im zuständigen

Bundestagsausschuss statt, die mit einer Beschlussempfehlung und einem Bericht endet. Auch nach der zweiten und dritten Lesung ist eine weitere Beteiligung von Ausschüssen möglich (vgl. §§ 82 III; 85 II GOBT). Mit der Schlussabstimmung (§ 86 GOBT) wird das Gesetz verabschiedet und das Gesetzgebungsverfahren innerhalb des Bundestages (zumindest vorerst) beendet.

316. Anzahl der Lesungen

Ein Gesetz wird nach nur einer Lesung im Bundestag verabschiedet. Ist das Gesetz wirksam?

Ja. Der Verstoß gegen § 78 GOBT ist wie jeder andere Geschäftsordnungsverstoß auch ohne Einfluss auf die Wirksamkeit des Gesetzes. Etwas anderes gilt nur, wenn die Geschäftsordnung ihrerseits eine Bestimmung des Grundgesetzes wiederholt. Aber auch in diesem Fall ergibt sich die Unwirksamkeit des Gesetzes letztlich nicht aus dem Geschäftsordnungsverstoß, sondern aus dem Verstoß gegen die entsprechende Grundgesetzbestimmung. Siehe *Gröpl,* LKV 2004, 448 ff.

317. Rechtsfolgen von Verfahrensverstößen

Führt jeder Verstoß gegen eine Vorschrift des Grundgesetzes über das Gesetzgebungsverfahren zur Unwirksamkeit des Gesetzes?

Nein. Es ist zwischen zwingenden Verfahrensvorschriften und bloßen Ordnungsvorschriften zu unterscheiden. Verstöße gegen zwingende Verfahrensvorschriften wie Art. 77 I 2 GG ziehen die Unwirksamkeit nach sich, Verstöße gegen bloße Ordnungsvorschriften wie Art. 76 I GG sind entweder von vornherein unbeachtlich oder können geheilt werden.

318. Form der Beteiligung des Bundesrates

Welche beiden Arten von Gesetzen kann man nach der notwendigen Beteiligung des Bundesrates unterscheiden und wie wird insofern verfahren?

Man kann Einspruchs- und Zustimmungsgesetze unterscheiden. Ein Einspruchsgesetz kommt zustande, wenn der Bundesrat nicht binnen drei Wochen nach Eingang des Gesetzesbeschlusses des Bundestages die Durchführung eines Vermittlungsverfahrens beantragt oder – wenn der Bundesrat das Vermittlungsverfahren durchführen lässt – nicht binnen zwei Wochen nach Abschluss desselben Einspruch einlegt (Art. 77 II 1, III; 78 GG), den Einspruch zurücknimmt (Art. 78 GG), oder der Einspruch vom Bundestag überstimmt wird (Art. 77 IV; 78 GG). Ein Zustimmungsgesetz kommt hingegen nur zustande, wenn der Bundesrat zustimmt (Art. 77 II, IIa; 78 GG). Man kann sagen, bei einem Einspruchsgesetz habe der Bundestag das letzte Wort, bei einem Zustimmungsgesetz der Bundesrat.

319. Einspruchs- und Zustimmungsgesetze

Wonach entscheidet sich, ob ein Gesetz Einspruchs- oder Zustimmungsgesetz ist?

Dafür gibt es keine allgemeine Regel, insb. gilt nicht der Satz, dass alle Gesetze, die im Schwerpunkt Belange der Länder berühren, Zustimmungsgesetze seien. Vielmehr ist in jedem Einzelfall nach einem im Grundgesetz verankerten besonderen Zustimmungserfordernis zu forschen. Zustimmungserfordernisse finden sich unter anderem in Art. 23 I 2, 3; 29 VII 2; 73 II; 74 II; 79 II; 84 I 6, V; 85 I; 87e V; 87f I; 91a II 1; 104a IV, V 2, VI 4; 105 III; 107 I 2; 108 II 2, IV 1, IVa 1, V 2; 109 IV, V 3 GG. Verlangt das Grundgesetz nicht ausdrücklich eine Zustimmung des Bundesrates, handelt es sich um ein Einspruchsgesetz.

320. Regel-Ausnahme-Verhältnis beider Gesetzesarten

Was ist der Regelfall, Einspruchs- oder Zustimmungsgesetz?

Nach der Ursprungsfassung des Grundgesetzes waren Einspruchsgesetze die Regel, nach über 60 Grundgesetzänderungen, die zur Verankerung immer weiterer Zustimmungserfordernisse des Bundesrates führten, hatte dieses Verhältnis sich inzwischen umgekehrt. Diese weiteren Zustimmungserfordernisse betrafen oftmals Materien, für die ursprünglich eine Landeszuständigkeit begründet war. Das Zustimmungserfordernis sollte in diesen Fällen als Kompensation für das Abwandern der Kompetenz auf die Bundesebene dienen. Im Rahmen der Föderalismusreform I wurde unter anderem Art. 84 I GG neu gefasst, um den Anteil der Zustimmungsgesetze zu reduzieren.

Übersicht 13: Einspruchs- und Zustimmungsgesetze

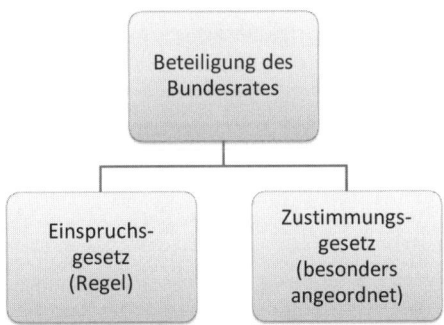

321. Kollision zwischen Einspruchs- und Zustimmungsgesetz

Welche Regelung geht vor – ein älteres Zustimmungsgesetz oder ein jüngeres Einspruchsgesetz?

Zustimmungsgesetze nehmen keinen höheren Rang als Einspruchsgesetze ein, sodass der Grundsatz lex superior derogat legi inferiori hier nicht eingreift. Sie stehen normhierarchisch auf gleicher Stufe. Daher geht nach dem Grundsatz lex posterior derogat legi priori das Einspruchsgesetz als jüngeres Gesetz vor.

322. Zustimmungsgesetze und Natur der Sache

a) Warum sind Gesetze auf Grundlage einer Kompetenz kraft Natur der Sache nicht zustimmungsbedürftig?
b) Gibt es auch Zustimmungsgesetze kraft Natur der Sache?
c) In welchem Fall wäre trotz einer Verbandskompetenz kraft Natur der Sache von einer Zustimmungsbedürftigkeit auszugehen?

a) Bei der Kompetenz kraft Natur der Sache handelt es sich um eine ungeschriebene Gesetzgebungskompetenz des Bundes. Eine Zustimmungspflicht des Bundesrates muss aber im Grundgesetz ausdrücklich angeordnet sein.

b) Nein. Die Kompetenz kraft Natur der Sache betrifft nur die Verbandskompetenz des Bundes, nicht aber die Organkompetenz des Bundesrates. Es existiert keine Kategorie von Gesetzen, die denknotwendig nur unter Zustimmung des Bundesrates verabschiedet werden können; insb. reicht dafür eine besondere Länderbetroffenheit nicht aus.

c) Es ist denkbar, dass ein Bundesgesetz mehrere Regelungen umfasst, von denen wenigstens eine auf einer geschriebenen Gesetzgebungskompetenz beruht, welche unter Zustimmungsvorbehalt steht, und eine andere Regelung nur kraft Natur der Sache zu rechtfertigen ist. In diesem Fall löst die eine zustimmungsbedürftige Regelung die Zustimmungsbedürftigkeit des gesamten Gesetzes aus.

323. Mehrdeutiger Begriff des Zustimmungsgesetzes

Ist das Zustimmungsgesetz zu einem völkerrechtlichen Vertrag stets zustimmungsbedürftig?

Nein. Hier sind zwei verschiedene Begriffe des Zustimmungsgesetzes zu unterscheiden: Zum einen das Zustimmungsgesetz im Sinne des Art. 77 IIa GG, zum anderen das Zustimmungsgesetz nach Art. 59 II 1 GG. Beide beziehen sich auf verschiedene Gegenstände. Während das Zustimmungsgesetz nach Art. 77 IIa GG die von anderen Vorschriften des Grundgesetzes geforderte Zustimmung des Bundes*rates* betrifft, handelt Art. 59 II 1 GG von der Zustimmung des Bundes*tages* zu einem von der Exekutive abgeschlossenen Vertrag. Der Bundesrat muss nach Art. 59 II 1

GG lediglich mitwirken, was regelmäßig nur die Nichteinlegung eines Einspruchs bedeutet und nur ausnahmsweise, wenn dies von anderen Grundgesetzbestimmungen gefordert wird, eine ausdrückliche Zustimmung.

324. Auslösung der Zustimmungsbedürftigkeit

Ein Gesetzentwurf enthält zwei zustimmungsfreie und eine zustimmungsbedürftige Regelung.
a) Ist der Gesetzentwurf im Ganzen zustimmungsbedürftig?
b) Was ist der Bundesregierung zu raten, die den Entwurf eingebracht hat, und zwar über eine parlamentarische Mehrheit im Bundestag, nicht aber im Bundesrat verfügt?
c) Nach einem Jahr soll der zustimmungsfreie Teil geändert werden. Ist das Änderungsgesetz zustimmungsbedürftig?
d) Ein Gesetz enthält zustimmungsbedürftige und zustimmungsfreie Teile. Obgleich der Bundesrat dem Gesetz nicht zugestimmt hat, fertigt der Bundespräsident es aus. Sind zumindest die zustimmungsfreien Teile wirksam?

a) Ja. Es kommt nicht auf das zahlenmäßige Verhältnis der zustimmungsfreien zu den zustimmungsbedürftigen Regelungen an. Eine einzige zustimmungsbedürftige Regelung macht bereits das ganze Gesetz zustimmungsbedürftig.

b) Die Bundesregierung sollte den Gesetzentwurf in einen zustimmungsfreien und in einen zustimmungsbedürftigen Entwurf aufspalten und beide gesondert in das parlamentarische Verfahren einbringen. So kann sie wenigstens mit In-Kraft-Treten des zustimmungsfreien Teils rechnen, ggf. nach Überstimmung eines Einspruchs des Bundesrates durch den Bundestag nach Art. 77 IV GG. Siehe *Fritz,* Teilung von Bundesgesetzen, 1982.

c) Nein; nur die Änderung einer ursprünglich zustimmungsbedürftigen Bestimmung macht auch das Änderungsgesetz zustimmungsbedürftig. Das Änderungsgesetz könnte jederzeit als neues Einzelgesetz zustimmungsfrei verabschiedet werden und würde alleine aufgrund der lex posterior – Regel die ursprünglich zustimmungsfreie Bestimmung aufheben. Nach der Gegenansicht folgt aus der Gesamtverantwortung des Bundesrates für das Gesetz, dass jede Änderung der Zustimmung bedürfe.

d) Nein. Das Gesetz bildet eine Einheit, die zustimmungsbedürftigen Teile haben die Zustimmungsbedürftigkeit des gesamten Gesetzes hervorgerufen, und die unterbliebene Zustimmung führt zur Unwirksamkeit des Gesetzes im Ganzen.

325. Umgang des Bundesrates mit Einspruchsgesetzen

Was hat der Bundesrat als erstes zu tun, wenn er ein Einspruchsgesetz nicht hinnehmen will?

Er hat binnen drei Wochen den Vermittlungsausschuss nach Art. 77 II GG anzurufen, was von der Regelung in Art. 77 III 1 GG vorausgesetzt wird.

Übersicht 14: Gesetzgebungsverfahren bei Einspruchsgesetzen

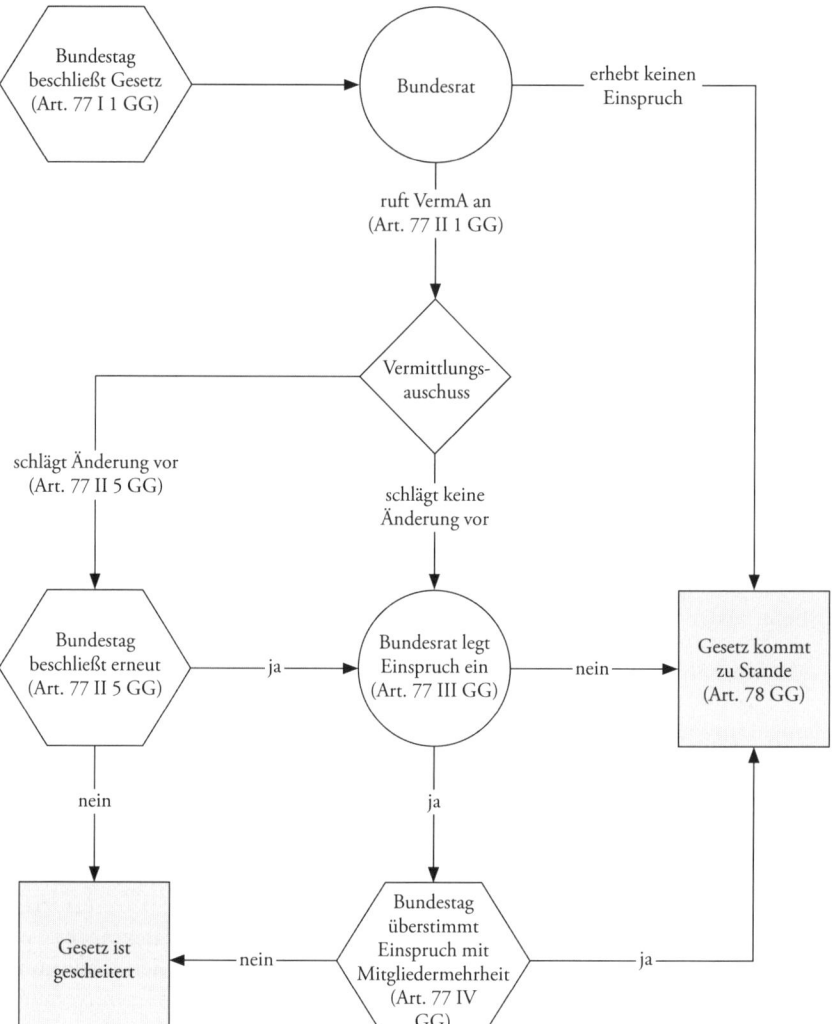

---

326. Unsicherheit bei der Einordnung als Einspruchs- oder Zustimmungsgesetz

a) Nach Durchführung des Vermittlungsverfahrens betrachtet der Bundesrat ein Einspruchsgesetz irrigerweise als Zustimmungsgesetz und „verweigert die Zustimmung". Wie ist nun zu verfahren?
b) Wie ist zu entscheiden, wenn noch kein Vermittlungsverfahren durchgeführt worden war?

a) Das ist umstritten. Mit der Verweigerung der Zustimmung macht der Bundesrat deutlich, dass er das Gesetz in der vorliegenden Fassung keinesfalls passieren lassen will. Es erscheint daher gerechtfertigt, die Verweigerung der Zustimmung auch als Einspruch aufzufassen. Soweit die Zustimmung binnen der Zweiwochenfrist des Art. 77 III GG verweigert wurde, ist nach Art. 77 III 4 GG zu verfahren, dh der Bundestag kann den Einspruch mit der notwendigen Mehrheit (Art. 77 IV GG) überstimmen. Nach der Gegenauffassung fehlt es an einer wirksamen Einspruchseinlegung, so dass das Gesetz nach Ablauf der Zweiwochenfrist bereits ohne weiteres Tätigwerden des Bundestages zustande gekommen ist.

b) In dieser Konstellation greifen unmittelbar weder Art. 77 III, IV GG noch II, IIa ein. Für ein Verfahren nach Art. 77 III, IV GG fehlt es an der vorherigen Durchführung des Vermittlungsverfahrens. Eine Anrufung des Vermittlungsausschusses durch den Bundestag kommt nach dem Wortlaut des Art. 77 II 4 GG nicht in Betracht, weil das Gesetz nicht zustimmungsbedürftig ist. Hier muss dem Bundestag in entsprechender Anwendung des Art. 77 II 4 GG die Möglichkeit eingeräumt werden, den Vermittlungsausschuss anzurufen, um nach durchgeführtem Vermittlungsverfahren nach Art. 77 IV GG die als Einspruch zu deutende Verweigerung der Zustimmung des Bundesrates überstimmen zu können. Erblickt man indes mit der Gegenauffassung in der Verweigerung der Zustimmung nicht zugleich eine Einspruchseinlegung, so hat der Bundesrat den Antrag nach Art. 77 II GG auf Einleitung des Vermittlungsverfahrens nicht gestellt und das Gesetz ist gemäß Art. 78 GG zustande gekommen.

327. Beteiligung des Bundesrates nach Abschluss des Vermittlungsverfahrens

Muss im Fall des Art. 77 II 5 GG auch der Bundesrat erneut Beschluss fassen?

Der erneute Beschluss des Bundestages gemäß Art. 77 II 5 GG ist entsprechend Art. 77 I 2 GG dem Bundesrat zuzuleiten. Nun ist wiederum zwischen Einspruchs- und Zustimmungsgesetzen zu differenzieren. Handelt es sich um ein Einspruchsgesetz, kann der Bundesrat gegen diesen Beschluss erneut Einspruch einlegen. Liegt ein Zustimmungsgesetz vor, bedarf es weiterhin der Zustimmung des Bundesrates.

328. Anzahl der Gesetzesbeschlüsse des Bundestages

a) Wie viele Gesetzesbeschlüsse des Bundestages können maximal erforderlich sein, damit ein Einspruchsgesetz in Kraft treten kann?
b) Und wie viele Beschlüsse des Bundestages können einem Zustimmungsgesetz zu Grunde liegen?

a) Bei einem Einspruchsgesetz können bis zu drei Beschlüsse erforderlich sein: Zuerst fasst der Bundestag den Gesetzesbeschluss nach Art. 77 I 1 GG mit einfacher Mehrheit gemäß Art. 42 II 1 GG. Dann hat der Bundestag gemäß Art. 77 II 5 GG erneut mit einfacher Mehrheit Beschluss zu fassen, wenn der vom Bundesrat angerufene Vermittlungsausschuss eine Änderung des Gesetzesbeschlusses vorgeschlagen hat. Schließlich kann der Bundestag einen Einspruch des Bundesrates gegen die vom Vermittlungsausschuss vorgeschlagene und vom Bundestag beschlossene Gesetzesfassung mit qualifizierter Mehrheit gemäß Art. 77 IV GG überstimmen.

b) Bei einem Zustimmungsgesetz kann es hingegen nur zu zwei Beschlüssen kommen, und zwar zu dem Gesetzesbeschluss nach Art. 77 I 1 GG mit einfacher Mehrheit gemäß Art. 42 II 1 GG sowie zu dem Beschluss gemäß Art. 77 II 5 GG ebenfalls mit einfacher Mehrheit. Hingegen ist ein dritter Beschluss zur Überwindung der verweigerten Zustimmung des Bundesrates nicht möglich, denn es fehlt für Zustimmungsgesetze an einer dem Art. 77 IV GG vergleichbaren Regelung.

Übersicht 15: Gesetzgebungsverfahren bei Zustimmungsgesetzen

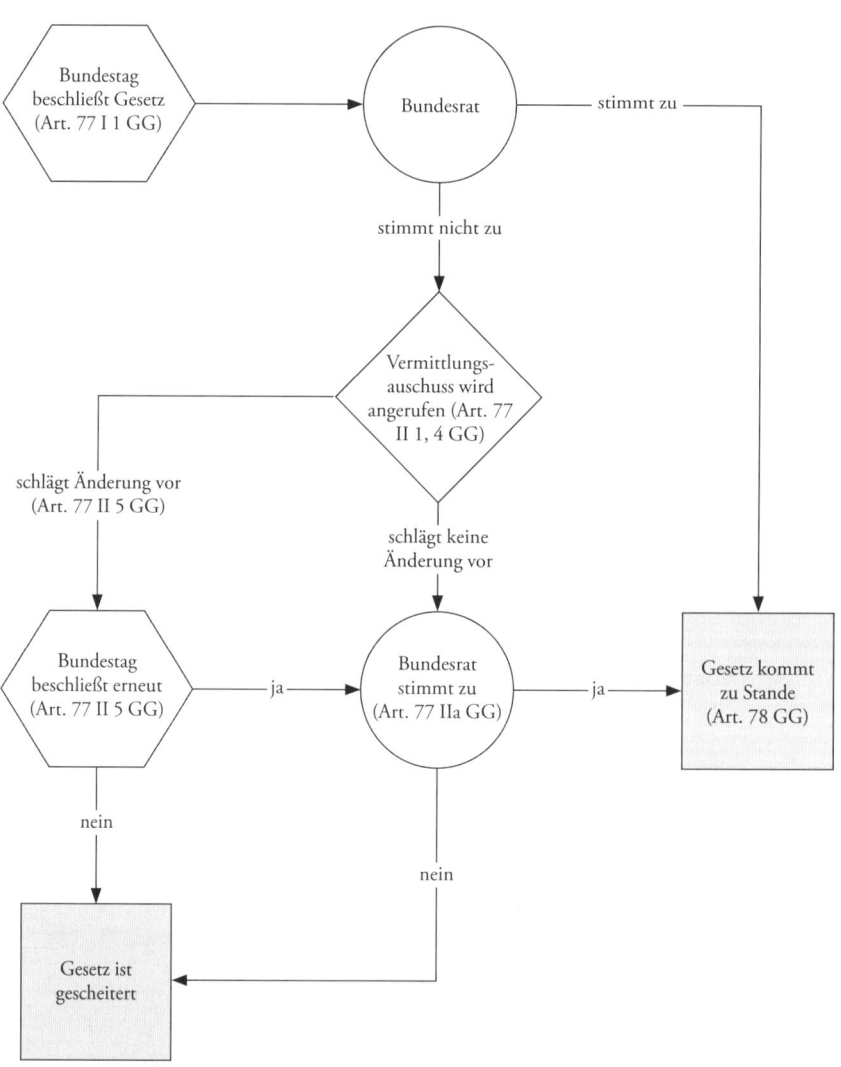

329. Sachliche Diskontinuität

a) Was besagt der Grundsatz der sachlichen Diskontinuität und wo ist er verankert?
b) Warum gilt der Grundsatz der sachlichen Diskontinuität nicht im Bundesrat?

a) Der Grundsatz der sachlichen Diskontinuität besagt, dass mit Ende einer Wahlperiode alle noch anhängigen Vorlagen des alten Bundestags erledigt sind und nicht etwa in ihrem derzeitigen Verfahrensstand auf den neuen Bundestag übergehen. Will dieser die Vorlagen weiter verfolgen, hat er vielmehr in jedem Fall das Verfahren von Beginn an neu einzuleiten. Bei diesem Grundsatz handelt es sich um einen der seltenen Fälle von ergänzendem Verfassungsgewohnheitsrecht.

b) Bei dem sich sukzessive ergänzenden Bundesrat handelt es sich um ein permanentes Organ. Eine Unterbrechung durch einzelne Wahlperioden findet nicht statt.

330. Beteiligung von Bundesregierung und Bundespräsident am Gesetzgebungsverfahren

Inwiefern sind die Bundesregierung und der Bundespräsident am Gesetzgebungsverfahren beteiligt?

Eine Beteiligung der Bundesregierung erfolgt zu Beginn und am Ende des Gesetzgebungsverfahrens, eine Mitwirkung des Bundespräsidenten nur am Ende des Verfahrens.

(1) Gesetzesinitiativrecht der Bundesregierung

Der Bundesregierung steht nach Art. 76 I GG neben dem Bundesrat und der Mitte des Bundestages das Gesetzesinitiativrecht zu. In der Praxis werden Gesetzentwürfe zumeist von der Ministerialverwaltung ausgearbeitet und auf diesem Wege in das parlamentarische Verfahren eingebracht.

(2) Zustimmung der Bundesregierung

Ausgabenerhöhende oder einnahmenmindernde Gesetze bedürfen der Zustimmung der Bundesregierung nach Art. 113 I 1, 2 GG.

(3) Gegenzeichnung und Ausfertigung durch den Bundespräsidenten

Nach Art. 82 I 1 GG werden Gesetze vom Bundespräsidenten nach Gegenzeichnung (s. Frage 247) ausgefertigt (vgl. Frage 246).

331. Beteiligung von Verbänden am Gesetzgebungsverfahren

Wie ist die Beteiligung von a) Interessenverbänden b) kommunalen Spitzenverbänden am Gesetzgebungsverfahren geregelt?

a) Das Grundgesetz schweigt über die Beteiligung von Interessenverbänden am Gesetzgebungsverfahren. § 70 GOBT sieht jedoch die Möglichkeit der öffentlichen Anhörung von registrierten Interessenvertretern im Rahmen von Ausschusssitzungen vor, Anlage 2 GOBT behandelt die Registrierung dieser Interessenvertreter bei dem Bundestagspräsidenten.

b) Im Unterschied zu einigen Landesverfassungen (zB Art. 57 VI NdsV) fehlt im Grundgesetz eine ausdrückliche Regelung über die Beteiligung kommunaler Spitzenverbände am Gesetzgebungsverfahren. Diese sind daher auf die allgemein für Interessenverbände geltenden Regelungen zu verweisen.

---

332. Streit über die Zustimmungsbedürftigkeit

Der Bundestag beschließt ein Gesetz, welches er für nicht zustimmungsbedürftig hält. Der Bundesrat ist gegenteiliger Ansicht und verweigert seine Zustimmung.
a) Nach Gegenzeichnung fertigt der Bundespräsident das Gesetz aus, weil kein wirksamer Einspruch des Bundesrates vorliege. Daraufhin verklagt der Bundesrat den Bundestag vor dem BVerfG. Wie wird das BVerfG entscheiden und was ist dem Bundesrat zu empfehlen?
b) Fall wie a), aber der Bundestag hat erneut Beschluss gefasst.

---

a) Das BVerfG wird das Organstreitverfahren als unzulässig abweisen. Dem Bundesrat fehlt die Antragsbefugnis nach Art. 93 I Nr. 1 GG; § 64 BVerfGG. Denn es erscheint nicht möglich, dass der Bundesrat allein durch die Äußerung der Rechtsansicht durch den Bundestag als Antragsgegner, es liege ein Einspruchsgesetz vor, in seinen grundgesetzlichen Rechten, hier dem Recht auf Mitwirkung an der Gesetzgebung, verletzt wurde. Eine Verletzung konnte allenfalls nur durch den Bundespräsidenten erfolgen, der ungeachtet der fehlenden Zustimmung des Bundesrates das Gesetz ausgefertigt hat. Daher ist dem Bundesrat zu empfehlen, ein Organstreitverfahren gegen den Bundespräsidenten anzustrengen.

b) In diesem Fall liegt eine rechtserhebliche Maßnahme in Gestalt des zweiten Beschlusses des Bundestages vor. Das Verfahren gegen den Bundestag als Antragsgegner ist daher zulässig.

---

333. Gespaltenes Vertrauen

Die Bundesregierung bringt die Vorlage eines Haushaltskonsolidierungsgesetzes in den Bundestag ein. Weil sie befürchtet, nicht die notwendige Stimmenmehrheit zu erhalten, verbindet der Bundeskanzler die Vorlage mit dem Stellen der Vertrauensfrage. Der Bundestag spricht dem Bundeskanzler zwar ausdrücklich mit der Mehrheit seiner Mitglieder das Vertrauen aus, lehnt aber weiterhin die Vorlage ab. Wie ist die Rechtslage?

Das Gesetz ist nicht zustande gekommen. Mit der Ablehnung des Gesetzes spricht der Bundestag dem Kanzler zugleich das Misstrauen aus. Ein Recht des Parlaments zur Aufspaltung von Vertrauens- und Sachfrage besteht nicht, wenn der Bundeskanzler es verbunden eingebracht hat. Vielmehr kann der Bundespräsident nun auf Vorschlag des Bundeskanzlers nach Art. 68 I 1 GG den Bundestag auflösen oder nach Art. 81 I 2 GG auf Antrag der Bundesregierung mit Zustimmung des Bundesrates den Gesetzgebungsnotstand erklären.

c) Form der Gesetzgebung

Literatur: *Pohl,* Die Prüfungskompetenz des Bundespräsidenten bei der Ausfertigung von Gesetzen, 2001; *Rode,* Die Ausfertigung der Bundesgesetze, 1968; *Wild,* Die Ausfertigung von Gesetzen und Rechtsverordnungen und die Anordnung zu ihrer Verkündung, 1969.

334. Gegenzeichnung

Wer zeichnet Gesetze gegen und welche Bedeutung kommt diesem Rechtsinstitut zu?

Die Gegenzeichnung von Gesetzen nach Art. 82 I 1 GG erfolgt gemäß Art. 58 1 GG durch den Bundeskanzler oder durch den zuständigen Bundesminister. In der Praxis werden Gesetze über diese verfassungsrechtliche Anforderung hinaus durch die von ihrem Aufgabenbereich her beteiligten Minister und zusätzlich durch den Bundeskanzler gegengezeichnet. Durch die Gegenzeichnung übernehmen die Regierungsmitglieder die parlamentarische Verantwortlichkeit nach Art. 65 S. 1, 2 GG für die Maßnahme des Bundespräsidenten, hier die Ausfertigung. Auch wenn das Wort „Gegenzeichnung" anderes vermuten lässt, erfolgt die Gegenzeichnung üblicherweise *vor* der Ausfertigung. Dabei unterschreibt zunächst der federführende Minister (und ggf. weitere beteiligte Minister), dann der Bundeskanzler und erst am Ende der Bundespräsident.

335. Ausfertigung eines Gesetzes

Was versteht man unter Ausfertigung eines Gesetzes?

Nach erfolgter Gegenzeichnung fertigt der Bundespräsident das Gesetz dadurch aus, dass er die Originalurkunde unterschreibt. Dadurch werden die Übereinstimmung des Inhalts der Urkunde mit dem Willen des Gesetzgebers und die ordnungsgemäße Durchführung des Gesetzgebungsverfahrens bezeugt. Der Bundespräsident übt damit quasi eine staatsnotarielle Funktion aus.

336. Prüfungskompetenz des Bundespräsidenten

Kann der Bundespräsident die Ausfertigung eines Gesetzes verweigern, weil er es für
a) formell verfassungswidrig,
b) materiell verfassungswidrig,
c) politisch unzweckmäßig hält?

a) Die Ausfertigung betrifft gemäß Art. 82 I 1 GG „die nach den Vorschriften dieses Grundgesetzes zustande gekommenen Gesetze". Daraus ergibt sich, dass formell nicht einwandfreie Gesetze vom Bundespräsidenten nicht auszufertigen sind. Ein formelles Prüfungsrecht steht ihm also in jedem Fall zu.

b) Es ist umstritten, in welchem Umfang dem Bundespräsidenten auch eine materielle Prüfungskompetenz zukommt. Nach einer Ansicht steht ihm auch ein umfassendes materielles Prüfungsrecht zu. Dieses lasse sich aus dem formellen Prüfungsrecht herleiten. Denn jedes materiell verfassungswidrige Gesetz stelle an sich zugleich die Änderung der entgegenstehenden verfassungsrechtlichen Bestimmungen dar und müsse als Verfassungsänderung deren formelle Voraussetzungen einhalten, die aber vom Bundespräsidenten überprüft werden können. Zudem ist der Bundespräsident als Organ des Bundes wie jede andere staatliche Stelle an Gesetz und Recht gebunden, Art. 20 III GG, weshalb er, wenn er ein materiell verfassungswidriges Gesetz ausfertige, gegen seine grundgesetzlichen Pflichten verstoße. Nach der Gegenauffassung darf der Bundespräsident eine Ausfertigung nur dann verweigern, wenn der Verfassungsverstoß „zweifelsfrei und offenkundig" ist. Für Zweifelsfälle wird dadurch der Rechtsweg zum BVerfG als der eigentlich zur Prüfung von Verfassungsverstößen zuständigen Stelle offengehalten.

c) Ein politisches Prüfungsrecht steht dem Bundespräsidenten in keinem Fall zu, da er lediglich eine Funktion als „Staatsnotar" hat, die politische Verantwortung für die Gesetzgebung i. Ü. jedoch bei Bundestag, Bundesregierung und Bundesrat liegt.

337. Prüfungskompetenz des Gegenzeichnenden

Besteht auch bei der Gegenzeichnung eine Prüfungskompetenz hinsichtlich des verfassungsgemäßen Zustandekommens des Gesetzes?

Ja. Diese ist aus denselben Gründen wie bei der Prüfungskompetenz des Bundespräsidenten gegeben. In der Praxis dürfte jedoch die Verweigerung durch Mitglieder der Bundesregierung kaum relevant werden.

338. Berichtigung von Gesetzesbeschlüssen

In den Bundestag wird ein Gesetzentwurf zur Verlängerung der regelmäßigen Verjährungsfrist (§ 196 BGB) auf fünf Jahre eingebracht. Der Bundestag beschließt den Entwurf, allerdings begrenzt auf vier Jahre. Nachdem der Bundesrat keinen Einspruch erhoben hat, wird aus Versehen der ursprüngliche Entwurf mit fünfjähriger Verjährungsfrist nach Gegenzeichnung dem Bundespräsidenten zur Ausfertigung und Verkündung vorgelegt. Wie ist zu verfahren?

Das Grundgesetz enthält keine Regelungen über die Berichtigung von Gesetzesbeschlüssen. In Fällen offenbarer Unrichtigkeit können aber Ausfertigung und Verkündung in der berichtigten Fassung erfolgen (BVerfGE 105, 313). In der Verfassungspraxis stimmen die Präsidenten von Bundestag und Bundesrat der Berichtigung vorab zu, siehe § 122 III GOBT.

339. Verkündungsformeln

Lässt sich aus dem Bundesgesetzblatt ersehen, ob ein Gesetz mit Zustimmung des Bundesrates erlassen wurde?

Ja. Wenn eine Zustimmung erfolgt ist, lautet der Einleitungssatz: „Der Bundestag hat mit Zustimmung des Bundesrates das folgende Gesetz beschlossen:". Im Falle von Einspruchsgesetzen heißt es zu Beginn: „Der Bundestag hat das folgende Gesetz beschlossen:" und nach dem Gesetz: „Die verfassungsmäßigen Rechte des Bundesrates sind gewahrt."

340. Zeitpunkt des In-Kraft-Tretens

a) Am 1.2.2019 wird ein neues Bundesjagdgesetz verkündet. Wann tritt dieses in Kraft, wenn es an einer ausdrücklichen Regelung dazu fehlt?
b) Das Land X beschließt ein abweichendes Landesjagdgesetz. Wann tritt dieses in Kraft?
c) Der Bund beschließt daraufhin erneut ein Bundesjagdgesetz. Welcher Zeitraum muss nun zwischen Verkündung und In-Kraft-Treten liegen?
d) Ein Bundesgesetz kann sich sowohl auf die Kompetenz des Art. 74 I Nr. 29 (Naturschutz) als auch auf die Kompetenz nach Art. 74 I Nr. 24 GG (Lärmbekämpfung) stützen. Wann tritt das Gesetz in Kraft?

a) Das Bundesgesetz tritt gemäß Art. 72 III 2 GG frühestens am 1.8.2019 in Kraft.

b) Für das In-Kraft-Treten des Landesgesetzes gilt nicht die Sechs-Monats-Frist des Art. 72 III 2 GG. Vielmehr richtet sich der Zeitraum zwischen Verkündung und In-Kraft-Treten (sog. Legisvakanz) nach dem Landesverfassungsrecht, welches in aller Regel in Anlehnung an Art. 82 II 2 GG eine Frist von vierzehn Tagen vorsieht.

c) Bei einem zweiten Bundesgesetz in derselben Angelegenheit wird man die Sechs-Monats-Frist des Art. 72 III 2 GG entsprechend heranzuziehen haben.

d) Betrifft ein Gesetz sowohl Abweichungsmaterien (Naturschutz; Art. 72 III 1 Nr. 2) als auch abweichungsfreie Kompetenztitel (Lärmschutz), ist eine genaue Kompetenzzuordnung nötig, die für die verschiedene Regelungen des Gesetzes auch zu unterschiedlichen Ergebnissen führen und damit ein gestuftes In-Kraft-Treten, teils nach Art. 72 III 2 GG, teils nach Art. 82 II 2 GG, gebieten kann.

341. Zeitgesetze

§ X eines im Jahr 2019 verabschiedeten Bundesgesetz sieht vor: „Dieses Gesetz tritt am 1.1.2020 in Kraft und am 31.12.2023 außer Kraft".

a) Um was für eine Art von Gesetz handelt es sich?
b) Ist dieses Gesetz mit dem Grundgesetz vereinbar?
c) Das Gesetz soll verlängert werden. Muss noch einmal das gesamte Gesetzgebungsverfahren durchlaufen werden?
d) Welches Gesetz ist bereits von Grundgesetz wegen immer befristet?

a) Es handelt sich um ein sog. Zeitgesetz. Zeitgesetze sind Gesetze, die neben dem Zeitpunkt des In-Kraft-Tretens auch den des Außer-Kraft-Tretens bestimmen und so von vornherein ihre Geltung nur für einen begrenzten Zeitraum anordnen. Siehe *Chanos*, Möglichkeiten und Grenzen der Befristung parlamentarischer Gesetzgebung, 1999; *Heckmann*, Geltungskraft und Geltungsverlust von Rechtsnormen, 1997.

b) Zeitgesetze sind mit dem Grundgesetz vereinbar, insb. ist dem grundgesetzlichen Gesetzesbegriff keine prinzipiell unbegrenzte Geltungsdauer zu entnehmen. Zeitgesetze sollen durch ihr automatisches Außerkrafttreten einer (vermeintlichen) Regelungsflut vorbeugen, sind aber verfassungspolitisch fragwürdig, weil der Anlass ihrer Verabschiedung auch im Zeitpunkt des vorgesehenen Außerkrafttretens idR noch fortbesteht und für eine gesetzgeberische Neukonzeption dann zumeist wegen anderer drängender Fragen keine Zeit besteht.

c) Ja. Die Verlängerung eines Gesetzes bedeutet sachlich den Erlass eines neuen Gesetzes mit dem Inhalt des ursprünglichen.

d) Das Haushaltsgesetz gemäß Art. 110 II 1 GG gilt immer nur für das nächste Haushaltsjahr und ist daher stets befristet. Siehe *Tappe*, Das Haushaltsgesetz als Zeitgesetz, 2008.

Übersicht 16: Form der Bundesgesetzgebung

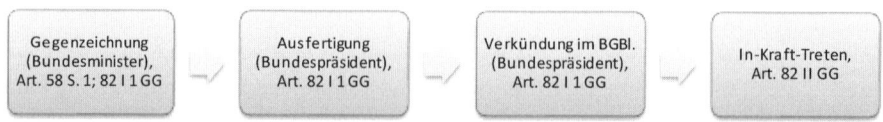

| Gegenzeichnung (Bundesminister), Art. 58 S. 1; 82 I 1 GG | Ausfertigung (Bundespräsident), Art. 82 I 1 GG | Verkündung im BGBl. (Bundespräsident), Art. 82 I 1 GG | In-Kraft-Treten, Art. 82 II GG |

5. Verordnungsgebung

Literatur: *v. Danwitz*, Die Gestaltungsfreiheit des Verordnungsgebers, 2000; *ders.*, Rechtsverordnungen, Jura 2002, 93–102; *Külpmann*, Änderungen von Rechtsverordnungen durch den Gesetzgeber, NJW 2002, 3436–3441; *Schmidt*, Die Beteiligung des Bundestages beim Erlass von Rechtsverordnungen, 2002; *Schnelle*, Eine Fehlerfolgenlehre für Rechtsverordnungen, 2006; *Schwarz*, Das Zitiergebot bei Rechtsverordnungen, DÖV 2002, 852–857; *Voßkuhle/Wischmeyer*, Grundwissen – Öffentliches Recht: Die Rechtsverordnung, JuS 2015, 311–314.

---

342. Formelle Voraussetzungen des Verordnungserlasses

Welches sind die formellen Voraussetzungen für den Erlass einer Rechtsverordnung?

Die formellen Voraussetzungen für den Erlass einer Rechtsverordnung sind im Grundgesetz nur rudimentär geregelt. Der Kreis der zuständigen Stellen zur Verordnungsgebung ist in Art. 80 I 1 GG festgelegt und gemäß Art. 80 I 3 GG ist die Ermächtigungsgrundlage in der Verordnung anzugeben. Die Zustimmungsbedürftigkeit von Verordnungen wird in Art. 80 II GG geregelt; weil danach ua sämtliche Verordnungen der Zustimmung bedürfen, die auf Gesetzen beruhen, welche die Länder als eigene Angelegenheit (Art. 84 GG) oder im Auftrag des Bundes (Art. 85 GG) ausführen, ist der weitaus überwiegende Teil der Verordnungen zustimmungspflichtig. Im Übrigen finden sich Regelungen zum Verfahren der Verordnungsgebung noch in §§ 15 I lit. b, c; 30 GOBReg.

343. Zuständige Verordnungsgeber

Welche der folgenden Stellen kann Rechtsverordnungen erlassen:
a) der Bundeskanzler?
b) die Bundesregierung?
c) ein Bundesminister?
d) der Bundespräsident?
e) der Bundesrat?
f) der Bundestag?
g) ein Ministerpräsident?
h) eine Landesregierung?
i) ein Landesminister?
j) ein Landtag?

a) Nein; vgl. Art. 80 I 1 GG. Man kann den Bundeskanzler auch nicht einem Bundesminister gleichstellen.

b) Ja; siehe Art. 80 I 1 GG.

c) Ja; siehe Art. 80 I 1 GG (sog. Ministerverordnung).

d) Nein. Ein präsidiales Verordnungsrecht ist dem Grundgesetz unbekannt.

e) Nein. Der Bundesrat muss aber in den Fällen der Art. 80 II; 109 IV 3; 119 S. 1; 130 I 2; 132 IV GG den Rechtsverordnungen zustimmen.

f) Nein. Der Bundestag handelt durch Gesetz, kann sich aber die Zustimmung zu Rechtsverordnungen vorbehalten. Außerdem kann er nach hM Verordnungen durch Gesetze ändern (s. Frage 353). Nach der Gegenauffassung wäre dies ein formeller Verfassungsverstoß.

g) Nein; vgl. Art. 80 I 1 GG.

h) Ja; siehe Art. 80 I 1 GG.

i) Nein; vgl. Art. 80 I 1 GG. Die Landesregierung kann aber ihrerseits den Landesminister durch Rechtsverordnung zum Verordnungserlass ermächtigen, sofern dies in dem übertragenen Bundesgesetz vorgesehen ist.

j) Nein. Der Landtag kann aber nach Art. 80 IV GG ein Landesgesetz im Rahmen der bundesgesetzlichen Ermächtigung erlassen, sofern die Landesregierung zur Verordnungsgebung ermächtigt worden ist.

344. Unzuständige Verordnungsgeber

Warum kann ein Bundesgesetz nicht unmittelbar einen Landesminister ermächtigen, eine Verordnung zu erlassen?

Landesminister sind in Art. 80 I 1 GG nicht als Ermächtigungsadressaten vorgesehen. Dadurch soll jeder Eingriff in die Organisationsgewalt der Länder vermieden werden.

345. Verordnungsinitiativrecht

Gibt es auch ein Verordnungsinitiativrecht?

Ja. Ein Verordnungsinitiativrecht besteht für den Bundesrat. Die Bundesregierung, ein Bundesminister oder eine Landesregierung sind zur Verordnungsgebung nur ermächtigt, soweit dies in einem Gesetz ausdrücklich vorgesehen ist, vgl. Art. 80 I 1, 2 GG. Nach Art. 80 III GG kann der Bundesrat der Bundesregierung Vorlagen für den Erlass von Rechtsverordnungen zuleiten, die seiner Zustimmung bedürfen. Insoweit kann man von einem Verordnungsinitiativrecht des Bundesrates sprechen. Der Bundestag benötigt kein Initiativrecht zur Verordnungsgebung, denn er kann jederzeit durch Gesetz handeln und auch Materien wieder an sich ziehen, für deren Regelung er eine Ermächtigung zur Verordnungsgebung erteilt hatte.

346. Umlaufverfahren

Ein neues Vereinsgesetz ermächtigt die Bundesregierung zum Erlass einer Rechtsverordnung. Daraufhin entwirft der Bundesinnenminister den Verordnungstext und leitet ihn allen anderen Ministerien mit der Aufforderung zu, binnen drei Wochen zu erklären, ob sie dem Entwurf widersprechen. Nachdem nach Ablauf dieser Frist kein Widerspruch eingegangen ist, wird die Rechtsverordnung ausgefertigt und verkündet. Ist die Verordnung formell verfassungsgemäß?

Nein. Zwar trifft das Grundgesetz keine ausdrücklichen Regelungen über das bei der Verordnungsgebung zu beachtende Verfahren, sodass danach grds. auch ein Umlaufverfahren (vgl. § 20 II GOBReg) zulässig ist. Eine Verordnung der Bundesregierung muss aber dem gesamten Kollegium zurechenbar sein. Deshalb müssen alle Minister darüber informiert werden, ein hinreichendes Quorum an Ministern muss sich an der Entscheidung beteiligen und deren Mehrheit muss der Rechtsverordnung zustimmen. Daran fehlt es bei bloßem Schweigen der Minister (vgl. BVerfGE 91, 148).

347. Beteiligung des Bundesrates am Verordnungserlass

Wann muss der Bundesrat an dem Erlass einer Verordnung beteiligt werden?

Verordnungen ergehen grds. zustimmungsfrei, es sei denn, die Beteiligung des Bundesrates ist ausdrücklich vorgesehen. Wichtigster Fall ist Art. 80 II GG. Danach sind Verordnungen der Bundesregierung oder eines Bundesministers im Post- und Telekommunikationswesen, im Eisenbahnwesen sowie alle Verordnungen zustimmungsbedürftig, die auf der Grundlage von Zustimmungsgesetzen ergehen oder von den Ländern im Auftrag des Bundes oder als eigene Angelegenheit ausgeführt werden. Weitere Zustimmungsfälle finden sich bspw. in Art. 109 IV 3; 119 S. 1; 130 I 2; 132 IV GG. Im Umkehrschluss ergibt sich, dass lediglich Verordnungen auf der Grundlage von Einspruchsgesetzen, die von der Bundesverwaltung ausgeführt werden, zustimmungsfrei sind.

348. Verstoß gegen das Zitiergebot

Eine Rechtsverordnung der Bundesregierung zum Ausländerrecht nennt nicht das zu Grunde liegende Gesetz. Ist die Verordnung anfechtbar?

Die Rechtsfolge dieses Verstoßes gegen Art. 80 I 3 GG geht über die bloße Anfechtbarkeit hinaus; die Verordnung ist nichtig.

349. Ausfertigung und Verkündung von Verordnungen

Von wem werden Rechtsverordnungen ausgefertigt und an welchem Ort werden sie verkündet?

Nach Art. 82 I 2 GG werden Rechtsverordnungen von der erlassenden Stelle ausgefertigt. Einzelheiten der Verkündung regelt das Gesetz über die Verkündung von Rechtsverordnungen (BGBl. 1950 I S. 32). Danach werden Rechtsverordnungen zumeist im BGBl. oder im Bundesanzeiger verkündet.

350. Verbindung mehrerer Verordnungsgeber

Durch Bundesgesetz werden die Landesregierungen ermächtigt, „mit Zustimmung des Bundesgesundheitsministers Rechtsverordnungen zur Bekämpfung der von Betäubungsmitteln ausgehenden Gefahren" zu erlassen. Ist dieses Gesetz verfassungsgemäß?

Nein. Dieses Gesetz widerspricht Art. 80 I 1 GG, weil danach jedes der dort genannten Organe nur für sich alleine, nicht aber im Zusammenwirken mit anderen Organen zur Verordnungsgebung ermächtigt werden kann. Außerdem gefährdet der Zustimmungsvorbehalt die Eigenverantwortlichkeit der Länder und verstößt gegen das Bundesstaatsprinzip nach Art. 20 I GG. Zudem liegt ein Verstoß gegen Art. 80 I 2 GG vor, weil allenfalls der Zweck dieser Ermächtigung feststeht, nicht aber ihr Inhalt und Ausmaß. Siehe *Busch,* Das Verhältnis des Art. 80 I 2 GG zum Gesetzes- und Parlamentsvorbehalt, 1992.

351. Aufhebung von Rechtsverordnungen durch den Bundestag?

Kann der Bundestag eine Verordnung durch Beschluss unmittelbar aufheben?

Nein. Er kann aber jederzeit ein Gesetz verabschieden, das der Verordnung vorgeht.

352. Entsteinerungsklausel

Kann eine Rechtsverordnung durch Gesetz geändert werden?

Dies ist umstritten. Dies entspricht zwar insb. bei umfangreichen Reformgesetzen gängiger Gesetzgebungspraxis, ist aber mit Rücksicht auf die Rechtssicherheit und den Rechtsschutz des Bürgers bedenklich, denn die geänderten Vorschriften innerhalb der Rechtsverordnung sind im Gesetzgebungsverfahren zustande gekommen und haben somit Gesetzesrang. Zwar wird regelmäßig am Ende des entsprechenden Artikelgesetzes ein Artikel mit der Überschrift „Rückkehr zum einheitlichen Verordnungsrang" eingefügt (sog. Entsteinerungsklausel). Diese Entsteinerungsklausel gibt allerdings lediglich dem Verordnungsgeber das Recht, die durch Gesetz geänderten Vorschriften wieder durch Rechtsverordnung zu ändern, stellt also ihrerseits eine Verordnungsermächtigung dar. Erst durch das Gebrauchmachen von dieser Ermächtigung werden wieder Vorschriften im Verordnungsrang geschaffen, dies aber auch nur in dem Umfang, in dem die betreffenden Vorschriften tatsächlich geändert werden. Siehe BVerfGE 114, 303 (310) sowie *Sendler,* NJW 2001, 2859–2861; *Uhle,* Parlament und Rechtsverordnung, 1999.

353. Rechtsverordnungen mit Gesetzeskraft?

a) Kennt das Grundgesetz ähnlich der französischen Verfassung Rechtsverordnungen mit Gesetzeskraft?
b) Gibt es auch verordnungsvertretende Gesetze?

a) Grundsätzlich nicht. Nur in dem Sonderfall des Art. 119 S. 1 GG kann eine Rechtsverordnung mit Gesetzeskraft erlassen werden. Im Übrigen ergibt sich aus Art. 80 I GG der Vorrang des Parlamentsgesetzes vor der Rechtsverordnung.

b) Ja. Landesgesetze nach Art. 80 IV GG, die an die Stelle einer Rechtsverordnung der Landesregierung treten, werden so bezeichnet. Siehe *Dette,* ZG 1998, 257 ff.

354. Rang der Rechtsverordnungen

Können durch eine Rechtsverordnung des Bundesinnenministers geändert werden
a) ein Bundesgesetz?
b) eine frühere Rechtsverordnung des Bundesinnenministers?

c) eine frühere Rechtsverordnung der Bundesregierung?
d) ein Landesgesetz?
e) eine Rechtsverordnung einer Landesregierung?
f) eine kommunale Satzung?

a) Nein. Es handelte sich anderenfalls um eine Verordnung mit Gesetzeskraft.

b) Ja. Auch hier gilt die lex-posterior-Regel.

c) Ja. Es handelt sich jeweils um Verordnungen des Bundesrechts, hier gilt die lex-posterior-Regel. Eine Verordnung der Bundesregierung stellt keine lex superior im Verhältnis zur Rechtsverordnung eines Bundesministers dar.

d) und **e)** Dies ist gemäß Art. 31 GG nur möglich, sofern für das Bundesgesetz und der darauf beruhenden Bundesverordnung eine Bundeskompetenz besteht.

f) Nein. Zwar rechnet das Grundgesetz das Recht der Kommunen auch zum Landesrecht, wie sich aus der systematischen Stellung des Art. 28 GG im Abschnitt „Der Bund und die Länder" ergibt, die Satzung dient indes der Regelung von Selbstverwaltungsangelegenheiten, bei denen für Regelungen durch Gesetz oder Verordnung grds. kein Raum ist.

6. Volksbeteiligung

Literatur: *Hartmann,* Volksgesetzgebung: Ausüben von Staatsgewalt oder Ausleben von Freiheit?, DVBl. 2006, 1269–1277; *Krafczyk,* Der parlamentarische Finanzvorbehalt bei der Volksgesetzgebung, 2005; *Obermann:* Entwicklung direkter Demokratie im Ländervergleich, LKV 2012, 241; *Rommelfanger,* Das konsultative Referendum, 1988.

355. Instrumente der Volksbeteiligung

Was versteht man unter einer Volksbefragung, einer Volksinitiative oder einem Volksbegehren?

Eine *Volksbefragung* ist eine formelle, durch Gesetz angeordnete und vom Staat organisierte Meinungserkundung ohne Verbindlichkeit für die politischen Instanzen. Bei einer *Volksinitiative* stellt ein Mindestquorum von Stimmberechtigten an das Parlament den Antrag, sich im Rahmen seiner Entscheidungszuständigkeit mit bestimmten Gegenständen der politischen Willensbildung zu beschäftigen. Im Volksbegehren wird ein ausformulierter Gesetzentwurf dem Parlament zur Entscheidung unterbreitet. Lehnt das Parlament den Entwurf ab, kommt es zum Volksentscheid. Im Einzelnen schwankt die Terminologie.

356. Begriff des Volksentscheids

a) Was versteht man unter einem Volksentscheid?
b) Ist er im Grundgesetz vorgesehen?
c) Gab es entsprechende Bestimmungen in der Weimarer Reichsverfassung?

a) Ein Volksentscheid ist eine Form der Beteiligung des Staatsvolkes an der staatlichen Willensbildung, bei der den Abstimmungsberechtigten eine Frage, meist ein Gesetzentwurf, vorgelegt wird, welche diese nur bejahen oder verneinen, nicht aber verändern können.

b) Einen Volksentscheid kennt das Grundgesetz lediglich zur Frage der Neugliederung des Bundesgebietes nach Art. 29 GG; zu Sonderregelungen siehe Art. 118; 118a GG. Auch über eine neue Verfassung soll gemäß Art. 146 GG im Wege des Volksentscheids abgestimmt werden.

c) Die Weimarer Reichsverfassung hingegen sah in ihren Art. 73 bis 76 einen umfassenden Anwendungsbereich für Volksentscheide jeweils auf Anordnung des Reichspräsidenten vor.

357. Einführung von Volksentscheiden auf Bundesebene

Könnten durch einfaches Bundesgesetz Volksentscheide auf Bundesebene eingeführt werden?

Dies ist zweifelhaft. Zwar findet sich kein ausdrückliches Verbot im Grundgesetz. Auch lässt sich Art. 20 II 2 GG in dem Sinne verstehen, dass „Abstimmungen" nicht nur Art. 29 GG erfasst, sondern daneben auch in anderen Fällen Volksentscheide ermöglicht. Allerdings müssten durch Verfassungsänderung in die Art. 76 ff. GG ergänzende Regelungen über die Gesetzgebung durch Volksentscheid eingefügt werden, so wie auch die Landesverfassungen neben den Regelungen der parlamentarischen Gesetzgebung auch Vorschriften über die Gesetzgebung durch Volksentscheid enthalten.

358. Volksbegehren

Der „Bund der Kurhessen", vertreten durch seinen Vorsitzenden, begehrt die Wiederherstellung des bis 1866 bestehenden Landes Hessen-Kassel und sammelt dafür in Nordhessen mit seinen ca. 1,3 Mio. Einwohnern mehr als 200.000 Unterschriften.
a) Ist ein Volksbegehren durchzuführen?
b) Wer entscheidet über den Antrag auf Durchführung des Volksbegehrens?
c) Welche Rechtsschutzmöglichkeiten bestehen für den „Bund der Kurhessen"?

a) Nein. Ein Volksbegehren nach Art. 29 IV GG ist schon deshalb nicht durchzuführen, weil der Siedlungs- und Wirtschaftsraum Nordhessen nicht in verschiedenen Ländern liegt. Es kommt daher weder auf die Anzahl der Unterschriften nach Art. 29 IV GG noch auf das Vorliegen der Voraussetzungen des Art. 29 I 2 GG an. Siehe BVerfGE 96, 139 (Land Franken).

b) Nach § 24 I des Gesetzes über das Verfahren bei Volksentscheid, Volksbegehren und Volksbefragung nach Art. 29 VI des Grundgesetzes vom 30.7.1979 (BGBl. I

S. 1317) entscheidet der Bundesinnenminister über den Antrag auf Durchführung des Volksbegehrens.

c) Gemäß § 24 V des Gesetzes können die Antragsteller Beschwerde an das BVerfG erheben.

359. Volksentscheide in den Landesverfassungen

Dürfen Landesverfassungen Volksentscheide vorsehen?

Ja. Dem steht insb. Art. 28 I 1 GG nicht entgegen. Das Gebot des demokratischen Rechtsstaates im Sinne dieses Grundgesetzes verlangt nicht, dass auch auf Landesebene ausschließlich Formen mittelbarer Demokratie zur Anwendung kommen. Vielmehr können auch Formen unmittelbarer demokratischer Partizipation Berücksichtigung finden, wie dies in vielen Landesverfassungen geschehen ist; siehe Art. 49 NdsV; Art. 68 LVerf NW. Allerdings muss nach Art. 28 I 2 GG auch auf Landesebene stets eine Volksvertretung bestehen, der maßgebliche Kompetenzen zu verbleiben haben.

360. Volksbefragung

Angesichts der Außenpolitik der USA werden Diskussionen über den weiteren Verbleib Deutschlands in der NATO laut.
a) Das Land A ordnet durch Gesetz eine Volksbefragung zu diesem Thema an. Ist diese Befragung grundgesetzlich zulässig?
b) Die im Land B gelegene Gemeinde G plant eine Volksabstimmung zu diesem Thema. Wie kann die Bundesregierung diese Abstimmung verhindern?
c) Könnte durch Bundesgesetz eine Volksbefragung vorgesehen werden?

a) Nein. Eine Volksbefragung auf Landesebene kann nur über Gegenstände der Landesgesetzgebung stattfinden. Der Bund hat aber nach Art. 73 Nr. 1 GG die ausschließliche Gesetzgebungskompetenz über die auswärtigen Angelegenheiten und die Verteidigung.

b) Die Bundesregierung kann von dem Land B nach dem Grundsatz der Bundestreue die Verhinderung der Abstimmung verlangen. Das Land B muss dann mit den Mitteln der Kommunalaufsicht gegen die Gemeinde G vorgehen.

c) Da Art. 20 II 2 GG Volksabstimmungen vorsieht, kommt als Minus dazu auch eine bloße Volksbefragung in Betracht. Voraussetzung ist, dass der Kernbereich der Exekutive nicht eingeschränkt wird. Da der NATO-Vertrag selbst als völkerrechtlicher Vertrag der Ratifikation durch Bundesgesetz bedurfte, wird dies zu verneinen sein (str.).

7. Verwaltung

Literatur: *Fehling,* Verwaltung zwischen Unparteilichkeit und Gestaltungsaufgabe, 2001; *Heitsch,* Die Ausführung der Bundesgesetze durch die Länder, 2001; *Müller-Franken,* Maßvolles Verwalten, 2004; *Musil,* Wettbewerb in der staatlichen Verwaltung, 2005.

361. Begriff der Verwaltung

Was versteht man unter Exekutive, was unter Verwaltung?

Exekutive ist der Oberbegriff für Regierung (Gubernative) und Verwaltung (Administrative). Da bislang noch keine befriedigende positive Definition der Verwaltung gelungen ist, greift man zu einer negativen Beschreibung: Danach ist Verwaltung jede Staatstätigkeit, die *nicht* aus Gesetzgebung, Regierungstätigkeit oder Rechtsprechung besteht.

362. Gesetzesfreie Verwaltung

a) Was versteht man unter der sog. gesetzesfreien Verwaltung?
b) Gelten hier Vorrang und Vorbehalt des Gesetzes?

a) Es handelt sich um Verwaltungstätigkeit in einem nicht durch gesetzliche Regelungen abschließend bestimmten Bereich, zB in Auswärtigen Angelegenheiten.

b) Hier gilt der Vorrang, nicht aber der Vorbehalt des Gesetzes. Vorzugswürdig ist daher die Bezeichnung „nicht-gesetzesakzessorische Verwaltung". Siehe *Diesselberg,* Die gesetzesfreie Subventionsverwaltung des Bundes, 1969.

363. Allgemeine Verwaltungsvorschriften

a) Was sind allgemeine Verwaltungsvorschriften?
b) Wie unterscheiden sich Verwaltungsvorschriften von Rechtsverordnungen?

a) Allgemeine Verwaltungsvorschriften sind abstrakte Regelungen des Innenrechts ohne unmittelbare Außenwirkung, die von einer Behörde mit Wirkung für nachgeordnete Behörden erlassen werden. Sie dienen der behördlichen Organisation, der Auslegung von Tatbestandsmerkmalen und der Ermessensleitung. Sie entfalten nur ausnahmsweise über Art. 3 I GG Wirkung auch im Verhältnis der Verwaltung zum Bürger. Siehe *Remmert,* Jura 2004, 728–734; *Saurer,* Verwaltungsarchiv 97 (2006), 249–269.

b) Beide, Rechtsverordnungen und Verwaltungsvorschriften, stellen zwar abstrakt-generelle Regelungen dar, die von der staatlichen Exekutive erlassen werden. Den Rechtsverordnungen kommt aber Außenwirkung im Verhältnis zum Bürger zu, während die Verwaltungsvorschriften grds. nur verwaltungsinterne Wirkung entfalten und erst über den Gleichbehandlungsgrundsatz des Art. 3 I GG Außenwirkung erhalten.

364. Bindung an Verwaltungsvorschriften

Sind Verwaltungsvorschriften rechtlich bedeutsam für
a) nachgeordnete Behörden?
b) die erlassende Stelle?
c) den Bürger?
d) Verwaltungsgerichte?

a) Ja.

b) Grds. nicht, auch hier gilt die lex-posterior-Regel und eine Selbstbindung tritt nicht ein.

c) Ausnahmsweise ja, über Art. 3 I GG.

d) Nein. Gesetz im Sinne des Art. 97 I GG und Gesetz und Recht nach Art. 20 III GG sind keine Verwaltungsvorschriften. Anderenfalls könnte die Exekutive über den Erlass von Verwaltungsvorschriften die Judikative steuern.

365. Konflikt zwischen Verwaltungsvorschriften und Verwaltungspraxis

a) Eine Flutkatastrophe hat die Vernichtung großer Teile der Gemüseernte zur Folge. Die Landesregierung verspricht „schnelle und unbürokratische" Hilfe. Nach einem „Erlass" des Landwirtschaftsministers sollen an jeden Landwirt, der einen Ernteausfall von mehr als 40 % erlitten hat, Ausgleichszahlungen durch die Landratsämter geleistet werden. In der Folge werden an zahlreiche Landwirte Zahlungen erbracht. Der Antrag des Landwirts L, der die Hälfte seiner Ernte verloren hat, wird mit der Begründung abgelehnt, L sei sehr vermögend und daher nicht hilfsbedürftig. Hat L Anspruch auf Ausgleichszahlung?
b) Wie wäre zu entscheiden, wenn trotz des Erlasses auch alle übrigen Landwirte mit erheblichen Ernteausfällen noch keine Ausgleichzahlungen erhalten hätten?

a) Ja. Anspruchsgrundlage ist Art. 3 I GG iVm dem als Verwaltungsvorschrift einzuordnenden Erlass des Landwirtschaftsministers. Erfüllt L die in diesem Erlass festgelegten Voraussetzungen, kommt es auf seine sonstigen Vermögensverhältnisse nicht mehr an. Siehe *Wallerath,* Die Selbstbindung der Verwaltung, 1968.

b) Dann stände auch L kein Anspruch zu. Beim Auseinanderfallen von Verwaltungsvorschrift und Verwaltungspraxis ist die Verwaltungspraxis maßgebend.

366. Rechts- und Fachaufsicht

a) Welcher unterschiedliche Prüfungsmaßstab wird bei der Rechts- und Fachaufsicht angewandt?
b) In welchem einfachgesetzlichen Bereich kehrt diese Unterscheidung wieder?

a) Die Rechtsaufsicht beschränkt sich auf die Überprüfung der Rechtmäßigkeit des Handelns des Kontrollierten; die Fachaufsicht beinhaltet eine Kontrolle von Rechtmäßigkeit und Zweckmäßigkeit.

b) Diese Unterscheidung liegt einfachgesetzlich der Aufsicht über alle Selbstverwaltungskörperschaften zugrunde; die umfangreichsten Regelungen dazu finden sich bei der Aufsicht über Kommunen in den Gemeinde- und Kreisordnungen der Länder. Siehe *Kahl,* Die Staatsaufsicht, 2000.

a) Verwaltungskompetenzen

Literatur: *Britz,* Bundeseigenverwaltung durch selbständige Bundesoberbehörden nach Art. 87 III 1 GG, DVBl. 1998, 1167–1174; *Butzer,* Zum Begriff der Organisationsgewalt, DV 27 (1994), 157–174; *Frenzel,* Grundfälle zu den Art. 83 ff. GG, JuS 2012, S. 1082–1086; *Hebeler,* Die Ausführung der Bundesgesetze (Art. 83 ff. GG), Jura 2002, 164–172; *Schoch,* Verfassungswidrigkeit des bundesgesetzlichen Durchgriffs auf Kommunen, DVBl. 2007, 261–269; *Suerbaum,* Die Kompetenzverteilung beim Verwaltungsvollzug des Europäischen Gemeinschaftsrechts in Deutschland, 1998; *Voßkuhle/Kaiser,* Grundwissen – Öffentliches Recht: Die Ausführung von Bundesgesetzen – Verwaltungskompetenzen, JuS 2017, 316–318.

367. Verwaltungstypen bei der Ausführung von Bundesgesetzen

Welche Verwaltungstypen sind bei der Ausführung von Bundesgesetzen zu unterscheiden?

Es ist zwischen vier Typen zu unterscheiden:

(1) Die Ausführung von Bundesgesetzen durch die Bundesverwaltung, sei es durch bundeseigene Verwaltung oder durch bundesunmittelbare Körperschaften oder Anstalten des öffentlichen Rechts (Art. 86 GG).

(2) Die Ausführung von Bundesgesetzen durch die Länder im Auftrage des Bundes (Art. 85 GG).

(3) Die Ausführung von Bundesgesetzen durch die Länder als eigene Angelegenheit (Art. 84 GG).

(4) Die (nur ausnahmsweise zulässige) Mischverwaltung durch Zusammenwirken von Bundes- und Landesfinanzbehörden (Art. 108 IV 1 GG). Zum Verbot der Mischverwaltung im Übrigen siehe BVerfGE 119, 331.

368. Bestimmung des richtigen Verwaltungstyps

Wonach bestimmt sich, welchem Verwaltungstyp die Ausführung eines Bundesgesetzes unterfällt?

Nach der Grundregel des Art. 83 GG führen die Länder die Bundesgesetze als eigene Angelegenheit aus, soweit das Grundgesetz nichts anderes bestimmt oder zulässt. Solche Sonderregelungen finden sich v. a. in den Art. 87 ff. GG. Fälle bundeseigener Verwaltung sind genannt in den Art. 87; 87a; 87b; 87d I; 87e I 1, II; 87f II 2; 88; 89 II 1, 2; 90 III; 108 I GG. Fälle der Bundesauftragsverwaltung enthalten die Art. 87c; 87d II; 89 II 3, 4; 90 II; 104a III 2; 108 III GG. Eine ausdrückliche Zuweisung landeseigener Verwaltung findet sich in Art. 87e I 2 GG.

Übersicht 17: Vollzug der Bundes- und Landesgesetze

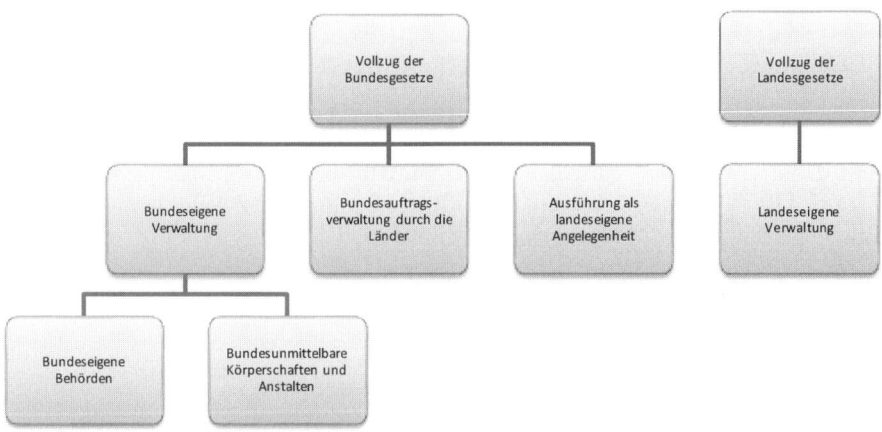

369. Alternativen zur Verteilung der Verwaltungskompetenzen

a) Welche alternative Verteilung der Verwaltungskompetenzen zwischen Bund und Ländern käme nach dem US-amerikanischen Vorbild in Betracht?
b) Würde dies die Bedeutung der Länder erhöhen oder schmälern?

a) Es wäre eine strikte Trennung der Ebenen von Bund und Ländern dergestalt vorstellbar, dass Bundesgesetze nur durch Bundesbehörden, Landesgesetze nur durch Landesbehörden ausgeführt werden.

b) Angesichts des Übergewichts des Bundes bei den Gesetzgebungskompetenzen führte dies zu einem erheblichen Bedeutungsverlust der Länder auch im Bereich der vollziehenden Gewalt.

370. Vollzug der Bundesgesetze durch Behörden

Können Bundesgesetze vollzogen werden durch
a) unmittelbare Bundesbehörden?
b) eine bundesunmittelbare Anstalt?
c) eine bundesunmittelbare Stiftung?
d) unmittelbare Landesbehörden?
e) einen Beliehenen?
f) eine Bundes- und Landesbehörde gemeinsam?

a) Ja; siehe Art. 86 S. 1, Var. 1 GG.

b) Ja; vgl. Art. 86 S. 1, Var. 3 GG.

c) Ja. Dies ergibt eine ausdehnende Interpretation des Art. 86 S. 1, Var. 2 und 3 GG oder eine Analogie zu dieser Regelung.

d) Ja; vgl. Art. 84; 85 GG.

e) Ja. Ein Beliehener ist ein Privater, der zur Erfüllung öffentlicher Aufgaben im eigenen Namen unter Verleihung der dazu notwendigen Befugnisse herangezogen und dadurch zu einem partiellen Träger mittelbarer Staatsverwaltung wird (siehe *Freitag*, Das Beleihungsrechtsverhältnis, 2005; *Stadler*, Die Beleihung in der neuen Bundesgesetzgebung, 2002; *Schmidt*, ZG 2002, 353 ff.).

f) Nein. Dem steht das grundgesetzliche Verbot der Mischverwaltung entgegen.

371. Aufgabenübertragung auf die Kommunen

a) Kann der Bund seit der Föderalismusreform den Kommunen durch Gesetz Aufgaben übertragen?
b) Auf welche Weise werden die Kommunen seit der Föderalismusreform vor den finanziellen Folgen zusätzlicher, bundesgesetzlich veranlasster Aufgaben geschützt?

a) Nein; siehe Art. 84 I 7; 85 I 2 GG. Allerdings können die Länder diejenigen Aufgaben, die ihnen durch Bundesgesetz übertragen sind (vgl. Art. 83 GG), ihrerseits auf die Kommunen übertragen.

b) Im Rahmen der Föderalismusreform wurde den Kommunen nicht, wie ursprünglich gefordert, ein direkter Ersatzanspruch gegen den Bund eingeräumt, vielmehr erfolgt ein Ersatz nunmehr „über Eck": Die Länder vollziehen nach Art. 30; 83 GG die Bundesgesetze und können diese Aufgabe unter Beachtung ihrer landesverfassungsrechtlichen Bestimmungen auf die Kommunen übertragen. Den Kommunen steht dann nach Landesverfassungsrecht ein Ersatzanspruch gegen die Länder zu (sog. Konnexitätsprinzip). Die Kostenverteilung zwischen Bund und Ländern bestimmt sich nach Art. 104a I GG samt der Ausnahmeregelungen in Art. 104a II, III GG.

372. Verbot der Mischverwaltung

Was versteht man unter dem Verbot der Mischverwaltung und welche Durchbrechung dieses Verbots gibt es?

Das Verbot der Mischverwaltung betrifft die gleichzeitige Verwaltungsträgerschaft von Bund und Ländern für dieselbe Behörde. Dieses Verbot wird im Grundgesetz recht konsequent durchgehalten, sieht man einmal von dem Zusammenwirken von Bundes- und Landesbehörden nach Art. 108 IV 1 GG sowie den Gemeinschaftsaufgaben nach Art. 91a bis 91e GG ab. Siehe *Erichsen*, NWVBl. 2001, 161–170; *Loeser*, Theorie und Praxis der Mischverwaltung, 1976; *Ronellenfitsch*, Die Mischverwaltung im Bundesstaat, 1975.

373. Einzelfälle zum Verbot der Mischverwaltung

a) § X PBefG erhält folgende Fassung: „Über die Genehmigung von Regionalverkehrsbahnen entscheidet der Landesverkehrsminister gemeinsam mit dem Bundesverkehrsminister." Ist das Gesetz gültig?
b) Wie wäre zu entscheiden, wenn § X PBefG lautete „(…) im Benehmen mit dem Bundesverkehrsminister (…)"?

a) Nein. Das Gesetz verstößt gegen das grundgesetzliche Verbot der Mischverwaltung. Auf der Grundlage dieses Gesetzes ergehende Entscheidungen könnten nicht mehr sicher dem Bund oder dem jeweiligen Land zugerechnet werden.

b) Ein Verstoß gegen das Verbot der Mischverwaltung liegt hier zwar nicht vor, weil das Benehmen im Gegensatz zum Einvernehmen (vgl. Frage 389) kein Zusammenwirken von Bund und Ländern beim Gesetzesvollzug erfordert, sondern lediglich das *Bemühen* um eine einvernehmliche Lösung ausreichen lässt. Das Gesetz greift aber durch die Benennung eines konkreten Ministers des Landes in die Organisationsgewalt der Landesregierung ein, was von Art. 74 I Nr. 23 GG nicht mehr gedeckt ist. Verfassungskonform hätte allenfalls formuliert werden können „(…) entscheidet der zuständige Landesminister im Benehmen mit dem Bundesverkehrsminister (…)".

374. Unterschiede zwischen Bundesauftragsverwaltung und der Verwaltung als landeseigene Angelegenheit

Worin unterscheiden sich die Bundesauftragsverwaltung und die Verwaltung von Bundesgesetzen durch die Länder als eigene Angelegenheit?

In Fällen der Bundesauftragsverwaltung ist dem Bund ein wesentlich stärkerer Einfluss auf die Verwaltung durch die Länder eingeräumt als bei Materien der landeseigenen Verwaltung von Bundesgesetzen. Dies betrifft v. a. die Gestaltung des Verwaltungsverfahrens und die Aufsicht. In Fällen der Bundesauftragsverwaltung können die obersten Bundesbehörden den Landesbehörden Einzelweisungen ertei-

len (Art. 85 III GG), und die Aufsicht umfasst neben der Rechts- auch die Fachaufsicht (Art. 85 IV GG). In Fällen landeseigener Verwaltung ist die Bundesregierung auf den Erlass allgemeiner Verwaltungsvorschriften (Art. 84 II GG) und eine
bloße Rechtsaufsicht (Art. 84 III GG) beschränkt. Einzelweisungen sind nur auf
Grundlage eines Zustimmungsgesetzes (Art. 84 V GG) zulässig. Diesen stärkeren
Einflussmöglichkeiten bei der Bundesauftragsverwaltung entspricht eine höhere
finanzielle Last des Bundes, der die sich ergebenden Zweckausgaben der Länder zu
tragen hat (Art. 104a II GG).

375. Formen der Bundesverwaltung

Welche Formen der Bundesverwaltung sind zu unterscheiden?

Wie sich aus Art. 86 GG ergibt, ist zwischen unmittelbarer Bundesverwaltung
durch bundeseigene Behörden und mittelbarer Bundesverwaltung durch bundesunmittelbare Körperschaften und Anstalten zu unterscheiden.

376. Unterschied zwischen Körperschaften und Anstalten

Worin liegt der Unterschied zwischen Körperschaften und Anstalten?

Eine Körperschaft ist ein rechtsfähiger Zusammenschluss natürlicher und/oder
juristischer Personen zu einem bestimmten Zweck, deren Mitglieder auf ihre
Willensbildung maßgeblichen Einfluss haben und die in ihrem Bestand von einem
Mitgliederwechsel unabhängig ist. Ein Beispiel sind die Sozialversicherungsträger
nach Art. 87 II GG. Eine Anstalt stellt eine rechtsfähige oder nicht rechtsfähige
Zusammenfassung sachlicher und persönlicher Mittel zur Erfüllung einer bestimmten Verwaltungsaufgabe dar. Ein Beispiel ist der teilrechtsfähige Deutsche Wetter-
dienst (siehe Gesetz vom 10.9.1998, BGBl. I S. 2871). Faustformelmäßig kann
man formulieren: „Körperschaften haben Mitglieder, Anstalten haben Nutzer."

377. Funktion des Art. 86 GG

**Kann aus Art. 86 GG eine Bundesverwaltungskompetenz für nicht ausdrück-
lich im Grundgesetz geregelte Fälle hergeleitet werden?**

Nein. Art. 86 GG regelt lediglich allgemein für alle an anderer Stelle im Grundgesetz vorgesehenen Fälle bundeseigener Verwaltung den Erlass von Verwaltungsvorschriften und die Einrichtung der Behörden, setzt also diese anderweitige Kompetenz voraus, begründet sie aber nicht selbst. Insoweit ist Art. 86 GG mit der
Funktion von Art. 72 GG im Bereich konkurrierender Gesetzgebungskompetenzen
vergleichbar.

378. Bundesbehörden und Landesgesetze

a) Führen Bundesbehörden auch Landesgesetze aus?
b) Müssen Bundesbehörden Landesgesetze beachten?

a) Nein. Landesgesetze werden nur durch Landesbehörden ausgeführt.

b) Bundesbehörden haben jedoch Landesgesetze zu beachten, so müssen bspw. Bundesgebäude den Vorschriften der jeweiligen Landesbauordnung entsprechen.

379. Vollzug des Europarechts

Wer führt die Verordnungen und Richtlinien der Europäischen Union aus?

Die Europäische Union verfügt nur in Ansätzen über einen eigenen Verwaltungsunterbau. Ihre unmittelbar in den Mitgliedstaaten geltenden Verordnungen und die erst in nationales Recht umzusetzenden Richtlinien sind von den nationalen Behörden auszuführen. Eine ausdrückliche Verteilung der Verwaltungskompetenzen zur Ausführung des Europarechts findet sich im Grundgesetz nicht. Richtiger Ansicht nach sind die Art. 83 ff. GG zur Schließung dieser Regelungslücke analog heranzuziehen, dh idR werden diese Rechtsakte durch die Länder ausgeführt, und dem Bund stehen in den Grenzen der Art. 84; 85 GG Weisungs- und Kontrollrechte zu. Siehe *Ehlers,* DVBl. 1991, 605 (610); *Sydow,* Verwaltungskooperation in der Europäischen Union, 2004.

380. Weitere Verwaltungszuständigkeiten des Bundes

Ist der Kreis der dem Bund eingeräumten Verwaltungszuständigkeiten abgeschlossen?

Nein. Zwar ist die Ausführung der Bundesgesetze nach Art. 30; 83 GG grds. Sache der Länder. Der Bund kann sich aber neben den ihm bereits ausdrücklich zugewiesenen Verwaltungskompetenzen weitere Zuständigkeiten über Art. 87 III GG verschaffen. Hier folgt aus der Bundesgesetzgebungskompetenz die Möglichkeit zur Ausschöpfung einer entsprechenden Bundesverwaltungskompetenz.

381. Einzelfall zu weiteren Verwaltungszuständigkeiten des Bundes

Durch Bundesgesetz wird in der Stadt S eine bundeseigene Technische Universität für Solarenergie als Körperschaft des öffentlichen Rechts mit Aufgaben der Forschung und Lehre auf dem Gebiet der Solartechnik errichtet. Ist dieses Gesetz verfassungsgemäß?

Nein. Der Betrieb von Universitäten ist eine Aufgabe der vollziehenden Gewalt, die nach Art. 30, 83 GG grds. in den Händen der Länder liegt. Eine ausdrückliche

Bundesverwaltungskompetenz nach Art. 83 ff. GG besteht nicht. Eine Bundesverwaltungskompetenz nach Art. 87 III 1 GG setzte eine entsprechende Bundesgesetzgebungskompetenz voraus. Art. 73 I Nr. 14 GG betrifft aber ausschließlich Erzeugung und wirtschaftliche Nutzung der Kern-, nicht der Solarenergie, Art. 74 I Nr. 13 GG lediglich die wissenschaftliche Forschung, nicht aber die Lehre. Vielmehr ergibt sich aus Art. 91b I 1 Nr. 2, 3 GG, dass die Errichtung von Hochschulen Ländersache ist, bei der der Bund lediglich im Rahmen einer Gemeinschaftsaufgabe mitwirken kann. Das Gesetz ist daher verfassungswidrig.

382. Begriff der Bundesoberbehörden

Wodurch unterscheiden sich Bundesoberbehörden von Bundesmittelbehörden sowie von obersten Bundesbehörden?

Bundesoberbehörden, zB das Bundeskriminalamt, sind im Gegensatz zu Bundesmittelbehörden, zB dem Bundespolizeipräsidium Mitte, für das gesamte Bundesgebiet zuständig. Im Unterschied zu einer obersten Bundesbehörde, zB dem Bundesinnenministerium, handelt es sich bei ihnen nicht um ein Ministerium, sondern um eine aus dem Ministerium ausgegliederte und verselbstständigte Abteilung.

383. Zustimmung des Bundesrates zur Errichtung von Bundesbehörden

Der Bund errichtet durch Bundesgesetz eine Bundesanstalt für Hochwasserschutz in Frankfurt (Oder) mit einer Außenstelle in Koblenz. Muss der Bundesrat diesem Gesetz zustimmen?

Hier ist zu differenzieren. Handelt es sich bei der Außenstelle um eine selbstständige Bundesmittel- oder Bundesunterbehörde, ergibt sich die Zustimmungsbedürftigkeit aus Art. 87 III 2 GG. Stellt die Außenstelle nur eine unselbstständige Abteilung der Bundesoberbehörde dar, verbleibt es bei Art. 87 III 1 GG, und es liegt nur ein Einspruchsgesetz vor.

384. Besonderheit des Gesetzgebungsverfahrens bei Art. 87 III 2 GG

Welche Besonderheit des Gesetzgebungsverfahrens besteht bei Gesetzen nach Art. 87 III 2 GG?

Die Mehrheit der Mitglieder des Bundestages (Art. 121 GG) muss ihnen zustimmen, während ansonsten (Art. 42 II 1 GG) nur die Mehrheit der abgegebenen Stimmen erforderlich ist.

385. Stellung der Zentralbanken

Um schneller einen ausgeglichenen Etat zu erreichen, weist der Bundesfinanzminister die Bundesbank an, mehr Eurobanknoten zu drucken und
auszugeben.
a) Muss die Bundesbank der Weisung Folge leisten?
b) Wie wäre es, wenn die EU-Finanzminister eine entsprechende Weisung an
die EZB richteten?

a) Nein. Die Bundesbank ist zwar eine bundesunmittelbare juristische Person des
öffentlichen Rechts (siehe § 2 BBankG), sie ist aber in gleicher Weise wie die EZB
gemäß Art. 88 GG nicht weisungsgebunden. Außerdem ist sie ebenso wie die EZB
dem vorrangigen Ziel der Preisstabilität verpflichtet, die Ausgabe zusätzlicher Bank-
noten erhöht aber (bei gleicher Wirtschaftsleistung) die Inflation.

b) Die EZB ist nicht nur nach deutschem Verfassungsrecht gemäß Art. 88 GG,
sondern auch europarechtlich gemäß Art. 130 AEUV unabhängig und dem vorrangigen Ziel der Preisstabilität verpflichtet. Weisungen an die EZB sind unzulässig,
dennoch erteilte Weisungen brauchen nicht befolgt werden.

386. Geldleistungsgesetze des Bundes

Ein neues Bundessozialhilfegesetz bestimmt, dass der Bund 60 %, die Länder
40 % der Leistungen erbringen.
a) Wird das Gesetz im Auftrage des Bundes ausgeführt?
b) Bedarf es der Zustimmung des Bundesrates?
c) Was ändert sich bei umgekehrtem Verhältnis?

a) Ja; siehe Art. 104a III 2 GG.

b) Ja; vgl. Art. 104a IV GG.

c) Das Gesetz wird in landeseigener Verwaltung ausgeführt, wie sich im Umkehrschluss zu Art. 104a III 2 GG ergibt. Der Bundesrat muss weiterhin nach Art. 104a
IV GG zustimmen.

387. Mitwirkungsrechte bei der Besetzung von Behördenleitungsposi-
tionen

a) Können dem Bund Mitwirkungsrechte bei der personellen Besetzung von
Landesbehörden zustehen?
b) Können einem Land Mitwirkungsrechte bei der personellen Besetzung
von Bundesbehörden zustehen?

a) Ja. Nach Art. 85 II 3 GG sind die Leiter der (speziellen) Landesmittelbehörden,
die im Wege der Bundesauftragsverwaltung tätig werden, im Einvernehmen mit der
Bundesregierung zu bestellen, zB die Leiter der Autobahndirektionen nach Art. 90

II GG. Gleiches gilt für die Präsidenten der Oberfinanzdirektionen nach Art. 108 II 3 GG.

b) Ja; siehe Art. 108 I 3 GG.

388. Einvernehmen und Benehmen

Worin liegt der Unterschied zwischen dem Einvernehmen nach Art. 85 II 3; 108 II 3 GG und dem Benehmen nach Art. 108 I 3 GG?

Einvernehmen verlangt die Herstellung eines Konsenses. Benehmen ist weniger als Einvernehmen, aber mehr als bloße Anhörung, denn hier ist über eine verständige Würdigung der Stellungnahme hinaus eine einvernehmliche Lösung anzustreben, die aber nicht in jedem Fall erreicht werden muss. Diese Differenzierung findet sich auch in zahlreichen verwaltungsrechtlichen Gesetzen.

b) Verwaltungsverfahren

Literatur: *Hufen/Siegel,* Fehler im Verwaltungsverfahren, 6. Auflage, 2018; *Weides,* Verwaltungsverfahren und Widerspruchsverfahren, 1993.

389. Pflicht zum Vollzug der Bundesgesetze

Haben die Länder a) das Recht b) die Pflicht, im Rahmen ihrer Zuständigkeit die Bundesgesetze zu vollziehen?

a) und **b)** Ja. Nach Art. 83 GG führen die Länder die Bundesgesetze aus. Diese Formulierung im Indikativ legt eine Kompetenz und damit ein öffentlich-rechtliches Pflichtrecht der Länder fest. Die Länder haben die Aufgabe, die Bundesgesetze zu vollziehen, und auch die Befugnis dazu.

390. Remonstration

Dem Finanzbeamten F kommen bei der Bearbeitung von Steuererklärungen Zweifel an der Verfassungsmäßigkeit einzelner Vorschriften des EStG. Darf er diese unangewendet lassen?

Nein. Eine eigene Nichtanwendungs- oder gar Verwerfungskompetenz steht dem F nicht zu. Vielmehr hat er seine Bedenken auf dem Dienstweg im Rahmen der Behördenhierarchie bei seinen Vorgesetzten geltend zu machen (sog. Remonstration). Halten auch die jeweiligen Vorgesetzten bis hin zu dem Minister die Regelung für verfassungswidrig, kann die Landesregierung eine abstrakte Normenkontrolle nach Art. 93 I Nr. 2; §§ 13 Nr. 6; 76 ff. BVerfGG bei dem BVerfG anstrengen. Erachten die Vorgesetzten des F hingegen die Regelungen für verfassungsgemäß, muss der F sie anwenden und ist von eigener Verantwortung grds. befreit (vgl. § 36 II 3 BeamtStG). Siehe *Felix,* Das Remonstrationsrecht und seine Bedeutung für den

Rechtsschutz des Beamten, 1993; *Romann,* Remonstrationsrecht und Remonstrationspflicht im Beamtenrecht, 1996; *Th. Schmidt,* Beamtenrecht, 2017, Rn. 279 ff.

8. Rechtsprechung

Literatur: *Alleweldt,* Bundesverfassungsgericht und Fachgerichtsbarkeit, 2006; *Benda/Klein,* Verfassungsprozessrecht, 3. Auflage, 2011; *Dolzer,* Die staatstheoretische und staatsrechtliche Stellung des Bundesverfassungsgerichts, 1972; *Hillgruber/Goos,* Verfassungsprozessrecht, 4. Auflage, 2015; *Sachs,* Verfassungsprozessrecht, 4. Auflage, 2016; *Schlaich/Korioth,* Das Bundesverfassungsgericht, 11. Auflage, 2018. *Schütz,* Der ökonomisierte Richter, 2005; *Tschentscher,* Demokratische Legitimation der Dritten Gewalt, 2006; *Wittreck,* Die Verwaltung der Dritten Gewalt, 2006.

391. Richterliche Unabhängigkeit

Was versteht man jeweils unter der sachlichen und der persönlichen Unabhängigkeit der Richter?

Die sachliche Unabhängigkeit ist in Art. 97 I GG verankert. Danach sind die Richter nur dem Gesetz unterworfen. Eine Bindung an Weisungen der Exekutive scheidet aus. Eine Bindung an andere Gerichtsentscheidungen wird aber ausnahmsweise für zulässig gehalten. Die persönliche Unabhängigkeit hat ihren Niederschlag in Art. 97 II GG gefunden. Danach kann in die Rechtsstellung hauptamtlich und planmäßig endgültig angestellter Richter nur kraft richterlicher Entscheidung eingegriffen werden. Die persönliche Unabhängigkeit dient dabei der Absicherung der sachlichen Unabhängigkeit.

392. Unterschied Richter – Beamte

Sind Richter am Verwaltungsgericht Beamte?

Nein. Sie stehen wie andere Richter auch in einem besonderen öffentlich-rechtlichen Amtsverhältnis nach §§ 8 ff. DRiG. Die Weisungsgebundenheit eines Beamten (§ 35 BeamtStG) wäre mit ihrer Tätigkeit unvereinbar.

393. Stellung der Staatsanwälte

Sind auch Staatsanwälte sachlich und persönlich unabhängig?

Nein. Staatsanwälte sind weisungsgebunden und in ihrer persönlichen Rechtsstellung grds. Beamten gleichgestellt. Vgl. §§ 141–152 GVG, v. a. das Devolutions- und Substitutionsrecht nach § 145 GVG, die Weisungsgebundenheit gemäß § 146 GVG sowie die Dienstaufsicht nach § 147 GVG. Siehe *Arenhövel,* FS Nehm, 2006, 231–242; *Kelker,* ZStW 118 (2006), 389–426; *Wohlers,* FS Schroeder, 2006, 735 ff.

394. Bindung an Gesetz und Recht

Vergleichen Sie Art. 97 I GG mit Art. 20 III GG. Was fällt Ihnen auf? Wie lässt sich diese sprachliche Diskrepanz erklären und welche inhaltlichen Unterschiede sind damit verbunden?

Nach Art. 97 I GG sind die Richter an das „Gesetz" gebunden, während in Art. 20 III GG von einer Bindung an „Gesetz und Recht" die Rede ist. Art. 97 I GG und Art. 20 III GG wurden von verschiedenen Ausschüssen des Parlamentarischen Rates formuliert. Nach ganz überwiegender Auffassung ist damit kein inhaltlicher Unterschied verbunden. Die Richter sind sowohl an das geschriebene als auch an das ungeschriebene Recht gebunden; die Auslegung der Bestimmungen der Art. 97 I; 20 III GG hat dies zu berücksichtigen.

395. Richtervorbehalt

Das „Gesetz zur Bekämpfung der Bagatellkriminalität" sieht vor, dass Ladendiebstähle bis zu einem Wert von 50 EUR künftig durch die Ordnungsbehörden mit Bußgeldbescheid geahndet werden. Ist dieses Gesetz verfassungsgemäß?

Nein. Der Richtervorbehalt des Art. 92 GG gebietet, dass wenigstens die klassischerweise der Justiz zugewiesenen Aufgaben bei dieser verbleiben. Dazu zählt zumindest der mit einem ethischen Schuldvorwurf verbundene Kernbereich des Strafrechts. Eine bloß mittelbare richterliche Überprüfung der Tat im Rahmen der gerichtlichen Anfechtung des von einer Behörde erlassenen Bußgeldbescheids genügt nicht.

396. Instanzenzug

Durch Bundesgesetz zur Entlastung der Gerichtsbarkeit wird in sämtlichen gerichtlichen Verfahren nur noch eine Tatsacheninstanz vorgesehen und die Zulassung von Rechtsmitteln lediglich auf Fälle grundsätzlicher Bedeutung der Rechtssache beschränkt. Bürger B erblickt darin einen Verstoß gegen Art. 19 IV; 92 ff. GG. Trifft dies zu?

Wohl ja. Art. 19 IV GG garantiert nach hM nur den Rechtsschutz *durch* den Richter, nicht *gegen* den Richter. Auch Art. 92 GG ist keine Garantie von wenigstens zwei Instanzen zu entnehmen. Aus Art. 95 GG folgt indes, dass in ausreichender Zahl überhaupt noch Verfahren zu diesen obersten Bundesgerichten gelangen müssen. Dies erscheint bei Beschränkung auf Fälle grundsätzlicher Bedeutung bereits zweifelhaft. Siehe *Brandner*, FS Erich Brandner, 1996, S. 683 ff.; *Voßkuhle*, Rechtsschutz gegen den Richter, 1996.

397. Abweichende Rechtsprechung

Ein Zivilsenat am BGH will abweichen von einer Entscheidung a) eines anderen Zivilsenats b) eines Strafsenats c) eines Senats des BVerwG d) des BVerfG e) des EuGH. Wer ist jeweils anzurufen?

a) Der Große Senat für Zivilsachen (§ 132 II GVG).

b) Die Vereinigten Großen Senate (§ 132 II GVG).

c) Der Gemeinsame Senat der obersten Gerichtshöfe des Bundes (Art. 95 III GG, § 2 Gesetz zur Wahrung der Einheitlichkeit der Rechtsprechung der obersten Gerichtshöfe des Bundes). Siehe *Meyer,* Die Sicherung der Einheitlichkeit höchstrichterlicher Rechtsprechung durch Divergenz- und Grundsatzvorlage, 1994.

d) Nach § 31 BVerfGG ist eine Abweichung unzulässig. Ggf. kommt aber eine konkrete Normenkontrolle nach Art. 100 I GG in Frage.

e) Eine Abweichung ist unzulässig. Ggf. kommt aber ein Vorabentscheidungsverfahren nach Art. 267 III AEUV in Betracht.

398. Überblick über Verfahren vor dem BVerfG

Welche Verfahren vor dem BVerfG kann man nach dem Grundgesetz unterscheiden?

Das Grundgesetz kennt eine große Anzahl möglicher Verfahren vor dem BVerfG, die teils in Art. 93 GG, teils an anderer Stelle in der Verfassung normiert sind. Diese sind Organstreit (Art. 93 I Nr. 1 GG), abstrakte Normenkontrolle (Art. 93 I Nr. 2, 2a, II GG), Bund-Länder-Streit (Art. 84 IV 2; 93 I Nr. 3 GG), sonstige föderale öffentlich-rechtliche Streitigkeiten (Art. 93 I Nr. 4 GG), Individualverfassungsbeschwerden (Art. 93 I Nr. 4a GG) und kommunale Verfassungsbeschwerden (Art. 93 I Nr. 4b GG). Hinzu treten Grundrechtsverwirkung (Art. 18 GG), Parteiverbot (Art. 21 II 2 GG), Wahlprüfung (Art. 41 II GG), Präsidentenanklage (Art. 61 GG), Richteranklage (Art. 98 GG), Tätigwerden als Landesverfassungsgericht (Art. 99 GG), konkrete Normenkontrolle (Art. 100 I GG), Kontrolle allgemeiner Regeln des Völkerrechts (Art. 100 II GG), Divergenzverfahren (Art. 100 III GG) sowie Normenqualifizierungsverfahren (Art. 126 GG).

399. Unterschied zwischen Art. 93 I Nr. 5 GG und Art. 93 III GG

Worin liegt der Unterschied zwischen Art. 93 I Nr. 5 GG und Art. 93 III GG?

Art. 93 I Nr. 5 GG bezieht sich auf die übrigen nach dem GG vorgesehenen Verfahren vor dem BVerfG, Art. 93 III GG hat die einfachgesetzlich dem BVerfG zugewiesenen Verfahren im Blick. Dazu zählen etwa die Versetzung von Richtern

des BVerfG in den Ruhestand (§ 105 BVerfGG), die Feststellung verbotener Ersatzorganisationen (§ 33 II PartG), die Rechtswegentscheidungen (§ 50 III VwGO;
§ 39 II 2, 3 SGG), die Wahlprüfung bei der Wahl der deutschen Abgeordneten
zum Europaparlament (§ 26 III EuWG), die Verfassungsmäßigkeit der Einsetzung
eines Untersuchungsausschusses (§ 36 II UAG) und die Vorlage von Beweismitteln
an diesen (§ 18 III UAG). Im Jahr 2011 kam das Verfahren betreffend die Entschädigung bei überlanger Verfahrensdauer vor dem BVerfG (sog. Verzögerungs-
beschwerde) gemäß §§ 97a bis 97e BVerfGG hinzu.

400. Verfassungsprozessuale Regelungen in einfachen Bundesgeset-zen

**In welchen einfachen Bundesgesetzen finden sich Vorschriften über das Ver-
fahren vor dem BVerfG?**

Die meisten Regelungen finden sich im BVerfGG, der Prozessordnung für das
Verfahren vor dem BVerfG. Hinzukommen verstreute Einzelregelungen, so in
§§ 32 f. PartG; § 16 WahlprüfG. Entsprechende Anwendung finden außerdem
§§ 8 II; 10 ff. VereinsG.

401. Verfassungsprozessuale Generalklausel?

**a) Sind die Zuständigkeiten des BVerfG enumerativ begrenzt oder besteht
eine verfassungsprozessuale Generalklausel? Welche Gründe haben zu dieser
Konstruktion geführt?**
b) Wie könnte eine solche Generalklausel lauten?

a) Die Zuständigkeiten des BVerfG sind enumerativ begrenzt. Es besteht keine
verfassungsprozessuale Generalklausel, wie sie etwa für die ordentliche Gerichtsbarkeit aus § 13 GVG und für die Verwaltungsgerichtsbarkeit aus § 40 I VwGO
bekannt ist. Damit wird nicht nur einer weiteren Überlastung des BVerfG vorgebeugt, sondern auch der Spielraum der übrigen Verfassungsorgane gewahrt, der
bei einer lückenlosen gerichtlichen Überprüfbarkeit, etwa von Koalitionsvereinbarungen, verloren ginge. Allerdings darf nicht übersehen werden, dass durch die
Vielzahl der möglichen Verfahren vor dem BVerfG, insb. durch Verfassungsbeschwerde und Organstreit, faktisch eine verfassungsgerichtliche Überprüfung
nahezu aller Staatsakte erreicht werden kann.

b) Bei der Formulierung einer solchen Generalklausel könnte man sich an § 40 I
VwGO orientieren. Es könnte etwa folgende Formulierung gewählt werden: „Der
Rechtsweg zum BVerfG ist in allen bundesverfassungsrechtlichen Streitigkeiten
gegeben, soweit diese nicht durch dieses Grundgesetz einem anderen Gericht ausdrücklich zugewiesen sind."

402. Funktion des § 13 BVerfGG

Welche Funktion hat § 13 BVerfGG?

§ 13 BVerfGG stellt übersichtlich die vor dem BVerfG möglichen Verfahrensarten zusammen. Er bildet eine Art Scharniernorm, welche die verstreuten Vorschriften des Grundgesetzes mit den Verfahrensarten im besonderen Teil des BVerfGG verbindet. Dabei hätte eine ersatzlose Streichung des § 13 BVerfGG keine rechtlichen Folgen.

403. Reichweite des § 23 BVerfGG

Für welche Verfahrensarten vor dem BVerfG gilt § 23 I BVerfGG?

Wie sich aus der Stellung des § 23 I BVerfGG im mit „Allgemeine Verfahrensvorschriften" betitelten Ersten Abschnitt des II. Teils des BVerfGG ergibt, gilt das darin normierte Schriftformerfordernis für alle Verfahrensarten vor dem BVerfG, einschließlich des vorläufigen Rechtsschutzes.

404. Klage- und Antragsfristen vor dem BVerfG

Welche Verfahrensarten vor dem BVerfG sind fristgebunden und gibt es hier eine dem § 23 BVerfGG vergleichbare Regelung?

Bei den Verfahren vor dem BVerfG ist zwischen gesetzlichen und richterlichen Fristen zu unterscheiden. Eine der Formvorschrift des § 23 BVerfGG vergleichbare allgemeine gesetzliche Fristenregelung existiert nicht, stattdessen stellt der Gesetzgeber einzelne Fristenregelungen auf und verweist für andere Verfahrensarten darauf. Solche gesetzlichen Fristen sind für die meisten Verfahrensarten angeordnet, so gelten Fristen von einem Monat für das Mängelrügeverfahren (§ 70 BVerfGG) und die Urteilsverfassungsbeschwerde (§ 93 I BVerfGG), von zwei Monaten für die Wahlprüfung (§ 48 I BVerfGG), von drei Monaten für die Präsidentenanklage (§ 50 BVerfGG), von sechs Monaten für die Richteranklage (§ 58 II 2 BVerfGG), den Organstreit (§ 64 III BVerfGG), den Bund-Länder-Streit (§§ 64 III; 69 BVerfGG), sonstige öffentlich-rechtliche Streitigkeiten (§§ 64 III; 71 II BVerfG) sowie für das Tätigwerden als Landesverfassungsgericht (§§ 64 III; 73 II BVerfGG), von einem Jahr für die Rechtssatzverfassungsbeschwerde (§ 93 III BVerfGG) und von zwei Jahren für die Richteranklage (§ 58 III BVerfGG).

Keine gesetzlichen Fristen sind angeordnet für die Normenkontrollverfahren, und zwar für die abstrakte Normenkontrolle (§§ 76 ff. BVerfGG), die konkrete Normenkontrolle (§§ 80 ff. BVerfGG), die Kontrolle allgemeiner Regeln des Völkerrechts (§§ 83 f. BVerfGG), das Divergenzverfahren (§ 85 BVerfGG) sowie das Normenqualifizierungsverfahren (§§ 86 ff. BVerfGG).

Richterlich festgesetzte Äußerungsfristen sieht das BVerfGG vor bei der abstrakten Normenkontrolle (§ 77 BVerfGG), der konkreten Normenkontrolle (§§ 77; 82 I BVerfGG), der Kontrolle allgemeiner Regeln des Völkerrechts (§ 83 II 1 BVerfGG), dem Divergenzverfahren (§ 85 II BVerfGG), dem Normenqualifizierungsverfahren (§§ 77; 82 I; 88 BVerfGG) sowie der Verfassungsbeschwerde (§ 94 BVerfGG).

405. Bindungswirkung der Entscheidungen des BVerfG

Binden die Entscheidungen des BVerfG nur die Verfahrensbeteiligten (inter partes) oder kommt ihnen allgemeine Wirkung (erga omnes) zu?

Die Entscheidungen des BVerfG binden wie alle Gerichtsentscheidungen die Verfahrensbeteiligten inter partes. Darüber hinaus ordnet § 31 I BVerfGG eine Bindung aller Staatsorgane des Bundes und der Länder an, und § 31 II BVerfGG erkennt gar den Entscheidungen über die Gültigkeit von Gesetzen ihrerseits Gesetzeskraft zu. Art. 93 II 2 GG bestimmt für den Sonderfall der Feststellung entfallener Erforderlichkeit eines Bundesgesetzes sogar, dass die Entscheidung des BVerfG das feststellende Bundesgesetz ersetzt. Insoweit liegt eine Bindung erga omnes vor.

406. Vergleich mit Verfahren vor dem EuGH

Welche Verfahren vor dem EuGH kennen Sie und welchen Verfahrensarten vor dem BVerfG sind diese mutatis mutandis vergleichbar?

Die wichtigsten Verfahrensarten sind:

(1) Art. 258 AEUV Vertragsverletzungsverfahren, eingeleitet durch die Kommission gegen einen Mitgliedstaat; vgl. Bund-Länder-Streit (Art. 93 I Nr. 3, Nr. 4, Var. 1 GG).

(2) Art. 259 AEUV Vertragsverletzungsverfahren, eingeleitet durch einen Mitgliedstaat gegen einen anderen; vgl. Länderstreit (Art. 93 I Nr. 4, Var. 2 GG).

(3) Art. 263 I–III, VI; 264 AEUV Nichtigkeitsklage, erhoben durch einen Mitgliedstaat, den Rat oder die Kommission als privilegierter Kläger gegen ein Organ der EU; vgl. teils abstrakte Normenkontrolle (Art. 93 I Nr. 2 GG), teils Organstreit (Art. 93 I Nr. 1 GG).

(4) Art. 263 IV, V; 264 AEUV Nichtigkeitsklage, erhoben durch eine natürliche oder juristische Person als nicht-privilegierter Kläger gegen ein Organ der EU; vgl. Verfassungsbeschwerde (Art. 93 I Nr. 4a GG).

(5) Art. 265 f. AEUV Untätigkeitsklage, erhoben durch einen Mitgliedstaat oder ein Organ der EU gegen ein Organ der EU; vgl. teils Bund-Länder-Streit (Art. 93 I Nr. 3, Nr. 4, Var. 1 GG), teils Organstreit (Art. 93 I Nr. 1 GG).

(6) Art. 267 AEUV Vorabentscheidung über die Auslegung des Primär- und Sekundärrechts auf Vorlage eines einzelstaatlichen Gerichts; vgl. konkrete Normenkontrolle (Art. 100 I GG).

(7) Art. 268, 340 AEUV (außervertragliche) Amtshaftung; vgl. Verfahren vor den ordentlichen Gerichten, nicht vor dem BVerfG (§ 839 BGB; Art. 34 S. 3 GG).

(8) Art. 278 f. AEUV einstweilige Anordnung, in jedem Hauptsacheverfahren möglich; vgl. einstweilige Anordnung (§ 32 BVerfGG).

407. Wahl der Bundesrichter

Wer hat den Richter R am Bundesarbeitsgericht gewählt und ernannt?

R wurde gemäß Art. 95 II GG durch den Bundesminister für Arbeit und Soziales im Zusammenwirken mit dem Richterwahlausschuss berufen, der aus den für Arbeit und Soziales zuständigen 16 Landesministern und 16 weiteren vom Bundestag gewählten Mitgliedern besteht. Ernannt wurde R nach Art. 60 I GG durch den Bundespräsidenten. Siehe *Ehlers,* Verfassungsrechtliche Fragen der Richterwahl, 1998; *Jahn,* DRiZ 2001, 424; *Zätzsch,* Richterliche Unabhängigkeit und Richterauswahl in den USA und Deutschland, 2000.

408. Zusammenführung der Gerichtszweige

Im Land X werden im Zuge einer Justizreform Verwaltungs-, Sozial- und Finanzgerichte in einer allgemeinen zweistufigen Verwaltungsgerichtsbarkeit zusammengeführt. Liegt ein Grundgesetzverstoß vor?

Nein. Art. 95 I GG garantiert selbstständige Verwaltungs-, Sozial- und Finanzgerichte nur auf Bundesebene. Auf der Landesebene der Unter- und Mittelinstanz können diese Gerichtsbarkeiten auch vereinheitlicht werden. Siehe *Dury,* ZRP 2005, 262–264; *Mackenroth,* NJ 2005, 481–485; *Weber-Grellet,* DRiZ 2006, 22–26.

409. Weitere Bundesgerichte

Welche weiteren Bundesgerichte kann der Bund über die in Art. 95 GG genannten hinaus errichten?

Gemäß Art. 96 GG kann der Bund ein Bundespatentgericht, Wehrstrafgerichte und sowie Disziplinargerichte errichten. Siehe *Pakuscher,* FS Lorenz, 2001, S. 19 ff.; *Schmieder,* NJW 2001, 2065–2066.

410. Richterbriefe

Der Präsident des Landgerichts verteilt an die ihm unterstellten Richter Kopien von Urteilen, die er für besonders gelungen hält, mit dem schriftlichen Zusatz „Zur besonderen Beachtung empfohlen!". Bestehen Bedenken gegen dieses Vorgehen?

Ja. Darin liegt eine Verletzung der richterlichen Unabhängigkeit nach Art. 97 I GG, die sich insb. auf den Inhalt richterlicher Entscheidungen bezieht. Zwar erteilt der Landgerichtspräsident keine ausdrückliche Anweisung, Urteile im Sinne der verteilten Entscheidungen abzufassen, er übt aber einen einer solchen Weisung vergleichbaren faktischen Zwang aus. Vgl. die entsprechenden „Richterbriefe" während der Zeit des Nationalsozialismus; siehe dazu *Boberach,* Richterbriefe, 1975; *Wahl,* Die Richterbriefe, 1981.

9. Finanzwesen

Literatur: *Berg,* Sonderabgaben – Möglichkeiten und Grenzen im Wirtschaftsverwaltungs- und Umweltrecht, GewArch 2006, 441–446; *Elsner/Kaltenborn,* Sonderabgaben im Steuerstaat, JA 2005, 823–828; *Gröpl,* Haushaltsrecht und Reform, 2001; *Jäkel,* Sonderabgaben im System der grundgesetzlichen Finanzverfassung und der Rechtsprechung des BVerfG, Jura 2017, 630–640; *Kluth,* Die verfassungsrechtlichen Anforderungen an die Erhebung von Sonderabgaben, JA 1996, 260–264; *Kube,* Finanzgewalt in der Kompetenzordnung, 2004; *Puhl,* Budgetflucht und Haushaltsverfassung, 1996; *Schmehl,* Das Äquivalenzprinzip im Recht der Staatsfinanzierung, 2004; *Schwarz/Reimer,* Schwerpunktbereich – Einführung in das Finanz- und Haushaltsverfassungsrecht (Art. 104a bis 115 GG), JuS 2007, 119–126, 219–225; *Tappe/Wernsmann,* Öffentliches Finanzrecht, 2. Auflage 2019; *Ullmann,* Der deutsche Steuerstaat, 2005; *Zeising,* Grundlagen des Finanzverfassungsrechts und neue Schuldenbremse, NJ 2016, 189–197.

411. Abgabenbegriffe

Definieren Sie Steuern, Beiträge, Gebühren und Vorzugslasten.

(1) Steuern sind Geldleistungen, die nicht eine Gegenleistung für eine besondere Leistung darstellen und von einem öffentlich-rechtlichen Gemeinwesen zur Erzielung von Einnahmen allen auferlegt werden, bei denen der Tatbestand zutrifft, an den das Gesetz die Leistungspflicht knüpft; die Erzielung von Einnahmen kann Nebenzweck sein. Vgl. auch die einfachgesetzliche Definition des § 3 I AO, die der verfassungsrechtlichen Bestimmung entspricht. Beispiele sind Einkommen-, Körperschaft-, Umsatz- und Grundsteuer.

(2) Beiträge sind öffentlich-rechtliche Geldleistungen, die wegen der Möglichkeit der Inanspruchnahme öffentlicher Leistungen dem Beitragsschuldner durch eine öffentlich-rechtliche Norm oder sonstige hoheitliche Maßnahmen auferlegt werden und dazu bestimmt sind, die Kosten der Leistung ganz oder teils zu decken (vgl. BVerfGE 91, 209 (224); 124, 348). Beispiele sind Straßenerschließungs- und -ausbaubeiträge und die Kurtaxe.

(3) Gebühren sind öffentlich-rechtliche Geldleistungen, die aus Anlass individuell zurechenbarer, öffentlicher Leistungen dem Gebührenschuldner durch eine öffentlich-rechtliche Norm oder sonstige hoheitliche Maßnahmen auferlegt werden und dazu bestimmt sind, in Anknüpfung an diese Leistung deren Kosten ganz oder teils zu decken. (BVerfGE 50, 217 (226)). Beispiele sind Abwasser- und Müllgebühren.

(4) Vorzugslasten lautet der Oberbegriff für Beiträge und Gebühren. Siehe *Wegge*, KStZ 1999, 41–46.

---

412. Sonderabgaben

a) Was versteht man unter Sonderabgaben, wann sind diese verfassungsrechtlich zulässig und warum werden so strenge Anforderungen an sie gestellt?

b) Zur Förderung der Solarenergie wird von allen Stromverbrauchern durch Bundesgesetz ein „Solartaler" iHv 10 Cent je kWh Strom erhoben. Das Aufkommen fließt in einen Fonds, aus dem Projekte zur Erforschung der Solarenergie unterstützt werden. Zu Recht?

c) Die Filmförderungsanstalt, eine Bundesanstalt des öffentlichen Rechts, hat die Aufgabe, Kinofilme in allen Phasen des Entstehens und der Verwertung zu fördern. Sie finanziert sich über die Filmabgabe, die von Filmverwertern – wie beispielsweise Kinobetreibern oder Fernsehsendern – auf Grundlage eines Bundesgesetzes erhoben wird. Zu Recht?

a) Sonderabgaben stellen eine weitere Abgabenform neben Steuern und Vorzugslasten dar, die im Grundgesetz nicht erwähnt, vom BVerfG (E 82, 159; 93, 319) jedoch entgegen zahlreicher Stimmen in der Literatur für zulässig gehalten wird, wenn die folgenden sechs Kriterien erfüllt sind: (1) Der Gesetzgeber muss einen spezifischen Sachzweck verfolgen, der über bloße Mittelbeschaffung hinausgeht. (2) Es muss eine abgrenzbare, homogene gesellschaftliche Gruppe in Anspruch genommen werden. (3) Diese muss wesentlich näher zum Abgabenzweck stehen als die Allgemeinheit der Steuerzahler (sog. Sachverantwortung). (4) Das Abgabenaufkommen muss gruppennützig im Interesse der Abgabenpflichtigen verwendet werden. (5) Der Gesetzgeber hat die Erhebung der Sonderabgabe periodisch zu überprüfen. (6) Das Aufkommen aus der Sonderabgabe ist in einer Anlage zum Haushaltsplan auszuweisen. Das BVerfG stellt so strenge Anforderungen, um zu verhindern, dass durch das Institut der Sonderabgaben die grundgesetzliche Kompetenzverteilung im Finanzbereich zwischen Bund und Ländern ausgehebelt wird. Siehe *Berg*, GewArch 2006, 441–446; *Ossenbühl*, DVBl. 2005, 667–675; *Wende*, NVwZ 2006, 765–771.

b) Nein. Bei dem „Solartaler" handelt es sich um eine im Grundgesetz nicht vorgesehene Abgabe. Diese ist als Sonderabgabe unzulässig, weil der Gesetzgeber damit zwar einen spezifischen Sachzweck verfolgt, der auch über bloße Mittelbeschaffung hinausgeht, mit der Gesamtheit der Stromverbraucher aber keine abgrenzbare, homogene gesellschaftliche Gruppe in Anspruch genommen wird, die Stromverbraucher der Förderung der Solarenergie nicht näher stehen als die Allgemeinheit der Steuerzahler und das Abgabenaufkommen nicht gruppennützig im Interesse der Abgabenpflichtigen verwendet wird. Siehe BVerfGE 91, 186 (Kohlepfennig).

183

c) Ja. Die Filmförderung gehört zum Recht der Wirtschaft nach Art. 74 I Nr. 11, 72 II GG, so dass der Bund für die Gesetzgebung zuständig ist. Dem steht nicht entgegen, dass der Gesetzgeber mit wirtschaftsbezogenen Regelungen zugleich kulturelle Zwecke verfolgt. Die Regelung ist auch im Sinne des Art. 72 II GG zur Wahrung der Wirtschaftseinheit erforderlich, weil landesrechtliche Förderungen den Mittelempfänger in seinen Auswahl- und Entfaltungsmöglichkeiten auf regionale Anbieter beschränken. Dadurch kann dieser nicht auf die besten verfügbaren Ressourcen zurückgreifen. Die Gruppe der Filmverwerter ist homogen genug und kann von der übrigen Gesellschaft abgegrenzt werden. Sie stehen dem spezifischen Abgabenzweck (Förderung der deutschen Filmindustrie) deutlich näher als die Allgemeinheit und das Abgabenaufkommen wird gruppennützig verwendet. Siehe BVerfGE 135, 155.

Übersicht 18: Abgabenarten

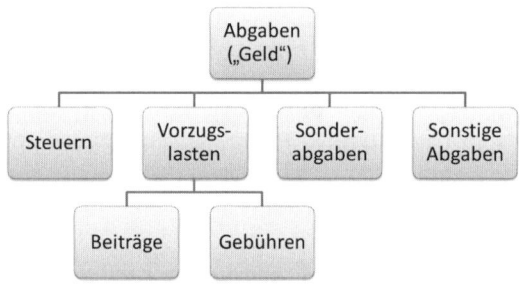

413. Kompetenzen im Finanzwesen

Welche Kompetenzen kann man im Rahmen des Abschnitts Finanzwesen des Grundgesetzes unterscheiden?

Man kann die Steuergesetzgebungskompetenz (Art. 105 GG), die Steuerverwaltungskompetenz (Art. 108 GG) sowie die Steuerertragskompetenz (Art. 106 GG) unterscheiden.

414. Verteilung der Ausgabenkompetenzen

Nach welchem allgemeinen Prinzip sind die Ausgabenkompetenzen verteilt?

Nach Art. 104a I GG gilt der Grundsatz, dass Bund und Länder gesondert die Ausgaben tragen, die sich aus der Wahrnehmung ihrer Aufgaben ergeben (Vollzugskonnexität). Schlagwortartig zusammengefasst heißt dies: Die Ausgaben folgen den Aufgaben. Siehe *Wagner*, ZRP 2003, 308–314.

415. Durchbrechungen des Konnexitätsprinzips

Welche Durchbrechungen des Konnexitätsprinzips kennen Sie?

(1) Im Falle der Bundesauftragsverwaltung trägt der Bund die anfallenden Zweckausgaben (Art. 104a II GG).

(2) Bei Geldleistungsgesetzen kann bestimmt werden, dass der Bund die Kosten ganz oder zum Teil trägt (Art. 104a III 1 GG; Beispiel: Wohngeldgesetz). Trägt der Bund die Hälfte oder mehr der Kosten, wird das Gesetz im Auftrag des Bundes ausgeführt (Art. 104a III 2; allerdings ohne die Rechtsfolge des Art. 104a II GG).

(3) Eine weitere Durchbrechung stellen die Gemeinschaftsaufgaben nach Art. 91a bis 91e GG dar. Siehe *Marnitz*, Die Gemeinschaftsaufgaben des Art. 91a GG als Versuch einer verfassungsrechtlichen Institutionalisierung der bundesstaatlichen Kooperation, 1974.

416. Zweck- und Verwaltungsausgaben

Worin liegt der Unterschied zwischen Zweck- und Verwaltungsausgaben?

Diese Unterscheidung liegt der Systematik des Art. 104a GG zugrunde. Verwaltungsausgaben im Sinne des Art. 104a V GG sind die Kosten für den Unterhalt des Verwaltungspersonals und den Betrieb der Verwaltungseinrichtungen. Zweckausgaben nach Art. 104a I, II GG sind die bei der Erfüllung der Sachaufgabe entstehenden Kosten. Näheres soll ein Gesetz nach Art. 104a V 2 GG regeln, das aber bisher noch nicht erlassen wurde.

417. Steuergesetzgebungskompetenz

a) Bei welchem Hoheitsträger liegt der Schwerpunkt des Steuergesetzgebungsrechts?
b) Wodurch unterscheidet sich die Bedeutung des Art. 72 II GG im Rahmen des Finanzwesens von seiner Funktion bei den allgemeinen Gesetzgebungskompetenzen des Bundes?

a) Der Schwerpunkt liegt beim Bund nach Art. 105 I, II GG.

b) Im Rahmen des Finanzwesens begründet die Herstellung gleichwertiger Lebensverhältnisse bzw. die Wahrung der Rechts- und Wirtschaftseinheit nach Art. 72 II iVm 105 II, Alt. 2 GG alleine eine Bundesgesetzgebungskompetenz. Art. 72 II GG steht insoweit im Verhältnis der Alternativität zu den anderen Kompetenztiteln des Art. 105 GG. Im Rahmen der allgemeinen Gesetzgebungskompetenzen des Bundes indes müssen die Erfordernisse der Gleichstellungsklausel des Art. 72 II GG kumulativ zu den dort aufgeführten Kompetenztiteln vorliegen, um eine Bundesgesetzgebungskompetenz zu begründen (vgl. Frage 298).

418. Sonderfall UMTS-Telekommunikationslizenzen

Im Jahr 2002 erzielte der Bund durch die Versteigerung der UMTS-Tele-kommunikationslizenzen Einnahmen in Höhe von fast 100 Mrd. EUR. Die Länder beanspruchen davon die Hälfte gestützt auf Art. 106 III GG. Zu Recht?

Nein. Obgleich die Rechtsnatur der Lizenzeinnahmen nicht abschließend geklärt ist, so handelt es sich dabei doch um keine Steuereinnahmen. Mangels besonderer grundgesetzlicher Regelung verbleibt es daher bei dem allgemeinen Grundsatz, dass Einnahmen als Annex der staatlichen Ebene zustehen, die dafür die Gesetzgebungs- (Art. 73 I Nr. 7 GG) und Verwaltungskompetenz (Art. 87f GG) hat. Siehe BVerfGE 105, 185.

419. Kommunale Finanzquellen

a) Welches Steueraufkommen steht den Gemeinden zu?
b) Welche Finanzquellen stehen einem Landkreis zur Verfügung? Genügt diese Finanzausstattung dem Art. 28 II 3, Hs. 1 GG?

a) Die Gemeinden erhalten einen Anteil am Aufkommen der Einkommensteuer (Art. 106 V GG) und der Umsatzsteuer (Art. 106 Va GG). Gemäß Art. 106 VI GG steht ihnen das Aufkommen der Grund- und Gewerbesteuer sowie der örtlichen Verbrauch- und Aufwandsteuern (zB Hundesteuer; Pferdesteuer; Vergnügungssteuer; Zweitwohnungsteuer; Übernachtungsteuer) zu. Laut Art. 106 VII GG fließt ihnen im Rahmen des kommunalen Finanzausgleichs ein Anteil am Länderanteil der Gemeinschaftssteuern nach Art. 106 III GG zu.

b) Ein Landkreis verfügt als eigene Steuerquellen idR nur über die ihm von dem jeweiligen Land in Ausschöpfung der Kompetenz des Art. 106 VI 1 Hs. 2 Alt. 2 GG durch das Kommunalabgabengesetz zugewiesenen Erträge aus Jagd- und Fischereisteuer sowie ggf. der Schankerlaubnissteuer/Getränkesteuer. Im Übrigen erhebt er von den kreisangehörigen Kommunen gemäß Art. 106 VI 6 GG eine Kreisumlage als öffentlich-rechtliche Verbandslast und ist auf Mittel aus dem kommunalen Finanzausgleich angewiesen. Dieses System des Landkreises als „Kostgänger der Gemeinden" wird Art. 28 II 3 GG nicht hinreichend gerecht, weil die auch den Landkreisen gewährleistete finanzielle Eigenverantwortung den Zugriff auf eigene Steuerquellen in nicht völlig unbedeutenden Umfang verlangt (str.).

420. Steuerfindungsrecht

a) Was ist das Steuerfindungsrecht und steht es den Gemeinden zu?
b) Die Stadt S möchte eine Zweitwohnungsteuer einführen. Ist dies verfassungsrechtlich möglich?
c) Wie b), aber S plant die Einführung einer Verpackungsteuer.

a) Das Steuerfindungsrecht ist das Recht, neue Steuern einzuführen oder bestehende zu verändern. Insofern kann man es auch als „Steuer*er*findungsrecht" bezeichnen. Nach Auffassung des BVerfG(E 145, 171) besteht ein Steuerfindungsrecht nur, soweit die Steuer unter eine der in Art. 106 GG genannten Steuern eingeordnet und ihr Ertrag entsprechend zwischen Bund, Ländern und Kommunen verteilt werden kann (aA *Th. Schmidt,* StuW 2015, 171–190). Sofern den Ländern ein Findungsrecht hinsichtlich der örtlichen Verbrauch- und Aufwandsteuern gemäß Art. 105 IIa GG zukommt, haben sie dieses durch ihre Kommunalabgabengesetze in großem Umfang auf die Gemeinden übertragen. Zum Teil enthalten die Landesverfassungen weitgehende Gewährleistungen, siehe zB Art. 99 S. 1 BbgV. Ob daneben bereits aus der gemeindlichen Allzuständigkeit, die sich aus der kommunalen Selbstverwaltungsgarantie ergibt, ein gemeindliches Steuerfindungsrecht folgt, war umstritten. (vgl. *Flach,* Kommunales Steuerfindungsrecht und Kommunalaufsicht, 1998; *Mohl,* Die Einführung und Erhebung neuer Steuern aufgrund des kommunalen Steuerfindungsrechts, 1992), dürfte angesichts der neueren Rechtsprechung des BVerfG aber zu verneinen sein.

b) Die Zweitwohnungsteuer stellt eine grds. verfassungsrechtlich zulässige Erfindung dar, weil sie an den im Halten einer zweiten Wohnung zum Ausdruck kommenden besonderen Aufwand und damit an die Leistungsfähigkeit des Steuerpflichtigen anknüpft (BVerfGE 65, 325; einschränkend nun BVerfGE 114, 316).

c) Nach Ansicht des BVerfG (E 98, 106) ist die Erhebung einer Verpackungsteuer durch die Kommunen hingegen verfassungswidrig, weil diese zwar eine örtliche Verbrauchsteuer darstelle, welche bundesgesetzlich geregelten Steuern auch nicht gleichartig sei. Die damit beabsichtigten Lenkungswirkungen widersprächen aber der Gesamtkonzeption des auf der Grundlage des Art. 74 I Nr. 24 GG erlassenen KrW-/AbfG mit dem darin verfolgten Kooperationsprinzip. Dieses ist auch im Nachfolgegesetz, dem KrWG, enthalten.

421. Verteilung des Steueraufkommens

Was versteht man bei der Verteilung des Steueraufkommens unter
a) dem Trennsystem?
b) dem Verbundsystem?
c) dem Aufkommenssystem?
d) dem Bedarfssystem?

Diese Begriffe beziehen sich auf die Verteilung des Steueraufkommens.

a) Beim Trennsystem nach Art. 106 I, II, VI GG wird das Aufkommen der dort genannten Steuern getrennt entweder dem Bund oder den Ländern, einschließlich der Kommunen, zugewiesen.

b) Beim Verbundsystem gemäß Art. 106 III, V GG wird das dort bezeichnete Steueraufkommen unter Bund und Ländern inkl. Kommunen gemeinsam verteilt.

c) Das Aufkommenssystem nach Art. 107 I 1 GG betrifft die Verteilung des Aufkommens der Landessteuern nach der örtlichen Vereinnahmung.

d) Das Bedarfssystem laut Art. 107 I 4 GG erfasst eine Verteilung des Aufkommens der Landessteuern nach der Einwohnerzahl, dh nach einem pauschalierten Bedarf.

---

422. Finanzausgleich bis zum 31.12.2019

a) Was versteht man unter dem vertikalen und horizontalen, was unter dem primären und sekundären Finanzausgleich?
b) In welcher Reihenfolge sind diese Finanzausgleichsregelungen heranzuziehen?

---

a) Der vertikale Finanzausgleich betrifft primär die Aufteilung der Steuererträge zwischen Bund und Ländern einschließlich Kommunen gemäß Art. 106 I–VI GG sekundär den Ausgleich der unterschiedlichen Leistungskraft der Länder durch Bundesergänzungszuweisungen gemäß Art. 107 II 3 aF GG iVm Art. 143g GG. Der horizontale Finanzausgleich erfasst primär die Aufteilung der den Ländern insgesamt zugewiesenen Steuererträge unter den Ländern nach Art. 107 I aF GG iVm Art. 143g GG, sekundär den Ausgleich unterschiedlicher Finanzkraft der Länder durch Umverteilungsmechanismen gemäß Art. 107 II 1, 2 aF GG iVm Art. 143g GG.

b) Diese vier Stufen sind in der Reihenfolge primär vertikal, primär horizontal, sekundär horizontal, sekundär vertikal heranzuziehen. Siehe zur rechtswissenschaftlichen Behandlung: *Häde,* Finanzausgleich, 1996; *Kesper,* Bundesstaatliche Finanzordnung, 1998; *Korioth,* Der Finanzausgleich zwischen Bund und Ländern, 1997.

---

423. Finanzausgleich ab 2020 und Finanzhilfen

a) Inwiefern weicht die neue Rechtslage zum Finanzausgleich ab 2020 von der bisherigen ab?
b) Welche weiteren Finanzhilfen kann der Bund gewähren?

---

a) Der Bund-Länder-Finanzausgleich erhält teilweise eine neue Struktur: Die erste Stufe der Verteilung des Steueraufkommens zwischen Bund und Ländern bleibt erhalten. Jedoch tritt an die Stelle der bisherigen zweiten Stufe des Umsatzsteuervorwegausgleichs und der dritten Stufe der Ausgleichsverpflichtung finanzstarker Länder ein einstufiger Ausgleich: Finanzschwache Länder erhalten zu Lasten finanzstarker Länder einen Zuschlag zum Länderanteil an der Umsatzsteuer. Insgesamt werden die Länder ab 2020 entlastet: Sie erhalten weitere Umsatzsteueranteile zu Lasten des Bundes und außerdem auf der letzten Stufe des Ausgleichs höhere Bundesergänzungszuweisungen.

b) Zum einen kann der Bund den Ländern gemäß Art. 104b I 1 GG Finanzhilfen für besonders bedeutsame Investitionen gewähren, soweit ihm Gesetzgebungsbefugnisse zustehen. Zum anderen kann er nach Art. 104b I 2 GG den Ländern im Fall von Naturkatastrophen oder anderen Notständen auch ohne Gesetzgebungsbefugnisse Finanzhilfen zukommen lassen. Schließlich ermöglicht der neugeschaffene Art. 104c GG dem Bund ausnahmsweise die Förderung der Schulinfrastruktur finanzschwacher Gemeinden (hierzu *Lindner,* Art. 104c GG als Grundlage einer Bundes-Schulpolitik, NVwZ 2018, 1843–1846). Nach Art. 104b II 2, 3 GG nF kann der Bund die Grundzüge der Ausgestaltung der Länderprogramme zur Verwendung der Hilfsmittel festlegen.

424. Haushaltsgrundsätze

Der Bundestag beschließt ein neues Haushaltsgesetz. Sind dessen nachfolgende Regelungen mit dem Grundgesetz vereinbar?
a) Der Haushalt wird für den Bund und das finanziell Not leidende Land Berlin für das vergangene, gegenwärtige und künftige Jahr aufgestellt.
b) Der Haushalt verfolgt einseitig das vorrangige Ziel der Bekämpfung der Arbeitslosigkeit und nimmt dafür eine verstärkte Inflation in Kauf.
c) In dem Haushalt werden lediglich die Zahlungen von dem ERP-Fonds ausgewiesen, aber nicht die einzelnen Einnahmen und Ausgaben dieser Vermögensmasse.
d) Der Haushalt schließt mit einem Defizit von 20 Mrd. EUR.
e) Die A-Fraktion hat dem Haushalt nur zugestimmt, nachdem im Haushaltsgesetz der Nötigungstatbestand des StGB geändert wurde.

a) Nein. Gemäß Art. 109 I GG sind der Bund und die Länder in ihrer Haushaltswirtschaft selbstständig und voneinander unabhängig, weshalb sie jeder für sich einen Haushalt aufzustellen haben. Außerdem ist der Haushalt gemäß Art. 110 II 1 GG vor Beginn des ersten Rechnungsjahres festzustellen, weshalb zumindest die Regelungen für das vergangene Jahr verfassungswidrig sind. Wie sich aus Art. 110 II 1 GG ergibt, kann der Haushalt i. Ü. auch für mehrere Jahre aufgestellt werden.

b) Nein. Das gesamtwirtschaftliche Gleichgewicht gemäß Art. 109 II GG besteht aus niedriger Arbeitslosenquote, Preisstabilität, angemessenem Wirtschaftswachstum und außenwirtschaftlichem Gleichgewicht. Zwar können diese vier Ziele nicht alle gleichzeitig vollständig realisiert werden, weshalb man auch von dem „magischen Viereck" spricht. Gleichwohl verstößt die einseitige Bevorzugung eines dieser vier Ziele gegen Art. 109 II GG. Siehe *Häde,* JZ 1997, 269–276.

c) Ja. Gemäß Art. 110 I 1 GG brauchen bei Sondervermögen nur die Zuführungen oder Ablieferungen eingestellt werden. Insoweit werden die Grundsätze der Haushaltseinheit und -klarheit eingeschränkt.

d) Nein. Gemäß Art. 110 I 2 GG ist der Haushalt in Einnahmen und Ausgaben auszugleichen. Dies hat, wenn keine Sparmaßnahmen erfolgen und andere Einnahmequellen ausgeschöpft sind, notfalls durch Kreditaufnahme zu erfolgen, wobei die Grenzen der Art. 109 III; 115 GG zu beachten sind.

e) Nein. Hier liegt ein Verstoß gegen Art. 110 IV 1 GG vor. Dieses sog. Bepackungsverbot sollte in Zeiten des Frühkonstitutionalismus die monarchische Exekutive vor dem Parlament schützen; unter dem Grundgesetz stellt es einen Anachronismus dar, der am ehesten noch der Wahrung des besonderen Charakters des Haushaltsgesetzes als Finanz- und Zeitgesetz mit Einbringungsmonopol der

Bundesregierung dient. Siehe *v. Portatius,* Das haushaltsrechtliche Bepackungsverbot, 1974.

425. Schuldenbremse

a) Was versteht man unter der so genannten „Schuldenbremse"?
b) Wer ist nach welchen Verfassungsnormen an die Schuldenbremse gebunden?
c) Wie wird einigen Ländern finanziell die Einhaltung der Schuldenbremse für eine Übergangszeit erleichtert?
d) Das BVerfG wird von einem Viertel der Bundestagsabgeordneten im Wege der abstrakten Normenkontrolle angerufen, weil der Bundeshaushalt gegen die Schuldenbremse verstößt. Wie wird das BVerfG entscheiden?

a) Die so genannte „Schuldenbremse" bezeichnet die Regelungen im Grundgesetz und in den Landesverfassungen, nach denen die öffentliche Hand ab dem Jahr 2011 keine neuen Kredite mehr aufnehmen soll. Siehe *Christ,* Neue Schuldenregel für den Gesamtstaat: Instrument zur mittelfristigen Konsolidierung der Staatsfinanzen, NVwZ 2009, 1333–1339; *Fassbender,* Eigenstaatlichkeit und Verschuldungsfähigkeit der Länder. Verfassungsrechtliche Grenzen der Einführung einer „Schuldenbremse" für die Länder, NVwZ 2009, 737–741; *Mayer,* Greift die neue Schuldenbremse?, AöR 136 (2011), 266–322; *Schmidt,* Die neue Schuldenregel und die weiteren Finanzthemen der zweiten Föderalismusreform, DVBl. 2009, 1274–1288; *Scholl,* Die Neuregelung der Verschuldensregeln von Bund und Ländern in den Art. 109 und 115 GG, DÖV 2010, 160–169; *Tappe,* Die neue „Schuldenbremse" im Grundgesetz – Defizite (in) der Föderalismusreform II –, DÖV 2009, 881–890.

b) Die Schuldenbremse gilt nach Art. 109 III GG nF sowohl für den Bund als auch für die Länder. Für den Bund wird diese Regelung in Art. 115 GG nF wiederholt und präzisiert. Für die Länder ist in die jeweilige Landesverfassung eine Regelung zur Schuldenbremse aufzunehmen.

c) Die in Art. 143d II GG genannten Länder Berlin, Bremen, Saarland, Sachsen-Anhalt und Schleswig-Holstein erhalten für eine Übergangszeit bis 2019 Konsolidierungshilfen aus dem Bundeshaushalt.

d) Das BVerfG wird zwar einen Verstoß des nach Art. 110 II GG beschlossenen Haushaltsgesetzes gegen Art. 109 III; 115 GG nF feststellen, das Gesetz aber nicht für nichtig erklären, weil dann überhaupt keine gesetzliche Regelung für staatliche Ausgaben bestände, was sich von dem grundgesetzlich geforderten Rechtszustand noch weiter entfernte.

10. Notstand und Verteidigungsfall

Literatur: *Benda,* Verteidigungsfall und Bundesverfassungsgericht, 1977; *Kersten,* Ausnahmezustand, JuS 2016, 193–203; *Jochum,* Der Einsatz der Streitkräfte im Innern, JuS 2006, 511–516; *Kersting,* Bündnisfall und Verteidigungsfall, 1979; *Raap,* Zur Einführung – Wehrrecht, JuS 2003, 9–14; *Röttger,* Gesetzgebung im Verteidigungsfall, 1974.

426. Notstandslagen

Welche Notstandslagen unterscheidet das Grundgesetz?

Das Grundgesetz unterscheidet nach der Gefahrenquelle zwischen äußerem und innerem Notstand. Der äußere Notstand umfasst den Verteidigungsfall (Art. 115a ff. GG) und dessen Vorstufen Bündnisfall (Art. 80a III GG), Spannungsfall (Art. 80a I 1, Alt. 1 GG) und Zustimmungsfall (Art. 80a I 1, Alt. 2 GG). Der innere Notstand wird weiter nach der Herkunft der Gefahr unterteilt in den Katastrophennotstand bei Naturkatastrophen und schweren Unglücksfällen (Art. 35 II 2 GG) und den inneren Staatsnotstand bei drohenden Gefahren für den Bestand oder die freiheitliche demokratische Grundordnung des Bundes oder eines Landes (Art. 91 I GG). Als Auffangregel schützt Art. 35 II 1 GG vor sonstigen Gefahren. Ergänzende Bestimmungen finden sich in Art. 35 III GG für den länderübergreifenden Notstand, in Art. 91 II GG, der eine Spezialvorschrift zu Art. 37 GG darstellt, bei Ausfall eines Landes zur Notstandsbekämpfung sowie in Art. 87a IV GG für den Einsatz der Bundeswehr im Inneren.

427. Einsatz der Bundeswehr im Innern

Deutschland wurde von einer Serie terroristischer Anschläge erschüttert, die zahlreiche Menschenleben forderten. Da die Terroristen weitere Anschläge angekündigt haben, will die Bundesregierung die Bundeswehr einsetzen; dabei sollen ua besonders gefährdete Bereiche mit Kampfpanzern gesichert und der Luftraum durch Jagdflugzeuge kontrolliert und ggf. unter Einsatz von Waffengewalt gesichert werden. Lässt die Verfassung dies zu?

Dies ist umstritten. Nur im Verteidigungsfall gestattet das Grundgesetz ausdrücklich den Einsatz der Bundeswehr im Innern unter Einsatz spezifisch militärischer Kampfmittel, wie zB Kampfpanzer und Kampfflugzeuge. Der Verteidigungsfall nach Art. 115a I GG betrifft aber nur den Schutz des Staates gegen eine militärische Bedrohung oder den Angriff eines anderen *Staates;* die „asymmetrische Bedrohung" durch den internationalen Terrorismus ist indes gerade dadurch gekennzeichnet, dass sie idR keine Bedrohung durch einen anderen Staat darstellt (Ausnahme etwa, wenn der Staat es unterlässt, gegen ansässige Terroristen vorzugehen und so einen sog. sicheren Hafen gewährt). Soweit das Grundgesetz ansonsten den Einsatz der Streitkräfte im Innern gestattet (bei Naturkatastrophen und besonders schweren Unglücksfällen gemäß Art. 32 III 1 GG; bei Gefahr für Bestand oder die freiheitlich demokratische Grundordnung des Bundes oder eines Landes nach Art. 87a IV GG), darf die Bundeswehr nur zur Unterstützung der Polizei eingesetzt werden. Im Falle terroristischer Anschläge auf Deutschland heißt dies, dass die Bundeswehr nur als Polizeikraft mit polizeilich üblichen Waffen, nicht aber mit spezifisch militärischen Kampfmitteln eingesetzt werden kann (BVerfGE 115, 118). Nach neuerer Rechtsprechung des BVerfG(E 132, 1) dürfen nun auch militärische Mittel im Ausnahmefall nach Art. 35 II 2 GG angewendet werden.

428. Rechtsfolgen des Verteidigungsfalls

Welches sind die wesentlichen staatsorganisationsrechtlichen Besonderheiten nach Feststellung des Verteidigungsfalls?

(1) Die Befehls- und Kommandogewalt über die Streitkräfte geht von dem Bundesverteidigungsminister auf den Bundeskanzler über (Art. 115b GG). (2) Der Bund erhält in den Gebieten der ausschließlichen Landesgesetzgebungskompetenz die konkurrierende Gesetzgebungskompetenz (Art. 115c I GG). (3) Das Gesetzgebungsverfahren wird durch eine gemeinsame Bundestags- und Bundesrats-Behandlung der als dringlich bezeichneten Gesetzentwürfe der Bundesregierung und durch eine erleichterte Verkündung verkürzt (Art. 115d GG). (4) Der Gemeinsame Ausschuss kann als „Ersatzparlament" dienen (Art. 115e GG; materielle Grenzen für die Gesetzgebung des Gemeinsamen Ausschusses: Art. 115e II und Art. 115g S. 2 GG). (5) Die Bundesregierung kann die Bundespolizei im ganzen Bundesgebiet einsetzen und den Landesregierungen Weisungen erteilen (Art. 115e GG). (6) Die Wahlperiode des Bundestages und die Amtsperiode des Bundespräsidenten werden, sofern sie während des Verteidigungsfalls enden, über das Ende des Verteidigungsfalls hinaus verlängert (Art. 115h GG).

429. Beschränkung von Grundrechten im Verteidigungsfall

a) Welche Grundrechte konnten nach der Weimarer Reichsverfassung im Notstand beschränkt werden?
b) Welche Regelung trifft das Grundgesetz?

a) Gemäß Art. 48 WRV konnten im Notstandsfall die Grundrechte der Freiheit der Person (Art. 114 WRV), der Unverletzlichkeit der Wohnung (Art. 115 WRV), des Briefgeheimnisses (Art. 117 WRV), der Meinungsfreiheit (Art. 118 WRV), der Versammlungsfreiheit (Art. 123 WRV), der Vereinigungsfreiheit (Art. 124 WRV) sowie des Eigentums (Art. 153 WRV) vorübergehend außer Kraft gesetzt werden.

b) Das Grundgesetz kennt eine solche Suspendierung von Grundrechten nicht, gestattet aber in Art. 115c II GG durch Gesetz bei Enteignungen abweichend von Art. 14 III GG die Entschädigung vorläufig zu regeln und bei Freiheitsentziehungen abweichend von Art. 104 II 3, III 1 GG höchstens eine Viertagesfrist bis zur richterlichen Vorführung vorzusehen.

11. Übergangs- und Schlussbestimmungen

Literatur: Häberle, Strukturen und Funktionen von Übergangs- und Schlussbestimmungen als typisches verfassungsstaatliches Regelungsthema und -instrument, FS Lendi, 1998, S. 137–148; *Honer,* Grundgesetz und Sezession, JuS 2018, 661–665.

430. Kanzlermehrheit

a) Was versteht man unter der Kanzlermehrheit?

b) Warum ist in Art. 121 GG nicht von der Mehrheit der Mitglieder des Bundesrates die Rede?

a) Darunter versteht man die Mehrheit der Mitglieder des Bundestages nach Art. 121 GG, die bei Gesetzen zur Neugliederung des Bundesgebietes (Art. 28 VII 2 GG), zur Wahl des Bundeskanzlers (Art. 63 II 1, III, IV 2 GG), dem konstruktiven Misstrauensvotum (Art. 67 GG), dem Ausspruch des Vertrauens (Art. 68 I 1 GG) sowie der Zurückweisung eines Einspruchs des Bundesrates (Art. 77 IV 1 GG) erforderlich ist. Siehe *Pfeifer,* VR 2005, 253 ff.

b) Bei der Abstimmung im Bundesrat kommt es nicht auf die einzelnen Mitglieder, sondern auf die einem Land insgesamt zustehenden Stimmen an, die nach Art. 51 III 2 GG auch durch ein einzelnes von dem Land entsandtes Mitglied oder dessen Vertreter abgegeben werden können. Dadurch erscheint sichergestellt, dass sämtliche Stimmen abgegeben werden. Art. 52 III 1 GG trifft bezogen auf die Stimmen eine dem Art. 121 GG vergleichbare Regelung.

431. Fortgeltung von Reichsrecht als Landesrecht

Galt das Reichszweckverbandsgesetz (RZVG) aus dem Jahr 1939, das die Zusammenarbeit von Kommunen regelte, weiter?

Ja. Das RZVG galt als Landesrecht bis zu seiner Ablösung durch neue Landesgesetze weiter (zuletzt in Niedersachsen 2004). Nach Art. 123 I GG gilt altes Recht fort, soweit es dem Grundgesetz nicht widerspricht. Dazu zählte auch das RZVG, das keinen typisch nationalsozialistischen Inhalt aufwies. Art. 124 und 125 GG beschäftigen sich ausdrücklich lediglich mit der Einordnung alten Rechts als Bundesrecht auf den Gebieten ausschließlicher oder konkurrierender Gesetzgebungskompetenzen des Bundes. Im Umkehrschluss ergibt sich die Zuweisung alten Rechts auf dem Gebiet ausschließlicher Landeskompetenz, wie des Kommunalrechts, zum Landesrecht. Siehe *Schmidt,* Kommunale Kooperation, 2005, § 12 I, II.

432. Geltung des Grundgesetzes in Bayern

Der bayerische Landtag stimmte im Jahr 1949 dem Grundgesetz nicht zu, weil es nicht ausreichend föderalistische Elemente enthielte. Gilt das Grundgesetz auch in Bayern?

Ja. Art. 144 I GG verlangt nur eine Zweidrittelmehrheit der deutschen Länder für die Annahme des Grundgesetzes, aber gerade keine Einstimmigkeit. Das überstimmte Bayern ist trotzdem Land der Bundesrepublik Deutschland geworden mit den gleichen Rechten und Pflichten wie die übrigen Länder auch. In Art. 144 I GG zeigt sich in Abgrenzung zu einer staatenbündischen Konstruktion, der das Einstimmigkeitsprinzip zugrunde liegt, der bundesstaatliche Charakter der Bundesrepublik Deutschland.

433. Bindung des zukünftigen Verfassungsgebers

a) Bindet Art. 79 GG auch den zukünftigen Verfassungsgeber?
b) Wie schätzen Sie den verfassungsrechtlichen Regelungsgehalt des Art. 146 GG ein?

a) Nein. Keine Verfassung kann den zukünftigen Verfassungsgeber (le pouvoir constituant) binden. Nur der verfassungsändernde Gesetzgeber (le pouvoir constitué) unterliegt den verfassungsrechtlichen Bindungen.

b) Der verfassungsrechtliche Regelungsgehalt des Art. 146 GG ist als eher gering einzuschätzen. Denn keine Verfassung kann über ihre Geltung auch im Hinblick auf künftige Verfassungen vollständig bestimmen. Wird eine neue Verfassung erlassen, wird ein neuer Nomos gesetzt, dh die Geltung der bisherigen Verfassung hängt dann von den Entscheidungen der neuen Verfassung ab. Verfassungspolitisch unterstreicht Art. 146 GG allerdings die herausragende Bedeutung des Demokratieprinzips. Siehe *Steiner,* Verfassungsgebung und verfassunggebende Gewalt des Volkes, 1966; *Unruh,* Der Verfassungsbegriff des Grundgesetzes, 2002; *Winterhoff,* Verfassung – Verfassungsgebung – Verfassungsänderung, 2007.

IV. Verfahren vor dem BVerfG

1. Allgemeines

434. Beteiligten- und Prozessfähigkeit

a) Was versteht man unter der Beteiligten-, was unter der Prozessfähigkeit?
b) Welchen Grundrechtsfähigkeiten entsprechen Beteiligten- und Prozessfähigkeit im Rahmen der Verfassungsbeschwerde?
c) Welchen zivilrechtlichen Fähigkeiten korrespondieren Beteiligten- und Prozessfähigkeit?
d) Wie sind Beteiligten- und Prozessfähigkeit im BVerfGG im Unterschied zur VwGO und zur ZPO geregelt?

a) Die Beteiligtenfähigkeit ist die Fähigkeit, als Antragsteller, Antragsgegner oder Beigetretener Partei des verfassungsgerichtlichen Verfahrens zu sein. Die Prozessfähigkeit ist die Fähigkeit, selbst Verfahrenshandlungen vorzunehmen.

b) Im Rahmen der Verfassungsbeschwerde ist beteiligtenfähig, wer grundrechtsfähig ist, und prozessfähig, wer grundrechtsmündig ist.

c) Faustformelmäßig formuliert entspricht die Beteiligtenfähigkeit der Rechtsfähigkeit und die Prozessfähigkeit der Geschäftsfähigkeit. Allerdings sind die verfassungsprozessualen Fähigkeiten weiter zu fassen als ihre zivilrechtlichen Pendants, weil auch einzelne, nicht rechtsfähige Organe beteiligtenfähig sein können (vgl. § 63 BVerfGG) und auch noch nicht unbeschränkt geschäftsfähige Beteiligte dennoch prozessfähig sein können (zB Minderjährige bei Geltendmachung ihrer Religionsfreiheit).

d) Im Unterschied zur Regelung der Beteiligten- und Prozessfähigkeit in §§ 61 f. VwGO bzw. zur Partei- und Prozessfähigkeit nach §§ 50; 52 ZPO fehlt es im BVerfGG an einer allgemeinen, für alle Verfahrensarten gleichermaßen geltenden Regelung. Stattdessen wird bei jeder Verfahrensart die Stellung als Beteiligter oder Äußerungsberechtigter separat normiert.

435. Antragsgegner

a) Was versteht man unter einem „kontradiktorischen Verfahren"?
b) In welchen Verfahrensarten vor dem BVerfG gibt es einen Antragsgegner?

a) Unter einem „kontradiktorischen Verfahren" versteht man ein Verfahren, bei dem sich zwei oder mehr Beteiligte mit gegenläufigen Interessen und Anträgen gegenüberstehen.

b) Zum einen gibt es einen Antragsgegner bei dem Organstreit nach Art. 93 I Nr. 1 GG; § 13 Nr. 5; §§ 63 ff. BVerfGG, dem Bund-Länder-Streit nach Art. 93 I Nr. 3 GG; § 13 Nr. 7; §§ 68 ff. BVerfGG und den sonstigen föderalen Streitigkeiten nach Art. 93 I Nr. 4 GG; § 13 Nr. 8; §§ 71 ff. BVerfGG. Zum anderen stellt der „Angeklagte" in den strafähnlichen Verfahren der Grundrechtsverwirkung nach Art. 18 GG; § 13 Nr. 1; §§ 36 ff. BVerfGG, des Parteiverbots nach Art. 21 II GG;

§ 13 Nr. 2; §§ 43 ff. BVerfGG, der Präsidentenanklage nach Art. 61 GG; § 13 Nr. 4; §§ 49 ff. BVerfGG und der Richteranklage nach Art. 98 II, V GG; § 13 Nr. 9; §§ 58 ff. BVerfGG einen Antragsgegner dar. Ohne Antragsgegner sind also die Normenkontrollverfahren sowie die Verfassungsbeschwerden.

2. Das Verfahrensrecht des BVerfG

Literatur: *Bethge,* Verfahrenskonkurrenzen beim BVerfG. Überschneidungen und Verbindungen von Verfahrensarten, Jura 1997, 591–597; *Friesenhahn,* Verfassungsgerichtsbarkeit, Jura 1982, 505–520; *Klein,* Verfahrensgestaltung durch Gesetz und Richterspruch: Das „Prozeßrecht" des Bundesverfassungsgerichts, in: FS 50 Jahre BVerfG, Bd. I, 2001, S. 507–532; ders., Verfassungsprozeßrecht – Versuch einer Systematik an Hand der Rechtsprechung des BVerfG, AöR 108 (1983), 410–444; *Rein,* Verfahren vor dem BVerfG, VR 1987, 293–298; *Urbaneck,* Die Zulässigkeitsprüfung im Verfassungsrecht, JuS 2014, 896–900.

---

436. Enumerationsprinzip und Generalklausel

a) Ist das BVerfG in allen verfassungsrechtlichen Streitigkeiten zuständig?
b) Besteht eine verfassungsprozessuale Generalklausel nach dem Vorbild des § 40 I VwGO?
c) Nennen Sie Beispiele für Verfahrensarten, die dem BVerfG verschlossen sind!
d) Liegt in dem Ergebnis von **a)** kein Verstoß gegen Art. 19 IV GG?

---

a) Nein. Das BVerfG ist nur zuständig, sofern eine der in Art. 93 I GG oder der weiteren gemäß Art. 93 III GG einfachgesetzlich geregelten Verfahrensarten eingreift.

b) Nein. Hier gilt das Enumerationsprinzip.

c) Angesichts der zahlreichen dem BVerfG ausdrücklich zugewiesenen Verfahrensarten (vgl. die Auflistung in § 13 BVerfGG), ist es kaum möglich, Verfahrensarten zu finden, die dem BVerfG verschlossen sind. Am ehesten könnte man noch an eine präventive Normenkontrolle (siehe Frage 447), eine Verfassungsbeschwerde von bestimmten juristischen Personen des öffentlichen Rechts wie Industrie- und Handwerkskammern oder die Minister- und Abgeordnetenanklage (siehe Frage 572) denken. Im Ergebnis kommen die Einzelzuständigkeiten in ihrer Bündelung dann doch wieder einer Generalklausel recht nahe.

d) Nein. Denn die Einzelzuständigkeiten des BVerfG nach Art. 93 GG und die Rechtsweggarantie des Art. 19 IV GG stehen rangmäßig auf der gleichen Stufe.

---

437. Überblick über die Verfahrensarten

Welche Verfahrensarten vor dem BVerfG sind nach ihrem Gegenstand zu unterscheiden?

Es ist nach dem Verfahrensgegenstand zwischen den Normenkontrollverfahren, den kontradiktorischen Verfahren, den Verfassungsbeschwerdeverfahren sowie den strafähnlichen Verfahren zu unterscheiden. Die Normenkontrollverfahren umfassen die abstrakte Normenkontrolle nach Art. 93 I Nr. 2 GG mit ihren Spielarten der Erforderlichkeitsnormenkontrolle nach Art. 93 I Nr. 2a GG und des Kompetenzfreigabeverfahrens nach Art. 93 II GG, die konkrete Normenkontrolle nach Art. 100 I GG, das Normenverifikationsverfahren nach Art. 100 II GG, das Divergenzverfahren nach Art. 100 III GG sowie das Normenqualifizierungsverfahren nach Art. 126 GG. Kontradiktorische Verfahren sind der Organstreit nach Art. 93 I Nr. 1 GG, der Bund-Länder-Streit nach Art. 93 I Nr. 3 GG sowie die sonstigen föderalen öffentlich-rechtlichen Streitigkeiten nach Art. 93 I Nr. 4 GG. Eine Verfassungsbeschwerde kann von Bürgern nach Art. 93 I Nr. 4a GG und von Kommunen nach Art. 93 I Nr. 4b GG erhoben werden. Strafähnliche Verfahren sind die Grundrechtsverwirkung nach Art. 18 GG, das Parteiverbot nach Art. 21 II GG, die Bundespräsidentenanklage nach Art. 61 GG und die Richteranklage nach Art. 98 II, V GG. Schließlich gibt es noch die Wahlprüfung nach Art. 41 II GG.

a) Abstrakte Normenkontrolle nach Art. 93 I Nr. 2 GG und ihre Varianten

Literatur: *Bettermann,* Richterliche Normenkontrolle als negative Gesetzgebung?, DVBl. 1982, 91–95; *Geis/Schmidt,* Grundfälle zur abstrakten und konkreten Normenkontrolle, JuS 2012, 121–125; *Heun,* Normenkontrolle, in: FS 50 Jahre BVerfG, Bd. I, 2001, S. 615–640; *Mückl,* Die abstrakte Normenkontrolle vor dem BVerfG gemäß Art. 93 Abs. 1 Nr. 2, 2a GG, §§ 13 Nr. 6, 6a, 76 ff. BVerfGG, Jura 2005, 463–470; *von Mutius,* Die abstrakte Normenkontrolle vor dem BVerfG, Jura 1987, 534–543; *Söhn,* Die abstrakte Normenkontrolle, in: FG 25 Jahre BVerfG, Bd. I, S. 292–322; *Steiner,* Der Richter als Ersatzgesetzgeber, NJW 2001, 2919–2924.

aa) Grundlagen

438. Begriff der Normenkontrolle

Was versteht man unter
a) abstrakter
b) konkreter
c) prinzipaler
d) inzidenter Normenkontrolle?

Die Begriffspaare abstrakt–konkret und prinzipal–inzident sind nicht deckungsgleich:

a) und b) Das erste Paar bezieht sich auf den Anwendungsfall der Norm. Eine Normenkontrolle ist danach abstrakt, wenn sie unabhängig von einem tatsächlichen Anwendungsfall der Rechtsvorschrift geschieht. Selbst eine Rechtsnorm, die noch niemals angewandt worden ist, kann Gegenstand einer abstrakten Normenkontrolle sein. Eine Normenkontrolle ist hingegen konkret, wenn sie im Rahmen eines aus der Anwendung der Norm sich ergebenden Einzelfalles erfolgt.

c) und d) Das zweite Begriffspaar nimmt Bezug auf den Verfahrensgegenstand. Von einer prinzipalen Normenkontrolle spricht man, wenn die Überprüfung der Norm selbst (alleiniger) Verfahrensgegenstand ist. Von einer inzidenten Normenkontrolle ist hingegen die Rede, wenn im Rahmen der Überprüfung der Rechtmäßigkeit einer anderen Maßnahme zugleich die Rechtmäßigkeit der zu Grunde liegenden Rechtsnorm kontrolliert wird.

439. Gegenstand der Normenkontrolle

Kann man mit einer Normenkontrolle nach dem Grundgesetz
a) die Gültigkeit
b) den Inhalt
c) die Zugehörigkeit der Norm zu einem bestimmten Rechtskreis überprüfen lassen?

a) Die Kontrolle der Gültigkeit einer Norm stellt die wichtigste Fallgruppe und den Verfahrensgegenstand der abstrakten Normenkontrolle dar.

b) Das BVerfG trifft im Rahmen der Gültigkeitskontrolle auch Aussagen zum Inhalt einer Norm, wenn diese nur in einer bestimmten Auslegung mit dem Grundgesetz vereinbar ist.

c) Im Normenverifikationsverfahren nach Art. 100 II GG stellt das BVerfG die Zugehörigkeit einer Regel des Völkerrechts zum Bundesrecht fest; im Normenqualifizierungsverfahren nach Art. 126 GG erklärt es, ob eine alte reichsrechtliche Regelung zum Bundesrecht zu zählen ist.

440. Zweck und praktische Bedeutung der abstrakten Normenkontrolle

a) Was ist der Zweck der abstrakten Normenkontrolle?
b) Welche praktische Bedeutung ist der abstrakten Normenkontrolle bisher zugekommen?

a) Mit dem Verfahren der abstrakten Normenkontrolle soll zumindest der Vorrang der Verfassung gegenüber sämtlichen unterverfassungsrechtlichen Rechtsnormen gesichert werden; nach weitergehender Auffassung sogar ganz allgemein die Normenhierarchie gewahrt werden.

b) Der abstrakten Normenkontrolle ist bisher vergleichsweise große praktische Bedeutung zugekommen. Zwar ist der Kreis der Antragsteller eng gezogen, die übrigen Zulässigkeitsanforderungen sind aber sehr gering und die Rechtsfolgen einer erfolgreichen abstrakten Normenkontrolle weit reichend. Die abstrakte Normenkontrolle stellt ein wirksames Mittel der politischen Opposition dar, unliebsame Gesetze – soweit diese verfassungswidrig sind – auf dem Rechtswege zu beseitigen.

2. Das Verfahrensrecht des BVerfG

bb) Zulässigkeit

(1) Antragsteller

441. Bundesregierung als Antragsteller

Eine Bestimmung der Bundeshaushaltsordnung ist nach Auffassung aller Mitglieder der Bundesregierung verfassungswidrig. Kann eine abstrakte Normenkontrolle erhoben werden von
a) der Bundesregierung,
b) dem Bundeskanzler oder
c) dem Bundesfinanzminister als dem für die Anwendung der BHO zuständigen Minister?

a) Ja. Siehe Art. 93 I Nr. 2 GG iVm § 76 I BVerfG.

b) Nein. Bundesregierung im Sinne dieser Bestimmungen ist nur das Kollegialorgan, nicht der davon nach Art. 65 GG genau zu unterscheidende Bundeskanzler.

c) Nein. Auch wenn ein Minister für die Anwendung eines Gesetzes zuständig ist, räumt ihm dies noch keine von dem Kollegium Bundesregierung selbstständige Position als Antragsteller einer abstrakten Normenkontrolle ein.

442. Landesregierung als Antragsteller

Das Finanzausgleichsgesetz des Bundes ist möglicherweise verfassungswidrig. Kann eine abstrakte Normenkontrolle erhoben werden von
a) der Regierung des Landes X?
b) dem Landtag von X?
c) dem dortigen LVerfG?

a) Ja. Siehe Art. 93 I Nr. 2 GG iVm § 76 I BVerfG.

b) Nein. Bei der allgemeinen Normenkontrolle sind die Volksvertretungen der Länder nicht antragsberechtigt, anders allerdings in den Sonderfällen der Art. 93 I Nr. 2a GG; § 13 Nr. 6a; § 76 II BVerfGG und Art. 93 II GG; § 13 Nr. 6b; § 97 BVerfGG.

c) Nein. Ein LVerfG kann selbst Landesgesetze am Maßstab der Landesverfassung kontrollieren, aber nicht von sich aus ein abstraktes Normenkontrollverfahren vor dem BVerfG beantragen. Allerdings kann das LVerfG im Rahmen eines bei ihm anhängigen Verfahrens eine konkrete Normenkontrolle zum BVerfG nach Art. 100 I GG; § 13 Nr. 11; § 80 BVerfGG einleiten.

443. Ein Viertel der Mitglieder des Bundestages als Antragsteller

Im Bundestag regen sich Bedenken gegen die Verfassungsmäßigkeit des Schulgesetzes des Landes L. Kann eine abstrakte Normenkontrolle erhoben werden von

199

a) 178 Bundestagsabgeordneten,
b) der X-Fraktion, die gerade Fraktionsstärke erreicht,
c) dem Rechtsausschuss,
d) dem Abgeordneten Y?

a) Ja. Das nach Art. 93 I Nr. 2 GG nF; § 76 I BVerfGG nF nur erforderliche Viertel der Abgeordneten wurde erreicht. Denn der Bundestag umfasst zurzeit einschließlich der Überhangmandate 709 Abgeordnete, 178 sind mehr als ein Viertel davon.

b) Nein. Gemäß § 10 GOBT können schon 5 % der Abgeordneten eine Fraktion bilden, für die Erhebung einer abstrakten Normenkontrolle sind aber ein Viertel der Abgeordneten erforderlich.

c) Nein. Einzelne Ausschüsse sind im Verfahren der abstrakten Normenkontrolle nicht antragsberechtigt, selbst wenn der Verfahrensgegenstand in ihre Zuständigkeit fallen mag.

d) Nein. Weder erwähnen Art. 93 I Nr. 2 GG; § 76 I BVerfGG eine solche Antragsberechtigung, noch folgt diese aus Art. 38 I 2 GG.

(2) Weitere Beteiligte?

444. Kein Antragsgegner, aber Äußerungsberechtigte

Die Regierung des Landes L erhebt eine abstrakte Normenkontrolle gegen
a) das BAföG,
b) das Hochschulgesetz des Landes M.
Wer ist jeweils Antragsgegner, wer ist zur Äußerung berechtigt?

Das Verfahren der abstrakten Normenkontrolle kennt im Unterschied zu dem Organstreit und den anderen kontradiktorischen Verfahren keinen Antragsgegner.

a) Richtet sich die abstrakte Normenkontrolle gegen ein Bundesgesetz, so sind gemäß § 77 Nr. 1 Alt. 1 BVerfGG Bundestag, Bundesrat, Bundesregierung und sämtliche Landesregierungen äußerungsberechtigt.

b) Wendet sich die abstrakte Normenkontrolle gegen ein Landesgesetz, so sind nach § 77 Nr. 1 Alt. 2 BVerfGG Bundestag, Bundesrat, Bundesregierung, Landtag und Landesregierung des betroffenen Landes, nicht aber die Regierungen der übrigen Länder äußerungsberechtigt.

Siehe *von Szczepanski*, Die verfassungswidrige Einseitigkeit der Verfahrensbeteiligung im abstrakten Normenkontrollverfahren, JZ 2000, 486–493.

(3) Antragsgegenstand

445. Bundesrecht als Antragsgegenstand

Kann eine abstrakte Normenkontrolle erhoben werden gegen
a) eine Vorschrift des VwVfG,

b) eine Bestimmung des BGB,
c) eine auf der Grundlage des BImSchG neu erlassene Rechtsverordnung,
d) eine aus der Weimarer Zeit noch fortgeltende Rechtsverordnung,
e) eine Satzung der Deutschen Rentenversicherung (ex-BfA) und
f) einen Verwaltungsakt der Deutschen Rentenversicherung?

a) Ja. Hier handelt es sich um den klassischen Fall eines nachgrundgesetzlichen Parlamentsgesetzes, das gemäß Art. 93 I Nr. 2; § 76 I BVerfGG Gegenstand einer abstrakten Normenkontrolle sein kann.

b) Ja. Die abstrakte Normenkontrolle kann sich auch gegen vorgrundgesetzliche Parlamentsgesetze richten.

c) Ja. Auch Rechtsverordnungen als Gesetze im nur materiellen Sinne können Gegenstand einer abstrakten Normenkontrolle sein.

d) Ja. Dies gilt auch für vorgrundgesetzliche Rechtsverordnungen.

e) Ja. Auch Satzungen von Personalkörperschaften des Bundes sind ein geeigneter Antragsgegenstand.

f) Nein. Die abstrakte Normenkontrolle richtet sich gegen Rechtsnormen, nicht aber gegen Einzelakte. Hier ist nur der Verwaltungsrechtsweg gegeben.

446. Keine präventive Normenkontrolle

a) Kann schon im Herbst des Jahres gegen den von der Bundesregierung gerade in den Bundestag eingebrachten Entwurf des Jahressteuergesetzes eine abstrakte Normenkontrolle erhoben werden?
b) Der Bundestag hat einem Vertrag zur Änderung des NATO-Vertrages zugestimmt. Ist eine schon vor der Ausfertigung durch den Bundespräsidenten erhobene abstrakte Normenkontrolle zulässig?

a) Grundsätzlich ist gemäß Art. 93 I Nr. 2; § 76 I BVerfGG nur eine nachträgliche Normenkontrolle vor dem BVerfG vorgesehen. Erst muss das gesamte Gesetzgebungsverfahren durchlaufen sein, dann kann repressiv ein Normenkontrollantrag vor dem BVerfG gestellt werden. Kritisch dazu *Holzer*, Präventive Normenkontrolle durch das BVerfG, DÖV 1978, 821–827.

b) Von diesem Grundsatz der nur repressiven Normenkontrolle macht das BVerfG (E 1, 396) für Zustimmungsgesetze zu völkerrechtlichen Verträgen nach Art. 59 II 1 GG eine Ausnahme. Hier muss eine vorbeugende Normenkontrolle schon vor In-Kraft-Treten des Zustimmungsgesetzes möglich sein, weil anderenfalls eine völkerrechtliche Bindung Deutschlands einträte, die nur schwierig oder gar nicht mehr zu beseitigen wäre. Siehe *Rupp*, Die Überprüfung völkerrechtlicher Verträge durch das BVerfG, EuGRZ 1974, 96–101.

447. Landesrecht als Antragsgegenstand

Kann eine abstrakte Normenkontrolle vor dem BVerfG erhoben werden gegen
a) eine Vorschrift in der Landesverfassung über die Organisation der Polizei,
b) das Polizeigesetz des Landes L,
c) eine auf der Grundlage dieses Gesetzes erlassene Rechtsverordnung und
d) eine Satzung der Landesversicherungsanstalt für Arbeiter?

a) bis d) Ja. Eine abstrakte Normenkontrolle vor dem BVerfG kann sich nicht nur gegen Bundesgesetze richten, sondern auch gegen Rechtsnormen des Landesrechts. Dabei zählen nicht nur **b)** Parlamentsgesetze, sondern auch **a)** die höher stehende Landesverfassung sowie die untergesetzlichen **c)** Rechtsverordnungen und **d)** Satzungen zu den möglichen Antragsgegenständen. Siehe *Hermes*, Anmerkung zu BVerfG 2 BvF 1/00, JZ 2001, 873–876.

448. Kommunales Recht als Antragsgegenstand

Die Vergnügungssteuersatzung der Gemeinde G verstößt nach Auffassung der Landesregierung gegen Art. 3 I GG.
a) Kann die Landesregierung eine abstrakte Normenkontrolle gegen die Satzung vor dem BVerfG erheben?
b) Welche weiteren Möglichkeiten bestehen für die Landesregierung, gegen die Satzung vorzugehen?

a) Ja. Theoretisch kann die kommunale Satzung als Gesetz im materiellen Sinne auch tauglicher Antragsgegenstand einer abstrakten Normenkontrolle sein. Praktisch würde dies bedeuten, „mit Kanonen auf Spatzen zu schießen".

b) Näher liegt es, dass der Innenminister die Kommunalaufsichtsbehörde anweist, die Satzung der Gemeinde G zu beanstanden und ggf. im Wege der Ersatzvornahme aufzuheben. Gegen diese kommunalaufsichtlichen Maßnahmen kann G sich vor dem VG wehren. Ein Verfahren der Landesregierung gemäß § 47 I Nr. 2 VwGO vor dem OVG dürfte hingegen ausscheiden, weil gemäß § 47 II Alt. 2 VwGO nur solche Behörden antragsberechtigt sind, die die zur Überprüfung gestellte Rechtsvorschrift anzuwenden haben (str.), wozu die der Gemeinde übergeordnete Landesregierung nicht gehört.

449. Unions-Recht als Antragsgegenstand?

Die Regierung des Landes L lehnt die europäische Integration ab. Sie erwägt deshalb, eine abstrakte Normenkontrolle zu erheben gegen
a) den EUV,
b) das deutsche Zustimmungsgesetz zum EUV,
c) eine Bankenrichtlinie der EU, welche die Betätigung der öffentlich-rechtlichen Sparkassen einschränkt,

d) das Bundesgesetz, welches die Bankenrichtlinie in deutsches Recht umsetzt.
Wären entsprechende Verfahren vor dem BVerfG zulässig?

a) Nein. Der EUV ist ein völkerrechtlicher Vertrag und kein Gesetz iSd. Art. 93 I Nr. 2 GG.

b) Ja. Das deutsche Zustimmungsgesetz zum EUV gemäß Art. 23 I 2 GG kann hingegen wie jedes Zustimmungsgesetz zu einem völkerrechtlichen Vertrag nach Art. 59 II GG dem BVerfG im Wege der abstrakten Normenkontrolle zur Überprüfung unterbreitet werden.

c) Nein. Auch Akte des sekundären Unionsrechts wie Richtlinien gemäß Art. 288 III AEUV werden vom BVerfG nicht überprüft. Während dies ursprünglich damit begründet wurde, es handele sich um kein deutsches Recht, beansprucht das BVerfG seit dem Maastricht-Urteil (BVerfGE 89, 155) nunmehr zwar eine grundsätzliche Überprüfungskompetenz auch hinsichtlich der Unionsrechtsakte, übt diese aber im Sinne eines Kooperationsverhältnisses mit dem EuGH einstweilen nicht aus, solange dieser einen hinreichenden Grundrechtsschutz gewährleistet.

d) Das deutsche Umsetzungsgesetz kann grds. Gegenstand einer abstrakten Normenkontrolle sein, aber nur insoweit die europarechtliche Richtlinie dem deutschen Gesetzgeber einen Umsetzungsspielraum belässt.

450. Selbst erlassene Regelung als Antragsgegenstand

Die Bundesregierung erlässt eine Rechtsverordnung zum BauGB. Nach einem Regierungswechsel hält die neu gebildete Bundesregierung diese Verordnung für verfassungswidrig. Kann sie dagegen nunmehr eine abstrakte Normenkontrolle vor dem BVerfG erheben?

Grundsätzlich stellen Bundesrechtsverordnungen einen geeigneten Beschwerdegegenstand dar. Allerdings besteht hier für die Bundesregierung der einfachere Weg, diese Verordnung selbst aufzuheben, weshalb ihrem Verfahren vor dem BVerfG zumindest das Rechtsschutzbedürfnis fehlen dürfte.

451. Verfassungskonforme Auslegung des Antragsgegenstandes?

Die Regierung des Landes L erblickt in § 14 I VersG einen Verstoß gegen Art. 8 GG, weil durch die starre Anmeldefrist von 48 Stunden die Versammlungsfreiheit unverhältnismäßig eingeschränkt werde. Wird eine abstrakte Normenkontrolle vor dem BVerfG Erfolg haben?

Nein. Wenn und soweit eine verfassungskonforme Auslegung des Antragsgegenstandes in Betracht kommt, erklärt das BVerfG die angefochtene Rechtsnorm nicht für verfassungswidrig und nichtig. Im Fall des § 14 I VersG hat das BVerfG (E 69, 315 (350 f.); 85, 69 (75)) entschieden, dass zwar regelmäßig die dort vorgesehene

Frist von 48 Stunden einzuhalten sei, dass aber Eilversammlungen auch mit einer kürzeren Frist angemeldet werden könnten und bei Spontanversammlungen ganz auf eine Anmeldung verzichtet werden könne. Zuzugeben ist, dass diese Differenzierungen im Wortlaut des § 14 I VersG kaum Niederschlag finden.

Siehe *Roth*, Die verfassungsgerichtliche Überprüfung verfassungskonformer Auslegung im Wege abstrakter Normenkontrolle, NVwZ 1998, 563–567; *Voßkuhle*, Theorie und Praxis der verfassungskonformen Auslegung von Gesetzen durch Fachgerichte, AöR 125 (2000), 177–201; *Zippelius*, Die verfassungskonforme Auslegung von Gesetzen, in: FG 25 Jahre BVerfG, Bd. II, 1976, S. 108–124.

452. Antrag auf Feststellung der Gültigkeit einer Rechtsnorm

Das BVerwG hat die BauNVO für grundgesetzwidrig gehalten und nicht angewandt. Welche Möglichkeit besteht für die Bundesregierung, die Wirksamkeit der BauNVO „zu retten"?

Die Bundesregierung kann einen Normenkontrollantrag auf Feststellung der Gültigkeit der BauNVO gemäß § 76 I Nr. 2 BVerfGG stellen.

453. Prüfungsmaßstab von Bundesrechtsverordnungen

Kann im Verfahren der abstrakten Normenkontrolle eine Bestimmung der StVO a) am GG b) am StVG gemessen werden?

a) Ja. Das Grundgesetz ist im Verfahren der abstrakten Normenkontrolle der zentrale Prüfungsmaßstab.

b) Ja (str.). Betont man den Charakter der abstrakten Normenkontrolle als Verfahren zur Prüfung der Verfassungsmäßigkeit von Bundesrecht, wofür der Wortlaut des Art. 93 I Nr. 2 GG „Vereinbarkeit von Bundesrecht […] mit diesem Grundgesetze" spricht, scheidet eine Kontrolle am Maßstab eines Bundesgesetzes aus. Stellt man aber die Funktion der abstrakten Normenkontrolle heraus, allgemein die Normenhierarchie zu wahren, worauf die „Vereinbarkeit von Landesrecht mit sonstigem Bundesrechte" hinweist, dann sind Bundesrechtsverordnungen auch an Bundesgesetzen zu messen. Siehe *Schenke*, Der Umfang der bundesverfassungsgerichtlichen Überprüfung, NJW 1979, 1321–1329; *Tillmanns*, Die Prüfung von Rechtsverordnungen des Bundes am Maßstab des einfachgesetzlichen Bundesrechts im Verfahren der abstrakten Normenkontrolle, DÖV 2001, 728–731.

(4) Antragsbefugnis?

454. Keine Antragsbefugnis

Die Bundesregierung erhebt eine abstrakte Normenkontrolle gegen das Schulgesetz des Landes L, obwohl sie unter keinem denkbaren Gesichtspunkt von diesem Gesetz betroffen ist. Macht dies die abstrakte Normenkontrolle unzulässig?

Nein. Die abstrakte Normenkontrolle stellt ein objektives Beanstandungsverfahren dar. Im Unterschied etwa zur Rechtssatzverfassungsbeschwerde nach Art. 93 I Nr. 4a GG und zur verwaltungsgerichtlichen Normenkontrolle nach § 47 II VwGO ist keine Antragsbefugnis erforderlich. Es wird noch nicht einmal ein Nachteil des Antragstellers gefordert. Den in Art. 93 I Nr. 2 GG genannten möglichen Antragstellern kommt vielmehr eine objektive Wächterfunktion unabhängig von ihrer eigenen Betroffenheit zu.

455. Verfassungskonforme Auslegung des § 76 BVerfGG („Zweifel")

Die Regierung des Landes L äußert Zweifel an der Verfassungsmäßigkeit des § 76 I Nr. 1 BVerfGG, weil dieser im Unterschied zu Art. 93 I Nr. 2 GG bloße Zweifel an der Vereinbarkeit einer Rechtsnorm mit dem Grundgesetz nicht genügen lässt. Wie wird das BVerfG entscheiden?

Hält das BVerfG § 76 I Nr. 1 BVerfGG für verfassungswidrig wegen Verstoßes gegen Art. 93 I Nr. 2 GG, dann wird es diese Vorschrift für nichtig erklären und die abstrakte Normenkontrolle hat Erfolg. Erachtet das BVerfG jedoch eine verfassungskonforme Auslegung des § 76 I Nr. 1 BVerfGG in der Weise für möglich, dass diese Vorschrift nicht ausschließt, dass auch bei bloßen Zweifeln an der Verfassungsmäßigkeit eines Gesetzes eine abstrakte Normenkontrolle erhoben werden kann, dann wird es die abstrakte Normenkontrolle als unbegründet abweisen. In der Praxis wird dieses Problem nicht auftreten, weil jeder Antragsteller seine Zweifel unterdrücken und behaupten wird, er halte die Norm für verfassungswidrig und nichtig.

(5) Weitere Antragsvoraussetzungen

456. Keine Antragsfrist

Ein Bundesgesetz ist schon seit 30 Jahren in Kraft, als die Regierung des Landes L erstmals eine abstrakte Normenkontrolle dagegen erhebt. Hat die Regierung noch rechtzeitig gehandelt?

Ja. Die abstrakte Normenkontrolle ist im Unterschied zur Rechtssatzverfassungsbeschwerde und zum Verfahren nach § 47 VwGO nicht fristgebunden. Auch eine Verwirkung des Antragsrechts ist nicht anzuerkennen.

457. Prüfungsmaßstab von Landesrechtsverordnungen

Kann im Verfahren der abstrakten Normenkontrolle vor dem BVerfG eine Polizeiverordnung des Landes L

a) am Grundgesetz,
b) an der StPO und
c) an der Landesverfassung gemessen werden?

a) Ja. Das Grundgesetz ist auch für Landesrecht im Verfahren der abstrakten Normenkontrolle der zentrale Prüfungsmaßstab.

b) Ja. Gemäß Art. 93 I Nr. 2 GG wird Landesrecht auch an sonstigem Bundesrecht gemessen.

c) Nein. Für die Kontrolle von Landesrecht am Maßstab der Landesverfassung ist das jeweilige LVerfG zuständig. Hat das Land jedoch kein eigenes LVerfG eingerichtet, kann das BVerfG in den Grenzen des Art. 99 GG als LVerfG tätig werden.

458. Verfassungswidriges Verfassungsrecht

Die Regierung des Landes L hält die 1998 eingefügten Bestimmungen zum so genannten Großen Lauschangriff in Art. 13 III – VI GG für unwirksam und will dies durch eine abstrakte Normenkontrolle festgestellt wissen. Was ist der Prüfungsmaßstab des BVerfG in diesem Verfahren?

Im Verfahren der abstrakten Normenkontrolle können Rechtsnormen immer nur an höherrangigem Recht gemessen werden. Da Art. 13 III–VI GG selbst Verfassungsrang zukommt, kann hier eine Kontrolle nur an dem in Art. 79 III GG noch einmal gegenüber den übrigen Grundgesetzvorschriften herausgehobenen änderungsfesten Kern des Grundgesetzes erfolgen. Sollten Art. 13 III–VI GG dagegen verstoßen, handelte es sich um (nachträgliches) verfassungs(kern)widriges Verfassungsrecht.

cc) Begründetheit

459. Begründetheit der abstrakten Normenkontrolle

Wann ist eine abstrakte Normenkontrolle begründet?

Eine abstrakte Normenkontrolle ist gemäß Art. 93 I Nr. 2 GG; § 13 Nr. 6; §§ 76 ff. BVerfGG begründet, soweit die zu überprüfende Rechtsnorm formell und/oder materiell verfassungswidrig ist.

dd) Varianten der abstrakten Normenkontrolle

460. Antragsteller der Erforderlichkeitskontrolle

Kann ein Antrag nach Art. 93 I Nr. 2a GG von
a) der Bundesregierung
b) einem Viertel der Mitglieder des Bundestages
c) einem Viertel der Mitglieder eines Landtages gestellt werden?

a) Nein. Im Unterschied zum Verfahren der abstrakten Normenkontrolle nach Art. 93 I Nr. 2 GG ist die Bundesregierung im Verfahren der Erforderlichkeitskontrolle nach Art. 93 I Nr. 2a GG nicht antragsberechtigt.

b) Nein. Auch ein Viertel der Mitglieder des Bundestages kann – anders als im Verfahren der abstrakten Normenkontrolle – keinen Antrag im Verfahren der Erforderlichkeitskontrolle nach Art. 93 I Nr. 2a GG stellen.

c) Nein. Zwar ist gemäß Art. 93 I Nr. 2a GG; § 76 II BVerfGG auch die Volksvertretung eines Landes antragsberechtigt, im Unterschied zur Antragstellung durch eine parlamentarische Minderheit auf Bundesebene im Verfahren der abstrakten Normenkontrolle ist dieses Antragsrecht aber nicht als Minderheitenrecht ausgestaltet, sondern setzt einen (nach Landesverfassungsrecht zu bestimmenden) Mehrheitsbeschluss voraus.

Siehe *Aulehner,* Art. 93 I Nr. 2a GG – abstrakte Normenkontrolle oder föderative Streitigkeit?, DVBl. 1997, 982–988; *Renck,* Der Charakter des Verfahrens nach Art. 93 I Nr. 2a GG, JuS 2004, 770–774; *Winkler,* Das Klarstellungsinteresse im bundesstaatlichen Normenkontrollverfahren nach Art. 93 I Nr. 2a GG, NVwZ 1999, 1291–1294.

461. Einfluss der Föderalismusreform

Welchen Einfluss hatte die Föderalismusreform I auf den Anwendungsbereich der Erforderlichkeitskontrolle nach Art. 93 I Nr. 2a GG?

Durch die Föderalismusreform I wurde der Anwendungsbereich der Erforderlichkeitskontrolle nach Art. 93 I Nr. 2a GG eingeschränkt, denn nach Art. 72 II GG nF muss der Bund nun nicht mehr in allen Fällen der konkurrierenden Gesetzgebungskompetenz, sondern nur noch in den dort abschließend aufgelisteten Bereichen die Erforderlichkeit einer bundesgesetzlichen Reglung nachweisen. Außerdem ist durch die Föderalismusreform die Rahmengesetzgebungskompetenz des Bundes nach Art. 75 GG aF abgeschafft worden, deren Voraussetzungen nach Art. 76 II Hs. 2 BVerfGG ebenfalls im Verfahren der Erforderlichkeitskontrolle überprüft werden konnten.

462. Antragsteller des Kompetenzfreigabeverfahrens

Vergleichen Sie den Kreis möglicher Antragssteller des Kompetenzfreigabeverfahrens nach Art. 93 II GG mit denen der abstrakten Normenkontrolle gemäß Art. 93 I Nr. 2 GG!

In gleicher Weise wie bei der abstrakten Normenkontrolle ist auch bei dem Kompetenzfreigabeverfahren eine Landesregierung ein geeigneter Antragssteller. Im Unterschied zu der abstrakten Normenkontrolle können bei dem Kompetenzfreigabeverfahren aber auch der Bundesrat oder ein Landtag den Antrag stellen. Der Bundesregierung und (mindestens einem Viertel) des Bundestages ist es hingegen verwehrt, im Wege des Kompetenzfreigabeverfahrens vorzugehen. Im Ergebnis ist der Kreis möglicher Antragssteller des Kompetenzfreigabeverfahrens deckungsgleich mit demjenigen möglicher Antragssteller der Erforderlichkeitskontrolle.

463. Vorverfahren beim Kompetenzfreigabeverfahren

Die Regierung des Landes L ist der Auffassung, dass angesichts der unterschiedlichen Lebenshaltungskosten im Bundesgebiet es den Ländern überlassen werden sollte, das Recht der Ausbildungsförderung zu regeln. Wird ein umgehend bei dem BVerfG gegen das BAföG gestellter Antrag erfolgreich sein?

Nein. Zur Freigabe des nach Art. 74 I Nr. 13 GG erlassenen BAföG muss zunächst eine entsprechende Gesetzesvorlage (zB durch den Bundesrat) in den Bundestag eingebracht werden. Nur, wenn diese Vorlage scheitert, sei es dass sie im Bundestag selbst abgelehnt wird (Art. 93 II 3 Var. 1 GG), sei es dass über sie nicht Beschluss gefasst wird (Art. 93 II 3 Var. 2 GG), sei es dass sie im Bundesrat scheitert (Art. 93 II 3 Var. 3 GG), kann das BVerfG gemäß Art. 93 III 1 GG gerufen werden.

464. Prüfungsmaßstab der Varianten der abstrakten Normenkontrolle

Wie unterscheidet sich der Prüfungsmaßstab der Erforderlichkeitskontrolle und des Kompetenzfreigabeverfahrens von demjenigen der abstrakten Normenkontrolle?

Während im Rahmen der Erforderlichkeitskontrolle nach Art. 93 I Nr. 2a GG und des Kompetenzfreigabeverfahrens nach Art. 93 III GG Bundesgesetze lediglich am Maßstab des Art. 72 II GG zu überprüfen sind und sonstige Verfassungsverstöße unbeachtet bleiben, ist im Verfahren der allgemeinen abstrakten Normenkontrolle gemäß Art. 93 I Nr. 2 GG das Grundgesetz und das gesamte höherrangige Bundesrecht Prüfungsmaßstab.

465. Entscheidung des BVerfG

Das BVerfG teilt die Auffassung der Landesregierung bezüglich des BAföG. Wird das BAföG nunmehr zu einem Landesgesetz?

Nein. Das BVerfG stellt nach Art. 93 II 2 GG lediglich fest, dass die Erforderlichkeit für eine bundeseinheitliche Reglung der Ausbildungsbeihilfe entfallen ist, wandelt aber nicht rechtsgestaltend das BAföG in ein Landesgesetz um. Es gilt vielmehr als Bundesgesetz fort. Da jedoch die Freistellungsentscheidung des BVerfG ein freigegebenes Bundesgesetz nach Art. 72 IV GG ersetzt, kann nunmehr ein Landesgesetz über Ausbildungsbeihilfen erlassen werden, dass für den Bereich des Landes unbeschadet des lex-superior-Satzes das BAföG ablöst.

466. Verhältnis der Verfahren zueinander

a) In welchem Verhältnis stehen die Erforderlichkeitskontrolle und das Kompetenzfreigabeverfahren zur allgemeinen abstrakten Normenkontrolle?
b) Was ist einer Landesregierung zu raten, die ein Bundesgesetz für nicht erforderlich hält?

a) Beide Verfahren stehen gleichberechtigt neben der allgemeinen Normenkontrolle. Sie schließen insbesondere nicht aus, dass im Rahmen einer abstrakten Normenkontrolle auch die Erforderlichkeit eines Bundesgesetzes überprüft wird (vgl. *Löwer* in HStR III, § 70, Rn. 74).

b) Die in allen hier in Fragen stehenden Verfahren antragsberechtigte Landesregierung sollte eher eine abstrakte Normenkontrolle denn eine Erforderlichkeitskontrolle oder ein Kompetenzfreigabeverfahren einleiten. Zwar sind sämtliche Verfahren nicht fristgebunden (anders als etwa ein Bund-Länder-Streit), aber bei der abstrakten Normenkontrolle ist kein gesetzgeberisches Vorverfahren durchzuführen, ihr Prüfungsmaßstab ist umfangreicher und das BVerfG kann das zu überprüfende Gesetz für nichtig erklären und nicht bloß die mangelnde Erforderlichkeit feststellen.

ee) Vergleich mit anderen Anträgen und Klagen

467. Vergleich mit Verfahren nach § 47 VwGO

a) Mit welchem verwaltungsgerichtlichem Verfahren ist die abstrakte Normenkontrolle am ehesten vergleichbar?
b) Welche Unterschiede bestehen?

a) Die abstrakte Normenkontrolle vor dem BVerfG gemäß Art. 93 I Nr. 2 GG weist Parallelen zu der verwaltungsgerichtlichen Normenkontrolle vor dem OVG gemäß § 47 VwGO auf.

b) Während Gegenstand der verfassungsgerichtlichen Normenkontrolle gemäß Art. 93 I Nr. 2 GG Gesetze im formellen und/oder materiellen Sinne sein können, kann eine verwaltungsgerichtliche Normenkontrolle nach § 47 I VwGO nur gegen Satzungen oder andere Rechtsvorschriften im Rang unter den Landesgesetzen erhoben werden, nicht aber gegen Bundes- oder Landesparlamentsgesetze sowie gegen Rechtsverordnungen des Bundes. Im Unterschied zur abstrakten Normenkontrolle setzt die verwaltungsgerichtliche Normenkontrolle überdies eine Antragsbefugnis des Antragstellers gemäß § 47 II 1 Alt. 1 VwGO voraus bzw. die Anwendung der zur Überprüfung gestellten Rechtsnorm durch die antragstellende Behörde nach § 47 II 1 Alt. 2 VwGO (str.). Die verwaltungsgerichtliche Normenkontrolle ist außerdem gemäß § 47 II 2 VwGO anders als ihr verfassungsrechtliches Pendant als kontradiktorisches Verfahren ausgestaltet. Schließlich ist die verwaltungsgerichtliche Normenkontrolle im Gegensatz zur nicht fristgebundenen abstrakten Normenkontrolle nach § 47 II 1 VwGO binnen eines Jahres nach Bekanntmachung der Rechtsvorschrift zu erheben.

Siehe *Bettermann,* Das Verhältnis der verfassungsgerichtlichen zur oberverwaltungs-
gerichtlichen Normenkontrolle, in: Landesverfassungsgerichtsbarkeit II, 1983,
S. 467–528.

468. Vergleich mit Verfahren vor dem EuGH

**Mit welchem Verfahren vor dem EuGH ist die abstrakte Normenkontrolle
am ehesten vergleichbar?**

Die abstrakte Normenkontrolle nach Art. 93 I Nr. 2 GG; § 13 Nr. 6; §§ 76 ff.
BVerfGG weist Parallelen zu der Nichtigkeitsklage privilegierter Kläger vor dem
EuGH gemäß Art. 263 AEUV auf. Die dort genannten Kläger sind ebenfalls
aufgrund von Verletzungen des EUV oder AEUV durch die Organe der Union
klageberechtigt, ohne dass sie eine Beeinträchtigung in eigenen Rechten geltend
machen müssten. Im Unterschied zur abstrakten Normenkontrolle kann sich die
Nichtigkeitsklage aber auch gegen Einzelakte richten und ist gemäß Art. 263 VI
AEUV binnen einer Frist von zwei Monaten zu erheben.

ff) Sonstiges

469. Sachliche Reichweite der Bindung

**Auf eine abstrakte Normenkontrolle hin hat das BVerfG § X StGB für
verfassungswidrig und nichtig erklärt. Sind die in § 31 I BVerfGG genannten
Adressaten gebunden an**
a) den Tenor,
b) die Leitsätze und
c) die Gründe der Entscheidung?

a) Ja. Die Entscheidungsformel macht den wesentlichen, vollstreckungsfähigen
Inhalt der Entscheidung aus.

b) Nein. Die Leitsätze fassen zwar die Gründe der Entscheidung zusammen, maßgeblich bleiben aber stets die Gründe selbst.

c) Die Adressaten sind nur an die tragenden Gründe (rationes decidendi) gebunden,
nicht aber an die sonstigen Erwägungen in den Gründen (obiter dicta). Tragend
sind solche Gründe, die nicht hinweggedacht werden können, ohne dass die im
Tenor niedergelegte Entscheidung anders ausfiele. Gelegentlich hat das BVerfG
sämtliche Gründe seiner Entscheidung als tragend bezeichnet und auf diese Weise
versucht, eine umfassende Bindung herzustellen, was auf erhebliche Kritik gestoßen
ist.

Siehe *Detterbeck,* Normwiederholungsverbote aufgrund normenverwerfender Entscheidungen des BVerfG?, AöR 116 (1991), 391–459; *Frowein,* Änderungen der
Rechtsprechung des BVerfG als Rechtsproblem, DÖV 1971, 793–796; *Kube,* Die
Bindungswirkung der Normenverwerfung, DÖV 2002, 737–739; *Ziekow,* Abweichung von bindenden Verfassungsgerichtsentscheidungen?, NVwZ 1995, 247–251.

470. Gesetzeskraft der Entscheidung

a) Kann der Bundesgesetzgeber eine Normenkontrollentscheidung des BVerfG abändern?

b) Welche Bedeutung hat die Gesetzeskraft einer Entscheidung des BVerfG gemäß § 31 II BVerfGG neben der Bindungswirkung nach § 31 I BVerfGG?

a) Gemäß § 31 II BVerfGG kommt den Entscheidungen des BVerfG in den dort genannten Verfahrensarten Gesetzeskraft zu. Danach steht die Entscheidung im Range eines einfachen Bundesgesetzes und könnte nach dem lex-posterior-Satz grds. durch jedes nachfolgende Bundesgesetz geändert werden. Die Entscheidung ist aber am Maßstab des Grundgesetzes ergangen, weshalb ein sie abänderndes Bundesgesetz seinerseits in aller Regel verfassungswidrig sein dürfte. Im Ergebnis wird eine Entscheidung des BVerfG daher durch ein Bundesgesetz nur bei zumindest zeitgleicher Grundgesetzänderung geändert werden können.

b) Neben den in § 31 I BVerfGG genannten Staatsorganen wird durch die Gesetzeskraft der Entscheidung auch jeder Bürger daran gebunden. Deshalb ist die Entscheidung gemäß § 31 II 3, 4 BVerfGG auch im BGBl. zu veröffentlichen.

471. Rechtshängigkeit und res iudicata

Die Regierung des Landes A hat gegen § X EStG eine abstrakte Normenkontrolle erhoben.

a) Kann außerdem die Regierung des Landes B noch eine weitere abstrakte Normenkontrolle gegen dieselbe Bestimmung erheben?

b) Kann zudem Steuerzahler S dagegen Verfassungsbeschwerde erheben?

c) Das BVerfG hat auf die abstrakte Normenkontrolle der Landesregierung A hin § X EStG für verfassungswidrig und nichtig erklärt. Sind die Verfahren von B und S weiterhin zulässig?

d) Was ändert sich, wenn der Normenkontrollantrag der Landesregierung A als unbegründet abgewiesen wurde?

a) Ja. Die Rechtshängigkeit einer abstrakten Normenkontrolle schließt die Erhebung einer weiteren Normenkontrolle durch einen Antragsteller gegen dieselbe Vorschrift nicht aus.

b) Ja. Gleiches gilt für die Erhebung einer Verfassungsbeschwerde.

c) Die Verfahren von B und S werden nunmehr unzulässig. Mit Nichtigerklärung des § X EStG fehlt es jetzt an einem geeigneten Beschwerdegegenstand.

d) Es steht nunmehr rechtskräftig fest, dass § X EStG verfassungsgemäß ist. Aus diesem Grund sind die Anträge von B und S als unzulässig abzuweisen. Siehe *Brox*, Zur Zulässigkeit der erneuten Überprüfung einer Norm durch das BVerfG, in: Geiger-FS, 1974, S. 809–826.

472. Bindung an den Antrag

Die Regierung des Landes X hat eine abstrakte Normenkontrolle gegen § 243 StGB erhoben, weil die darin verwendete Regelbeispieltechnik zu unbestimmt sei. Kann das BVerfG, das die Auffassung der Landesregierung teilt, bei der Gelegenheit auch noch andere Bestimmungen des StGB aufheben, die sich ebenfalls der Regelbeispieltechnik bedienen?

Im Unterschied zum Zivil- (§ 308 I ZPO) und Verwaltungsprozess (§ 88 VwGO) ist das BVerfG nicht ausnahmslos an die Anträge der Beteiligten gebunden. In Verfahren der abstrakten Normenkontrolle kann es vielmehr gemäß § 78 S. 2 BVerfGG, auf den bei der konkreten Normenkontrolle in § 82 I BVerfGG verwiesen wird, weitere Bestimmungen des gleichen Gesetzes, die aus denselben Gründen mit dem Grundgesetz unvereinbar sind, für nichtig erklären. Das BVerfG könnte also auch andere Tatbestände, die sich der Regelbeispieltechnik bedienen, aufheben.

473. Ipso-iure-Nichtigkeits- und Vernichtbarkeitstheorie

Drei Jahre nach In-Kraft-Treten erklärt das BVerfG eine Vorschrift des SGB II für nichtig. War diese Bestimmung auch schon vor der Entscheidung des BVerfG nichtig?

Hinsichtlich der Bedeutung der Nichtigkeitsentscheidung des BVerfG stehen sich zwei Theorien gegenüber: Nach der Ipso-iure-Nichtigkeitstheorie fällt das BVerfG ein bloßes Feststellungsurteil. Es erklärt deklaratorisch die Nichtigkeit der Bestimmung, die (unerkannt) auch zuvor schon bestand. Nach der Vernichtbarkeitstheorie hingegen handelt es sich bei der Entscheidung des BVerfG um ein Gestaltungsurteil. Das BVerfG gestaltet konstitutiv eine zuvor nur anfechtbare Norm zu einer nichtigen um. Siehe *Horn,* Die Nichtigkeit verfassungswidriger Gesetze als verfassungsrechtliches Problem, DÖV 1980, 84–91.

474. Zeitpunkt der Verfassungswidrigkeit und Nichtigkeit

Das BVerfG hält im Verfahren der abstrakten Normenkontrolle eine seit fünf Jahren in Kraft befindliche Vorschrift
a) der AO,
b) des Finanzausgleichsgesetzes für verfassungswidrig. Wann tritt die Nichtigkeit ein?

a) Grundsätzlich tritt die Nichtigkeit eines verfassungswidrigen Gesetzes ex tunc ein, dh es ist niemals wirksam in Kraft gewesen.

b) Ausnahmsweise erklärt das BVerfG eine Bestimmung aber nur ex nunc oder gar erst pro futuro für nichtig. Dies ist insbesondere der Fall, wenn ansonsten zahlreiche komplizierte Rückabwicklungen erforderlich wären.

Übersicht 19: Abstrakte Normenkontrolle

A. Zulässigkeit

Rechtsgrundlagen: Art. 93 I Nr. 2, 2a, II GG; § 13 Nr. 6, 6a, 6b; §§ 76 ff.; § 97 BVerfGG.

  I. Antragsberechtigte (Art. 93 I Nr. 2, 2a GG; § 76 BVerfGG)
   – Antragsteller leitet nur Verfahren ein, danach seiner Disposition entzogen, soweit öffentliches Interesse an Fortführung des Verfahrens besteht.
    1. Art. 93 I Nr. 2 GG; § 13 Nr. 6; § 76 I BVerfGG
     – Bundesregierung; Landesregierung; ein Viertel der Mitglieder des Bundestages (z. Zt. 178 > 709 : 4).
     – nicht: Bundestag selbst; Fraktion; Bundesrat; Landtag.
    2. Art. 93 I Nr. 2a GG; § 13 Nr. 6a; § 76 II BVerfGG
     – Bundesrat; Landesregierung; Landtag.
     – nicht: Bundesregierung; Bundestag.
    3. Art. 93 II; § 13 Nr. 6b; § 97 BVerfGG
     – Bundesrat; Landesregierung; Landtag.
     – nicht: Bundesregierung; Bundestag.
 II. Antragsgegner?
   – Kein Antragsgegner in diesen objektiven Beanstandungsverfahren.
III. Antragsgegenstand (Art. 93 I Nr. 2 GG; § 13 Nr. 6, 6a; § 76 BVerfGG)
    1. Art. 93 I Nr. 2 GG; § 13 Nr. 6; § 76 I BVerfGG
     – Bundesrecht: GG-Bestimmungen (verfassungswidriges Verfassungsrecht); alle verkündeten Bundesgesetze, egal ob nur formell (Art. 110 II GG), formell und materiell (BGB; StGB; …) oder nur materiell (BundesVO; Bundessatzung); Gesetz(entwürf)e nach Art. 59 II GG auch schon vor Ausfertigung und Verkündung; schlichte Parlamentsbeschlüsse; GO; nicht: VwVorschrift.
     – Landesrecht: LV; alle formellen und/oder materiellen Landesgesetze; schlichte Parlamentsbeschlüsse; GO; auch Recht anderer Länder; nicht: VwVorschrift.
     – Kein sekundäres EU-Recht (Verordnungen, Richtlinien).
    2. Art. 93 I Nr. 2a GG; § 13 Nr. 6a; § 76 II BVerfGG
     – Formelles Bundesgesetz.
    3. Art. 93 II GG; § 13 Nr. 6b; § 97 BVerfGG
     – Formelles Bundesgesetz.
 IV. Statthaftigkeit des Antrags (Art. 93 I Nr. 2, 2a, II GG; § 76; § 97 BVerfGG)
    1. Art. 93 I Nr. 2 GG; § 13 Nr. 6; § 76 I BVerfGG
     – § 76 I Nr. 1; II BVerfGG erfasst nur Für-nichtig-halten; während nach Art. 93 I Nr. 2 GG bloße Zweifel genügen; → verfassungskonforme Auslegung oder Teilverfassungswidrigkeit.
     – § 76 I Nr. 2 BVerfGG Für-gültig-halten.
     – Art. 93 I Nr. 2a GG; § 13 Nr. 6a; § 76 II BVerfGG.
     – Meinungsverschiedenheiten → Für-nichtig-halten mangels Erforderlichkeit.
    3. Art. 93 II GG; § 13 Nr. 6b; § 97 BVerfGG
     – Meinungsverschiedenheiten → Für-nicht-mehr-erforderlich-halten.

V. Antragsbefugnis?
– Nicht erforderlich, da nur objektive Beanstandungsverfahren.
VI. Form und Frist (§ 23 BVerfGG)
– Schriftform (§ 23 I BVerfGG).
– Keine Frist.
B. Begründetheit
I. Die abstrakte Normenkontrolle ist gemäß Art. 93 I Nr. 2 GG begründet, soweit die zur Überprüfung gestellte Norm formell und/oder materiell verfassungswidrig ist.
II. Die Erforderlichkeitskontrolle ist gemäß Art. 93 I Nr. 2a GG begründet, soweit das zur Überprüfung gestellte Bundesgesetz mangels Erforderlichkeit verfassungswidrig ist.
III. Das Kompetenzfreigabeverfahren ist gemäß Art. 93 II GG begründet, soweit das zur Überprüfung gestellte Bundesgesetz nicht mehr erforderlich ist.

b) Konkrete Normenkontrolle nach Art. 100 I GG

Literatur: *Aretz,* Neues zur Richtervorlage nach Art. 100 Abs. 1 GG, JZ 1984, 918–923; *Bettermann,* Die konkrete Normenkontrolle und sonstige Gerichtsvorlagen, in: FG BVerfG, Bd. I, 1976, S. 323–373; *Erichsen,* Die konkrete Normenkontrolle, Jura 1982, 88–96; *Geis/Schmidt,* Grundfälle zur abstrakten und konkreten Normenkontrolle, JuS 2012, 121–125; *Heun,* Normenkontrolle, in: FS 50 Jahre BVerfG, Bd. I, 2001, S. 615–640; *ders.,* Richtervorlagen in der Rechtsprechung des BVerfG, AöR 122 (1997), 610–628; *Roewer,* Vorbeugende konkrete Normenkontrolle durch das BVerfG?, NVwZ 1983, 145; *Rühmann,* Nochmals – Präventive Normenkontrolle durch das BVerfG, DÖV 1979, 440–443; *Sachs,* Die konkrete Normenkontrolle – nur ein Instrument zum Schutze subjektiver Grundrechte der Beteiligten?, DVBl. 1985, 1106–1112; *Schmidt,* Die vorbeugende konkrete Normenkontrolle durch das BVerfG, NVwZ 1982, 181–182; *Ulsamer,* Zulässigkeitsvoraussetzungen des konkreten Normenkontrollverfahrens in der Rechtsprechung des BVerfG, BayVBl. 1980, 519–523; *Wernsmann,* Konkrete Normenkontrolle (Art. 100 Abs. 1 GG), Jura 2005, 328–336; *Wollweber,* Aktuelle Aspekte der konkreten Normenkontrolle durch das BVerfG, DÖV 1999, 413–418.

aa) Grundlagen

475. Normenkontrollkompetenzen

Was ist der Unterschied zwischen
a) Prüfungs-,
b) Nichtanwendungs- und
c) Verwerfungskompetenz?
Welchen Gerichten kommt diese jeweils zu?

a) Die Prüfungskompetenz bezeichnet die Befugnis, eine Rechtsnorm auf ihre Vereinbarkeit mit höherrangigem Recht zu kontrollieren. Sie kommt jedem Gericht zu.

b) Die Nichtanwendungskompetenz stellt die Befugnis dar, eine Norm, die gegen höherrangiges Recht verstößt, für die Entscheidung des Einzelfalles außer Betracht zu lassen. In Bezug auf untergesetzliches Recht steht diese Kompetenz jedem Gericht zu, hinsichtlich der Parlamentsgesetze besteht wegen der Gesetzesbindung der Richter nach Art. 20 III; 97 I GG keine allgemeine Nichtanwendungskompetenz.

c) Die Verwerfungskompetenz ist die Befugnis, eine gegen höherrangiges Recht verstoßende Rechtsnorm (über den Einzelfall hinaus) für unwirksam zu erklären. Sie ist über Art. 100 I GG bei dem BVerfG konzentriert.

476. Zweck und praktische Bedeutung der konkreten Normenkontrolle

a) Was ist der Zweck der konkreten Normenkontrolle?
b) Welche praktische Bedeutung ist der konkreten Normenkontrolle bisher zugekommen?

a) Die konkrete Normenkontrolle schützt den parlamentarischen Gesetzgeber, weil nicht jeder beliebige Richter ein Parlamentsgesetz als verfassungswidrig betrachten und außer Anwendung lassen kann, sondern die Nichtigerklärung verfassungswidriger nachkonstitutioneller Parlamentsgesetze bei dem BVerfG konzentriert wird (Verwerfungsmonopol). Dies sichert außerdem die Einheitlichkeit der Rechtsanwendung.

b) Die praktische Bedeutung der konkreten Normenkontrolle ist vergleichsweise hoch; die deutschen Gerichte sind „vorlagefreudig". Als Folge dessen stellt das BVerfG strenge Anforderungen an die Zulässigkeit von Richtervorlagen.

bb) Zulässigkeit

(1) Vorlageberechtigter

477. Vorlageberechtigter

Kann eine Vorlage an das BVerfG erfolgen von
a) einer Kammer des Landgerichts?
b) einem Richter am Amtsgericht?
c) einem Richter am Verwaltungsgericht als Einzelrichter?

a) Ja. Vorlagen durch Kollegialgerichte sind der Regelfall.

b) Ja. Gericht iSd. Art. 100 I GG ist auch ein Gericht, das kraft Gesetzes nur mit einem einzigen Berufsrichter besetzt ist.

c) Grundsätzlich repräsentiert der Einzelrichter gemäß § 6 VwGO die Kammer des Verwaltungsgerichts. Allerdings wirft eine Rechtssache grundsätzliche Bedeutung auf, wenn eine Vorlage an das BVerfG erforderlich wird. Deshalb hat der Einzelrichter nach § 6 III 1 VwGO das Verfahren auf die Kammer zurück zu übertragen und diese hat dann den Vorlagebeschluss zu fassen. Siehe *Pahlke*, Vorlagebeschlüsse an das BVerfG durch konsentierten Einzelrichter, DB 1997, 2454–2456.

478. Vorlagepflicht?

Muss eine Vorlage an das BVerfG erfolgen, wenn es für die Entscheidung des Rechtsstreits auf die Gültigkeit eines Gesetzes ankommt und das Ausgangsgericht
a) das Gesetz für verfassungswidrig hält?
b) Zweifel an der Verfassungsmäßigkeit des Gesetzes hegt?

a) Ja. Art. 100 I GG statuiert eine Vorlagepflicht des Gerichts.

b) Nein. Im Unterschied zur abstrakten Normenkontrolle nach Art. 93 I Nr. 2 GG genügen bei der konkreten Normenkontrolle gemäß Art. 100 I GG bloße Zweifel des vorlegenden Gerichts an der Verfassungsmäßigkeit des Gesetzes nicht. Das Gericht muss entweder über seine Zweifel hinausgehend das Gesetz für verfassungswidrig halten und vorlegen oder seine Zweifel zurückstellen und das Gesetz ohne Vorlage an das BVerfG anwenden.

479. Prüfungsmaßstab

Muss eine Vorlage an das BVerfG erfolgen, wenn nach Auffassung des entscheidenden Gerichts
a) ein Bundesgesetz gegen das Grundgesetz,
b) eine Bundesrechtsverordnung gegen das Grundgesetz,
c) eine Bundesrechtsverordnung gegen ein Bundesgesetz,
d) ein Landesgesetz gegen das Grundgesetz,
e) ein Landesgesetz gegen ein Bundesgesetz,
f) ein Landesgesetz gegen die Landesverfassung,
g) eine Landesrechtsverordnung
gegen das Grundgesetz verstößt?

a) Ja. Dies ist der Regelfall der konkreten Normenkontrolle nach Art. 100 I 1 Alt. 2 GG.

b) und **c)** Nein. Das entscheidende Gericht kann die Rechtsverordnung des Bundes unangewendet gelassen. Art. 100 I GG soll nur den parlamentarischen Gesetzgeber vor der Nichtanwendung seiner Normen durch die Gerichte schützen, nicht aber den Verordnungsgeber.

d) Ja. Dieser Sonderfall des Art. 100 I 1 Alt. 2 GG wird in Art. 100 I 2 Alt. 1 GG noch einmal besonders aufgeführt.

e) Ja. Siehe Art. 100 I 2 Alt. 2 GG.

f) Nein. Hier hat gemäß Art. 100 I 1 Alt. 1 GG eine Vorlage an das LVerfG zu erfolgen.

g) Nein. Solche Landesrechtsverordnungen kann das entscheidende Gericht erst recht unangewendet lassen.

480. Keine Vorlage durch Verwaltungsbehörde

Der Finanzbeamte F hält § X EStG, auf dessen Wirksamkeit es für die von ihm vorzunehmende Bearbeitung von Steuererklärungen ankommt, für verfassungswidrig.
a) Kann er § X EStG unangewandt lassen?
b) Kann er § X EStG dem BVerfG zur Überprüfung vorlegen?
c) Was ist dem F stattdessen zu raten?

a) Eine eigene Nichtanwendungs- oder gar Verwerfungskompetenz steht der Verwaltung wegen ihrer Gesetzesbindung nach Art. 20 III GG nicht zu.

b) Das Grundgesetz sieht kein Vorlageverfahren für die Verwaltung nach dem Vorbild des Art. 100 I GG vor. Eine analoge Anwendung des Art. 100 I GG wird mangels planwidriger Regelungslücke sowie wegen der unterschiedlichen Stellung von Gerichten und Verwaltungsbehörden abgelehnt.

c) F kann § X EStG aber seinem Vorgesetzen zur Prüfung der Verfassungsmäßigkeit vorlegen, der die Bestimmung seinerseits wieder seinem Vorgesetzten vorlegen kann usw., bis die an der Spitze der Behördenhierarchie stehende Landesregierung darüber entscheidet, ob sie eine abstrakte (keine konkrete!) Normenkontrolle vor dem BVerfG erhebt. Siehe *Ipsen*, Vorwirkungen verfassungsgerichtlicher Normenkontrollentscheidungen?, NJW 1978, 2569–2572.

(2) Weitere Beteiligte?

481. Kein Vorlagegegner; Rechtsstellung der Beteiligten des Ausgangsverfahrens

a) In einem Rechtsstreit zwischen dem Mieter M und dem Vermieter V hält das Amtsgericht eine Vorschrift des sozialen Mietrechts, auf die es für die Entscheidung ankommt, für verfassungswidrig. Gegen wen richtet sich die Vorlage des Gerichts?
b) Können M bzw. V die Vorlage an das BVerfG erzwingen?
c) Welche Rechtsstellung kommt M und V in dem Verfahren vor dem BVerfG zu?

a) Im Unterschied zum Organstreit und anderen kontradiktorischen Verfahren kennt die konkrete Normenkontrolle keinen Vorlagegegner.

b) Nein, siehe § 80 III BVerfGG. Hält das Amtsgericht die Vorschrift aber für verfassungswidrig und legt es sie dennoch nicht dem BVerfG zur Entscheidung vor, wird M und V der gesetzliche Richter nach Art. 101 I 2 GG entzogen und sie können deshalb Verfassungsbeschwerde erheben.

c) Beide erhalten nicht nur gemäß § 82 III BVerfGG Gelegenheit zur Äußerung, sondern sie werden auch zur mündlichen Verhandlung geladen und ihren Prozessbevollmächtigten wird das Wort erteilt. Im Unterschied zu den in § 77; § 82 II

BVerfGG genannten Verfassungsorganen ist ihnen ein Verfahrensbeitritt allerdings verwehrt.

(3) Vorlagegegenstand

482. Gesetz als Vorlagegegenstand

Das Verwaltungsgericht hält eine beamtenrechtliche Norm, auf die es für die Entscheidung ankommt, für grundgesetzwidrig. Wird das VG das Verfahren aussetzen und die Entscheidung des BVerfG einholen, wenn es sich um eine Vorschrift
a) des Bundesbeamtengesetzes,
b) der Bundesreisekostenverordnung,
c) des Landesbeamtengesetzes oder
d) der Landesreisekostenverordnung handelt?

a) und c) Ja. Parlamentsgesetze sind ein geeigneter Beschwerdegegenstand. Dies gilt gemäß Art. 100 I 2 GG auch für Landesgesetze.

b) und d) Nein. Unter „Gesetz" iSd. Art. 100 I GG sind im Unterschied zur abstrakten Normenkontrolle nach Art. 93 I Nr. 2 GG nur Gesetze im formellen Sinne, nicht aber Rechtsverordnungen als Gesetze im bloß materiellen Sinne zu verstehen. Denn die Exekutive verdient als Regelungsgeber nicht den gleichen Schutz vor den Gerichten wie der parlamentarische Gesetzgeber. Hält ein Gericht eine Rechtsverordnung für verfassungswidrig, lässt es diese im konkreten Fall unangewendet.

483. Vorkonstitutionelles Gesetz ist kein geeigneter Vorlagegegenstand

In einem Erbrechtsstreit kommt es auf eine Vorschrift des BGB-Erbrechts an, die seit In-Kraft-Treten des BGB am 1.1.1900 unverändert geblieben ist.
a) Wird das LG dem BVerfG die Bestimmung wegen eines Verstoßes gegen die Testierfreiheit des Art. 14 I GG vorlegen?
b) Wie wäre der Fall zu beurteilen, wenn es stattdessen auf eine Regelung des Allgemeinen Schuldrechts ankäme?

a) Nein. Art. 100 I GG soll nur den parlamentarischen Gesetzgeber des Grundgesetzes schützen. Deshalb sind nur nachkonstitutionelle formelle Gesetze dem BVerfG vorzulegen. Vorkonstitutionelle Vorschriften können von dem entscheidenden Gericht unangewendet gelassen werden.

b) Spätestens seit der Schuldrechtsreform 2002 dürfte es überhaupt keine Vorschriften im Allgemeinen Schuldrecht mehr geben, die der nachkonstitutionelle Gesetzgeber nicht geändert hat oder trotz unterbliebener Änderung wegen ihres engen Zusammenhangs mit den geänderten Vorschriften nicht in seinen Willen aufgenommen hat. Solche Bestimmungen sind deshalb als nachkonstitutionelle

Gesetze zu betrachten und tauglicher Gegenstand einer konkreten Normenkontrolle.

484. Unionsrecht als Vorlagegegenstand?

a) Eine EU-Verordnung weist den Importeuren von Südfrüchten aus Drittstaaten bestimmte geringe Kontingente zu, um den Anbau von Südfrüchten in den von der EU unterstützten AKP-Staaten (zumeist ehemalige europäische Kolonien) zu fördern. Das von dem Importeur I angerufene VG erblickt darin einen Verstoß gegen die Berufsfreiheit. Wird eine Vorlage an das BVerfG Erfolg haben?
b) Wie wäre es, wenn die Kontingentierung in einer EU-Richtlinie erfolgt wäre, welche Deutschland nicht fristgerecht umgesetzt hat?
c) Welche Möglichkeit besteht, wenn Deutschland die Richtlinie binnen der Frist durch Gesetz umgesetzt hat?

a) Nein. Dem BVerfG können nur Regelungen des deutsches Gesetzgebers vorgelegt werden, nicht Verordnungen des Unionsgesetzgebers gemäß Art. 288 II AEUV.

b) Eine nicht fristgerecht umgesetzte Richtlinie nach Art. 288 III AEUV ist in gleicher Weise wie eine EU-Verordnung zu behandeln und ebenfalls kein tauglicher Vorlagegegenstand.

c) Hier könnte das deutsche Umsetzungsgesetz dem BVerfG vorgelegt werden. Voraussetzung ist allerdings, dass die Richtlinie dem deutschen Gesetzgeber einen Umsetzungsspielraum belässt.

485. Verfassungskonforme Auslegung des Vorlagegegenstandes

§ X ErbStG räumt dem Ehegatten und den Kindern des Erblassers einen Freibetrag von 250.000 EUR ein. Die nicht-eheliche Tochter T des Erblassers E wird als dessen Alleinerbin in voller Höhe zur Erbschaftsteuer veranlagt. Das dagegen angerufene FG erblickt in § X ErbStG einen Verstoß gegen Art. 6 V GG und legt die Vorschrift dem BVerfG zur Überprüfung vor. Wie wird das BVerfG entscheiden?

Das BVerfG wird die Vorlage als unzulässig zurückweisen. Hier kann das FG § X ErbStG verfassungskonform in der Weise auslegen, dass zu den Kindern des Erblassers auch dessen nicht-eheliche Kinder zählen, ohne dass es noch einer Entscheidung des BVerfG bedarf. Siehe *Voßkuhle,* Theorie und Praxis der verfassungskonformen Auslegung von Gesetzen durch Fachgerichte, AöR 125 (2000), 177–201; *Zippelius,* Die verfassungskonforme Auslegung von Gesetzen, in: FG 25 Jahre BVerfG, Bd. II, 1976, S. 108–124.

(4) Statthaftigkeit

486. Für-verfassungswidrig-halten

In dem Strafverfahren gegen den Stalker S hat der Strafrichter Zweifel, ob der Nachstellungstatbestand des § 238 I Nr. 5 StGB hinreichend bestimmt ist. Wird eine Vorlage an das BVerfG Erfolg haben?

Nein. Eine solche Vorlage ist nur statthaft, wenn das vorlegende Gericht das Gesetz gemäß Art. 100 I 1 GG für verfassungswidrig hält. Im Unterschied zur abstrakten Normenkontrolle genügen bloße Zweifel an der Verfassungsmäßigkeit für die Vorlage nicht.

487. Entscheidungserheblichkeit

a) Der A hat mit seinem PKW einen Verkehrsunfall verschuldet, bei dem der B verletzt wurde. Richter R meint, das Schuldprinzip gelte auch im Zivilrecht, und hält deshalb die Gefährdungshaftung des § 7 StVG für verfassungswidrig. Ist eine Vorlage an das BVerfG statthaft?
b) Wie wäre es, wenn dem A kein Verschulden nachzuweisen wäre und B daraufhin seine Klage zurückgenommen hätte?

a) Nein. Selbst wenn § 7 StVG verfassungswidrig und nichtig sein sollte, müsste A immer noch auf der Grundlage von § 823 I BGB Schadensersatz leisten. Die mögliche Verfassungswidrigkeit von § 7 StVG ist also nicht entscheidungserheblich.

b) Zwar käme es in diesem Fall grds. auf die mögliche Verfassungswidrigkeit von § 7 StVG an, mit Rücknahme der Klage im Ausgangsverfahren ist aber die Entscheidungserheblichkeit nachträglich entfallen. Das BVerfG wird keine Sachentscheidung mehr treffen.

Siehe *Scholler/Broß*, Zum Problem der Entscheidungserheblichkeit im Sinne des Art. 100 Abs. 1 Satz 1 GG, AöR 103 (1978), 148–163.

(5) Weitere Vorlagevoraussetzungen

488. Vorlagefrist?

Vierzehn Monate nachdem X gegen seine Gewerbeuntersagung wegen Unzuverlässigkeit Klage erhoben hat, kommt das VG in der mündlichen Verhandlung zu dem Schluss, § 35 GewO verstoße gegen das Grundgesetz. Kann jetzt noch eine Vorlage an das BVerfG erfolgen?

Im Unterschied zur Verfassungsbeschwerde (§ 93 I, III BVerfGG) ist die konkrete Normenkontrolle nicht fristgebunden. Auch im Rahmen eines lange währenden Gerichtsverfahrens kann daher noch eine Vorlage an das BVerfG erfolgen.

489. Umfang der Begründungspflicht

Im vorherigen Fall übersendet das VG die Akten dem BVerfG und teilt mit, dass seiner Auffassung nach § 35 GewO gegen das Grundgesetz verstoße. Welche Entscheidung wird das BVerfG treffen?

Das BVerfG wird die Vorlage als unzulässig abweisen. Das VG hätte gemäß § 80 II 1 BVerfGG, der die allgemeine Begründungspflicht nach § 23 I 2 BVerfGG verschärft, angeben müssen, inwiefern von der Gültigkeit des § 35 GewO seine Entscheidung abhängt, und außerdem die Grundgesetzbestimmung (zB Art. 12 GG), mit der § 35 GewO unvereinbar sein soll, genau bezeichnen müssen. Beides ist hier nicht geschehen.

490. Mehrfachvorlagen

Das Amtsgericht X erblickt in einem Kündigungsschutzprozess in § 569 III BGB einen Verstoß gegen das Eigentumsrecht des Vermieters und legt dem BVerfG die Frage zur Entscheidung vor.
a) Kann das Amtsgericht Y, das die Auffassung von X teilt, auch sein Verfahren noch dem BVerfG vorlegen?
b) Kann Y das Verfahren aussetzen, bis das BVerfG über die Vorlage des Amtsgerichts X entschieden hat?

a) Ja. Mehrfachvorlagen sind zulässig und auch erwünscht, um dem BVerfG mehr Anschauungsmaterial für seine Entscheidung zu liefern. Siehe *Millgramm*, Mehrfachvorlagen und konkrete Normenkontrolle gemäß Art. 100 Abs. 1 GG, Jura 1983, 354–359.

b) Nein (str.). § 148 ZPO kann nicht entsprechend herangezogen werden, vielmehr besteht für das Prozessgericht nach Art. 100 I GG eine Vorlagepflicht. Folgte man der Gegenauffassung, dann müsste das nicht-vorlegende zweite Gericht ständig den Verlauf des ersten vorgelegten Verfahrens bei dem BVerfG im Blick behalten und ggf. nach anderweitiger Erledigung des ersten Verfahrens dann doch noch vorlegen. Siehe *Frowein*, Aussetzung wegen anhängiger Normenkontrolle?, NJW 1962, 1091–1093; *Höhn*, Normenkontrollverfahren und Verfassungsbeschwerde als Aussetzungsgrund für Gerichtsverfahren?, NJW 1961, 443–445; *Pestalozza*, Schlichte Aussetzung durch das Prozessgericht wegen Normprüfungsverfahren vor dem Verfassungsgericht? – ArbG Berlin, NJW 1979, 1678 und LAG Berlin, JZ 1981, 32, JuS 1981, 649–653.

491. Erneute Vorlage

Der Gewerbetreibende G hat Klage gegen seinen Gewerbesteuerbescheid erhoben. Das VG hält in Zeiten geänderter wirtschaftlicher Lage die Gewerbesteuer als Realsteuer für verfassungswidrig und will eine Normenkontrolle zum BVerfG erheben, obgleich frühere Normenkontrollen gegen die

Gewerbesteuerpflicht keinen Erfolg hatten. Worauf hat das VG in der Begründung besonders zu achten?

Nachdem bereits mehrere Normenkontrollen gegen die Gewerbesteuerpflicht erfolglos waren, muss das VG wegen der Bindungswirkung der Entscheidungen des BVerfG gemäß § 31 BVerfGG bei seiner erneuten Vorlage darlegen, welche tatsächlichen und rechtlichen Veränderungen eingetreten sind, welche die Überprüfung der früheren Entscheidung geboten erscheinen lassen. Siehe *Brox,* Zur Zulässigkeit der erneuten Überprüfung einer Norm durch das BVerfG, in: Geiger-FS, 1974, S. 809–826; *Wenig,* Zur Zulässigkeit einer erneuten Vorlage im Normenkontrollverfahren, DVBl. 1973, 345–349.

cc) Begründetheit

492. Fortsetzung des Verfahrens vor dem vorlegenden Gericht nach Entscheidung des BVerfG

X und Y sind wegen Nötigung vor verschiedenen Strafgerichten angeklagt worden. Während der Y zu einer Geldstrafe verurteilt wurde, hat das Gericht im Fall des X dem BVerfG § 240 StGB erneut zur Prüfung vorgelegt. Unterstellen Sie, dass das BVerfG nunmehr § 240 StGB wegen Verstoßes gegen Art. 103 II GG für verfassungswidrig und nichtig erklärt.
a) Kann das BVerfG den X freisprechen?
b) Muss der Y die Geldstrafe bezahlen?

a) Gemäß § 81 BVerfGG entscheidet das BVerfG nur über die Rechtsfrage, so dass grundsätzlich nach der Entscheidung des BVerfG das vorlegende Strafgericht noch den X freizusprechen und das Verfahren einzustellen hat. Nur ausnahmsweise, wenn gar keine andere Entscheidung in der Sache mehr möglich erscheint, hält das BVerfG sich für befugt, selbst das Verfahren einzustellen.

b) Die Vollstreckungssperre des § 79 II 2; § 82 I BVerfGG bezieht sich nach ihrer systematischen Stellung im Gesetz nicht auf Strafurteile. Das BVerfG lehnt eine analoge Anwendung ab (BVerfGE 15, 303 (308)). Y müsste vielmehr gemäß § 79 I; § 82 I BVerfGG die Wiederaufnahme des Strafverfahrens betreiben und kann dann in diesem Rahmen die Aufhebung der Geldstrafe erreichen. Überzeugender erscheint es, § 79 II 2 BVerfGG auf diesen Fall analog anzuwenden.

dd) Vergleich mit anderen Anträgen und Klagen

493. Vergleich mit Verfahren vor dem EuGH

Mit welchem Verfahren vor dem EuGH ist die konkrete Normenkontrolle gemäß Art. 100 I GG vergleichbar?

Die konkrete Normenkontrolle nach Art. 100 I GG weist Parallelen zu dem Vorabentscheidungsverfahren nach Art. 267 AEUV auf. Allerdings sind unterinstanzliche Gerichte gemäß Art. 267 II AEUV zur Vorlage nur berechtigt, nicht aber verpflichtet. Lediglich für letztinstanzlich entscheidende Gerichte besteht eine Vorlagepflicht nach Art. 267 III AEUV.

Übersicht 20: Konkrete Normenkontrolle

A. Zulässigkeit

Rechtsgrundlagen: Art. 100 I GG; § 13 Nr. 11; §§ 80 ff. BVerfGG.

   I. Vorlageberechtigte (Art. 100 I GG; § 80 I BVerfGG)
- Jeder Richter unmittelbar; im Eilverfahren nur bei Vorwegnahme der Hauptsache (str.).
- Vorlagekompetenz auch bei bereits anhängiger Vorlagefrage (Mehrfachvorlage).
- Von Amts wegen; Antrag der Beteiligten des Ausgangsverfahrens weder möglich noch notwendig (§ 80 III BVerfGG), aber rechtliches Gehör vor BVerfG (§ 82 III BVerfGG).

  II. Vorlagegegner?
- Kein Vorlagegegner, insbesondere nicht Beteiligter des Ausgangsverfahrens.

 III. Vorlagegegenstand (Art. 100 I GG; § 80 I BVerfGG)
- Bundesrecht: GG-Bestimmungen (verfassungswidriges Verfassungsrecht); nur verkündete, formelle Gesetze, auch nach Art. 59 II GG;
- Nur nachkonstitutionelle Gesetze (nach 23.5.1949); vorkonstitutionelle nur, wenn von nachkonstitutionellem Gesetzgeber in seinen Willen aufgenommen, zB durch Neuverkündung, Bezugnahme, sachlichen Zusammenhang zwischen unveränderten und geänderten Vorschriften desselben Gesetzes.
- Nicht: Haushaltsgesetz nach Art. 110 II GG (wegen § 3 BHO); bloß materielle Gesetze (BundesVO; Bundessatzung); VwVorschrift.
- Landesrecht: nur verkündete, formelle, nachkonstitutionelle Landesgesetze, nicht sonstiges Landesrecht (trotz Wortlaut des Art. 100 I 2 GG).
- Kein sekundäres Unionsrecht (Verordnungen, Richtlinien).

 IV. Statthaftigkeit der Vorlage (Art. 100 I GG; § 80 BVerfGG)
- In Begründung müssen dargelegt werden (§ 80 II 1 BVerfGG):
1. Für verfassungswidrig halten (§ 80 II 1 BVerfGG)
   - Sichere Überzeugung wird verlangt; bloße Zweifel genügen nicht.
   - Es kommt auf Verfassungswidrigkeit an, nicht auf deren Rechtsfolge Nichtigkeit oder bloße Unvereinbarkeit; verfassungskonforme Auslegung kommt nicht in Betracht.
2. Entscheidungserheblichkeit (§ 80 II 1 BVerfGG)
   - Endentscheidung des vorlegenden Richters muss bei Verfassungswidrigkeit anders ausfallen als bei Vereinbarkeit der Norm mit dem GG; notfalls auch aufwendige Beweisaufnahme vorab durchführen.
   - Rechtsauffassung des vorlegenden Richters darf nicht „offensichtlich unhaltbar" sein.
   - Analog § 90 II 2 BVerfGG keine Entscheidungserheblichkeit erforderlich bei allgemeiner und grundsätzlicher Bedeutung der Vorlagefrage für das Gemeinwohl.

  V. Vorlagebefugnis?
- Nicht zu prüfen.

VI. Form und Frist (§ 23 BVerfGG)
   – Schriftform (§ 23 I BVerfGG).
   – Keine Frist.
B. Begründetheit
   Die konkrete Normenkontrolle ist gemäß Art. 100 I GG begründet, soweit das nachkonstitutionelle Parlamentsgesetz, auf dessen Gültigkeit es bei der Entscheidung ankommt, formell und/oder materiell verfassungswidrig ist.

Übersicht 21: Prüfungsgegenstand und -maßstab bei der konkreten Normenkontrolle

Prüfungsmaßstab/ Prüfungsgegenstand	Grundgesetz	Bundesgesetz	Bundesrechtsverordnung	Landesverfassung	Landesgesetz	Landesrechtsverordnung
Bundesgesetz	Vorlage an BVerfG, Art. 100 I 1 Alt. 2 GG	Es gilt die lex posterior.				
Bundesrechtsverordnung	Nichtanwendung	Nichtanwendung	Es gilt die lex posterior.			
Landesverfassung	Vorlage an BVerfG, Art. 100 I 2 Alt. 1 GG	Vorlage an BVerfG, Art. 100 I 2 Alt. 2 GG	Vorlage an BVerfG, Art. 100 I 2 Alt. 2 GG	Es gilt die lex posterior.		
Landesgesetz	Vorlage an BVerfG, Art. 100 I 2 Alt. 1 GG	Vorlage an BVerfG, Art. 100 I 2 Alt. 2 GG	Vorlage an BVerfG, Art. 100 I 2 Alt. 2 GG (so BVerfGE 1, 202 (207))	Vorlage an LVerfG, Art. 100 I 1 Alt. 1 GG	Es gilt die lex posterior.	
Landesrechtsverordnung	Nichtanwendung	Nichtanwendung	Nichtanwendung	Nichtanwendung	Nichtanwendung	Es gilt die lex posterior.

ee) Normenverifikationsverfahren nach Art. 100 II GG

Literatur: *Geck,* Das BVerfG und die allgemeinen Regeln des Völkerrechts, in: FG 25 Jahre BVerfG, Bd. I, S. 125–153; *Klein,* Die Völkerrechtsverantwortung des BVerfG – Bemerkungen zu Art. 100 Abs. 2 GG, in: Rudolf-FS, 2001, 293–304; *Münch,* Das Verfahren des BVerfG nach Art. 100 II GG, JZ 1964, 163–166; *Ruffert,* Der Entscheidungsmaßstab im Normverifikationsverfahren nach Art. 100 II GG, JZ 2001, 633–639; *Wenig,* Die gesetzeskräftige Feststellung einer allgemeinen Regel des Völkerrechts durch das BVerfG, 1971.

494. Begriff

Was versteht man unter dem Normenverifikationsverfahren?

Das Normenverifikationsverfahren gemäß Art. 100 II GG; § 13 Nr. 12; §§ 83 f. BVerfGG ist ein Zwischenverfahren vor dem BVerfG auf Vorlage eines Gerichts zur Feststellung, ob eine allgemeine Regel des Völkerrechts nach Art. 25 S. 1 GG Bestandteil des Bundesrechts ist und ob diese gemäß Art. 25 S. 2 GG unmittelbar Rechte und Pflichten für den Einzelnen erzeugt.

495. Zweck und praktische Bedeutung der Normenverifikation

a) Was ist der Zweck des Normenverifikationsverfahrens?
b) Welche praktische Bedeutung ist dem Normenverifikationsverfahren bisher zugekommen?

a) Das Normenverifikationsverfahren soll innerstaatlich Rechtssicherheit hinsichtlich des Bestandes einer völkerrechtlichen Regel als Teil des Bundesrechts schaffen. Im Verhältnis zu anderen Völkerrechtssubjekten hilft es, die Völkerrechtstreue Deutschlands zu sichern.

b) Die praktische Bedeutung des Normenverifikationsverfahrens ist eher gering einzuschätzen.

496. Vorlagegegenstand

Kann dem BVerfG im Normenverifikationsverfahren
a) ein völkerrechtlicher Vertrag,
b) das deutsche Zustimmungsgesetz zu einem völkerrechtlichen Vertrag vorgelegt werden?

a) und **b)** Nein. Das Normenverifikationsverfahren hat ausschließlich den Bestand und den Inhalt allgemeiner Regeln des Völkerrechts nach Art. 25 GG zum Gegenstand, nicht aber völkerrechtliche Verträge oder deutsche Zustimmungsgesetze dazu gemäß Art. 59 II GG.

497. Zweifel

Diplomat D hat vor dem VG Klage gegen einen Steuerbescheid der Stadt S erhoben, die ihn für seine Privatwohnung zur Grundsteuer heranzieht. Muss eine Vorlage des VG an das BVerfG erfolgen, wenn
a) das VG,
b) die Stadt S Zweifel am Bestehen einer allgemeinen Regel des Völkerrechts hegen, welche die Besteuerung privat genutzter Räume von Diplomaten verbietet?

a) Ja. Im Unterschied zur konkreten Normenkontrolle nach Art. 100 I GG reichen beim Normenverifikationsverfahren gemäß Art. 100 II GG schon bloße Zweifel des entscheidenden Gerichts aus, um die Entscheidung des BVerfG einholen zu müssen.

b) Ja. Im Gegensatz zur konkreten Normenkontrolle kommt es beim Normenverifikationsverfahren nur darauf an, dass „in einem Rechtsstreite" Zweifel an der Existenz einer allgemeinen völkerrechtlichen Regel bestehen. Es genügen deshalb auch ernsthafte Zweifel eines Verfahrensbeteiligten, selbst wenn das zur Vorlage verpflichtete Gericht diese nicht teilt.

498. Entscheidungserheblichkeit

Im vorherigen Fall stellt sich heraus, dass die Grundsteuersatzung der Stadt S nicht wirksam bekannt gemacht worden ist. Kann jetzt noch das BVerfG im Normenverifikationsverfahren angerufen werden?

Nein. Auch eine Vorlage im Normenverifikationsverfahren ist nur möglich, wenn es für die Entscheidung des vorlegenden Gerichts auf den Bestand bzw. Inhalt der allgemeinen Regel des Völkerrechts ankommt. Dies ergibt sich zwar nicht aus dem Wortlaut des Art. 100 II GG, wohl aber aus der Verweisung in § 84 BVerfGG auf § 80 II BVerfGG. Hier ist der Grundsteuerbescheid aber schon deshalb wenigstens rechtswidrig, weil es an einer wirksam bekannt gemachten Ermächtigungsgrundlage fehlt.

c) Divergenzverfahren nach Art. 100 III GG

Literatur: *Burmeister,* Vorlagen an das BVerfG nach Art. 100 Abs. 3 GG, in: Landesverfassungsgerichtsbarkeit II, 1983, 399–466; *Tietje,* Die Stärkung der Verfassungsgerichtsbarkeit im föderalen System Deutschlands in der jüngsten Rechtsprechung des BVerfG, AöR 124 (1999), 282–305; *Zierlein,* Prüfungs- und Entscheidungskompetenzen der Landesverfassungsgerichte bei Verfassungsbeschwerden gegen landesrechtliche Hoheitsakte, AöR 120 (1995), 205–247.

499. Begriff, Zweck und Bedeutung des Divergenzverfahrens

a) Was versteht man unter dem Divergenzverfahren und welchen Zweck verfolgt es?

b) Welche (praktische) Bedeutung ist dem Divergenzverfahren bisher zuge-kommen?

a) Das Divergenzverfahren gemäß Art. 100 III GG; § 13 Nr. 13; § 85 BVerfGG ist ein Zwischenverfahren vor dem BVerfG auf Vorlage ausschließlich eines Landes-verfassungsgerichtes zur Sicherung der einheitlichen Auslegung des Grundgesetzes durch das BVerfG und die Landesverfassungsgerichte.

b) Die praktische Bedeutung des Divergenzverfahrens ist sehr gering. Theoretisch ist es aber wegen des Hineinwirkens des Bundesverfassungsrechts in die Landes-verfassungen von großem Interesse (vgl. *Lechner/Zuck,* § 85 BVerfGG, Rn. 3).

500. Gegenstand des Divergenzverfahrens

Das LVerfG des Landes X will die Vorschriften der Landesverfassung über Indemnität und Immunität der Landtagsabgeordneten abweichend von
a) dem wortgleichen Art. 46 GG,
b) den entsprechenden Bestimmungen in der Verfassung des Landes Y aus-legen. Hat jeweils eine Vorlage an das BVerfG zu erfolgen?

a) Nein. Art. 100 III GG will lediglich die einheitliche Auslegung und Anwendung des Grundgesetzes sichern. Diese wird durch die abweichende Interpretation einer – wenn auch wortgleichen – Bestimmung im Landesverfassungsrecht nicht in Frage gestellt, so dass keine Vorlage zu erfolgen hat. Eine Vorlage wäre nur dann erforderlich, wenn die grundgesetzliche Bestimmung in das Landesrecht hinein-wirkte, wie dies zB bei der Rezeption von Grundrechten nach Art. 3 II NdsV; Art. 4 I NRWV der Fall ist.

b) Nein. Gleichlautende Bestimmungen in verschiedenen Landesverfassungen kön-nen erst recht in jeweils unterschiedlicher Art und Weise ausgelegt werden.

d) Normqualifizierungsverfahren nach Art. 126 GG

Literatur: *Bopp,* Die Zuständigkeit der Verfassungsgerichte zur Prüfung der Verfassungsmäßigkeit der vor Inkrafttreten des Grundgesetzes bzw. der Länderverfassungen erlassenen Rechtsnormen nach Bundesrecht, Dis. Tübingen, 1951; *Rühmann,* Verfassungsgerichtliche Normenqualifikation, 1982; *Wolff,* Wie weit gilt nach Art. 123 bis 126 des Grundgesetzes bisheriges Recht fort?, DRZ 1950, 1.

501. Arten des Normenqualifizierungsverfahrens

a) Welche Arten des Normenqualifizierungsverfahrens sind zu unterschei-den?
b) Zu welchen anderen Verfahrensarten vor dem BVerfG bestehen Paralle-len?

a) Während Art. 126 GG nur allgemein bestimmt, dass Meinungsverschiedenhei-ten über das Fortgelten von Recht als Bundesrecht das BVerfG entscheidet, differenzieren die § 13 Nr. 14; §§ 86 ff. BVerfGG zwischen einem Antrag des Bundestages, des Bundesrates, der Bundesregierung und der Landesregierungen einerseits (§ 86 I BVerfGG) sowie der Einholung einer Entscheidung des BVerfG durch ein Gericht andererseits (§ 86 II BVerfGG).

b) Das Verfahren nach § 86 I BVerfGG ähnelt einer abstrakten, dasjenige nach § 86 II BVerfGG einer konkreten Normenkontrolle.

502. Zweck und Bedeutung des Normenqualifizierungsverfahrens

a) Welchen Zweck verfolgt das Normenqualifizierungsverfahren ausschließlich?
b) Welche (praktische) Bedeutung kommt ihm zu?

a) Das Normenqualifizierungsverfahren dient ausschließlich der Feststellung, ob Recht als Bundesrecht fortgilt. Es trifft keine Aussage zur Fortgeltung als Landesrecht oder zu der Frage, ob die Norm überhaupt mit dem Grundgesetz oder sonstigem höherrangigem Recht vereinbar ist.

b) Mit zunehmendem zeitlichen Abstand seit In-Kraft-Treten des Grundgesetzes sinkt die Bedeutung des Normenqualifizierungsverfahrens.

503. Vorlageberechtigter

Wie unterscheidet sich der Kreis der Vorlageberechtigten nach § 86 I BVerfGG von demjenigen der abstrakten Normenkontrolle?

Neben der Bundesregierung und einer Landesregierung ist im Unterschied zur abstrakten Normenkontrolle nach § 76 I BVerfGG nur die Mehrheit des Bundestages, nicht aber ein Viertel der Abgeordneten antragsberechtigt. Andererseits kann auch der Bundesrat nach § 86 I BVerfGG einen Antrag stellen.

504. Prüfungskompetenz des BVerfG im Normenqualifizierungsverfahren

Kann das BVerfG auf Antrag der Bundesregierung im Verfahren nach Art. 126 GG feststellen, ob das Reichszweckverbandsgesetz vom 6.7.1939 (RGBl. I S. 979), welches die Zusammenarbeit von Kommunen in öffentlich-rechtlichen Formen regelt,
a) als Landesrecht,
b) überhaupt fortgilt und
c) gegen die Garantie kommunaler Selbstverwaltung verstößt?

a) Nein. Das BVerfG überprüft nur die Fortgeltung als *Bundes*recht. Über die Fortgeltung als *Landes*recht entscheiden ggf. die Landesverfassungsgerichte.

b) Nein. Das BVerfG entscheidet in diesem Verfahren lediglich über die Zuordnung zu den Rechtsgebieten des Bundes- oder des Landesrechts, nicht aber allgemein über die Rechtsfortgeltung.

c) Nein. Das Verfahren nach Art. 126 GG ermöglicht keine allgemeine Überprüfung der Gültigkeit einer Rechtsnorm. Dazu bedarf es der Erhebung einer abstrakten Normenkontrolle.

e) Organstreit nach Art. 93 I Nr. 1 GG

Literatur: *Ehlers,* Organstreitverfahren vor dem BVerfG gemäß Art. 93 Abs. 1 Nr. 1 GG, §§ 13 Nr. 5, 63 ff. BVerfGG, Jura 2003, 315–320; *Erichsen,* Das Organstreitverfahren vor dem BVerfG nach Art. 93 Abs. 1 Nr. 1 GG, §§ 13 Nr. 5, 63 ff. BVerfGG, Jura 1990, 670–672; *Geis/Meier,* Grundfälle zum Organstreitverfahren, JuS 2011, 699–704; *Goessl,* Organstreitigkeiten innerhalb des Bundes, Diss. iur. 1961; *Lorenz,* Der Organstreit vor dem BVerfG, in: FG 25 Jahre BVerfG, Bd. I, 1976, S. 225–259; *Pietzcker,* Organstreit, in: FS 50 Jahre BVerfG, Bd. I, 2001, S. 587–614; *Renck,* Art. 93 Abs. 1 Nr. 1 GG: Prinzipale Norminterpretation oder Organstreit, DÖV 2004, 1035–1038.

aa) Grundlagen

505. Begriff des Organstreits

a) Was versteht man unter einem verfassungsgerichtlichen Organstreit?
b) Gibt es auch einen verwaltungsgerichtlichen Organstreit?

a) Ein Organstreit nach Art. 93 I Nr. 1; § 13 Nr. 5; §§ 63 ff. BVerfGG ist ein kontradiktorisches Streitverfahren zwischen zwei oder mehr Verfassungsorganen oder Organteilen über ihre wechselseitigen Rechte und Pflichten.

b) Die VwGO kennt nicht ausdrücklich den Organstreit. Nach dem Vorbild des verfassungsgerichtlichen Organstreits hat man aber auch einen verwaltungsgerichtlichen Organstreit zur gerichtlichen Klärung von Rechtsstreitigkeiten zwischen den Organen und innerhalb der Organe juristischer Personen des Verwaltungsrechts entwickelt. Dieser wird meist im Wege der verwaltungsgerichtlichen Leistungs-, seltener der Feststellungsklage geführt. Zum Teil wird auch eine verwaltungsgerichtliche Klage sui generis vertreten. Wichtigste Anwendungsfälle sind der Kommunal- und der Hochschulverfassungsstreit. Siehe *Schmidt,* VwGO-Fallrepetitorium, § 19.

506. Zweck und praktische Bedeutung des Organstreits

a) Was ist der Zweck des Organstreits?
b) Welches theoretische Problem ist mit dem Organstreit verbunden?
c) Welche praktische Bedeutung ist dem Organstreit bisher zugekommen?

a) Der Organstreit ermöglicht es, solche Verfassungsstreitigkeiten rechtsförmlich auszutragen und letztverbindlich klären zu lassen, die anderenfalls reine Machtfragen darstellten.

b) Das theoretische Problem besteht darin, dass alle Beteiligten eines Organstreits derselben juristischen Person zuzurechnen sind, es sich also hinsichtlich dieser Person um einen In-sich-Prozess handelt.

c) Dem Organstreit kommt unter den staatsorganisationsrechtlichen Verfahrensarten besonders große Bedeutung zu, denn er stellt die typische verfassungsprozessuale Waffe von Minderheiten (v. a. im Bundestag) dar, ihre Rechtsstellung vor dem BVerfG zu wahren.

bb) Zulässigkeit

(1) Antragsteller

---

507. Antragsteller aus dem Bereich der Legislative

Kann ein Antrag im Organstreitverfahren von
a) der Fraktion A,
b) der Gruppe B,
c) einer Abstimmungsminderheit C,
d) dem Verteidigungsausschuss des Bundestages,
e) dem Abgeordneten E gestellt werden?

---

a) Ja. Die Fraktion ist ein in Art. 53a I 2 GG und §§ 10–12 GOBT mit eigenen Rechten ausgestatteter Teil des Bundestages gemäß § 63 I BVerfGG.

b) Ja. § 63 I BVerfGG ist auch hier erfüllt, denn § 10 IV GOBT räumt auch parlamentarischen Gruppen eigene Rechte ein.

c) Nein. Denn hier handelt es sich um keine ständige Gliederung des Bundestages.

d) Ja. Eigene Rechte des Verteidigungsausschusses folgen aus Art. 45a GG.

e) Ja. Der einzelne Abgeordnete ist zumindest ein mit eigenen Rechten aus Art. 38 I 2 GG ausgestatteter Teil des Bundestages.

Siehe *Umbach,* Der „eigentliche" Verfassungsstreit vor dem BVerfG – Abgeordnete und Fraktionen als Antragsteller im Organstreit, in: Zeidler-FS II, 1987, 1235–1260.

---

508. Antragsteller aus dem Bereich der Exekutive

Kann ein Antrag im Organstreitverfahren von
a) dem Bundeskanzler,
b) dem Bundesinnenminister,
c) dem Staatsminister im Auswärtigen Amt,
d) dem Bundesratspräsidenten als Vertreter des Bundespräsidenten gestellt werden?

---

a) Ja. Der Bundeskanzler ist nach Art. 62 GG Teil der Bundesregierung. Eigene Rechte folgen aus Art. 65 S. 1 GG.

b) Ja. Es ist nicht erforderlich, dass der Minister (so wie zB der Bundesfinanz-minister in Art. 112 GG) im Grundgesetz ausdrücklich erwähnt ist. Rechte des Ministers folgen vielmehr aus Art. 65 S. S. 2 GG.

c) Nein. Hier darf man sich von dem Titel „Staatsminister" nicht irreführen lassen. Es handelt sich um den Staatssekretär im Auswärtigen Amt. Staatssekretäre gehören aber gemäß Art. 62 GG nicht zur Bundesregierung und können deshalb auch keinen Organstreit erheben.

d) Ja (str.). Wenn der Bundesratspräsident den Bundespräsidenten gemäß Art. 57 GG vertritt, dann muss es ihm auch möglich sein, diese Rechtsstellung prozessual im Wege des Organstreits zu verteidigen.

509. Weitere denkbare Antragsteller

Kann ein Antrag im Organstreitverfahren von
a) der Bundesbank,
b) dem Bundesrechnungshof gestellt werden?

a) Nein. Die in Art. 88 GG erwähnte Bundesbank stellt kein oberstes Bundesorgan im Sinne des Art. 93 I Nr. 1 GG dar und es handelt sich bei ihr auch nicht um einen solchen obersten Bundesorganen gleichzustellenden anderen Beteiligten (str.).

b) Nein. Diese Erwägungen gelten gleichermaßen hinsichtlich des in Art. 114 II GG erwähnten Bundesrechnungshofes (str.). Siehe *Häußer,* Zur Antragsbefugnis der Rechnungshöfe im verfassungsrechtlichen Organstreit, DÖV 1998, 544–550.

510. Politische Partei als Antragsteller

Zwei Monate vor der Bundestagswahl verbreitet die Bundesregierung eine Broschüre, in der die Erfolge der bisher die Bundesregierung stellenden Parteien A und B präsentiert werden.
a) Kann die im Bund in der Opposition befindliche C-Partei dagegen einen Organstreit einleiten?
b) Kann die Wählervereinigung D einen Organstreit erheben?

a) Weder Art. 93 I Nr. 1 GG noch § 63 BVerfGG sehen ausdrücklich die Erhebung eines Organstreits durch eine politische Partei vor. Das BVerfG(E 24, 260 (263)) hat aber politischen Parteien wegen ihrer Funktion als Faktoren des Verfassungslebens die Möglichkeit eingeräumt, einen Organstreit zu erheben und die Verletzung ihres besonderen, in Art. 21 GG umschriebenen, Status zu rügen. Überzeugender erscheint es, die Parteien auch insoweit auf die Verfassungsbeschwerde zu verweisen. Siehe *Clemens,* Politische Parteien und andere Institutionen im Organstreitverfahren, in: Zeidler-FS II, 1987, S. 1261–1288; *Maurer,* Die politischen Parteien im Prozess, JuS 1992, 296–300; *Stein,* Die Parteifähigkeit der Untergliederungen politischer Parteien im verfassungsgerichtlichen Bundesorganstreitverfahren, DÖV 2002, 713–721.

b) Nein. Wählervereinigungen sind weder durch das Grundgesetz noch durch die Geschäftsordnung eines obersten Bundesorgans mit besonderen Rechten ausgestattet (vgl. BVerfGE 51, 222 (233)).

511. Verfassungskonforme Auslegung des § 63 BVerfGG

Der Bundestag beschließt eine Änderung der Geschäftsordnung des Vermittlungsausschusses, um dessen Arbeitsfähigkeit zu stärken. Der Bundesrat verweigert seine Zustimmung. Kann der Vermittlungsausschuss dagegen vorgehen?

Ja. Zwar ist der Vermittlungsausschuss in § 63 BVerfGG nicht unter den Antragstellern eines Organstreits genannt, er zählt aber zu den obersten Bundesorganen und seine Möglichkeit, einen Organstreit zu erheben, folgt direkt aus Art. 93 I Nr. 1 GG. § 63 BVerfGG ist deshalb teilweise grundgesetzwidrig bzw. nach anderer Auffassung verfassungskonform erweiternd auszulegen.

(2) Antragsgegner und weitere Beteiligte

512. Antragsgegner

a) Nachdem ein Antrag des Bundeskanzlers, ihm das Vertrauen auszusprechen, keine Mehrheit gefunden hat, löst der Bundespräsident den Bundestag auf. Wird ein gegen den Bundeskanzler gerichteter Antrag des Abgeordneten X Erfolg haben, mit dem dieser die Feststellung der Verfassungswidrigkeit der Vertrauensfrage begehrt?
b) X wird außerdem aus der F-Fraktion ausgeschlossen. Kann er diesen Ausschluss nach Zusammentritt des neuen Bundestages noch verfassungsgerichtlich überprüfen lassen?

a) Nein. Hier kann X nur durch die Auflösung des Bundestages, nicht aber durch die vorangegangene Vertrauensfrage in seinem Recht aus Art. 38 I 2 GG verletzt sein. Der Antrag des X ist daher gegen den Bundespräsidenten zu richten.

b) Nein. Die Fraktionen sind Teil des jeweiligen Bundestages und bestehen nur während der entsprechenden Legislaturperiode. Mit Zusammentritt eines neuen Bundestages enden der alte und die in ihm vertretenen Fraktionen (str.). Für einen Organstreit gegen eine Fraktion des alten Bundestages dürfte es daher an dem Antragsgegner, zumindest an dem Rechtsschutzbedürfnis, fehlen. Ggfs. kann man einen Fortsetzungsfeststellungsantrag gegen die frühere Fraktion erwägen, die dann von ihrem damaligen Vorsitzenden vertreten werden kann. Siehe *Wernsmann*, Die Diskontinuität des Parlaments im verfassungsgerichtlichen Organstreit, Jura 2000, 344–347.

513. Politische Partei als Antragsgegner

In Fall 510 hat die C-Partei einen Organstreit auch gegen die A- und die B-Partei angestrengt. Sind diese Verfahren zulässig?

Bisher hat das BVerfG noch nicht zu entscheiden gehabt, ob ein Organstreit auch *gegen* eine politische Partei erhoben werden kann. Theoretisch könnte der Kreis der Antragsgegner in gleicher Weise wie derjenige der Antragsteller über den Wortlaut des § 63 BVerfGG hinaus erweitert werden. Praktisch ist kaum ein Fall denkbar, in dem eine Partei ein (Verfassungs)Recht eines anderen Beteiligten verletzen kann. So wird auch in diesem Fall die C-Partei allenfalls durch die Bundesregierung, nicht aber durch die A- und die B-Partei in ihren Rechten verletzt.

(3) Antragsgegenstand

514. Antragsgegenstand

Bundestagsabgeordneter X stört wiederholt durch Zwischenrufe die Beratung eines Gesetzentwurfs und wird von dem Bundestagspräsidenten zur Ordnung gerufen. X beantragt nunmehr vor dem BVerfG, festzustellen, dass der Ordnungsruf ihn in seinen Abgeordnetenrechten verletzt habe, da er lediglich sachlich Kritik an dem Gesetzentwurf geäußert habe. Wird das Verfahren des X Erfolg haben?

Nein. Ein Organstreit kann sich nur gegen eine rechtlich erhebliche Maßnahme des Antragsgegners richten. Daran fehlt es aber bei einem bloßen Ordnungsruf des Bundestagspräsidenten, an den keine weiteren rechtlichen Folgen geknüpft sind (vgl. BVerfGE 60, 374 (380)). Anders wäre der Fall zu beurteilen, wenn X gemäß § 38 GOBT von der Sitzung ausgeschlossen worden wäre.

515. Verhältnis zur abstrakten Normenkontrolle

Der Bundestag beschließt ein Gesetz über die Organisation der Bundesregierung, mit dem die Anzahl der Ministerien beschränkt wird.
a) Kann die Bundesregierung gegen dieses Gesetz einen Organstreit erheben?
b) Warum wäre die Einleitung einer abstrakten Normenkontrolle für die Bundesregierung vorteilhafter?

a) Nach Art. 93 I Nr. 1 GG; § 64 BVerfGG kann ein Organstreit nur gegen eine Handlung oder Unterlassung des Antragsgegners erhoben werden, nicht aber gegen das Ergebnis dieses Verhaltens. Die Bundesregierung kann deshalb nicht direkt gegen das Gesetz einen Organstreit einleiten, wohl aber gegen den Beschluss des Bundestages, mit dem dieses Gesetz verabschiedet wurde.

b) Eine abstrakte Normenkontrolle richtet sich im Unterschied zu dem Organstreit direkt gegen das Gesetz und ist nicht fristgebunden. Die Antragsbefugnis ist nicht nachzuweisen. Bei Erfolg des Verfahrens erklärt das BVerfG gemäß § 78 BVerfGG das angefochtene Gesetz für nichtig und ist nicht bloß wie im Organstreit gemäß § 67 BVerfGG auf die Feststellung der Verfassungswidrigkeit des Verhaltens des Antragsgegners beschränkt.

516. Unterlassung als Antragsgegenstand

Die Bundesregierung leitet einen von ihr erarbeiteten Gesetzentwurf sofort dem Bundestag zu. Kann der Bundesrat dagegen vorgehen?

Ja. Antragsgegenstand des Organstreits kann auch ein Unterlassen des Antragsgegners sein. Leitet die Bundesregierung ihren Gesetzentwurf also entgegen Art. 76 II 1 GG nicht zunächst dem Bundesrat zu, so kann jener gegen dieses Unterlassen im Wege des Organstreits vorgehen.

(4) Antragsbefugnis

517. Antragsbefugnis

Der Bundesrat behandelt ein Gesetz als Zustimmungsgesetz und verweigert die Zustimmung, ohne den Vermittlungsausschuss anzurufen. Wäre ein dagegen gerichteter Organstreit der Bundesregierung zulässig, die geltend macht, es handele sich um ein Einspruchsgesetz?

Nein. Einen Organstreit kann gemäß Art. 93 I Nr. 1 GG; § 64 I BVerfGG nur erheben, wer antragsbefugt ist. Es ist aber nicht ersichtlich, in welchem Recht die Bundesregierung hier verletzt sein soll.

518. Prüfungsmaßstab

Der Bundestagspräsident hat den Antrag des Abgeordneten X, der eine sechsmonatige Weltreise durchführen will, auf entsprechenden Urlaub abgelehnt. Kann X gestützt auf § 14 GOBT gegen die Antragsablehnung beim BVerfG vorgehen?

Nein. Zwar kann ein Organstreit gemäß Art. 93 I Nr. 1 GG auch von Beteiligten erhoben werden, die in der Geschäftsordnung eines obersten Bundesorgans mit eigenen Rechten ausgestattet sind, Prüfungsmaßstab des BVerfG bleibt aber auch im Organstreit ausschließlich das Grundgesetz. Es erscheint jedoch fernliegend, aus der Stellung des Abgeordneten nach Art. 38 I 2 GG ein Recht auf einen solch langen Urlaub herzuleiten.

519. Verfassungsrechtliches Rechtsverhältnis

Der Bundestagspräsident setzt die Wahlkampfkostenerstattung der X-Partei gemäß §§ 18 ff. PartG abweichend von ihrem Antrag fest. Verspricht ein dagegen erhobener Organstreit der X-Partei Erfolg?

Nein. Zwar zählen Parteien zu den möglichen Antragstellern eines Organstreits und dieser kann auch gegen den Bundestagspräsidenten gerichtet werden. Die Beteiligten müssen aber um Rechte und Pflichten aus einem zwischen ihnen bestehenden *verfassungsrechtlichen* Rechtsverhältnis streiten. Hier geht es aber um einen verwaltungsrechtlichen Erstattungsanspruch, der gemäß § 40 I VwGO vor den allgemeinen Verwaltungsgerichten zu verfolgen ist.

(5) Weitere Antragsvoraussetzungen

520. Antragsfrist

Ein Jahr vor Ende der Amtszeit des Bundespräsidenten wird ein neues Abtreibungsrecht beschlossen, das den Schwangerschaftsabbruch wesentlich erleichtert. Der Bundespräsident lehnt aus religiösen Gründen das Gesetz ab und beschließt, seinem Nachfolger die Ausfertigung zu überlassen. Kann acht Monate nach Gegenzeichnung noch rechtzeitig ein Organstreit gegen den Bundespräsidenten erhoben werden?

Ja. Gemäß § 64 III BVerfGG ist der Organstreit binnen sechs Monaten zu erheben. Für einen gegen das Unterlassen des Antragsgegners gerichteten Organstreit fehlt es jedoch an einer ausdrücklichen Regelung über den Fristbeginn. Hier wird man die Sechsmonatsfrist erst mit dem Zeitpunkt beginnen lassen können, an dem letztmalig mit der Ausfertigung des Gesetzes durch den Bundespräsidenten zu rechnen war. Billigt man dem Präsidenten schon wegen der Ausübung seines Prüfungsrechts eine Frist von wenigstens zwei Monaten zur Ausfertigung des Gesetzes zu, ist der Organstreit nach zwei + sechs = acht Monaten noch fristgerecht erhoben.

cc) Begründetheit

521. Begründetheit des Organstreits

Wann ist der Organstreit begründet?

Der Organstreit ist gemäß Art. 93 I Nr. 1 GG; § 13 Nr. 5; §§ 63 ff. BVerfGG begründet, soweit der Antragsteller durch die angefochtene Maßnahme des Antragsgegners in seinen verfassungsrechtlichen Rechten verletzt wird.

dd) Vergleich mit anderen Anträgen und Klagen

522. Vergleich mit europarechtlichen Verfahren

Mit welchem Verfahren vor dem EuGH ist der Organstreit vergleichbar?

Ein direktes europarechtliches Pendant des Organstreits gibt es nicht. Es fehlt im AEUV an einer Vorschrift, die vergleichbar Art. 93 I Nr. 1 GG; § 13 Nr. 5; §§ 63 ff. BVerfGG ein kontradiktorisches Verfahren zwischen beliebigen Organen und Organteilen der EU ermöglicht. Dies kann zu Rechtsschutzlücken führen, zB bei der Klage eines Abgeordneten des Europaparlaments gegen seinen Fraktionsausschluss. Allerdings werden Ausschnitte aus dem Bereich möglicher Organstreitigkeiten von der Nichtigkeitsklage nach Art. 263 AEUV und der Untätigkeitsklage nach Art. 265 AEUV abgedeckt.

ee) Sonstiges

> **523. Überwindung der Verweigerung der Aussagegenehmigung und Beiziehung von Urkunden**
>
> **a)** Die F-Fraktion hat einen Organstreit gegen die Bundesregierung wegen eines Auslandseinsatzes der Bundeswehr angestrengt. Als das BVerfG den Generalinspekteur der Bundeswehr zu den mit dem Einsatz verfolgten Zielen vernehmen will, erteilt der Bundesverteidigungsminister diesem keine Aussagegenehmigung. Was kann das BVerfG tun?
> **b)** In dem Verfahren will die F-Fraktion außerdem erreichen, dass über den „Streng geheime(n) Kommandoplan für Auslandseinsätze" öffentlich verhandelt wird. Wann kann eine solche Verhandlung unterbleiben?

a) Das BVerfG kann mit einer Zweidrittelmehrheit gemäß § 28 II 2 BVerfGG die Verweigerung der Aussagegenehmigung für unbegründet erklären. Der Generalinspekteur hat dann auszusagen, ohne dienst- oder strafrechtliche Konsequenzen fürchten zu müssen.

b) Der Plan braucht dann nicht zum Gegenstand der Verhandlung gemacht zu werden, wenn das BVerfG gemäß § 26 II BVerfGG mit Zweidrittelmehrheit feststellt, dass die Verwendung dieser Urkunde mit der Staatssicherheit unvereinbar ist.

Übersicht 22: Organstreit

A. Zulässigkeit
  – Rechtsgrundlagen: Art. 93 I Nr. 1 GG; § 13 Nr. 5; §§ 63 ff. BVerfGG.
  I. Antragsteller (Art. 93 I Nr. 1 GG; § 63 BVerfGG)
    1. § 63 BVerfGG nennt (als Teilregelung):
      – Bundespräsident, Bundestag, Bundesrat, Bundesregierung.
      – Organteil, das im GG, in GOBT oder GOBRat mit eigenen Rechten ausgestattet ist; Bundestagspräsident (Art. 40 GG); Abgeordneter als Organteil des Bundestages; Ausschüsse für EU (Art. 45 GG), Auswärtiges (Art. 45a I GG), Verteidigung (Art. 45a GG), Petitionen (Art. 45c GG); sonstige Parlamentsausschüsse (§§ 54 ff., v. a. § 62 I GOBT); Fraktion (Art. 53a I 2 GG); Gruppe (§ 10 IV GOBT); Bundesratspräsident (Art. 52 II GG); Bundeskanzler (Art. 65 S. 1 GG); Bundesminister (Art. 65 S. 2 GG).
    2. Art. 93 I Nr. 1 GG bestimmt über § 63 BVerfGG hinausgehend:
      – Oberstes Bundesorgan, dh Gemeinsamer Ausschuss (Art. 53a GG); Bundesversammlung (Art. 54 GG); Bundesratspräsident als Vertreter

des Bundespräsidenten (Art. 57 GG); Vermittlungsausschuss (Art. 77 II GG).

– Anderer Beteiligter, der durch GG oder GO eines obersten Bundesorgans mit eigenen Rechten ausgestattet ist; Abgeordneter kraft eigener Organstellung (Art. 38 I 2 GG); politische Parteien (Art. 21 GG), soweit es um ihre verfassungsrechtlichen Status gegen ein anderes Verfassungsorgan geht (sonst Verfassungsbeschwerde).

3. Keine Antragsteller können sein:
– Bloße Abstimmungsminderheiten (oder -mehrheiten), die keine „ständig vorhandenen Gliederungen" bilden; Hilfsorgane wie Wehrbeauftragter (Art. 45b GG); Bundesbank (Art. 88 GG), Bundesrechnungshof (Art. 114 II GG), da keine obersten Bundesorgane; Staatsbürger.

II. Antragsgegner (Art. 93 I Nr. 1 GG; § 63 BVerfGG)
– Kreis der Antragsgegner ist mit dem der Antragsberechtigten deckungsgleich; nur politische Parteien kommen nicht als Antragsgegner in Betracht.

III. Antragsgegenstand (Art. 93 I Nr. 1 GG; § 64 BVerfGG)
– Rechtserhebliche Maßnahme oder Unterlassung des Antragsgegners; nicht bloße Meinungsäußerungen; Rügen des Bundestagspräsidenten; Beantwortung einer Anfrage.
– Verfassungsmäßigkeit eines Gesetzes kann nur Vorfrage sein.

IV. Antragsbefugnis (Art. 93 I Nr. 1 GG; § 64 BVerfGG)
– Möglichkeit der Verletzung oder unmittelbaren Gefährdung in Recht oder Pflicht aus GG (§ 64 I BVerfGG).
– Prozessstandschaft einer Fraktion für Bundestag möglich, arg. „Organ, dem er angehört" (§ 64 I BVerfGG), soweit sie geltend macht, zugleich in ihrem eigenen Status betroffen zu sein.
– Vgl. Klagebefugnis gemäß § 42 II VwGO.

V. Form und Frist (§ 23; § 64 II, III BVerfGG)
– Schriftform (§ 23 I BVerfGG); Bezeichnung der verletzten Bestimmung des GG (§ 64 II BVerfGG).
– Sechsmonatsfrist (§ 64 III BVerfGG), Ausschlussfrist, keine Wiedereinsetzung.

VI. Rechtsschutzbedürfnis
– Grds. gegeben, entfällt nur bei Rechtsmissbrauch; Verzicht; Verwirkung; einfacherem Weg; Nutzlosigkeit des erstrebten Ziels.

B. Begründetheit

Der Organstreit ist gemäß Art. 93 I Nr. 1 GG; § 13 Nr. 5; §§ 63 ff. BVerfGG begründet, soweit der Antragsteller durch die angefochtene Maßnahme des Antragsgegners in seinen verfassungsrechtlichen Rechten verletzt wird.

f) Bund-Länder-Streit nach Art. 93 I Nr. 3 GG

Literatur: *Bethge*, Grundrechtsschutz im Bund-Länder-Streitverfahren, Der Staat 10 (1971), 481–511; *Klein*, Die Bund-Länder-Streitigkeiten nach dem GG und dem BVerfGG, BayVBl. 1976, 257–261; *Kunig*, Bund und Länder im Streit vor dem BVerfG, Jura 1995, 262–268; *Leisner*, Der Bund-Länder-

Streit vor dem Bundesverfassungsgericht, in: FG 25 Jahre BVerfG, Bd. I, 1976, S. 260–291; *Selmer*, Bund-Länder-Streit, in: FS 50 Jahre BVerfG, Bd. I, 2001, S. 563–586.

aa) Grundlagen

524. Begriff

Was versteht man unter einem Bund-Länder-Streit?

Ein Bund-Länder-Streit nach Art. 93 I Nr. 3; § 13 Nr. 7; §§ 68 ff. BVerfGG ist ein kontradiktorisches Streitverfahren zwischen dem Bund und einem Land oder zwischen verschiedenen Ländern über ihre wechselseitigen Rechte und Pflichten.

525. Zweck und praktische Bedeutung des Bund-Länder-Streits

a) Was ist der Zweck des Bund-Länder-Streits?
b) Welche praktische Bedeutung ist dem Bund-Länder-Streit bisher zugekommen?

a) Der Bund-Länder-Streit ist die prozessuale Folge der Bundesstaatlichkeit Deutschlands. Er ermöglicht es, solche Verfassungsstreitigkeiten im Bundesstaat rechtsförmlich auszutragen und letztverbindlich klären zu lassen, die anderenfalls reine Machtfragen darstellten.

b) Der Bund-Länder-Streit weist geringere praktische Bedeutung als der Organstreit auf, weil Streitigkeiten betreffend den Erlass von Bundes- oder Landesgesetzen typischerweise im Rahmen einer abstrakten Normenkontrolle ausgefochten werden. Ihm kommt aber eine gewisse praktische Bedeutung im Hinblick auf Streitigkeiten über die Ausführung der Bundesgesetze durch die Länder zu.

bb) Zulässigkeit

(1) Antragsteller

526. Antragsteller

Kann ein Antrag im Bund-Länder-Streit von
a) dem Bundestag,
b) der Bundesregierung im eigenen Namen oder
c) der Gemeinde G gestellt werden?

a) Nein. Zwar schweigt Art. 93 I Nr. 1 GG zu der Frage, welches Organ für den Bund oder ein Land im Bund-Länder-Streit tätig werden kann, doch § 68 BVerfGG bestimmt, dass der Bund durch die Bundesregierung vertreten wird. Diese Beschränkung der Außenvertretung ist verfassungsrechtlich unbedenklich und entspricht dem allgemeinen prozessualen Grundsatz, dass juristische Personen in Gerichtsverfahren durch ihre Exekutivorgane vertreten werden.

b) Nein. Die Bundesregierung muss (im Unterschied zum Organstreit) als Organ des Bundes und nicht im eigenen Namen handeln.

c) Nein. Im Bund-Länder-Streit sind nur der Bund und die einzelnen Länder antragsberechtigt. Aus der verfassungsrechtlichen Stellung der Gemeinden als Teil der Länder folgt nichts anderes. Die Gemeinde G kann aber ggfs. Kommunalverfassungsbeschwerde nach Art. 93 I Nr. 4b GG erheben.

(2) Antragsgegner und weitere Beteiligte

527. Antragsgegner

Auf Antrag der Bundesregierung hat der Bundesrat festgestellt, dass das Land X bei der Ausführung des AufenthG Rechtsverletzungen begangen hat. Kann das Land X, vertreten durch seine Landesregierung, einen Bund-Länder-Streit gegen
a) den Bundesrat,
b) die Bundesregierung oder
c) den Bund erheben?

a) Der Bundesrat handelt im Fall des Art. 84 IV GG als Organ des Bundes. Sein feststellender Beschluss macht ihn nicht zu einem möglichen Antragsgegner des Bund-Länder-Streits.

b) Auch gegen die Bundesregierung selbst kann nicht im Wege des Bund-Länder-Streits vorgegangen werden, wie aus § 68 BVerfGG folgt.

c) Der Antrag ist vielmehr gegen den Bund zu richten. In dem Verfahren wird der Bund gemäß § 68 BVerfGG durch die Bundesregierung, nicht durch den Bundesrat, vertreten.

528. Beitritt weiterer Beteiligter

Das Land X erhebt einen Bund-Länder-Streit gegen den Bund.
a) Wen hat das BVerfG von der Einleitung des Verfahrens zu informieren?
b) Wer kann dem Verfahren beitreten?
c) Kann das Land Y dem Verfahren auf Seiten des Bundes beitreten?

a) Aus der in § 69 BVerfGG angeordneten entsprechenden Anwendung des § 65 II BVerfGG ist zu schließen, dass das BVerfG alle anderen möglichen Antragsteller eines Bund-Länder-Streits von der Einleitung des Verfahrens zu informieren hat, also die übrigen 15 Länder.

b) Entsprechend § 65 I; § 69 BVerfGG können die übrigen Länder als mögliche Antragsteller eines Bund-Länder-Streits dem Verfahren beitreten. Ein Beitritt der in § 65 I BVerfGG in Bezug auf den Organstreit genannten Bundesorgane kommt hingegen nicht in Betracht (großzügiger BVerfGE 1, 14 (30); 8, 122 (128)).

c) Die Vorschriften über den Bund-Länder-Streit gehen von einer Kollision der Rechtspositionen des Bundes auf der einen und der Länder auf der anderen Seite aus. Ein Land kann deshalb immer nur auf Seiten eines anderen Landes, nicht aber des Bundes dem Verfahren beitreten (ebenso *Kunig,* Jura 1995, 262 (265)).

(3) Antragsgegenstand

> ### 529. Antragsgegenstand
>
> Im Land X veranstalten mehrere Gemeinden eine Volksbefragung über den weiteren Verbleib Deutschlands in der NATO. Trotz Aufforderung durch die Bundesregierung bleibt das Land untätig. Liegt ein geeigneter Antragsgegenstand eines Bund-Länder-Streits vor?

Ja. Gemäß Art. 93 I Nr. 3 GG können Meinungsverschiedenheit über die Rechte und Pflichten des Bundes und der Länder im Bund-Länder-Streit geltend gemacht werden. Dies erfasst nicht nur das Handeln des Antragsgegners, sondern auch sein Unterlassen, hier die Nichteinleitung von Maßnahmen der Kommunalaufsicht.

(4) Antragsbefugnis

> ### 530. Antragsbefugnis
>
> Der Bund erlässt ein neues EStG. Kann das Land X dagegen einen Bund-Länder-Streit erheben mit der Begründung,
> **a)** zur Herstellung gleichwertiger Lebensverhältnisse sei keine bundeseinheitliche Regelung erforderlich,
> **b)** das Gesetz verstoße gegen den Grundsatz der Bundestreue oder
> **c)** das Gesetz verletze Grundrechte der Steuerpflichtigen?

a) Ja. Die typische Begründung der Antragsbefugnis in einem Bund-Länder-Streit besteht darin, dass der Antragsteller die Verletzung einer ausdrücklich geregelten Kompetenz durch den Antragsgegner geltend macht, hier die Verletzung der Art. 72 II; 105 II GG.

b) Ja. Obgleich § 69 BVerfGG auf § 64 II BVerfGG verweist und damit die Verletzung einer geschriebenen Kompetenz zu verlangen scheint, ist anerkannt, dass auch Verletzungen des ungeschriebenen Grundsatzes der Bundestreue im Bund-Länder-Streit gerügt werden können (siehe BVerfGE 8, 122 (131, 138 ff.); 21, 312 (319, 326)).

c) Nein. Ein Land, das nicht Träger von Grundrechten ist, kann auch nicht als Sachwalter die Grundrechte der Bürger im Bund-Länder-Streit geltend machen (vgl. BVerfGE 81, 310 (333 ff.)). Siehe *Bethge,* Grundrechtsschutz im Bund-Länder-Streitverfahren, Der Staat 10 (1971), 481–511.

531. Verfassungsrechtliches Rechtsverhältnis

Der Bund und das Land X schließen einen Vertrag über die Errichtung eines Instituts für erneuerbare Energien. Darin verpflichtet sich das Land X zur Einhaltung bestimmter Forschungsstandards und der Bund zur Mitfinanzierung des Instituts. Kann der Bund, der meint, dass das Land X seinen Verpflichtungen nicht nachgekommen sei, einen Bund-Länder-Streit mit Aussicht auf Erfolg erheben?

Nein. Zwar spricht Art. 93 I Nr. 3 GG ganz allgemein von Meinungsverschiedenheiten über Rechte und Pflichten des Bundes und der Länder, wozu auch Streitigkeiten aus Verträgen zählen könnten. Es entspricht jedoch dem Willen des Verfassungsgebers, wie sich dies aus dem Gleichlauf des Bund-Länder-Streits mit dem Organstreit ergibt, dass nur verfassungsrechtliche Rechtspositionen im Bund-Länder-Streit geklärt werden dürfen, einfachgesetzliche (wozu auch staatsvertragliche rechnen) aber im Verfahren vor den allgemeinen Verwaltungsgerichten zu verhandeln sind. So verweist auch § 69 BVerfGG auf § 64 I BVerfGG und damit auf die „durch das Grundgesetz übertragenen Rechte […] und Pflichten".

(5) Weitere Antragsvoraussetzungen

532. Mängelrügeverfahren vor dem Bundesrat

Nach Auffassung der Bundesregierung hat das Land X a) das WHG, b) das AtomG nachlässig ausgeführt. Kann der Bund, vertreten durch die Bundesregierung, jeweils sofort das BVerfG anrufen?

a) Nein. Gemäß Art. 84 IV 1 GG ist bei Mängeln in der Ausführung von Bundesgesetzen in landeseigener Verwaltung nach Art. 30; 83; 84 GG zunächst der Bundesrat anzurufen. Erst gegen dessen Beschluss ist dann gemäß Art. 84 IV 2 GG der Weg zum BVerfG eröffnet.

b) Ja. In den Fällen der Bundesauftragsverwaltung (wie hier nach Art. 87c GG) fehlt es in Art. 85 GG an einer dem Art. 84 IV 1 GG vergleichbaren Regelung eines Vorverfahrens vor dem Bundesrat. Für eine analoge Anwendung des Art. 84 IV 1 GG mangelt es an einer planwidrigen Regelungslücke (vgl. *Hermes* in Dreier, Art. 85 GG, Rn. 69).

533. Antragsfrist

Im Rahmen einer Neufassung des BPolG hat der Bund auch Regelungen über die grenzüberschreitende Zusammenarbeit der Landespolizeien erlassen. Das Land X erblickt darin eine Verletzung seines Rechts zur Gesetzgebung und hat, vertreten durch seine Regierung, elf Monate nach In-Kraft-Treten des Gesetzes das BVerfG angerufen.
a) Ist der Antrag zulässig?
b) Was ist der Landesregierung zu raten?

a) Nein. Gemäß § 64 III; § 69 BVerfGG beträgt die Antragsfrist im Bund-Länder-Streit nur sechs Monate.

b) Die Landesregierung sollte stattdessen im eigenen Namen eine nicht fristgebundene abstrakte Normenkontrolle erheben.

cc) Begründetheit

534. Begründetheit des Bund-Länder-Streits

Begründetheit des Bund-Länder-Streits?

Der Bund-Länder-Streit ist gemäß Art. 93 I Nr. 3 GG; § 13 Nr. 7; §§ 68 ff. BVerfGG begründet, soweit der Bund/das Land durch die angefochtene Maßnahme des Landes/Bundes in seinen Rechten verletzt wird.

dd) Vergleich mit anderen Anträgen und Klagen

535. Vergleich mit der abstrakten Normenkontrolle

Das Land X erlässt ein neues Landesjagdgesetz. Die Bundesregierung erblickt darin einen Verstoß gegen Art. 74 I Nr. 28 GG und erwägt, das BVerfG anzurufen. Welche Verfahrensart sollte die Bundesregierung einschlagen?

Die Bundesregierung kann im eigenen Namen eine abstrakte Normenkontrolle nach Art. 93 I Nr. 2 GG oder als Organ des Bundes einen Bund-Länder-Streit nach Art. 93 I Nr. 3 GG erheben. Die abstrakte Normenkontrolle ist aus mehreren Gründen vorteilhafter: Es gibt im Unterschied zu § 68 BVerfGG keinen Antragsgegner, weder das Land X noch dessen Landesregierung. Es muss keine Antragsbefugnis des Bundes entsprechend § 64 I; § 69 BVerfGG geltend gemacht werden und die abstrakte Normenkontrolle ist im Unterschied zum Bund-Länder-Streit nach § 64 III; § 69 BVerfGG nicht fristgebunden. Hat der Antrag Erfolg, so wird das Landesjagdgesetz bei der abstrakten Normenkontrolle nach § 78 BVerfGG für nichtig erklärt, während das BVerfG im Verfahren des Bund-Länder-Streits nach § 67; § 69 BVerfGG nur die Grundgesetzwidrigkeit feststellen kann.

536. Vergleich mit europarechtlichen Verfahren

Mit welchem Verfahren vor dem EuGH ist der Bund-Länder-Streit vergleichbar?

Soweit im Bund-Länder-Streit der Bund gegen die Länder vorgeht, ist dies am ehesten einem Vertragsverletzungsverfahren der Kommission gegen einen Mitgliedstaat gemäß Art. 258 AEUV vergleichbar. Soweit ein Land gegen den Bund klagt, ähnelt diesem Verfahren am ehesten eine Nichtigkeitsklage eines Mitgliedstaates gegen ein Organ der EU gemäß Art. 263 II AEUV.

537. Feststellung der Grundgesetzverletzung

Bundeskanzler K hat das BVerfG angerufen, nachdem Bundespräsident P den von ihm als Bundesminister vorgeschlagenen M nicht ernannt hat, weil er diesen für charakterlich ungeeignet hält.
a) Kann das BVerfG den P verpflichten, M zu ernennen?
b) Obwohl das BVerfG festgestellt hat, dass P verpflichtet war, M zu ernennen, weigert sich P weiterhin. Was kann K tun?

a) Nein. In diesem Organstreitverfahren kann das BVerfG gemäß § 67 S. 1, 2 BVerfGG nur feststellen, dass die unterlassene Ernennung des M gegen Art. 64 I GG verstößt. Siehe *Lücke,* Die stattgebende Entscheidung im verfassungsrechtlichen Organstreitverfahren und ihre Konsequenzen, JZ 1983, 380–383.

b) Das BVerfGG trifft keine ausdrückliche Regelung für den Fall, dass ein Verfassungsorgan wider Erwarten eine verfassungsgerichtliche Feststellungsentscheidung nach § 67 S. 1, 2 BVerfGG missachtet. Ein Antrag des K, den P im Wege einer einstweiligen Anordnung nach § 32 BVerfGG zur Ernennung des M zu verpflichten, dürfte nicht statthaft sein, weil das BVerfG mit einem solchen Beschluss im Eilverfahren über die ihm im Hauptsacheverfahren zustehende Kompetenz hinausginge. Eine Präsidentenanklage gemäß Art. 61 GG; § 13 Nr. 4; §§ 49 ff. BVerfGG mit der Möglichkeit, gemäß § 53 BVerfGG den Bundespräsidenten vorübergehend an der Ausübung seines Amtes für verhindert zu erklären, könnte nur von dem Bundestag oder dem Bundesrat, nicht aber von K erhoben werden. Am ehesten dürfte noch ein Antrag des K an das BVerfG in Betracht kommen, gemäß § 35 BVerfGG ausnahmsweise auch die Vollstreckung der Feststellungsentscheidung nach § 67 BVerfGG zu regeln.

Übersicht 23: Bund-Länder-Streit

A. Zulässigkeit
 – Rechtsgrundlagen: Art. 93 I Nr. 3 GG; § 13 Nr. 7; §§ 68 ff. BVerfGG; ausnahmsweise auch Art. 84 IV 1 GG.
 I. Antragsteller (Art. 93 I Nr. 3 GG; § 68 BVerfGG)
  1. Für den Bund die Bundesregierung.
  2. Für ein Land die Landesregierung.
   – Die jeweiligen Parlamente sind nicht antragsberechtigt!
 II. Antragsgegner (Art. 93 I Nr. 3 GG; § 68 BVerfGG)
  – Kreis der Antragsgegner ist mit dem der Antragsberechtigten deckungsgleich, also:
  1. Für ein Land die Landesregierung.
  2. Für den Bund die Bundesregierung. Es können sich keine Länder im Bund-Länder-Streit gegenüberstehen (dann weitere föderative Streitigkeit nach Art. 93 I Nr. 4, Var. 2 GG).
 III. Antragsgegenstand (Art. 93 I Nr. 3 GG; §§ 64; 69 BVerfGG)
  – Auf Grund der Verweisung des § 69 BVerfGG gelten die für den Organstreit maßgebenden Vorschriften der §§ 64 bis 67 BVerfGG für den Bund-Länder-Streit entsprechend.

- Rechtserhebliche Maßnahme oder Unterlassung des Antragsgegners; zB Erlass von Gesetzen (hier auch abstrakte Normenkontrolle möglich); Ausübung von Verwaltungskompetenzen; nicht bloße Meinungsäußerungen, keine abstrakte Klärung von Rechtsfragen.
- Verfassungsmäßigkeit eines Gesetzes kann nur Vorfrage sein.

IV. Antragsbefugnis (Art. 93 I Nr. 1 GG; §§ 64; 69 BVerfGG)
- Möglichkeit der Verletzung oder unmittelbaren Gefährdung in Recht oder Pflicht aus GG (§ 64 I; § 69 BVerfGG); insbesondere Befugnis der Länder zur Gesetzgebung nach Art. 30; 70 GG, zur Verwaltung nach Art. 30; 83 GG oder sonstige Kompetenznormen; Grundsatz der Bundestreue nur iVm einer konkreten Grundgesetzbestimmung; Recht oder Pflicht aus nicht verfassungsrechtlichem Recht genügt nicht.
- Vgl. Klagebefugnis gemäß § 42 II VwGO.

V. Vorverfahren vor dem Bundesrat (Art. 84 IV 1 GG)
- Nur in Fällen der Bundesaufsicht über die landeseigene Verwaltung von Bundesgesetzen.

VI. Form und Frist (§ 23; § 64 II, III; § 69 BVerfGG)
- Schriftform (§ 23 I BVerfGG); Bezeichnung der verletzten Bestimmung des GG (§ 64 II; § 69 BVerfGG).
- Regelmäßig Sechsmonatsfrist (§ 64 III; § 69 BVerfGG), Ausschlussfrist, keine Wiedereinsetzung.
- Ausnahmsweise Einmonatsfrist (§ 70 BVerfGG) bei Verfahren gegen Beschluss des Bundesrates nach Art. 84 IV 1 GG betr. Mängel bei der landeseigenen Verwaltung von Bundesgesetzen.

VII. Rechtsschutzbedürfnis
- Grds. gegeben, entfällt nur bei Rechtsmissbrauch; Verzicht; Verwirkung; einfacherem Weg; Nutzlosigkeit des erstrebten Ziels.

B. Begründetheit

Der Bund-Länder-Streit ist gemäß Art. 93 I Nr. 3 GG; § 13 Nr. 7; §§ 68 ff. BVerfGG begründet, soweit der Bund/das Land durch die angefochtene Maßnahme des Landes/Bundes in seinen Rechten verletzt wird.

ee) Vergleich

Literatur: *Kotzur*, Der Vergleich im verfassungsgerichtlichen Verfahren, JZ 2003, 73–82; *Schmidt*, LER – Der Vergleich vor dem BVerfG, NVwZ 2002, 925–932; *Wolff*, Der Vergleichsvorschlag des BVerfG in den Verfahren um das Brandenburgische Schulgesetz (LER) – Verfahrensfortbildung contra legem, EuGRZ 2003, 463–471.

538. Möglichkeit des Vergleichsschlusses

In einem Bund-Länder-Streit deuten sowohl der Bund als auch das Land an, dass sie an einer einvernehmlichen Lösung interessiert seien.
a) Welche Möglichkeit besteht für das BVerfG?
b) Was können die Beteiligten stattdessen tun?

a) Das BVerfG kann den Beteiligten entsprechend § 108 VwGO einen Vergleichs-vorschlag unterbreiten (str.). Nehmen die Beteiligten den Vorschlag an, wird das Verfahren dadurch beendet. Wird der Vorschlag abgelehnt, kann das BVerfG immer noch eine streitige Entscheidung fällen. Siehe BVerfGE 104, 305.

b) Anstatt auf einen Vergleichsvorschlag des BVerfG zu warten, kann der Antrag-steller seinen Antrag auch (teilweise) zurücknehmen und der Antragsgegner den Anspruch (teilweise) anerkennen (sehr str.). Allerdings ist das BVerfG nicht in gleicher Weise wie ein Zivil- oder Verwaltungsgericht an diese Prozesshandlungen gebunden und könnte bei fortbestehendem öffentlichen Interesse dessen ungeachtet eine streitige Entscheidung treffen.

539. Denkbarer Inhalt eines Vergleichs

Was kann Gegenstand eines verfassungsgerichtlichen Vergleichs sein?

Grds. kann jede Regelung, die in einem Urteil des BVerfG getroffen werden kann, auch Gegenstand eines verfassungsgerichtlichen Vergleichs sein. Darüber hinaus können auch weitere Gesichtspunkte einbezogen werden, die für die Beteiligten von Interesse sind, aber bisher nicht Verfahrensgegenstand waren. Grenzen ziehen ins-besondere Menschenwürdekern und Wesensgehalt von Grundrechten sowie nicht verfügbare Kompetenzzuweisungen von Hoheitsträgern.

g) Andere öffentlich-rechtliche Streitigkeiten nach Art. 93 I Nr. 4 GG

Literatur: *Jäkel*, Zuständigkeiten und Verfahrensarten vor dem Bundesverfassungsgericht – Verfas-sungsprozessualer Überblick abseits der gängigen Verfahrenskonstellationen, JA 2018, 200–206; *Leis-ner*, Der Bund-Länder-Streit vor dem Bundesverfassungsgericht, in: FS 25 Jahre Bundesverfassungs-gericht, Bd. 1, 1976, S. 260–291; *Scholtissek*, Zur Zuständigkeit des Bundesverfassungsgerichts im Bund-Länder-Streit-Streitverfahren, in: FS für Gebhard Müller, 1970, S. 461–474; *Zierlein*, Die Ersatzzuständigkeit des BVerfG im landesverfassungsrechtlichen Organstreitverfahren, AöR 118 (1993), 66–108.

aa) Grundlagen

540. Arten der anderen öffentlich-rechtlichen Streitigkeiten

Welche Arten der „anderen öffentlich-rechtlichen Streitigkeiten" sind nach Art. 93 I Nr. 4 GG zu unterscheiden?

Es ist zu unterscheiden zwischen dem sonstigen Bund-Länder-Streit (meist) nicht-verfassungsrechtlicher Art nach Art. 93 I Nr. 4 Var. 1 GG, dem Zwischenländer-streit gemäß Art. 93 I Nr. 4 Var. 2 GG und dem Binnenländerstreit nach Art. 93 I Nr. 4 Var. 3 GG.

bb) Sonstiger Bund-Länder-Streit

541. Streitigkeiten aus dem Einigungsvertrag

Im Zuge von Sparmaßnahmen zieht der Bund sich flächendeckend aus der Kulturförderung in den neuen Ländern zurück. Das Land Sachsen, vertreten durch seine Landesregierung, erblickt darin einen Verstoß gegen Art. 35 des Einigungsvertrages vom 31.8.1990 (BGBl. II S. 885), der eine übergangsweise Mitfinanzierung einzelner kultureller Maßnahmen und Einrichtungen in Ostdeutschland durch den Bund ermöglicht, und erhebt Klage zum BVerfG. Die Bundesregierung meint,
a) es fehle an einem geeigneten Kläger,
b) und wenn überhaupt sei das BVerwG zuständig. Trifft die Auffassung der Bundesregierung jeweils zu?
c) Sachsen hat sieben Monate nach der Mittelkürzung zunächst Klage zum BVerwG erhoben. Wie ist zu verfahren, wenn das BVerwG das Verfahren als verfassungsrechtlich einordnet?

a) Nein. Zwar kann die untergegangene DDR selbst keine Rechte mehr aus dem Einigungsvertrag einklagen, Art. 44 EV bestimmt jedoch, dass Rechte aus diesem Vertrag zu Gunsten der DDR oder der neuen Länder nach Wirksamwerden des Beitritts von jedem dieser Länder geltend gemacht werden können. Das Land Sachsen kann also neben eigenen Rechten auch Rechte der ehemaligen DDR in Prozessstandschaft geltend machen.

b) Nein. Wohl entscheidet das BVerwG nach § 50 I Nr. 1 Alt. 1 VwGO über öffentlich-rechtliche Streitigkeiten nichtverfassungsrechtlicher Art zwischen dem Bund und den Ländern, das BVerfG (E 94, 297 (309 ff.); 95, 250 (266)) ordnet Streitigkeiten aus dem Einigungsvertrag indes als verfassungsrechtliche Streitigkeiten ein. Diese unterfallen nicht bereits dem Bund-Länder-Streit nach Art. 93 I Nr. 3 GG, der sich nur auf Rechte und Pflichten des Bundes und der Länder aus dem Grundgesetz bezieht (vgl. *Lechner/Zuck*, vor § 68 BVerfGG, Rn. 4, mwN), weshalb die Auffangzuständigkeit des BVerfG nach Art. 93 I Nr. 4 Var. 1 GG, § 13 Nr. 8; § 71 I Nr. 1 BVerfGG eingreift.

c) In diesem Fall hat das BVerwG gemäß § 50 III VwGO die Sache dem BVerfG zur Entscheidung vorzulegen (siehe *Sachs*, Die Vorlage an das BVerfG bei Bund-Länder-Streitigkeiten, DÖV 1981, 707–710). Folgt das BVerfG der Ansicht des BVerwG nicht, so hat das BVerwG sein Verfahren fortzusetzen. Teilt das BVerfG jedoch die Auffassung des BVerwG, ist das verwaltungsgerichtliche Verfahren beendet und die Sache als anderer Bund-Länder-Streit vor dem BVerfG zu entscheiden. Dann muss auch die Sechsmonatsfrist der § 64 III; § 71 II BVerfGG schon bei der ursprünglichen Anrufung des BVerwG gewahrt worden sein, sonst ist der andere Bund-Länder-Streit unzulässig (vgl. *Lechner/Zuck*, vor § 71 BVerfGG, Rn. 10, mwN).

cc) Zwischenländerstreit

542. Beteiligte und Verfahrensgegenstand des Zwischenländerstreits

Durch Staatsvertrag wurde das Land Bremen in das Land Niedersachsen eingegliedert. In dem Vertrag wurde ua garantiert, dass Bremen Sitz eines OLG bleibt. Fünf Jahre später beschließt der niedersächsische Landtag, alle Oberlandesgerichte des Landes in Celle zusammenzuführen. Die Stadt Bremen erhebt dagegen Klage zum BVerfG. Die niedersächsische Landesregierung meint,
a) die Stadt könne aus dem Vertrag keine Rechte herleiten,
b) zudem handele sich um eine verwaltungsrechtliche Streitigkeit und
c) allenfalls sei der niedersächsische Staatsgerichtshof in Bückeburg zuständig. Treffen diese Rechtsansichten jeweils zu?

a) Zwar ist das Land Bremen durch den Staatsvertrag untergegangen, in Fragen, die mit dem Untergang zusammenhängen, ist das Land aber als fortbestehend anzusehen, ist deshalb parteifähig und kann noch Rechte aus dem Staatsvertrag herleiten (vgl. BVerfGE 22, 221 ff. zur Eingliederung Coburgs nach Bayern). Das untergegangene Land wird von einer fortbestehenden Selbstverwaltungskörperschaft innerhalb des alten Landesgebietes vertreten, hier von der Stadt Bremen.

b) Nein. Zwar entscheidet das BVerwG nach § 50 I Nr. 1 Alt. 2 VwGO auch über öffentlich-rechtliche Streitigkeiten nichtverfassungsrechtlicher Art zwischen verschiedenen Ländern, Streitigkeiten aus einem Staatsvertrag über eine Ländereingliederung stellen aber verfassungsrechtliche Streitigkeiten dar.

c) Da das Land Bremen für die Dauer des Verfahrens als fortbestehend behandelt wird, ist keine Zuständigkeit des niedersächsischen Staatsgerichtshofes als Verfassungsgericht eines – im Rahmen dieses Verfahrens – fremden Verfassungsgerichts begründet, sondern das BVerfG ist nach Art. 93 I Nr. 4 Var. 2 GG; § 13 Nr. 8; § 71 I Nr. 2 BVerfGG zuständig.

dd) Binnenländerstreit

543. Beteiligte und Subsidiarität des Binnenländerstreits

a) Im Land X wird der Abgeordnete A aus der F-Fraktion ausgeschlossen. A hat kein Vertrauen zur Rechtsprechung des LVerfG und ruft deshalb das BVerfG an. Mit Erfolg?
b) Wie wirkt es sich auf den Binnenländerstreit vor dem BVerfG aus, wenn erst nach mündlicher Verhandlung, aber vor Urteilsverkündung der Landesgesetzgeber auch Abgeordneten die Möglichkeit des Organstreits vor dem LVerfG eröffnet hat?
c) Kann das BVerfG in Fall b) das Verfahren an das LVerfG verweisen?

a) Nein. Zwar kann auch ein Abgeordneter als Teil des Landesorgans Landtag einen Binnenländerstreit gemäß Art. 93 I Nr. 4 Var. 3 GG; § 13 Nr. 8; § 71 I Nr. 3 BVerfGG als Sonderfall des Organstreits gegen eine Fraktion als einen weiteren

Organteil anstrengen; dies gilt aber gemäß Art. 93 I Nr. 4 GG nur, soweit nicht ein anderer Rechtsweg gegeben ist. In aller Regel kann aber auch vor dem jeweiligen LVerfG ein Organstreit erhoben werden, weshalb die Zuständigkeit des BVerfG als subsidiär zurücktritt, selbst wenn A zur Rechtsprechung des LVerfG kein Vertrauen haben sollte. Nur wenn das LVerfGG ausnahmsweise keinen Organstreit kennen sollte, griffe die Auffangzuständigkeit des BVerfG ein.

b) Laut BVerfG müssen die Zulässigkeitsvoraussetzungen des Binnenländerstreits bis zum Zeitpunkt der Entscheidung des BVerfG vorliegen. Nach Eröffnung des Rechtsweges zum LVerfG wird der Binnenländerstreit vor dem BVerfG unzulässig. Der Grundsatz der perpetuatio fori entsprechend § 17 I 1 GVG; § 261 III Nr. 2 ZPO soll im Verhältnis des BVerfG zum LVerfG nicht anwendbar sein, da das Verfahren vor dem BVerfG ohnehin nur subsidiär als Mindestrechtsschutz eingreife und der Verfassungsraum des Landes möglichst geschont werden solle (vgl. BVerfGE 102, 245 (251 f.).

c) Nach Auffassung des BVerfG ist wegen Fehlens besonderer gesetzlicher Bestimmungen und wegen des besonders gearteten Verhältnisses beider Gerichtsbarkeiten eine Verweisung nicht statthaft (vgl. BVerfGE 102, 245 (253)). A hat deshalb einen separaten Antrag vor dem LVerfG zu stellen.

h) Kommunalverfassungsbeschwerde nach Art. 93 I Nr. 4b GG

Literatur: *Bethge,* Die Kompetenzabgrenzung zwischen Bundes- und Landesverfassungsgerichtsbarkeit bei der kommunalen Verfassungsbeschwerde, DÖV 1972, 336–343; *Burmeister,* Die kommunale Verfassungsbeschwerde im System der verfassungsgerichtlichen Verfahrensarten, JA 1980, 17–25; *Hoppe,* Probleme des verfassungsgerichtlichen Rechtsschutzes der kommunalen Selbstverwaltung, DVBl. 1995, 179–188; *Sachs,* Die kommunale Verfassungsbeschwerde im System der verfassungsgerichtlichen Verfahrensarten, BayVBl. 1982, 37–42; *Schmidt,* Die kommunale Verfassungsbeschwerde, JA 2008, 763–771; *Schoch,* Der verfassungsrechtliche Schutz der kommunalen Selbstverwaltung, Jura 2001, 121–133; *Voßkuhle/Kaufhold,* Grundwissen – Öffentliches Recht: Die verfassungsrechtliche Garantie der kommunalen Selbstverwaltung, JuS 2017, 728–730.

aa) Grundlagen

544. Zweck und praktische Bedeutung der Kommunalverfassungs-beschwerde

a) Was ist der Zweck der Kommunalverfassungsbeschwerde?
b) Welche praktische Bedeutung ist ihr bisher zugekommen?
c) Gibt es auch eine Verfassungsbeschwerde sonstiger unterstaatlicher juristischer Personen des öffentlichen Rechts, wie zB von Universitäten?

a) Die Kommunalverfassungsbeschwerde sichert prozessual die materiell-rechtliche Gewährleistung der kommunalen Selbstverwaltung ab.

b) Die Kommunalverfassungsbeschwerde hat bisher die wohl bedeutsamste Verfahrensart vor den LVerfGen dargestellt. Vor dem BVerfG spielt sie keine entscheidende Rolle mehr, weil dieses gemäß Art. 93 I Nr. 4b GG nur subsidiär über Kommunalverfassungsbeschwerden entscheidet und inzwischen alle LVerfGGe die

Möglichkeit der Kommunalverfassungsbeschwerde zum jeweiligen LVerfG vorsehen.

c) Für sonstige unterstaatliche juristische Personen des öffentlichen Rechts wie zB Universitäten wurde keine gesonderte Beschwerdemöglichkeit zum BVerfG oder zu den LVerfGen geschaffen. Soweit diese juristischen Personen aber in den Grenzen des Art. 19 III GG als Grundrechtsträger anerkannt werden, können sie auch eine allgemeine Verfassungsbeschwerde nach Art. 93 I Nr. 4a GG; § 13 Nr. 8a; §§ 90 ff. BVerfGG erheben.

bb) Zulässigkeit

(1) Beschwerdeführer

> **545. Beschwerdeführer**
>
> Die kreisangehörige Gemeinde G, die Samtgemeinde SG, der Landkreis K und die kreisfreie Stadt S haben zur Erfüllung von Aufgaben der elektronischen Datenverarbeitung den Zweckverband Z gegründet, der das Gebietsrechenzentrum R als Regiebetrieb führt. Durch Landesgesetz werden Aufgaben der Datenverarbeitung nunmehr bei dem Landesverwaltungsamt zentralisiert. Welcher der Beteiligten kann gegen das Landesgesetz Kommunalverfassungsbeschwerde zum BVerfG erheben, wenn das Landesverfassungsrecht eine Kommunalverfassungsbeschwerde nicht kennt?

Zu den nach Art. 93 I Nr. 4b GG beschwerdeberechtigten Gemeinden zählen unabhängig von der Bezeichnung sowohl kreisangehörige Gemeinden wie G als auch kreisfreie Städte wie S, nicht aber Stadtstaaten (vgl. *Robbers*, JuS 1994, 129). Samtgemeinden wie SG, Ämter und Verbandsgemeinden sind ihrerseits als Gemeindeverband anzusehen, wenn sie als Gebietskörperschaft ausgestaltet sind, über eine direkt gewählte Vertretungskörperschaft verfügen und unmittelbar auf die Einwohner ihrer Mitgliedsgemeinden zugreifen können. K stellt als Landkreis den klassischen Fall eines Gemeindeverbandes dar. Z als Zweckverband ist hingegen selbst nicht beschwerdeberechtigt. Denn er verfügt über keinen universellen Wirkungskreis und die Mitglieder seiner Verbandsversammlung werden von den Mitgliedskommunen entsandt, nicht aber von deren Einwohnern direkt gewählt (vgl. *Schmidt*, Kommunale Kooperation, S. 71 ff.). R erfüllt als bloß haushaltsrechtlich verselbstständigter Regiebetrieb erst recht nicht die verfassungsprozessualen Anforderungen, die an eine Gemeinde oder einen Gemeindeverband gestellt werden.

(2) Beschwerdegegenstand

> **546. Beschwerdegegenstand**
>
> Der Bund ändert
> a) das Gewerbesteuergesetz, das Land erlässt
> b) eine neue Durchführungsverordnung zu diesem Gesetz, der Landkreis erhöht
> c) die in der Haushaltssatzung festgelegte Kreisumlage und erhebt

d) den erhöhten Umlagebetrag durch Bescheid. Kann die Gemeinde G, die sich durch all diese Maßnahmen in ihrer finanziellen Handlungsfähigkeit eingeschränkt sieht, dagegen jeweils Kommunalverfassungsbeschwerde erheben?

Das BVerfG interpretiert „Gesetz" in Art. 93 I Nr. 4b GG als Antonym zu „Einzelfallentscheidungen" und sieht als tauglichen Beschwerdegegenstand einer Kommunalverfassungsbeschwerde nicht nur Parlamentsgesetze als Gesetze im formellen Sinne an, sondern alle Gesetze im materiellen Sinne, dh auch Rechtsverordnungen, ggf. auch Satzungen (siehe einerseits *Fleury,* Verfassungsprozessrecht, Rn. 375, andererseits *Hillgruber/Goos,* Verfassungsprozessrecht, Rn. 280). Die meisten Landesverfassungsgerichte folgen im Rahmen ihres jeweiligen Landesverfassungsprozessrechts dieser Rechtsprechung. Die in **a)** bis **c)** aufgeführten Rechtsakte können daher grundsätzlich Gegenstand einer Kommunalverfassungsbeschwerde sowohl vor dem BVerfG als auch vor den Landesverfassungsgerichten sein. Das sachsen-anhaltinische Landesverfassungsgericht hat für das dortige Recht jedoch entschieden, dass nach Maßgabe des Landesrechts Kommunalverfassungsbeschwerde nur gegen Parlamentsgesetze erhoben werden kann (LVerfGE 4, 401 (404 ff.)). Kommunen aus Sachsen-Anhalt, die sich gegen Rechtsverordnungen oder Satzungen wenden wollen, verbleibt insofern nur der Weg zum BVerfG. Einzelakte wie in **d)** können hingegen vor keinem Verfassungsgericht mit der Kommunalverfassungsbeschwerde angegriffen werden.

(3) Beschwerdebefugnis

547. Garantie kommunaler Selbstverwaltung und Grundrechte

Durch Bundesgesetz wird den Kommunen der Betrieb einer Sparkasse verboten. Landkreis K erhebt Verfassungsbeschwerde mit der Begründung, er werde in seinem Eigentum sowie in seinem Recht am eingerichteten und ausgeübten Gewerbebetrieb verletzt. Wird K mit dieser Argumentation Erfolg haben?

Nein. Die Kommunen sind als Teil der öffentlichen Gewalt gemäß Art. 1 III, 20 III GG an die Grundrechte gebunden, aber nicht selbst Grundrechtsträger (vgl. BVerfGE 61, 82 (105 ff.)). Sie können nur eine Verletzung ihres Rechts auf kommunale Selbstverwaltung gemäß Art. 28 II GG vor dem BVerfG (und nach den Parallelbestimmungen in den Landesverfassungen vor dem jeweiligen LVerfG) geltend machen. K muss vielmehr vorbringen, der Betrieb einer Sparkasse gehöre zum unantastbaren Kernbereich der Garantie kommunaler Selbstverwaltung. Diese Selbstverwaltungsgarantie stellt kein Grundrecht dar (vgl. BVerfGE 48, 64 (79); 58, 177 (189)), weist aber im Hinblick auf Gewährleistungsbereich, Eingriff und Abwägung gewisse strukturelle Parallelen zu den Grundrechten auf.

548. Selbstverwaltung prägende Normen

Im Zuge einer Neufassung des öffentlichen Dienstrechts trifft der Bund auch Regelungen über den Zugang zu öffentlichen Ämtern auf kommunaler Ebe-

ne. Wird eine Kommunalverfassungsbeschwerde vor dem BVerfG Erfolg haben, wenn diese Vorschriften gegen Art. 33 II GG verstoßen?

Nein. Nach Ansicht des BVerfG sind nur solche Gesetzesmängel rügefähig, die ihrem Inhalt nach geeignet sind, das verfassungsrechtliche Bild der Selbstverwaltung mitzubestimmen (vgl. *Rennert* JuS 2008, 29 (31); *Robbers,* JuS 1994, 129). Anders als bei der Individualverfassungsbeschwerde wird also – systematisch inkonsequent (vgl. *Benda/Klein,* Verfassungsprozessrecht, Rn. 700) – nicht der Lehre von der allgemeinen Handlungsfreiheit gefolgt, die jeden Verfassungsverstoß im Rahmen der Verfassungsbeschwerde für rügefähig erklärt, sondern ähnlich der Persönlichkeitskerntheorie beschränkt das BVerfG bei der Kommunalverfassungsbeschwerde die Prüfung auf die kommunale Selbstverwaltungsgarantie, ggf. erweitert um ergänzende Gewährleistungen. Dazu sind zwar die Art. 30, 70 ff. GG über die Verteilung der Gesetzgebungskompetenzen zwischen Bund und Ländern zu zählen (vgl. BVerfGE 1, 167 (181); 91, 228 (242)), nicht aber Regelungen über Fraktions- sowie Oppositionsrechte oder Art. 33 II GG (vgl. BVerfGE 1, 167 (181 ff.)), weshalb in diesem Fall eine Kommunalverfassungsbeschwerde vor dem BVerfG keinen Erfolg verspricht.

549. Eigene Betroffenheit

Im Land L wird den Gemeinden durch Landesgesetz die Aufgabe der Fernwärmeversorgung entzogen und auf die Landkreise übertragen. Bisher hat die Samtgemeinde SG diese Aufgabe für ihre Mitgliedsgemeinden A und B wahrgenommen. Wer ist beschwerdebefugt?

Die beschwerdeführende Kommune muss ebenso wie bei der Individualverfassungsbeschwerde selbst betroffen sein, um Popularklagen auszuschließen. Bei mehrstufigen kommunalen Organisationseinheiten wie den Ämtern, Verbands- oder Samtgemeinden nimmt die übergeordnete Ebene grundsätzlich diejenigen Aufgaben wahr, die ihr von den Mitgliedsgemeinden kraft Gesetzes oder durch Vereinbarung im Einzelfall zur Erfüllung übertragen worden sind. Die Mitgliedsgemeinden bleiben aber regelmäßig weiterhin Aufgabenträger. Deshalb sind in solchen Fällen nicht nur die übergeordneten gemeindlichen Organisationseinheiten als Aufgaben erfüllende Stelle, sondern auch die Mitgliedsgemeinden als Aufgabenträger beschwerdebefugt. Sowohl SG als auch A und B können Kommunalverfassungsbeschwerde erheben.

550. Keine Prozessstandschaft

Der Bund beschließt ein neues BauGB, das in weiterem Umfang als bisher Enteignungen ermöglicht. Dagegen erhebt die Gemeinde G Kommunalverfassungsbeschwerde mit der Begründung, Grundrechte ihrer Einwohner würden verletzt. Mit Erfolg?

Nein. Auch für die Kommunalverfassungsbeschwerde gilt das allgemeine verfassungsprozessuale Verbot der Prozessstandschaft. G selbst ist nicht beschwerdebefugt; betroffene Einwohner können aber ihrerseits Individualverfassungsbeschwerde erheben.

551. Gegenwärtige Betroffenheit

Der Landtag beschließt ein Gesetz, wonach beginnend in fünf Jahren die im kommunalen Finanzausgleich vorgesehene Einwohnerveredelung langfristig vollständig abgeschmolzen werden soll. Kann die Großstadt S schon jetzt gegen das Gesetz Kommunalverfassungsbeschwerde zum BVerfG erheben, wenn das Landesverfassungsprozessrecht keine Kommunalverfassungsbeschwerde kennt?

Eine Kommunalverfassungsbeschwerde ist in gleicher Weise wie eine Individualverfassungsbeschwerde nur zulässig, wenn der Beschwerdeführer gegenwärtig, dh schon oder noch, betroffen ist. Hier wird die Großstädte begünstigende Einwohnerveredelung zwar erst in fünf Jahren verringert, das Gesetz ist aber bereits jetzt in Kraft getreten und es wird „quasi automatisch" zum Abschmelzen kommen. Bereits jetzt muss S Dispositionen treffen, um sich auf die in fünf Jahren verschlechternde Finanzlage einzustellen. Im Übrigen könnte S in fünf Jahren nicht mehr fristgerecht Kommunalverfassungsbeschwerde erheben.

552. Unmittelbare Betroffenheit

a) Durch Änderung des Naturschutzgesetzes wird die Landesregierung ermächtigt, per Rechtsverordnung Aufgaben der unteren Naturschutzbehörde auf die Bezirksregierungen zu übertragen. Wird eine Kommunalverfassungsbeschwerde des Landkreises K, der gerade erst aufwändig seine Naturschutzbehörde reorganisiert hat, Erfolg haben?
b) Die Landesregierung hat durch Verordnung bestimmt, dass der Innenminister die Übertragung der Aufgabe verfügen kann. Kann K sich schon gegen die Rechtsverordnung vor dem Verfassungsgericht wenden?

a) Ebenso wie bei der Individualverfassungsbeschwerde ist auch bei der Kommunalverfassungsbeschwerde eine unmittelbare Betroffenheit des Beschwerdeführers zu verlangen. Hier fehlt es an der unmittelbaren Betroffenheit des K, weil es noch des Erlasses der Rechtsverordnung als Umsetzungsakt bedarf, um in den Rechtskreis des K einzugreifen. K ist zuzumuten, den Erlass der Rechtsverordnung abzuwarten und dann gegen die Rechtsverordnung um verfassungsgerichtlichen Rechtsschutz nachzusuchen. Dies gilt selbst dann, wenn nach der Rechtsprechung des Landesverfassungsgerichts eine Kommunalverfassungsbeschwerde nur gegen Parlamentsgesetze erhoben werden kann, weil auch in diesem Fall gegen die Rechtsverordnung immer noch der Rechtsweg zum BVerfG eröffnet ist.

b) In diesem Fall bedarf es zwar noch einer Verfügung des Landesinnenministers, weshalb an sich nach den von der Individualverfassungsbeschwerde her bekannten Regelungen die unmittelbare Betroffenheit des K zu verneinen und er auf den verwaltungsgerichtlichen Rechtsschutz gegen die Verfügung zu verweisen wäre. Im Unterschied zur Individualverfassungsbeschwerde ist die Kommunalverfassungsbeschwerde aber nur als Rechtssatzverfassungsbeschwerde gegen Gesetze gegeben, nicht aber als Urteilsverfassungsbeschwerde gegen letztinstanzliche Gerichtsentscheidungen. Deshalb schließt die Notwendigkeit untergesetzlicher Umsetzungsakte, gegen die kein *Verfassungs*rechtsschutz möglich ist, die unmittelbare Betroffenheit einer Kommune nicht aus (vgl. *Benda/Klein*, Verfassungsprozessrecht, Rn. 697, aA *Hillgruber/Goos,* Verfassungsprozessrecht, Rn. 289). K kann also bereits jetzt Kommunalverfassungsbeschwerde erheben.

(4) Weitere Beschwerdevoraussetzungen

553. Beschwerdefrist und Wiedereinsetzung in den vorigen Stand

Der Prozessbevollmächtigte des Landkreises K hat wegen Arbeitsüberlastung erst 13 Monate nach In-Kraft-Treten einer Neufassung des SGB XII, die höhere von den Landkreisen zu erbringende Sozialleistungen vorsieht, Kommunalverfassungsbeschwerde erhoben.
a) Ist die Klage zulässig?
b) Besteht eine Möglichkeit für den Landkreis, doch noch eine Sachentscheidung des BVerfG zu erreichen?

a) Nein. Die Kommunalverfassungsbeschwerde richtet sich gegen Gesetze und ist innerhalb der Jahresfrist des § 93 III BVerfGG zu erheben, die mit In-Kraft-Treten des Gesetzes zu laufen beginnt. Diese Frist ist hier verstrichen.

b) Nein. Es kann kein Antrag auf Wiedereinsetzung in den vorigen Stand nach § 93 II BVerfGG gestellt werden, wie sich aus der systematischen Stellung der Wiedereinsetzungsmöglichkeit in § 93 II BVerfGG *nach* der Frist für die Individualverfassungsbeschwerde gegen gerichtlich bestätigte Einzelakte gemäß § 93 I BVerfGG, aber *vor* der Rechtssatzverfassungsbeschwerde gemäß § 93 III BVerfGG sowie aus der Bezugnahme auf *„diese* Frist" in § 93 II BVerfGG ergibt. Außerdem kann nach § 93 III BVerfGG die Kommunalverfassungsbeschwerde *„nur* binnen eines Jahres" erhoben werden. Im Übrigen stellt jedenfalls die bloße Arbeitsüberlastung des Prozessbevollmächtigten keinen hinreichenden Grund für eine Wiedereinsetzung in den vorigen Stand dar.

554. Subsidiarität

Die Gemeinde G erhebt Kommunalverfassungsbeschwerde zum BVerfG gegen eine Rechtsverordnung, die auf Grund des BNatSchG
a) von der Bundesregierung
b) von der Landesregierung erlassen wurde. Wird das BVerfG in der Sache eine Entscheidung treffen?

c) **Wie ist Fall b) zu beurteilen, wenn das LVerfG entschieden hat, dass es nur zur Kontrolle von formellen Landesgesetzen zuständig sei?**

a) Ja. Gegen diese Bundesrechtsverordnung steht kein Rechtsschutz vor dem LVerfG zur Verfügung, weshalb das BVerfG nach Art. 93 I Nr. 4b GG; § 13 Nr. 8a; § 91 BVerfGG zuständig bleibt.

b) Nein. Nach Art. 93 I Nr. 4b GG, § 91 S. 2 BVerfGG ist eine Kommunalverfassungsbeschwerde zum BVerfG nur zulässig, soweit nicht Beschwerde zum LVerfG erhoben werden kann.

c) Wenn ein LVerfG wie das sachsen-anhaltinische (LSALVerfG, LKV 1996, 413–415) seine Prüfungskompetenz auf formelle Landesgesetze beschränkt, dann besteht auf Landesebene kein Verfassungsrechtsschutz gegen Rechtsverordnungen. In solchen Fällen greift die Reservezuständigkeit des BVerfG (vgl. BVerfGE 107, 1 (8 ff.)) ein, weil Art. 93 I Nr. 4b GG die Subsidiarität dieses Verfahrens nur anordnet, „soweit" Beschwerde beim LVerfG erhoben werden kann.

Diese Rechtsprechung des sachsen-anhaltinischen Verfassungsgerichts führt in solchen Konstellationen wie **c)** zu dem merkwürdigen Ergebnis, dass zwar ein vom unmittelbar demokratisch legitimierten Landtag erlassenes Parlamentsgesetz durch das LVerfG für verfassungswidrig und nichtig erklärt werden kann, die Verfassungswidrigkeit einer auf der Grundlage dieses Gesetzes von der bloß mittelbar demokratisch legitimierten Landesregierung erlassenen Rechtsverordnung aber nur vom BVerfG festzustellen ist.

555. Rechtswegerschöpfung

Die kreisangehörige Gemeinde G erhebt Kommunalverfassungsbeschwerde zum BVerfG gegen die Haushaltssatzung des Landkreises K, welche eine Kreisumlage von 60 % festsetzt. Außerdem ruft G das OVG an. Wie wird das BVerfG entscheiden, wenn das Landesverfassungsprozessrecht keine Kommunalverfassungsbeschwerde kennt?

Das BVerfG wird die Kommunalverfassungsbeschwerde als unzulässig abweisen (vgl. BVerfGE 76, 107 (115 f.); 79, 127 (142)). Zwar ging man bei Schaffung der Kommunalverfassungsbeschwerde davon aus, dass gegen die den einzig tauglichen Beschwerdegegenstand bildenden Gesetze kein sonstiger Rechtsweg gegeben sei, so dass man – anders als bei der Individualverfassungsbeschwerde in § 90 II 1 BVerfGG – davon absah, die vorherige Erschöpfung des Rechtsweges ausdrücklich zur Zulässigkeitsvoraussetzung zu machen. Diese planwidrige Regelungslücke kann aber durch Übertragung des in § 90 II BVerfGG enthaltenen Rechtsgedankens geschlossen werden, weil auch im Rahmen der Kommunalverfassungsbeschwerde das legitime Ziel besteht, das BVerfG zu entlasten (ebenso *Sachs,* Verfassungsprozessrecht, Rn. 536).

cc) Begründetheit

---

556. Begründetheit der Kommunalverfassungsbeschwerde

Wann ist eine Kommunalverfassungsbeschwerde begründet?

Eine Kommunalverfassungsbeschwerde ist gemäß Art. 93 I Nr. 4b GG; § 13 Nr. 8a; § 91 BVerfGG begründet, soweit die beschwerdeführende Kommune durch das angefochtene Gesetz in ihrer Garantie kommunaler Selbstverwaltung verletzt wird. Dies ist der Fall, soweit in den Gewährleistungsbereich der Selbstverwaltungsgarantie eingegriffen wird und der Eingriff nicht durch die Schrankenregelung der Gewährleistung zu rechtfertigen ist.

i) Vergleich mit anderen Anträgen und Klagen

---

557. Vergleich mit europarechtlichen Verfahren

a) Mit welchem Verfahren vor dem EuGH ist die Kommunalverfassungsbeschwerde vergleichbar?
b) Gibt es ein der Kommunalverfassungsbeschwerde vergleichbares Verfahren vor dem Europäischen Gerichtshof für Menschenrechte?

---

a) Auf Ebene der Union fehlt ein der Kommunalverfassungsbeschwerde nach Art. 93 I Nr. 4b GG vergleichbares Verfahren. Die Kommunen können lediglich als nicht privilegierte Kläger eine Nichtigkeitsklage nach Art. 263 IV AEUV erheben. Diese „Kommunalblindheit" stellt eine gewisse Rechtsschutzlücke im System des EUV/AEUV dar.

b) Nein. Zwar besteht auf Ebene des Europarates die Europäische Kommunalcharta (BGBl. 1987 II S. 65; dazu *Schaffarzik,* Handbuch der Europäischen Charta der kommunalen Selbstverwaltung, 2002) nach dem Vorbild der EMRK. Im Unterschied zur EMRK sieht die EKC jedoch weder eine Kommunal- noch eine Staatenbeschwerde vor.

Übersicht 24: Kommunalverfassungsbeschwerde
A. Zulässigkeit
    – Rechtsgrundlagen: Art. 93 I Nr. 4b GG; § 13 Nr. 8a; §§ 91 ff.
    I. Beschwerdeführer (Art. 93 I Nr. 4b GG; § 91 BVerfGG)
       1. Beschwerdeführer können sein
          – Jede Gemeinde oder Gemeindeverband, dh kommunale Gebietskörperschaften wie Landkreise, Ämter (Bbg; MV; SH), Bezirke (Bay; RP), Regionen (Nds), Landschaftsverbände (NW).
          – Auch eine aufgelöste Kommune, sofern sich diese gegen ihre Auflösung wendet.
          – Die Gemeinden Bremen und Bremerhaven (Art. 143 I BremV).
       2. Keine Beschwerdeführer können sein:
          – Kommunale Unternehmen in öffentlich-rechtlicher Form, wie Regiebetrieb, Eigenbetrieb, öffentlich-rechtliche Anstalt, insbesondere Sparkasse, oder in privatrechtlicher Gestalt wie GmbH, AktG.

– Öffentlich-rechtliche kommunale Zusammenschlüsse, die noch nicht den Status einer Gebietskörperschaft erreicht haben, wie Zweckverbände.
– Die Länder Hamburg, Bremen, Berlin.

II. Beschwerdegegner (Art. 93 I Nr. 4b GG)?
– Kein Beschwerdegegner, denn es handelt sich um kein kontradiktorisches Verfahren wie bei einem Organstreit, sondern entweder um einen Unterfall der Verfassungsbeschwerde oder der abstrakten Normenkontrolle. In beiden Konstellationen gibt es aber keinen Beschwerde- oder Antragsgegner, sondern jeweils nur Äußerungs- und Beitrittsberechtigte.

III. Beschwerdegegenstand (Art. 93 I Nr. 4b GG; § 91 S. 1 BVerfGG)
– Nur als Rechtssatzverfassungsbeschwerde gegen formelle und/oder materielle Gesetze des Bundes oder eines Landes, dh Parlamentsgesetze, Rechtsverordnungen oder Satzungen einer höheren kommunalen Ebene.
– Nicht gegen Einzelakte; es gibt keine kommunale Urteilsverfassungsbeschwerde.

IV. Beschwerdebefugnis (Art. 93 I Nr. 4b GG; § 91 BVerfGG)
1. Erfordernis der Beschwerdebefugnis
– Erblickt man mit dem BVerfG in der kVfB einen Sonderfall der VfB, ist Beschwerdebefugnis erforderlich, anders wenn man die kVfB als Unterfall der abstrakten NK betrachtete und Art. 28 II GG als rein institutionelle Garantie deutete.
2. Einzelne Anforderungen der Beschwerdebefugnis
– Es muss zumindest möglich erscheinen, dass die beschwerdeführende Kommune selbst, gegenwärtig und unmittelbar in ihrem subjektiven Recht auf Einhaltung der objektiv-rechtlichen Grundlagen der kommunalen Selbstverwaltung gemäß Art. 28 II GG betroffen ist.
   a) Selbstbetroffenheit
      – Ausschluss der Popularklage
   b) Gegenwärtige Betroffenheit
      – Beschwerdeführerin muss schon, jetzt oder noch betroffen sein; zukünftige Betroffenheit genügt, wenn Beschwerdeführerin bereits jetzt unwiderrufliche Dispositionen treffen muss.
   c) Unmittelbare Betroffenheit
      – Bedarf das Parlamentsgesetz der Umsetzung durch Rechtsverordnung, ist deren Erlass abzuwarten und dann gegen diese vorzugehen.
      – Müssen Parlamentsgesetz und/oder Rechtsverordnung noch durch Einzelakt umgesetzt werden, kann sich die Beschwerdeführerin anders als bei der Individualverfassungsbeschwerde direkt gegen die Rechtsnorm wenden, weil die Kommunalverfassungsbeschwerde sich nicht gegen Urteile richten kann und der Gesetzgeber sonst durch Erlass umsetzungsbedürftiger Rechtsnormen die Kommunalverfassungsbeschwerde ausschalten könnte.

V. Form und Frist (§ 23; § 92; § 93 III BVerfGG)
– Schriftform (§ 23 I BVerfGG); Bezeichnung der verletzenden Maßnahme sowie der verletzten Gewährleistung (§ 92 BVerfGG).

– Stets Rechtssatzverfassungsbeschwerde, deshalb Jahresfrist (§ 93 III BVerfGG).

VI. Rechtswegerschöpfung und Subsidiarität (Art. 94 II 2 GG; § 91 S. 2 BVerfGG)

1. Kommunalverfassungsbeschwerde gegen Bundesgesetze und Bundesrechtsverordnungen
   – Keine Subsidiarität, direkter Zugang zum BVerfG.
   – § 47 I Nr. 2 VwGO erfasst nur Landesrechtsverordnungen und greift nicht ein.
   – Rechtsweg vor VG gegen noch notwendigen Umsetzungsakt hat unberücksichtigt zu bleiben, weil gegen Entscheidung des VG keine kommunale Urteilsverfassungsbeschwerde möglich ist.

2. Kommunalverfassungsbeschwerde gegen Landesgesetze und Landesrechtsverordnungen
   – Rechtsweg zum Landesverfassungsgericht wegen Verletzung von Landesverfassungsrecht durch den Landesgesetzgeber (§ 91 S. 2 BVerfGG), nur soweit keine Landeskommunalverfassungsbeschwerde eingerichtet ist (derzeit Hamburg, Berlin), ist Zugang zum BVerfG eröffnet; in allen übrigen Fällen ist selbst bei abweichendem Prüfungsmaßstab nur das LVerfG zuständig.
   – Abstrakte NK gegen Landesrechtsverordnung vor OVG/VGH nach § 47 I Nr. 2 VwGO muss nach Rechtsgedanken des § 90 II 1 BVerfGG erst erfolglos durchgeführt worden sein.
   – Rechtsweg vor VG gegen noch notwendigen Umsetzungsakt hat unberücksichtigt zu bleiben, weil gegen Entscheidung des VG keine kommunale Urteilsverfassungsbeschwerde möglich ist.

VII. Rechtsschutzbedürfnis
   – Nur in Ausnahmefällen zu prüfen (keine Beschwer; Beschwerde hat sich erledigt; kein einfacherer Weg; erstrebter Rechtsschutz ohne Nutzen; nur Schikane).

B. Begründetheit

Die kVfB ist nach Art. 93 I Nr. 4b GG begründet, soweit der Beschwerdeführer in seinem Recht auf kommunale Selbstverwaltung nach Art. 28 II 1, 2 GG verletzt ist.

I. Prüfung des Art. 28 II 1, 2 GG
   1. Gewährleistungsbereich
      – Vgl. Schutzbereich von Freiheitsrechten.
      a) Persönlich
         – Wer wird geschützt?
         – Gemeinden nach Art. 28 II 1 GG.
         – Gemeindeverbände (zB Landkreise) nach Art. 28 II 2 GG.
      b) Sachlich
         – Was wird geschützt?
         – Kommunale Selbstverwaltung, die sich in verschiedene Hoheiten auffächert, dazu zählen insbesondere Gebiets-, Planungs-, Personal-, Organisations-, Satzungs-, Finanzhoheit.

2. Eingriff
  – Vgl. Eingriff in Freiheitsrechte.
  a) Gegen wessen Maßnahmen wird geschützt?
    – Vgl. Adressaten der Grundrechte nach Art. 1 III GG.
    – Adressaten der Garantie kommunaler Selbstverwaltung sind der Bund, die Länder, andere Kommunen (zB Landkreis) und ggf. die betroffene Kommune selbst (sehr str.), nicht aber die EU.
  b) Gegen welche Maßnahmen wird geschützt?
    – Materiell ist die Hoheitsgewalt in ihren drei Ausprägungen gebunden, aber nur Parlamentsgesetze und Rechtsverordnungen sind vor dem BVerfG oder einem LVerfG überprüfbar.
    – Einzelakte können lediglich vor den Verwaltungsgerichten überprüft werden, für die aber Art. 28 II GG gleichfalls Prüfungsmaßstab ist.
3. Verfassungsrechtliche Rechtfertigung des Eingriffs
  a) Einschränkbarkeit
    – Kommunale Selbstverwaltung steht unter einem einfachen Gesetzesvorbehalt, und zwar Art. 28 II 1 GG „im Rahmen der Gesetze"; Art. 28 II 2 GG „nach Maßgabe der Gesetze".
  b) Schranken-Schranken-Prüfung
    – Ist Eingriff von den Einschränkungsmöglichkeiten gedeckt?
    aa) Formelle Verfassungsmäßigkeit der Schranke
      – Zuständigkeit, Verfahren, Form; vgl. staatsorganisationsrechtliche Regelungen.
      – Siehe auch Anhörung kommunaler Spitzenverbände nach Landesverfassungsrecht.
      – Nach Ansicht des BVerfG sind nur solche Gesetzesmängel rügefähig, die ihrem Inhalt nach geeignet sind, das verfassungsrechtliche Bild der Selbstverwaltung mitzubestimmen. Anders als bei der Individualverfassungsbeschwerde wird also nicht der Lehre von der allgemeinen Handlungsfreiheit gefolgt, die jeden Verfassungsverstoß im Rahmen der Verfassungsbeschwerde rügefähig macht, sondern ähnlich der Persönlichkeitskerntheorie beschränkt das BVerfG bei der Kommunalverfassungsbeschwerde die Prüfung auf den Kern kommunaler Selbstverwaltung, ggf. erweitert um ergänzende Garantien.
    bb) Materielle Verfassungsmäßigkeit der Schranke
      – BVerfG: Eingriffe in den Randbereich sind zulässig, Eingriffe in den Kernbereich sind unzulässig.
      – aA Verhältnismäßigkeitsprinzip:
      (1) Verfassungsmäßiger Zweck
        – Grundrechtsgüter; Staatszielbestimmungen; vgl. auch Gesetzgebungskompetenzen.
      (2) Verfassungsmäßiges Mittel
        – Z. B. keine Aufgabenübertragung ohne Sicherung der Finanzierung, vgl. landesverfassungsrechtliche Gewährleistungen.
      (3) Geeignetheit des Mittels
        – Mittel darf nicht gänzlich ungeeignet sein, den Zweck zu fördern.

(4) Erforderlichkeit des Mittels
  – Kein milderes, aber gleich wirksames Mittel.
(5) Angemessenheit des Mittels
  – Abstrakter und konkreter Rang der eingeschränkten kommunalen Hoheit und des durch den Eingriff verfolgten Zwecks; Wahrscheinlichkeit und Ausmaß des drohenden Schadens; Notwendigkeit von Übergangs- und Sonderregelungen.
II. Prüfung der kommunalen Gleichbehandlung
  – Aus dem Rechtsstaatsprinzip iVm Art. 28 II GG folgt die Pflicht der Adressaten der kommunalen Selbstverwaltungsgarantie, Kommunen grds. gleich zu behandeln. In Anlehnung an die Rspr. des BVerfG zu Art. 3 I GG müssen Unterschiede von solcher Art und solchem Gewicht vorliegen, dass sie eine Ungleichbehandlung rechtfertigen (neue Formel); dh es muss ein sachlicher Grund für die Ungleichbehandlung bestehen (alte Formel).
  1. Vergleichsgruppe bilden
     – Z. B. andere Kommunen vergleichbarer Einwohnerzahl, Wirtschaftskraft oder geographischer Lage.
     – Nicht Kommunen im Bereich anderer Bundesländer, weil nur der Landesgesetzgeber innerhalb des jeweiligen Landesverfassungsraumes gebunden ist.
  2. Ungleichbehandlung von wesentlich Gleichem oder (ausnahmsweise) Gleichbehandlung von wesentlich Ungleichem feststellen
     – Werden Beschwerdeführer und Mitglieder der Vergleichsgruppe ungleich/gleich behandelt?
  3. Sachlicher Grund für Ungleichbehandlung
     – Z. B. Landeshauptstadt; Sitz eines Verfassungsorgans; unterschiedliche Leistungsfähigkeit; andere geschichtliche Entwicklung; bei gleicher Einwohnerzahl anderes geographisches Umfeld.

j) Parteiverbot nach Art. 21 II GG

Literatur: *Hölscheidt,* Das Parteiverbot, JA 2001, 734–735; *Ipsen,* Das Ende des NPD-Parteiverbotsverfahrens, JZ 2003, 485–490; *ders.,* Parteiverbot und „politisches" Ermessen, in: Maurer-FS, 2001, S. 163–176; *ders.,* Rechtsfragen des NPD-Verbots, NJW 2002, 866–868; *Koch,* Parteiverbote, Verhältnismäßigkeitsprinzip und EMRK, DVBl. 2002, 1388–1393; *Morlok,* Parteiverbot als Verfassungsschutz – Ein unauflösbarer Widerspruch?, NJW 2001, 2931–2942; *Uhle,* Das Parteiverbot gem. Art. 21 II GG, NVwZ 2017, 583–590; *Stern,* Verfahrensrechtliche Probleme der Grundrechtsverwirkung und des Parteiverbots, in: FG 25 Jahre BVerfG, Bd. I, S. 194–224.

---

558. Zweck und praktische Bedeutung des Parteiverbotsverfahrens

a) Was ist der Zweck des Parteiverbotsverfahrens?
b) Welche Bedeutung ist dem Parteiverbotsverfahren bisher zugekommen?

a) Das Parteiverbotsverfahren ist zusammen mit den Bestimmungen über die Grundrechtsverwirkung, die Anklage des Bundespräsidenten und die Richteranklage Teil der grundgesetzlichen Konzeption der wehrhaften Demokratie und soll verhindern, dass Verfassungsfeinde unter Ausnutzung der staatlichen Förderung der

Parteien und ihrer Privilegien von innen heraus die Demokratie bekämpfen und aushöhlen

b) Bisher sind lediglich vier Parteiverbotsverfahren durchgeführt worden: Die Verfahren gegen die Sozialistische Reichspartei (BVerfGE 2,1) und gegen die Kommunistische Partei Deutschlands (BVerfGE 5, 85) endeten mit dem Verbot der Parteien, das erste Verfahren gegen die Nationaldemokratische Partei Deutschlands (BVerfGE 107, 339) wurde wegen eines Verfahrenshindernisses eingestellt, da V-Leute des Verfassungsschutzes in den Reihen der NPD mitgewirkt hatten. Das zweite Verfahren gegen diese Partei scheiterte, obwohl das BVerfG die Verfassungswidrigkeit der NPD feststellte, weil es an konkreten Anhaltspunkten dafür fehlte, dass die NPD ihre Ziele erreichen könnte (BVerfG 144, 20).

---

559. Antragsteller des Parteiverbotsverfahrens

Die bundesweit tätige „Partei der Monarchisten" hat die Wiederherstellung des Deutschen Reiches unter einem Kaiser zum Programm erhoben. Kann ein Parteiverbotsverfahren beantragt werden von
a) dem Bundestag?
b) dem Bundesrat?
c) der Bundesregierung?
d) der Regierung des Landes A?
e) dem Landtag des Landes B?

---

a) Ja. Gemäß § 43 I Var. 1 BVerfGG ist der Bundestag antragsberechtigt. Beachten Sie, dass Art. 21 GG den Kreis der Antragsteller nicht festlegt.

b) Ja. Der Bundesrat kann nach § 43 I Var. 2 BVerfGG (im Unterschied zur Grundrechtsverwirkung) einen entsprechenden Antrag stellen.

c) Ja. Die Bundesregierung ist nach § 43 I Var. 3 BVerfGG (in gleicher Weise wie bei der Grundrechtsverwirkung) antragsberechtigt.

d) Nein. Gemäß § 43 II BVerfGG kann eine Landesregierung (im Unterschied zur Grundrechtsverwirkung) einen Verbotsantrag nur gegen eine Partei stellen, deren Organisation sich auf das Gebiet ihres Landes beschränkt.

e) Nein. Ein Landtag ist gemäß § 43 II BVerfGG in dieser Verfahrensart nicht antragsberechtigt, selbst wenn die Partei sich auf das entsprechende Land beschränkt. Insoweit besteht ein Unterschied zur Antragsberechtigung des Bundestages auf Bundesebene nach § 43 I BVerfGG.

---

560. Antragsgegner

a) Die „Partei des Gottesstaates" tritt für die Einführung einer Theokratie auf deutschem Boden ein. Die Teilnahme an Wahlen lehnt sie als „Menschenwerk" ab. Wie wird das BVerfG über einen Verbotsantrag der Bundesregierung entscheiden?

b) Die „Partei des Gottesstaates" ist verboten worden. Welche Rechtsschutz-möglichkeit besteht für sie?

a) Das BVerfG wird den Antrag als unzulässig ablehnen. Ein Antrag gemäß Art. 21 II, IV GG; § 13 Nr. 2; §§ 43 ff. BVerfGG kann sich nur gegen eine Partei im verfassungsrechtlichen Sinne richten. Bei der „Partei des Gottesstaates" handelt es sich aber trotz des Namens nicht um eine Partei nach Art. 21 I GG. Denn nach § 2 PartG, der einfachgesetzlich die verfassungsrechtliche Definition der Partei zutreffend wiedergibt, setzt die Parteieigenschaft die Teilnahme an Wahlen zwingend voraus. Die „Partei des Gottesstaates" stellt lediglich einen Verein dar, für den das Parteienprivileg des Art. 21 I GG nicht gilt und der nach § 3 VereinsG von dem Bundesinnenminister verboten werden kann.

b) Gegen ein von dem Bundesinnenminister ausgesprochenes Vereinsverbot kann nach § 40 I; § 50 I Nr. 2 VwGO das BVerwG in erster und letzter Instanz angerufen werden.

---

561. Kampf gegen die freiheitliche demokratische Grundordnung

Die „Partei der Monarchisten" strebt laut ihrem Programm die Wiedereinführung der Monarchie in Deutschland mit friedlichen Mitteln und die Umbenennung des Staates in „Kaiserreich Deutschland" an. Zu diesem Zweck soll eine Volksabstimmung stattfinden. Jedoch verüben militante Mitglieder der Partei, von denen sich die Parteiführung nur halbherzig distanziert, Anschläge auf führende Vertreter der Republik.
a) Handelt es sich bei der „Partei der Monarchisten" um eine verfassungsfeindliche Partei?
b) Welche Voraussetzungen stellt das BVerfG darüber hinaus an ein Parteiverbot?

a) Ja. Die „Partei der Monarchisten" verstößt sowohl nach ihrem Programm als auch nach dem Verhalten ihrer Anhänger (vgl. BVerfG 144, 20, 216) gegen die freiheitliche demokratische Grundordnung im Sinne des Art. 21 II GG. Die angestrebte Wiedereinführung der Monarchie verletzt das Republikprinzip, wonach das Volk – und kein Monarch – Träger der Staatsgewalt ist. Zwar mag eine künftige Verfassung – ggf. unter Beachtung des Art. 146 GG – zum monarchischen Prinzip zurückkehren, doch unter Geltung des Grundgesetzes sind solche Bestrebungen verfassungswidrig. Im Übrigen ist das gewalttätige Verhalten ihrer Anhänger der Partei zuzurechnen, solange sie sich nicht ernsthaft und ausdrücklich von ihnen distanziert

b) Es müssen konkrete Anhaltspunkte von Gewicht bestehen, die einen Erfolg der verfassungsfeindlichen Bemühungen zumindest möglich erscheinen lassen.

562. Keine Antragsfrist

Nachdem die „Partei der Monarchisten" sich schon seit fünf Jahren an Wahlen beteiligt hat, stellt die Bundesregierung den Verbotsantrag. Hat die Bundesregierung noch rechtzeitig gehandelt?

Ja. Das Parteiverbotsverfahren nach Art. 21 II, IV GG; § 13 Nr. 2; §§ 43 ff. BVerfGG ist im Unterschied etwa zur Präsidentenanklage nach § 50 BVerfGG nicht fristgebunden. Auch eine Verwirkung des Antragsrechts ist nicht anzuerkennen.

563. Vorverfahren

Die Bundesregierung hat ein Parteiverbotsverfahren gegen die „Nationale Sammlung Deutschland (NSD)" eingeleitet.
a) Wem wird das BVerfG Gelegenheit zur Stellungnahme geben?
b) Gilt das Vorbringen der Bundesregierung in der Antragsschrift als zugestanden, wenn binnen einer vom BVerfG gesetzten Frist für die NSD niemand Stellung genommen hat und nur drei Richter der Meinung sind, der Antrag sei nicht hinreichend begründet?

a) Das BVerfG wird gemäß § 45 BVerfGG dem nach § 44 BVerfGG Vertretungsberechtigten, in der Regel dem Parteivorsitzenden, Gelegenheit zur Stellungnahme geben.

b) Zwar ergeht im Verfassungsprozess in gleicher Weise wie im Verwaltungsprozess kein Versäumnisurteil gegen den Säumigen, so dass nicht etwa das Vorbringen der Bundesregierung in der Antragsschrift als zugestanden gilt. Das BVerfG wird allerdings das Verfahren einstellen, weil auch im Parteiverbotsverfahren (vgl. Frage 620) eine für den Antragsgegner nachteilige Entscheidung gemäß § 15 IV 1 BVerfGG einer Zweidrittelmehrheit (66,66 %) bedarf, und diese bei (8-3)/8=5/8 Richtern (62,5 %) nicht erreicht wurde.

564. Strafprozessuale Maßnahmen

Kann nach Einleitung des Parteiverbotsverfahrens gegen die NSD (Frage 563) das BVerfG
a) die Parteiräume,
b) die Wohnung des Parteivorsitzenden durchsuchen und
c) die Telefone in der Parteizentrale abhören lassen sowie
d) das Ruhen des Mandats des Bundestagsabgeordneten A der NSD anordnen?

a) Ja. Siehe § 38 I Alt. 2; § 47 BVerfGG iVm § 102 StPO.

b) Ja. § 38 I Alt. 2; § 47 BVerfGG beschränken die strafprozessualen Durchsuchungsmöglichkeiten nicht auf Maßnahmen gegen den Antragsgegner, hier die

NSD. Vielmehr wird man eine Durchsuchung der Wohnung des Parteivorsitzenden zumindest in den Grenzen des § 103 StPO für zulässig halten müssen.

c) Nein. §§ 38; 47 BVerfGG verweisen nicht auf § 100a StPO.

d) Nein. Das Parteiverbotsverfahren kennt keine dem § 53 BVerfGG vergleichbare Bestimmung.

---

565. Rechtsfolgen des Parteiverbots

Das BVerfG hat die NSD (Frage 563) verboten.
a) Wer vollstreckt das Parteiverbot?
b) Was geschieht mit dem Vermögen der Partei?
c) Der Abgeordnete A sitzt für die NSD im Bundestag. Was geschieht mit seinem Mandat?
d) A beschließt zusammen mit Gesinnungsfreunden, die NSD unter neuer Bezeichnung fortzuführen. Was hat das für Konsequenzen für A?

a) Nach § 32 II PartG trifft der Bundesinnenminister die für eine einheitliche Vollstreckung des Parteiverbots erforderlichen Anordnungen. Gemäß § 32 III PartG kann das BVerfG die Vollstreckung auf der Grundlage des § 35 BVerfGG abweichend regeln

b) Nach § 46 III 2 BVerfGG kann das BVerfG das Parteivermögen zu Gunsten des Staates oder zu gemeinnützigen Zwecken einziehen.

c) Nach § 46 I Nr. 5 BWahlG verliert A die Mitgliedschaft im Bundestag; die gesetzliche Mitgliederzahl verringert sich entsprechend (BVerfGE 2, 1 (74); 5, 85 (392)).

d) A macht sich nach § 84 StGB strafbar wegen Fortführung einer für verfassungswidrig erklärten Partei.

---

566. Wiederholter Antrag; Aufhebung des Parteiverbots

a) Das von der Bundesregierung angestrengte Verbotsverfahren gegen die NSD (Frage 563) ist gescheitert, weil sich im Laufe des Verfahrens herausstellte, dass zahlreiche V-Leute des Verfassungsschutzes in den Parteigremien vertreten waren. Kann ein neuer Verbotsantrag gestellt werden, wenn inzwischen die V-Leute abgezogen worden sind?
b) Zwei Jahre nach Verbot der NSD stellt der ehemalige Parteivorsitzende bei dem BVerfG einen Antrag auf Aufhebung des Parteiverbots. Mit Aussicht auf Erfolg?

a) Die Mitwirkung der V-Leute in den Parteigremien stellte ein Verfahrenshindernis dar (vgl. BVerfGE 107, 339), weil die Bundesregierung über diese V-Leute Informationen von der Seite der Antragsgegnerin erhielt und deren Prozessverhalten mitbestimmen konnte. Mit Abzug dieser V-Leute ist dieses Hindernis entfallen. Auf die Einschränkung der §§ 41; 47 BVerfGG kommt es nicht an, weil das BVerfG in dem ursprünglichen Verbotsverfahren gar keine Entscheidung zur Sache getroffen hat.

b) Nein. Im Unterschied zur Aufhebung der Grundrechtsverwirkung nach § 40 BVerfGG ist keine Aufhebung des Parteiverbots vorgesehen. Es besteht auch kein Raum für eine analoge Anwendung des § 40 BVerfGG. Denn es bleibt den früheren Parteimitgliedern unbenommen, eine neue, nunmehr demokratische Partei (keine Ersatzorganisation) zu gründen.

567. Auswirkungen bloßer Verfassungswidrigkeit

a) Welche Auswirkungen hat es, wenn eine Partei zwar verfassungswidrig ist, es jedoch offensichtlich ausgeschlossen ist, dass sie ihre Ziele erreicht?
b) Wie wird das prozessual umgesetzt?

a) In diesem Fall liegen die Voraussetzungen eines Parteiverbots nach Art. 21 II GG nicht vor. Es besteht jedoch nach Art. 21 III GG die Möglichkeit, die Partei von der staatlichen Finanzierung und von steuerlichen Begünstigungen auszuschließen. Die in Frage 565 genannten Folgen treten jedoch nicht ein.

b) Hierfür muss beim Bundesverfassungsgericht nach Art. 21 III, IV GG, §§ 13 Nr. 2a, 43 ff. BVerfGG beantragt werden, dass die Partei von der staatlichen Finanzierung nach § 18 PartG ausgeschlossen wird. Die weiteren prozessualen Voraussetzungen entsprechen denen des Parteiverbotsverfahrens.

Übersicht 25: Parteiverbot

A. Zulässigkeit
  – Rechtsgrundlagen: Art. 21 II 2 GG; § 13 Nr. 2; §§ 43 ff. BVerfGG.
  I. Antragsteller
    – Bundestag; Bundesrat; Bundesregierung.
    – Landesregierung nur gegen eine Landespartei; nicht der Landtag.
  II. Antragsgegner
    – Partei, deren Verfassungswidrigkeit festgestellt werden soll (von § 44 BVerfGG vorausgesetzt).
  III. Antragsgegenstand
    – Ziel der Beeinträchtigung oder Beseitigung der freiheitlichen demokratischen Grundordnung.
    – Ziel der Gefährdung des Bestandes der Bundesrepublik Deutschland.
  IV. Antragsbefugnis?
    – Nein, Anklage setzt keine Verletzung in eigenen Rechten der antragstellenden Körperschaft voraus.
  V. Form und Frist (§ 23; § 64 II, III BVerfGG)
    – Schriftform (§ 23 I BVerfGG); Bezeichnung der Tätigkeit, die den Antrag veranlasst hat (arg. § 44 S. 2 BVerfGG), der Beweismittel, der verletzten Norm.
    – Keine Frist.

VI. Rechtsschutzbedürfnis
  – Grds. gegeben, entfällt nur bei Rechtsmissbrauch; Verzicht; Verwirkung; einfacherem Weg; Nutzlosigkeit des erstrebten Ziels.
B. Begründetheit

Der Antrag, eine Partei zu verbieten, ist gemäß Art. 21 II 2 GG; § 13 Nr. 2; §§ 43 ff. BVerfGG begründet, wenn die Partei verfassungswidrig ist und es konkrete Anhaltspunkte von Gewicht gibt, die einen Erfolg der verfassungsfeindlichen Bemühungen zumindest möglich erscheinen lassen. Verfassungswidrig ist die Partei, wenn sie nach ihrem Programm oder nach dem Verhalten ihrer Anhänger gegen die freiheitliche demokratische Grundordnung verstößt.

k) Bundespräsidentenanklage nach Art. 61 GG

Literatur: *Schneider,* Die Ministeranklage im parlamentarischen Regierungssystem, ZParl, 1985, 495–509.

---

568. Begriff der Bundespräsidentenanklage

Was versteht man unter der Bundespräsidentenanklage und von welchen verfassungsrechtlichen und einfachgesetzlichen Verfahren ist sie abzugrenzen?

Unter der Bundespräsidentenanklage gemäß Art. 61 GG; § 13 Nr. 4; §§ 49 ff. BVerfGG versteht man die Anklage des Bundespräsidenten wegen vorsätzlicher Grundgesetzverletzung vor dem BVerfG. Sie ist abzugrenzen von der einfachgesetzlichen Anklage des Bundespräsidenten vor einem Strafgericht (sofern diese nach Art. 46 II–IV; 60 IV GG zulässig ist) sowie von einem gegen den Bundespräsidenten gerichteten Organstreit vor dem BVerfG, der keine schuldhafte Verletzung des Grundgesetzes voraussetzt.

---

569. Zweck und praktische Bedeutung der Bundespräsidentenanklage

a) Was ist der Zweck des Verfahrens der Bundespräsidentenanklage?
b) Welche praktische Bedeutung ist der Präsidentenanklage bisher zugekommen?

a) Den Art. 61 GG; § 13 Nr. 4; §§ 49 ff. BVerfGG kommt erhebliche symbolische Bedeutung zu. Während in den früheren deutschen Monarchien nur ein Minister, nicht aber der Monarch selbst angeklagt werden konnte, kann unter der Geltung des Grundgesetzes das Staatsoberhaupt selbst verfassungsrechtlich zur Rechenschaft gezogen werden. Dies ist ein weiteres Mittel, eine Machtzusammenballung in der Hand des Bundespräsidenten zu verhindern.

b) Seit Gründung der Bundesrepublik Deutschland ist noch nie ein Bundespräsident angeklagt worden.

570. Ankläger

Kann der Antrag auf Erhebung der Anklage gegen den Bundespräsidenten gestellt werden von
a) einer Bundestagsfraktion, der 25 % der Bundestagsabgeordneten angehören?
b) vier Ländern im Bundesrat?
c) der Bundesregierung?

a) Nein, Fraktionen sind in diesem Fall nicht antragsberechtigt. Der Antrag kann aber von den Bundestagsabgeordneten selbst gemäß Art. 61 I 2 Alt. 1 GG gestellt werden.

b) Es hängt davon ab, ob diese vier Länder über ein Viertel der Stimmen des Bundesrat es gemäß Art. 61 I 2 Alt. 2 GG verfügen.

c) Nein. Anders als bei der Grundrechtsverwirkung nach § 36 BVerfGG oder dem Parteiverbot nach § 43 I BVerfGG ist die Bundesregierung bei der Präsidentenanklage nach Art. 61 I 2 GG; § 49 II BVerfGG nicht antragsberechtigt.

571. Angeklagter

Kann eine Anklage erhoben werden gegen
a) den Präsidenten des Bundesrates?
b) den Bundeskanzler?
c) einen Bundesminister?
d) einen Bundestagsabgeordneten?

a) Gemäß Art. 57 GG vertritt der Präsident des Bundesrates den Bundespräsidenten. Deshalb sollte es grds. möglich sein, wegen etwaigen Fehlverhaltens in dieser Funktion gegen ihn auch Anklage nach Art. 61 GG; § 13 Nr. 4; §§ 49 ff. BVerfGG zu erheben. Dagegen spricht allerdings, dass der Bundesrat selbst nach Art. 61 I 3 GG zu den anklageberechtigten Körperschaften gehört.

b) und **c)** Nein. Eine Anklage des Bundeskanzlers oder eines Bundesministers ist dem Grundgesetz im Gegensatz zu früheren Verfassungen, welche die Ministeranklage kannten, fremd. Allerdings kennen einige Landesverfassungen die Ministeranklage.

d) Auch eine Abgeordnetenanklage ist im Grundgesetz im Unterschied zu manchen Landesverfassungen nicht vorgesehen.

572. Art des präsidialen Fehlverhaltens

a) Der Bundespräsident fertigt ein Bundesgesetz zur Privatisierung der Bundesfernstraßen aus. Auf Antrag der Regierung des Landes X erklärt das BVerfG kurz darauf dieses Gesetz wegen Verstoßes gegen Art. 90 GG für

nichtig. Verspricht eine Präsidentenanklage wegen Verletzung des Grundgesetzes Erfolg?
b) Der Bundespräsident verursacht auf der Autobahn einen schweren Verkehrsunfall, bei dem ein Mensch getötet wird. Droht ihm nun eine Präsidentenanklage?

a) Grds. nein. Der Bundespräsident kann gemäß Art. 61 I 1 GG; § 13 Nr. 4; §§ 49 ff. BVerfGG nur wegen einer *vorsätzlichen* Verletzung des Grundgesetzes angeklagt werden. In der Regel stellt die Ausfertigung eines später für verfassungswidrig erklärten Gesetzes aber allenfalls einen fahrlässigen Verstoß gegen das Grundgesetz dar. Nur wenn der Bundespräsident im Bewusstsein der Verfassungswidrigkeit (dolus malus) das Gesetz ausfertigte, käme gegen ihn eine Präsidentenanklage in Betracht.

b) Nein. Nur verfassungsrechtliches, nicht privates Fehlverhalten kann Gegenstand einer Präsidentenanklage sein.

573. Antragsfrist der Bundespräsidentenanklage

Bundespräsident P hat sich wiederholt abfällig über die Demokratie geäußert und in seiner Weihnachtsansprache die Einführung des Dreiklassenwahlrechts „zur Stärkung der staatstragenden Kräfte" gefordert. Nachdem im Mai im Land X nach einer Landtagswahl eine neue Landesregierung gebildet wurde, findet sich im Bundesrat endlich die notwendige Mehrheit, den Bundespräsidenten anzuklagen. Wie wird das BVerfG entscheiden?

Das BVerfG wird die Anklage als verfristet und damit unzulässig abweisen. Die Frist für die Anklageerhebung begann spätestens mit der Ausstrahlung der Weihnachtsansprache am Heiligen Abend und endete gemäß § 50 BVerfGG drei Monate später am 24. März des Folgejahres (zzgl. Wochenende, Feiertage). Unerheblich ist, dass sich zu keinem früheren Zeitpunkt eine Mehrheit im Bundesrat zur Anklageerhebung fand.

574. Voruntersuchung

In Fall 573 hat der Bundesrat fristgerecht gegen den Bundespräsidenten Anklage erhoben. Kann der Senatsvorsitzende, nachdem dem P Gelegenheit zur Stellungnahme gegeben wurde, sogleich Termin zur mündlichen Verhandlung bestimmen?

Grundsätzlich kann der Senatsvorsitzende sogleich Termin zur mündlichen Verhandlung nach § 55 BVerfGG bestimmen, da die Durchführung eines Vorverfahrens bei der Präsidentenanklage im Unterschied zur Grundrechtsverwirkung nach § 37 BVerfGG und dem Parteiverbot gemäß § 45 BVerfGG nicht zwingend vorgeschrieben ist. Das BVerfG kann aber nach § 54 I Hs. 1 BVerfGG eine Voruntersuchung anordnen und muss dies gemäß § 54 Hs. 2 BVerfGG tun, wenn ein Vertreter der Anklage oder der Bundespräsident dies beantragt.

575. Ablauf der mündlichen Verhandlung

Vergleichen Sie die mündliche Verhandlung über die Präsidentenanklage mit der strafprozessualen Hauptverhandlung!

§ 55 BVerfG regelt den Ablauf der mündlichen Verhandlung über die Präsidentenanklage in enger Anlehnung an das „Drehbuch" der strafprozessualen Hauptverhandlung in der StPO. Der Ladung des Angeklagten nach § 216 I 1 StPO entspricht die Ladung des Präsidenten nach § 55 II 1 BVerfGG; für die Folgen des Nichterscheinens vergleichen Sie § 216 I 2; § 232 StPO mit § 55 II 2 BVerfGG. Nach dem Aufruf der Sache nach § 243 I 1 StPO, der Feststellung der Anwesenheit gemäß § 243 I 2 StPO und dem Hinausschicken der Zeugen nach § 243 II 1 StPO sieht § 243 II 2 StPO die Vernehmung des Angeklagten zu seiner Person vor. Sodann wird in § 243 III 1 StPO und § 55 III BVerfGG jeweils in gleicher Weise die Anklageschrift vorgetragen. Nachdem im Strafprozess der Angeklagte gemäß § 243 IV 1 StPO über sein Aussageverweigerungsrecht belehrt wurde, wird er nach § 243 IV 2 StPO zur Sache vernommen sowie dem Bundespräsidenten nach § 55 IV BVerfGG Gelegenheit zur Stellungnahme gegeben wird. Es folgt die Beweiserhebung nach § 244 I StPO bzw. § 55 V BVerfGG. Sodann plädieren der Staatsanwalt nach § 258 I Alt. 1 StPO bzw. der Ankläger nach § 55 VI 1 Alt. 1 BVerfGG und der Angeklagte gemäß § 258 I Alt. 2 StPO bzw. der Bundespräsident nach § 55 VI 1 Alt. 2 BVerfGG. Auf die Erwiderung des Staatsanwalts gemäß § 258 II Alt. 1 StPO hin gebührt dem Angeklagten nach § 258 II Alt. 2 StPO bzw. dem Bundespräsidenten nach § 55 VI 2 BVerfGG das letzte Wort.

576. Erledigung des Verfahrens

Was geschieht mit der Präsidentenanklage vor dem BVerfG, wenn nach Erhebung der Anklage durch den Bundestag
a) der Bundespräsident zurücktritt?
b) der Bundespräsident den Bundestag auflöst?
c) der Bundestag die Anklage zurücknimmt?

a) Gemäß § 51 Var. 1 BVerfGG wird die Durchführung des Verfahrens davon nicht berührt. Der Bundespräsident kann also nicht durch einen Rücktritt der Erklärung des Amtsverlustes durch das BVerfG gemäß Art. 61 II 1 GG zuvorkommen.

b) Auch die Auflösung des Bundestages lässt nach § 51 Var. 3 BVerfGG die Durchführung des Verfahrens unberührt. Der Bundespräsident kann sich folglich nicht durch Auflösung des Bundestages des Anklägers entledigen.

c) Nach § 52 I 1 BVerfGG kann die Anklage bis zur Urteilsverkündung zurückgenommen werden. Daraus wird man zu schließen haben, dass das BVerfG – anders als in sonstigen Verfahrensarten – nicht aus Gründen des öffentlichen Interesses das Verfahren auch nach Rücknahme des Antrags fortführen kann.

577. Vergleich mit US-amerikanischem Impeachment-Verfahren

Wie unterscheidet sich die Anklage des Bundespräsidenten von dem US-amerikanischen Impeachment-Verfahren?

Während nach Art. 61 GG der Bundespräsident von einer der beiden gesetzgebenden Körperschaften vor dem BVerfG angeklagt wird, wird der US-Präsident beim Impeachment-Verfahren nach Art. II Section 4 US-Verfassung 1776 durch das Repräsentantenhaus vor dem Senat angeklagt – der Supreme Court ist also nicht beteiligt. Dies unterstreicht den politischen Charakter des Impeachment-Verfahrens.

Übersicht 26: Präsidentenanklage

A. Zulässigkeit
  – Rechtsgrundlagen: Art. 61 GG; § 13 Nr. 4; §§ 49 ff. BVerfGG.
  I. Antrag auf Erhebung der Anklage (Art. 61 I 2 GG)
    1. $^1/_4$ der Mitglieder des Bundestages oder
    2. $^1/_4$ der Stimmen des Bundesrates.
    3. Nicht: Bundesregierung; Landesregierung; Landtag.
  II. Beschluss auf Erhebung der Anklage (Art. 61 I 3 GG)
    1. $^2/_3$ der Mitglieder des Bundestages oder
    2. $^2/_3$ der Stimmen des Bundesrates.
    3. Nicht: Bundesregierung; Landesregierung; Landtag.
  III. Angeklagter (Art. 61 I 1 GG; § 49 I BVerfGG)
    – Bundespräsident, str. ob auch Bundesratspräsident als sein Vertreter (Art. 57 GG).
  IV. Angeklagte Tat (Art. 61 I 1 GG; § 49 III 1 BVerfGG)
    – Vorsätzliche Verletzung des Grundgesetzes oder eines anderen Bundesgesetzes.
    – Rechtserhebliche Maßnahme oder Unterlassung des Bundespräsidenten; nicht bloße Meinungsäußerungen.
    – Dolus malus, Vorsatz im Bewusstsein der Verfassungswidrigkeit oder Gesetzwidrigkeit.
    – Verfassungsmäßigkeit eines Gesetzes kann nur Vorfrage sein.
  V. Klagebefugnis?
    – Nein, Anklage setzt nicht Verletzung in eigenen Rechten der anklagenden Körperschaft voraus.
  VI. Form und Frist (§ 23; § 50 BVerfGG)
    – Schriftform (§ 23 I BVerfGG); Bezeichnung der Tat, der Beweismittel, der verletzten Norm, Erreichung der notwendigen Mehrheit (§ 49 III BVerfGG).
    – Dreimonatsfrist (§ 50 BVerfGG) ab Kenntniserlangung.
B. Begründetheit

Die Präsidentenanklage ist gemäß Art. 61 II 1 GG, § 13 Nr. 4; §§ 49 ff. BVerfGG begründet, wenn der Bundespräsident vorsätzlich das Grundgesetz oder ein anderes Bundesgesetz verletzt hat.

l) Richteranklage nach Art. 98 II, V GG

Literatur: *Burmeister,* Die Richteranklage im Bundesstaat – Verschuldenserfordernis, Verfahrensvorgaben und landesrechtliche Gestaltungsspielräume, DRiZ 1998, 518–527; *Lüttgers,* Zur Richteranklage, NJW 1950, 532–533.

---

578. Begriff

Was versteht man unter der Richteranklage und von welchem strafrechtlichen Tatbestand ist sie abzugrenzen?

Unter der Richteranklage gemäß Art. 98 II, V GG; § 13 Nr. 9; §§ 58 ff. BVerfGG versteht man die Anklage eines Bundes- oder Landesrichters wegen Verletzung der Grundsätze des Grundgesetzes oder der verfassungsmäßigen Ordnung eines Landes vor dem BVerfG. Sie ist abzugrenzen von der einfachgesetzlichen Anklage eines Richters wegen Rechtsbeugung gemäß § 339 StGB.

---

579. Zweck und praktische Bedeutung der Richteranklage

a) Was ist der Zweck der Richteranklage?
b) Welche Bedeutung ist der Richteranklage bisher zugekommen?

a) Die Richteranklage gemäß Art. 98 II, V GG stellt das Korrelat zur richterlichen Unabhängigkeit nach Art. 97 GG dar. Sie soll gewährleisten, dass diese nur im Rahmen der verfassungsmäßigen Ordnung ausgeübt wird.

b) Die praktische Bedeutung der Richteranklage ist sehr gering; bisher ist es noch zu keinem Verfahren vor dem BVerfG gekommen. Die Richteranklage behält eine gewisse Reservefunktion, sollten die Vorschriften über die Rechtsbeugung (§ 339 StGB) sowie die disziplinarrechtlichen Bestimmungen nicht ausreichen.

---

580. Ankläger

Kann ein Bundesrichter vor dem BVerfG angeklagt werden von
a) dem Bundestag mit einfacher Mehrheit?
b) einer Bundestagsfraktion, der 25 % der Bundestagsabgeordneten angehören?
c) dem Bundesrat?
d) dem Bundesjustizminister?
e) einem Landtag?

a) Ja. Im Unterschied zur Präsidentenanklage nach Art. 61 I 3 GG, § 49 III 2 BVerfGG bedarf die Richteranklage nach Art. 98 II 1 GG; § 58 I BVerfGG keiner qualifizierten Mehrheit im Bundestag.

b) Nein. Fraktionen sind in diesem Fall nicht antragsberechtigt. Der Antrag kann gemäß Art. 98 II 1 GG; § 58 I BVerfGG nur von dem Bundestag insgesamt gestellt werden.

c) Nein. Im Unterschied zur Anklage des Bundespräsidenten ist der Bundesrat in diesem Verfahren nicht antragsberechtigt.

d) Anders als während der Grundgesetzberatungen noch erwogen (dazu *Burmeister,* DRiZ 1998, 581 (524)), wurde dem Bundesjustizminister letztlich kein Antragsrecht eingeräumt.

e) Nein. Ein Landtag kann gemäß Art. 98 V GG iVm dem jeweiligen Landesrecht nur einen Landesrichter vor dem BVerfG anklagen.

581. Angeklagter

Kann vor dem BVerfG angeklagt werden ein
a) Bundesrichter?
b) Richter des BVerfG?
c) Landesrichter?
d) ehrenamtlichen Richter?

a) Ja. Siehe Art. 98 II GG; § 13 Nr. 9; §§ 58 ff. BVerfGG.

b) Nein. Zwar scheint der Wortlaut „Bundesrichter" dies nicht auszuschließen, das Grundgesetz unterscheidet aber in Art. 92 GG zwischen dem BVerfG und den Bundesgerichten. Zur Entfernung eines Richters des BVerfG steht aber das Verfahren nach § 105 BVerfGG (vgl. Frage 399) zur Verfügung.

c) Ja. Zwar können die Länder gemäß Art. 98 V 1 GG die Entscheidung treffen, ob gegen Landesrichter überhaupt eine Richteranklage statthaft sein soll. Wenn sie dies entsprechend regeln, ist aber gemäß Art. 98 V 3 GG; § 62 BVerfGG ausschließlich das BVerfG zuständig. Nach Art. 98 V 2 GG bleibt lediglich vorgrundgesetzliches abweichendes Landesverfassungsrecht unberührt.

d) Ja (str.). Auch ehrenamtliche Richter sind vollwertige Richter, weshalb sie in gleicher Weise wie Berufsrichter der Richteranklage unterliegen müssen. Zwar können gegen sie die in Art. 98 II GG ausdrücklich vorgesehenen Sanktionen der Versetzung in ein anderes Amt oder in den Ruhestand nicht eingreifen, vergleichbar der Entlassung von Berufsrichtern kann aber auch ihre Bestellung zurückgenommen werden. Siehe *Burmeister,* DRiZ 1998, 581 (525).

582. Antragsfrist der Richteranklage

In einem Strafverfahren vor dem BGH gegen den Vorsitzenden V der NSD (Frage 564) wegen Volksverhetzung hat Bundesrichter R Sympathien für dessen Ansichten erkennen lassen.
a) Verspricht eine sieben Monate nach der Verurteilung des V erhobene Richteranklage gegen R Erfolg, wenn V zwischenzeitlich Verfassungsbeschwerde gegen seine Verurteilung erhoben hat?
b) Wie wäre es, wenn das Verfahren vor dem BGH sich danach noch mehr als zwei Jahre hingezogen hätte?

a) Nein. Die Richteranklage ist erst nach Ablauf der Sechsmonatsfrist gemäß § 58 II 2 BVerfGG erhoben worden und damit unzulässig. Das Strafverfahren gegen V ist bereits mit der Verurteilung durch den BGH rechtskräftig abgeschlossen; die von V erhobene Verfassungsbeschwerde stellt einen außerordentlichen Rechtsbehelf dar, der den Eintritt der Rechtskraft nicht hemmt. Siehe *Lechner/Zuck,* § 50 BVerfGG, Rn. 6.

b) In diesem Fall wäre die Richteranklage bereits wegen Ablaufs der Zweijahresfrist nach § 58 III BVerfGG ausgeschlossen, ohne dass es noch auf die Rechtskraft des Urteils des BGH ankäme.

583. Rechtsfolgen richterlichen Fehlverhaltens

Bundesrichter R hat nach Auffassung des BVerfG fahrlässig gegen die Grundsätze des Grundgesetzes verstoßen. Darf das BVerfG
a) den R in den Ruhestand versetzen,
b) ihn entlassen oder
c) sich auf die Feststellung beschränken, dass R einen Verfassungsverstoß begangen hat?
d) Was ändert sich, wenn den R nach Ansicht des BVerfG kein Verschuldensvorwurf trifft?

a) Ja. Siehe Art. 98 II 1 Alt. 2 GG.

b) Nein. Eine Entlassung kommt gemäß Art. 98 II 2 GG nur bei einem vorsätzlichen Verstoß in Betracht.

c) Ja (str.). Wenn das BVerfG überhaupt davon absehen kann, Sanktionen zu verhängen, dann kann es sich auf die bloße Feststellung der Verfassungswidrigkeit beschränken. Die Gegenansicht hält es für unzumutbar, einen Verfassungsbrecher im Amt zu belassen. Siehe *Burmeister,* DRiZ 1998, 518 (520) mwN.

d) Zwar findet sich in vorgrundgesetzlichen Landesverfassungen eine verschuldensunabhängige Richteranklage, doch sind die in Art. 98 II GG vorgesehenen Rechtsfolgen nur zu rechtfertigen, wenn R wenigstens leicht fahrlässig gegen seine Pflicht zur Verfassungstreue verstoßen hat. Bei schuldlosen Verstößen (sofern diese überhaupt vorstellbar sind) ist daher gemäß § 59 I BVerfGG auf Freispruch zu erkennen. Nach aA stellt die Richteranklage eine gegen den Richter gewandte Vertrauensfrage dar, die verschuldensunabhängig zu beantworten sei. Siehe *Burmeister*, DRiZ 1998, 518 (521) mwN.

---

584. Spielraum des Landesgesetzgebers

a) Dürften die Länder eine Richteranklage vorsehen, wenn es eine Regelung wie Art. 98 V 1 GG nicht gäbe?
b) Das Land X hat die Vorschriften über die Richteranklage neu gefasst und vorgesehen, dass Richter mit einfacher Mehrheit des Landtags angeklagt werden können. Ist diese Bestimmung wirksam?
c) X hat außerdem ein Anklagerecht des Landesjustizministers eingeführt. Ist diese Bestimmung wirksam?
d) Was würde sich in **b)** und **c)** ändern, wenn die Bestimmungen in der bereits 1946 in Kraft getretenen Landesverfassung enthalten waren?

---

a) Nein. Wenn man die richterliche Unabhängigkeit nach Art. 97 GG zu den Vorschriften zählt, die in das Landesverfassungsrecht hineinwirken, dann bedarf es einer gesonderten grundgesetzlichen Ermächtigung für die Länder, Richter anzuklagen. Nur wenn man die Möglichkeit der Richteranklage als Korrelat der richterlichen Unabhängigkeit betrachtete, könnten die Länder auch ohne eine solche Ermächtigung eine Anklage vorsehen. Siehe *Burmeister*, DRiZ 1998, 518 (523).

b) Nein. Zwar dürfen die Länder nach Art. 98 V 1 GG eine entsprechende Regelung schaffen, diese darf aber wegen der Bedeutung der richterlichen Unabhängigkeit die Voraussetzungen der Richteranklage gegenüber der grundgesetzlichen Regelung nur verschärfen, nicht abmildern.

c) Nein. Auch ein solches Anklagerecht des Landesjustizministers als Teil der Exekutive stellte eine gegenüber dem Grundgesetz weitergehende Beeinträchtigung der richterlichen Unabhängigkeit dar, die nicht mehr von der Ermächtigung in Art. 98 V 1 GG gedeckt ist.

d) Regelungen in einer vorgrundgesetzlichen Landesverfassung bleiben nach Art. 98 V 2 GG unberührt, selbst wenn sie weitergehende Anklagerechte vorsehen.

Übersicht 27: Richteranklage
A. Zulässigkeit
– Rechtsgrundlagen: Art. 98 II, V GG; § 13 Nr. 9; §§ 58 ff. BVerfGG.
  I. Ankläger (Art. 98 GG)
    1. Bundestag gegen Bundesrichter (Art. 98 II GG).
    2. Landtag gegen Landesrichter (Art. 98 V 1 GG iVm Landesverfassungsrecht).
  II. Angeklagter (Art. 98 II, V GG; § 58 BVerfGG)
    1. Bundesrichter (Art. 98 II GG)
    2. Landesrichter (Art. 98 V GG iVm Landesverfassungsrecht).

III. Angeklagte Tat (Art. 98 II, V GG; § 58 BVerfGG)

    1., 2. Vorsätzlicher oder fahrlässiger Verstoß gegen die Grundsätze des Grundgesetzes oder gegen die verfassungsmäßige Ordnung eines Landes.

    – Rechtserhebliche Maßnahme oder Unterlassung des Richters; nicht bloße Meinungsäußerungen.

IV. Klagebefugnis?

    – Nein, Anklage setzt nicht Verletzung in eigenen Rechten der anklagenden Körperschaft voraus.

V. Form und Frist (§ 23; § 58 II, III BVerfGG)

    – Schriftform (§ 23 I BVerfGG); Bezeichnung der Tat, der Beweismittel, der verletzten Norm, Erreichung der notwendigen Mehrheit (§ 49 III BVerfGG).

    – Sechs Monate nach rechtskräftiger Beendigung des gerichtlichen Verfahrens, in dem der Bundesrichter sich des Verstoßes schuldig gemacht haben soll (§ 58 II BVerfGG); höchstens zwei Jahre (§ 58 III BVerfGG).

B. Begründetheit

Die Richteranklage ist gemäß Art. 98 II, V GG, § 13 Nr. 9; §§ 58 ff. BVerfGG begründet, wenn der Richter schuldhaft gegen die Grundsätze des Grundgesetzes oder gegen die verfassungsmäßige Ordnung eines Landes verstoßen hat.

V. Sonstige Hauptsacheverfahren und einstweilige Anordnung

1. Wahlprüfung nach Art. 41 II GG

Literatur: *Glauben,* Wahlprüfung als Garantie des unverfälschten Willens des Souveräns, NVwZ 2017, 1419–1424; *Hermes,* Zur Ausgestaltung der Wahlprüfung in den Ländern, JZ 2001, 873–876; *Hoppe,* Die Wahlprüfung durch den Bundestag (Art. 41 Abs. 1 Satz 1 GG), DVBl. 1996, 344–347; *Lang,* Subjektiver Rechtsschutz im Wahlprüfungsverfahren, 1997; *Ortmann,* Probleme der Wahlprüfungsbeschwerde nach § 48 BVerfGG, ThürVBl. 2006, 169–179; *Puttler,* Landeswahlprüfung durch ein Gericht: Art. 19 Abs. 4 GG, die Länderautonomie und die hessischen Wahlprüfungsbestimmungen, DÖV 2001, 849–856; *Roth,* Zur Durchsetzung der Wahlrechtsgrundsätze vor dem BVerfG, DVBl. 1998, 214–219.

585. Begriff und gesetzliche Regelung

a) Was versteht man unter der Wahlprüfung?
b) Wo ist die Prüfung der Wahl zum Bundestag geregelt?
c) Welche Phasen der Wahlprüfung sind zu unterscheiden?

a) Die Wahlprüfung ist ein Verfahren zur Kontrolle der Rechtmäßigkeit der Wahl zum Bundestag.

b) Regelungen der Wahlprüfung finden sich in Art. 41 GG, § 49 BWahlG, dem WahlprüfG sowie § 48 BVerfGG.

c) Das Wahlprüfungsverfahren besteht aus zwei Phasen: In der ersten Stufe entscheidet der Bundestag auf Einspruch gemäß Art. 41 I 1 GG; § 2 WahlprüfG, sodann ist im zweiten Schritt gegen die Entscheidung des Bundestages die Wahlprüfungsbeschwerde zum BVerfG gemäß Art. 41 II GG; § 13 Nr. 3; § 48 BVerfGG gegeben.

586. Zwecke und praktische Bedeutung der Wahlprüfung

a) Welche Zwecke verfolgt das Wahlprüfungsverfahren?
b) Welche praktische Bedeutung ist der Wahlprüfung bisher zugekommen?

a) Das Wahlprüfungsverfahren dient vor allem objektiv dazu, die richtige Zusammensetzung des Bundestages zu gewährleisten (vgl. BVerfGE 22, 277 (281); 35, 300 (301); 79, 173). Daneben bewirkt es mittelbar auch den Schutz des subjektiven Wahlrechts (vgl. BVerfGE 34, 81 (94 f.)). Siehe *Ortmann,* ThürVBl. 2006, 169 (171).

b) Die praktische Bedeutung der Wahlprüfung ist vergleichsweise groß. Gegen eine Bundestagswahl werden regelmäßig mehrere hundert Einsprüche erhoben, die zu mehreren Dutzend Beschwerdeverfahren vor dem BVerfG führen.

587. Einspruchs- und Beschwerdeführer

Kann ein Einspruch zum Bundestag bzw. eine Wahlprüfungsbeschwerde zum BVerfG erhoben werden von
a) einem Wahlberechtigten?
b) einer Gruppe von Wahlberechtigten?
c) einem Abgeordneten?
d) einem Kandidaten, der kein Mandat errungen hat?
e) einer Partei, die an der Wahl teilgenommen hat?
f) einer Fraktion des Bundestages?
g) einer Gruppe des Bundestages?
h) dem Bundestagspräsidenten?
i) dem Bundeswahlleiter?

a) Ein Wahlberechtigter kann sowohl Einspruch zum Bundestag gemäß § 2 II WahlprüfG als auch Beschwerde zum BVerfG nach erfolglosem Einspruch gemäß § 48 I BVerfGG erheben, wenn dieser Beschwerde wenigstens 100 Wahlberechtigte beitreten.

b) Eine Gruppe von Wahlberechtigten kann gemeinsam lediglich einen Einspruch nach § 2 II WahlprüfG erheben. Bleibt dieser erfolglos, so kann nur jeder Wahlberechtigte für sich eine Beschwerde zum BVerfG nach § 48 I BVerfG erheben, wobei sich aber jeweils mindestens 100 andere Wahlberechtigte anschließen müssen.

c) Einem Bundestagsabgeordneten kommt kein Einspruchsrecht zu. Er kann aber gemäß Art. 41 I 2 GG; § 48 I BVerfGG das BVerfG anrufen, wenn seine Mitgliedschaft bestritten wird.

d) Einem erfolglosen Kandidaten kommt in dieser Eigenschaft weder ein Einspruchs- noch ein Beschwerderecht zu. Er kann aber als Wahlberechtigter zuerst den Bundestag nach § 2 II WahlprüfG und anschließend das BVerfG gemäß § 48 I BVerfGG anrufen.

e) Nein. Trotz der besonderen Bedeutung der Parteien bei der Teilnahme an Wahlen stehen ihnen keine prozessualen Rechte im Wahlprüfungsverfahren zu. Ihre Mitglieder können aber als Wahlberechtigte tätig werden.

f) Eine Bundestagsfraktion kann vergleichbar einem Abgeordneten gemäß § 48 I BVerfGG das BVerfG anrufen.

g) Einer Parlamentsgruppe sind im Wahlprüfungsverfahren keine verfahrensmäßigen Rechte eingeräumt. Sollten sich aber 10 % der Abgeordneten zusammenfinden, können diese eine Wahlprüfungsbeschwerde gemäß § 48 I BVerfGG zum BVerfG erheben.

h) Nein. Der Bundestagspräsident kann zwar gemäß § 2 II WahlprüfG Einspruch einlegen, eine Beschwerde gegen den Beschluss des Bundestages nach § 48 I BVerfGG steht ihm jedoch nicht zu.

i) Der Bundeswahlleiter kann zwar nach § 2 II WahlprüfG in seiner amtlichen Funktion Einspruch zum Bundestag einlegen, die anschließende Erhebung einer Wahlprüfungsbeschwerde ist ihm indes verwehrt.

588. Unterschriftenquorum

Der Bundestag hat den Einspruch des Wahlberechtigten W gegen die letzte Bundestagswahl zurückgewiesen. Der dagegen erhobenen Wahlprüfungsbeschwerde treten 100 weitere Wahlberechtigte bei.
a) Können diese weiteren Wahlberechtigten im Verfahren des W Akteneinsicht erhalten?
b) Ist das Unterschriftenquorum des § 48 I BVerfGG überhaupt wirksam?

a) Nein. Die Akteneinsicht steht nach § 20 BVerfGG nur Verfahrensbeteiligten zu. Durch ihre Unterschrift bekunden die weiteren Wahlberechtigten aber lediglich, dass sie das Begehren des W für ernsthaft erachten, sie werden dadurch aber nicht selbst zu Verfahrensbeteiligten.

b) Mitunter wird vertreten, das Unterschriftenquorum des § 48 I BVerfGG schränke das Wahlprüfungsrecht als Fortsetzung des subjektiven Wahlrechts unverhältnismäßig ein und sei daher verfassungswidrig und unwirksam. Geht man jedoch in Übereinstimmung mit dem BVerfG von dem Vorrang des objektiven Charakters der Wahlprüfung aus und misst der Funktionsfähigkeit des BVerfG, das sich nicht mit rein querulatorischen Beschwerden sollte beschäftigten müssen, große Bedeutung zu, dann erscheint das Unterschriftenquorum verfassungsgemäß.

589. Einspruchs- und Beschwerdegegenstand

Was ist Gegenstand des Einspruchs nach dem WahlprüfG, was der Beschwerde nach dem BVerfGG?

Der Einspruch nach § 2 WahlprüfG richtet sich gegen die Gültigkeit der Wahl zum Bundestag im Ganzen oder in Teilen, die Beschwerde gemäß § 48 BVerfGG richtet sich unmittelbar gegen den Beschluss des Bundestages, mittelbar auch gegen die Gültigkeit der Wahl. Insoweit ist die Beschwerde in gewisser Weise mit der Berufung gegen ein erstinstanzliches Gerichtsurteil vergleichbar.

590. Einspruchs- und Beschwerdebegründung

a) Wahlberechtigter W hält die Entstehung von Überhandmandaten gemäß § 6 V BWG für verfassungswidrig und begehrt nur deshalb die Überprüfung der letzten Bundestagswahl. Wird er mit dieser Begründung vor dem Bundestag und dem BVerfG Gehör finden?
b) Als das BVerfG über die Beschwerde des W zu entscheiden hat, hält es zwar nicht die Überhangmandats-, wohl aber die Grundmandatsklausel des

§ 6 VI 1 Alt. 2 BWG für verfassungswidrig. Wie wird das BVerfG entscheiden?

a) W wird mit seiner Argumentation nur vor dem BVerfG, nicht aber vor dem Bundestag Gehör finden: Der Bundestag beschränkt sich in ständiger Praxis auf die Kontrolle von Fehlern bei der Anwendung der bestehenden Wahlvorschriften, lehnt es aber ab, diese Wahlvorschriften auf ihre Verfassungsmäßigkeit hin zu prüfen. Damit würde er auch zum Richter in eigener Sache. Im Übrigen hat er es in der Hand, diese Wahlvorschriften im Gesetzgebungsverfahren zu ändern. Das BVerfG hingegen kontrolliert zusätzlich zu der Anwendung des bestehenden Wahlrechts diese Bestimmungen auch auf ihre Verfassungsmäßigkeit hin, sofern der Beschwerdeführer dies begehrt. Diese unterschiedlichen Prüfungsgegenstände und -maßstäbe führen zu dem merkwürdigen Ergebnis, dass ein Wahlberechtigter zunächst einen Einspruch gemäß § 2 WahlprüfG zum Bundestag einlegen muss, von dem er von vornherein weiß, dass er keinen Erfolg haben wird, nur um dann mit gewisser Aussicht auf Erfolg gegen den ablehnenden Beschluss des Bundestages Beschwerde gemäß § 48 BVerfGG zum BVerfGG erheben zu können. Siehe *Hoppe,* DVBl. 1996, 344–347.

b) Das BVerfG wird die Wahlprüfungsbeschwerde des W abweisen. Denn es berücksichtigt nur solche Rügen, die der Wahlberechtigte innerhalb der Beschwerdefrist vorgebracht hat, prüft aber nicht von sich aus umfassend die Verfassungsmäßigkeit der Wahlvorschriften.

591. Untätigkeitsbeschwerde?

In Fall 590 hat der Bundestag auch drei Jahre nach der letzten Bundestagswahl über den Einspruch des W noch nicht entschieden. Was kann W unternehmen?

Weder das WahlprüfG noch das BVerfGG sehen ausdrücklich eine Untätigkeitsbeschwerde vor, wenn der Bundestag über den Einspruch eines Wahlberechtigten noch nicht entschieden hat. Grundsätzlich hat W deshalb den Beschluss des Bundestages abzuwarten. Davon wird man jedoch dann eine Ausnahme zu machen haben, wenn die Passivität des Bundestages einer Rechtsschutzverweigerung gleichkommt. Dies ist zumindest dann der Fall, wenn dem BVerfG bis zur nächsten Bundestagswahl keine Zeit mehr verbleibt, über eine sich anschließende Beschwerde des Wahlberechtigten noch zu entscheiden. Aus diesem Grund wird man hier dem W ausnahmsweise das Recht zur Erhebung einer Untätigkeitsbeschwerde analog § 48 I BVerfGG einräumen müssen. Siehe *Hoppe,* DVBl. 1996, 344 (345).

592. Einspruchs- und Beschwerdebefugnis?

a) In Fall 590 stellt sich heraus, dass W gar nicht an der letzten Bundestagswahl teilgenommen hat. Kann er dennoch Einspruch bzw. Beschwerde erheben?

b) Ändert sich etwas, wenn W im Zeitpunkt der Bundestagswahl erst 17 Jahre alt war?

a) Ja. Da das Wahlprüfungsverfahren vorrangig ein objektives Rechtsschutzverfahren darstellt (vgl. Frage 586), kommt es für die Erhebung eines Einspruchs bzw. einer Beschwerde lediglich darauf an, dass der Rechtsbehelfsführer überhaupt wahlberechtigt ist, nicht aber darauf, ob er tatsächlich sein Wahlrecht ausgeübt hat. Eine Einspruchs- oder Beschwerdebefugnis wird – ebenso wie eine Antragsbefugnis bei der abstrakten Normenkontrolle (vgl. Frage 454) – nicht gefordert.

b) Ja. Nur wer im Zeitpunkt der Wahl bereits wahlberechtigt war, ist auch berechtigt, anschließend ein Wahlprüfungsverfahren einzuleiten. Einspruch und Beschwerde des W sind also mangels Berechtigung (nicht mangels Befugnis) unzulässig.

593. Einspruchs- und Beschwerdefrist

Die Bundestagswahl fand am 1. März statt, das amtliche Endergebnis wurde am 15. März festgestellt. Am 14. Mai legte W Einspruch ein. Am 1. August entschied der Bundestag über den Einspruch des W und teilte diesem das Ergebnis am 8. August mit. Am 7. Oktober erhob W Beschwerde zum BVerfG. Sind diese Rechtsbehelfe rechtzeitig eingelegt worden?

Weder der Einspruch noch die Beschwerde des W sind rechtzeitig erhoben worden: Gemäß § 2 IV 1 WahlprüfG ist der Einspruch binnen zwei Monaten nach dem Wahltag zu erheben; die Frist läuft nicht erst ab dem Tag der Berechnung des amtlichen Endergebnisses. In gleicher Weise ist die Beschwerde nach § 48 I BVerfGG binnen einer Frist von zwei Monaten nach Beschlussfassung des Bundestages zu erheben; diese Frist beginnt – im Unterschied zu sonstigen prozessualen Fristen – nicht erst mit der Bekanntgabe an den Rechtsbehelfsführer zu laufen (siehe *Ortmann*, ThürVBl. 2006, 169 (178) mwN). Dies ergibt sich aus dem Wortlaut des § 48 I BVerfGG und folgt aus dem Zweck dieser Bestimmung, möglichst schnell Rechtssicherheit über die Zusammensetzung des Bundestages zu gewinnen.

594. Mandatserheblichkeit

Wahlberechtigter W ist durch behördliches Versehen nicht in das Wählerverzeichnis (§ 17 BWahlG) eingetragen worden und konnte am Wahltag seine Stimme nicht abgeben. Dies bedauert er umso mehr, da er als glühender Anhänger der A-Partei ein Zeichen gegen die Dominanz der B-Partei in seinem Wahlkreis setzen wollte. Macht dieses Versehen die Bundestagswahl insgesamt oder wenigstens die Wahl des Abgeordneten X in diesem Wahlkreis ungültig?

Nein. Zwar liegt ein Verstoß gegen die Wahlvorschriften vor, der grds. zur Ungültigkeit der Wahl des Abgeordneten X, in schweren Fällen (theoretisch) auch zur

Ungültigkeit der Bundestagswahl in dem entsprechenden Land, in besonders schweren Fällen (sehr theoretisch) auch zur Ungültigkeit der Wahl insgesamt führen kann. Dies setzt aber im Interesse des Bestandsschutzes des Bundestages voraus, dass der Verstoß sich auf das Wahlergebnis ausgewirkt hat (vgl. BVerfGE 89, 266 (273); 103, 111 (135)). Eine solche Mandatserheblichkeit ist in diesem Fall jedoch nicht gegeben, da bei der Dominanz der B-Partei in diesem Wahlkreis diese auch bei einer weiteren Erststimme für die A-Partei das Mandat errungen hätte. Auch auf das Verhältnis der Zweitstimmen wird die unterbliebene Stimmabgabe des W sich nicht ausgewirkt haben.

595. Verhältnis zu anderen Rechtsbehelfen

In Fall 594 hat W durch Einsichtnahme in das Wahlverzeichnis 16 Tage vor der Bundestagswahl festgestellt, dass er nicht eingetragen wurde.
a) Kann W vor dem Verwaltungsgericht Verpflichtungsklage auf Eintragung erheben und den Erlass einer einstweiligen Anordnung beantragen?
b) Kann er vor dem BVerfG Verfassungsbeschwerde gegen die Nichteintragung erheben und eine entsprechende einstweilige Anordnung beantragen?
c) Verstößt § 49 BWG gegen Art. 19 IV GG?

a) Nein. Nach § 49 BWG können Entscheidungen und Maßnahmen, die sich unmittelbar auf das Wahlverfahren beziehen, nur mit den im BWG vorgesehenen Rechtsbehelfen und im Wahlprüfungsverfahren angefochten werden. Dies schließt die Anrufung des Verwaltungsgerichts aus (BVerfGE 11, 329; 74, 96 (101)).

b) Nein. Das Wahlprüfungsverfahren nach Art. 41 GG; § 13 Nr. 3; § 48 BVerfGG stellt eine lex specialis dar zur Verfassungsbeschwerde nach Art. 93 I Nr. 4a GG; § 13 Nr. 8a; §§ 90 ff. BVerfGG und schließt diese sowie einen entsprechenden Antrag auf Erlass einer einstweiligen Anordnung nach § 32 BVerfGG aus (BVerfGE 14, 154 (155); 29, 18 (19); 66, 232 (234); 74, 96 (101)). Für einen Sonderfall der einstweiligen Anordnung siehe § 16 III WahlprüfG.

c) Nein. § 49 BWG beruht auf Art. 41 GG, der eine Spezialregelung zu Art. 19 IV GG trifft (BVerfGE 22, 27 (281); 66, 232 (234)).

596. Vergleich mit Kontrolle der Wahlen zum Europaparlament

Wahlberechtigter W hält die Wahl zum Europaparlament wegen Verstoßes gegen den Grundsatz der Gleichheit der Wahl für ungültig. Er erhebt deshalb Einspruch zum Europaparlament und Beschwerde zum EuGH. Wie werden diese Organe entscheiden?

Sie werden die Rechtsbehelfe des W zumindest als unzulässig zurückweisen. Gemäß § 26 II EuropawahlG vom 8.3.1994 (BGBl. I S. 424) ist der Einspruch gegen die Wahl zum Europaparlament zum Bundestag zu erheben, nach § 26 III EuropawahlG ist gegen den Beschluss des Bundestages sodann die Beschwerde zum BVerfG gegeben.

Übersicht 28: Wahlprüfung

A. Zulässigkeit des Einspruchs
  – Rechtsgrundlagen: Art. 41 I GG; § 49 BWahlG; WahlprüfG.
  I. Einspruchsführer (§ 2 II WahlprüfG)
    – Jeder Wahlberechtigte, jede Gruppe von Wahlberechtigten, jeder Landeswahlleiter, der Bundeswahlleiter, der Bundestagspräsident.
    – Nicht: erfolglose Kandidaten, Abgeordnete, Fraktionen, Parteien.
  II. Einspruchsgegner?
    – Kein Einspruchsgegner, da es sich um ein objektives Beanstandungsverfahren handelt.
  III. Einspruchsgegenstand (Art. 41 I GG; § 1 WahlprüfG)
    1. Gültigkeit der Wahl zum Bundestag (Art. 41 I 1 GG; § 1 WahlprüfG).
    2. Verlust der Mitgliedschaft im Bundestag (Art. 41 I 2 GG; § 15 WahlprüfG).
  IV. Einspruchsbefugnis?
    – Der Einspruchsführer muss keine Verletzung in eigenen Rechten darlegen.
  V. Form und Frist des Einspruchs (§ 2 III, IV WahlprüfG)
    – Schriftform (§ 2 III WahlprüfG).
    – Zweimonatsfrist (§ 2 IV 1 WahlprüfG).
  VI. Rechtsschutzbedürfnis
    – Grds. gegeben, entfällt nur bei Rechtsmissbrauch; Verzicht; Verwirkung; einfacherem Weg; Nutzlosigkeit des erstrebten Ziels.
B. Begründetheit des Einspruchs
  Der Einspruch ist begründet, wenn
  – die Wahl gemäß Art. 41 I 1 GG, § 13 WahlprüfG ungültig ist bzw.
  – der Abgeordnete des Bundestages die Mitgliedschaft nach Art. 41 I 2 GG, § 15 WahlprüfG verloren hat.
C. Zulässigkeit der Beschwerde
  – Rechtsgrundlagen: Art. 41 II GG; § 49 BWahlG; § 18 WahlprüfG; § 13 Nr. 3; § 48 BVerfGG.
  I. Beschwerdeführer (§ 48 I BVerfGG)
    – Abgeordneter, dessen Mitgliedschaft bestritten ist.
    – Einspruchsführender Wahlberechtigter, dem mindestens 100 Wahlberechtigte beitreten, Fraktion, ein Zehntel der gesetzlichen Mitgliederzahl des Bundestages.
    – Anders als bei Einspruch also nicht: jeder Landeswahlleiter, der Bundeswahlleiter, der Bundestagspräsident.
    – Außerdem nicht: erfolglose Kandidaten, Parteien.
  II. Beschwerdegegner?
    – Kein Beschwerdegegner, da es sich um ein objektives Beanstandungsverfahren handelt.
  III. Beschwerdegegenstand (§ 48 I BVerfGG)
    – Beschluss des Bundestages über die Gültigkeit der Wahl oder den Verlust der Mitgliedschaft im Bundestag.
  IV. Beschwerdebefugnis?
    – Abgeordneter, dessen Mitgliedschaft bestritten ist, kann geltend machen, in seinem Recht aus Art. 38 I 2 GG verletzt zu sein.

– Im Übrigen müssen die Beschwerdeführer keine Verletzung in eigenen
Rechten darlegen.
V. Form und Frist der Beschwerde (§ 23; § 48 I BVerfGG)
– Schriftform (§ 23 I BVerfGG).
– Zweimonatsfrist (§ 48 I BVerfGG), Ausschlussfrist, keine Wiedereinset-
zung.
D. Begründetheit der Beschwerde

Die Wahlprüfungsbeschwerde ist gemäß Art. 41 II GG; § 49 BWahlG; § 18 WahlprüfG; § 13 Nr. 3; § 48 BVerfGG begründet, wenn der Beschluss des Bundestages
über die Gültigkeit der Wahl oder den Verlust der Mitgliedschaft im Bundestag
gegen die wahlrechtlichen Vorschriften oder sonst gegen höherrangiges Recht verstößt.

2. Weitere Hauptsacheverfahren nach Art. 93 I Nr. 5, III GG

597. Versetzung in den Ruhestand bzw. Entlassung

a) Der Richter des BVerfG R wurde bei einem Verkehrsunfall so schwer
verletzt, dass er nicht mehr sprechen noch schreiben kann. Was geschieht mit
seinem Amt?
b) R verursachte selbst einen schweren Verkehrsunfall und wurde deshalb zu
einer Freiheitsstrafe von einem Jahr auf Bewährung verurteilt. Wird er sein
Amt behalten?
c) Was geschieht in den Fällen a) und b) in der Übergangszeit?

a) Das Plenum des BVerfG kann mit Zweidrittelmehrheit den Bundespräsidenten
gemäß § 105 I Nr. 1 BVerfGG ermächtigen, den R wegen dauernder Dienstunfä-
higkeit in den Ruhestand zu versetzen.

b) In diesem Fall kann das Plenum mit Zweidrittelmehrheit den Bundespräsidenten
gemäß § 105 I Nr. 2 BVerfGG ermächtigen, den R zu entlassen.

c) Das Plenum kann mit Zweidrittelmehrheit zwischen der Einleitung des Verfahrens und der Ermächtigung des Bundespräsidenten den R gemäß § 105 V
BVerfGG vorläufig seines Amtes entheben.

598. Neugliederung des Bundesgebietes nach Art. 29 VI GG

Der Verein „Wir in Oldenburg e. V.", vertreten durch seinen Vorsitzenden,
strebt die Wiederherstellung des bis 1946 bestehenden Landes Oldenburg im
Nordwesten Niedersachsens an und sammelt dafür die Unterschriften von
einem Fünftel der Wahlberechtigten.
a) Ist ein Volksbegehren durchzuführen?
b) Wer entscheidet über den Antrag auf Durchführung des Volksbegehrens?
c) Welche Rechtsschutzmöglichkeiten bestehen für den Verein?

a) Nein. Ein Volksbegehren ist schon deshalb nicht durchzuführen, weil der Siedlungs- und Wirtschaftsraum Oldenburg nicht in verschiedenen Ländern liegt. Es kommt deshalb weder auf die Anzahl der Unterschriften gemäß Art. 29 IV GG noch auf das Vorliegen der Voraussetzungen des Art. 29 I 2 GG an.

b) Gemäß § 24 I des Gesetzes über das Verfahren bei Volksentscheid, Volksbegehren und Volksbefragung nach Art. 29 Abs. 6 des Grundgesetzes vom 30.7.1979 (BGBl. I S. 1317) entscheidet der Bundesinnenminister über den Antrag auf Durchführung des Volksbegehrens.

c) Gemäß § 24 V dieses Gesetzes können die Antragsteller Beschwerde zum BVerfG erheben.

599. Verfahren nach dem Untersuchungsausschussgesetz

Der Waffenhersteller W soll Beamte der Bundespolizei sowie der Polizei des Landes L bestochen haben, um Aufträge für die Ausrüstung mit Dienstpistolen zu erhalten. Die ein Drittel der Abgeordneten des Bundestages umfassende oppositionelle F-Fraktion beantragt daraufhin die Einsetzung eines Untersuchungsausschusses, um alle Vorwürfe aufzuklären. Der Bundestag beschließt mit den Stimmen der Koalitionsfraktionen, lediglich die Vorwürfe betreffend die Bundespolizei von dem Ausschuss untersuchen zu lassen.
a) Welche Rechtsschutzmöglichkeit besteht, wenn die F-Fraktion an ihrem weitergehenden Antrag festhält?
b) Zwar hat der Bundestag die Einsetzung des Untersuchungsausschusses mit dem weit reichenden Untersuchungsauftrag beschlossen, aber nunmehr lehnt die Mehrheit des zwölfköpfigen Ausschusses den von den drei Vertretern der F-Fraktion gestellten Antrag ab, den Innenminister des Landes L als Zeugen zur Frage der Waffenbeschaffung zu hören, da den Bund „dies nichts angehe". Welche Rechtsschutzmöglichkeiten bestehen für die Mitglieder der F-Fraktion?
c) Welche Entscheidung wird der Ermittlungsrichter am BGH treffen?

a) Die Abgeordneten der F-Fraktion umfassen mehr als das von Art. 44 I 1 GG für eine Minderheitsenquete geforderte Viertel der Mitglieder des Bundestages und können als qualifizierte Minderheit ein Organstreitverfahren gegen den Bundestag nach Art. 93 I Nr. 1 GG; § 13 Nr. 5; §§ 63 ff. BVerfGG erheben (vorausgesetzt in § 66a BVerfGG).

b) Gemäß § 17 II PUAG sind zulässige und erreichbare Beweise zu erheben, wenn dies ein Viertel der Ausschussmitglieder beantragt. Lehnt die Ausschussmehrheit die Beweiserhebung ab, so entscheidet gemäß § 17 IV PUAG auf Antrag eines Viertels der Ausschussmitglieder der Ermittlungsrichter am BGH über die Erhebung der Beweise. Gegen dessen Entscheidung ist gemäß § 36 III PUAG die Beschwerde statthaft, über die ein Senat des BGH entscheidet. Noch nicht geklärt ist, ob die Ausschussminderheit neben dem Verfahren nach § 17 IV; § 36 III PUAG auch ein Organstreitverfahren nach Art. 93 I Nr. 1 GG gegen den Untersuchungsausschuss erheben kann (vgl. *Risch,* Prozessuale Aspekte des Untersuchungsausschussgesetzes, DVBl. 2003, 1418–1424).

c) In diesem Fall wird der Ermittlungsrichter am BGH gemäß § 36 II PUAG das Verfahren aussetzen und die Entscheidung des BVerfG einholen, da der Beschluss über die Einsetzung eines Untersuchungsausschusses des Bundes hinsichtlich der Vorgänge im Landesbereich grundgesetzwidrig ist und es für die Entscheidung über die Zulässigkeit der Zeugenbefragung darauf ankommt. Für das Verfahren vor dem BVerfG verweist § 82a BVerfGG auf die Bestimmungen über die konkrete Normenkontrolle.

600. Abgeschafftes Gutachtenverfahren

Die Bundesregierung plant eine umfassende Rentenreform. Da bereits im Vorfeld erhebliche verfassungsrechtliche Bedenken geäußert worden sind, übermittelt sie dem BVerfG den Regierungsentwurf mit der Aufforderung, diesen auf seine Verfassungsmäßigkeit hin zu prüfen. Was wird das BVerfG tun?

Das BVerfG wird darin einen Antrag auf Erstellung eines Gutachtens erblicken und diesen als unzulässig ablehnen, weil das BVerfGG nach Aufhebung des § 97 BVerfGG aF kein Gutachtenverfahren mehr vorsieht. Der Antrag ist auch nicht als abstrakte Normenkontrolle zulässig, weil noch kein in Kraft getretenes Gesetz vorliegt.

3. Einstweilige Anordnung nach § 32 BVerfGG

Literatur: *Bäcker,* Die einstweilige Anordnung im Verfassungsprozessrecht, JuS 2013, 119–124; *Erichsen,* Die einstweilige Anordnung, in: FG 25 Jahre BVerfG, Bd. I, S. 170–193; *Granderath,* Die einstweilige Anordnung im Verfahren vor dem BVerfG, NJW 1971, 542–547; *Huber,* Die einstweilige Anordnung nach § 32 BVerfGG am Beispiel der Verfassungsbeschwerde – Eine Kritik am Entscheidungsmodell des BVerfG, 1999; *Karpen,* Der einstweilige Rechtsschutz im Verfassungsprozeß, JuS 1984, 455–462; *Schoch,* Einstweilige Anordnung, in: FS 50 Jahre BVerfG, Bd. I, 2001, S. 695–723.

a) Grundlagen

601. Begriff, Zweck und praktische Bedeutung der einstweiligen Anordnung

a) Was versteht man unter einer einstweiligen Anordnung?
b) Was ist der Zweck des Verfahrens der einstweiligen Anordnung?
c) Wo finden sich Regelungen für die einstweilige Anordnung vor dem BVerfG?
d) Welche praktische Bedeutung ist den Verfahren auf Erlass einer einstweiligen Anordnung bisher zugekommen?
e) Gibt es auch einstweilige Verfügungen oder den dinglichen Arrest im Verfahren vor dem BVerfG?

a) Eine einstweilige Anordnung ist eine von dem BVerfG erlassene Entscheidung, die den Zustand zwischen Antragstellung und Entscheidung im Hauptsacheverfahren vorläufig regelt.

b) Angesichts der langen Verfahrensdauer vor dem BVerfG würde der Rechtsschutz in der Hauptsache oftmals zu spät kommen. Deshalb muss für das BVerfG wie für andere Verfassungsgerichte auch die Möglichkeit bestehen, den Zustand vorübergehend zu ordnen.

c) Eine allgemeine Regelung trifft § 32 BVerfGG, besondere Vorschriften finden sich in § 53 BVerfGG für die Präsidentenanklage; §§ 53; 38 BVerfGG für die Richteranklage; § 105 V BVerfGG für die Entlassung eines Richters des BVerfG sowie in § 16 III WahlprüfG für das Wahlprüfungsverfahren. Inhaltlich ähneln diese Spezialvorschriften allerdings der allgemeinen Regelung in § 32 BVerfGG.

d) Dem Verfahren auf Erlass einer einstweiligen Anordnung kommt zunehmende Bedeutung zu, da die Verfahrensdauer in der Hauptsache eher zunimmt.

e) Nein. Im Unterschied zur ZPO (§§ 916 ff.; §§ 935 ff.) unterscheidet das BVerfGG nicht zwischen verschiedenen Arten des vorläufigen Rechtsschutzes. Diese Differenzierungen finden sich dann aber ggf. als verschiedene Arten der einstweiligen Anordnung wieder.

b) Zulässigkeit

aa) Antragsteller

---

602. Antragsteller

Durch ein zum nächsten Monat in Kraft tretendes Bundesgesetz wird die Tätigkeit des Berufsbetreuers einer Erlaubnispflicht nach der GewO unterworfen. Kann gegen das In-Kraft-Treten des Gesetzes ein Antrag auf Erlass einer einstweiligen Anordnung gestellt werden von
a) der Regierung des Landes X,
b) dem Berufsbetreuer B,
c) dem BVerwG?

---

§ 32 BVerfGG legt den Kreis möglicher Antragsteller auf Erlass einer einstweiligen Anordnung nicht fest. Eine solche Anordnung kann vielmehr beantragen, wer auch in der Hauptsache das Verfahren in Gang setzen könnte.

a) Da die Landesregierung in der Hauptsache eine abstrakte Normenkontrolle erheben kann, kann sie auch einen Antrag auf Erlass einer einstweiligen Anordnung stellen.

b) B kann in der Hauptsache Verfassungsbeschwerde erheben und daher gleichfalls eine einstweilige Anordnung beantragen.

c) Gerichte können selbst einstweiligen Rechtsschutz nach der jeweiligen Fachgerichtsordnung (VwGO, ZPO …) gewähren. Trotz der Möglichkeit der konkreten Normenkontrolle scheiden sie als Antragsteller auf Erlass einer einstweiligen Anordnung daher regelmäßig aus.

603. Ausnahmen vom Antragserfordernis

In Fall 602 hat die Regierung des Landes X zwar eine abstrakte Normenkontrolle erhoben, aber noch nicht den Erlass einer einstweiligen Anordnung gegen das In-Kraft-Treten des Gesetzes beantragt,
a) Kann das BVerfG dennoch eine einstweilige Anordnung erlassen?
b) Wie wäre es, wenn die Landesregierung auch noch keinen Antrag in der Hauptsache gestellt hätte?

a) Das BVerfG lehnt in ständiger Rechtsprechung eine strenge Bindung an das Antragserfordernis in Bezug auf den Erlass einer einstweiligen Anordnung ab, wofür auch § 78 S. 2 und § 95 III 2 BVerfGG sprechen. Eine einstweilige Anordnung soll danach schon erlassen werden können, wenn nur ein Antrag in der Hauptsache gestellt wurde, für ein etwaiges Eilverfahren aber noch kein Antrag vorliegt.

b) Das BVerfG hält sich aber bisher nicht für berechtigt, eine einstweilige Anordnung auch dann zu erlassen, wenn weder ein Antrag in der Hauptsache noch im Eilverfahren gestellt wurde.

bb) Weitere Beteiligte

604. Erfordernis des Antragsgegners

In der Hauptsache wurde
a) ein Organstreit,
b) eine abstrakte Normenkontrolle,
c) eine Urteilsverfassungsbeschwerde erhoben.
Gegen wen ist der Antrag auf Erlass einer einstweiligen Anordnung jeweils zu richten?

§ 32 BVerfGG trifft keine gesonderte Regelung über den Antragsgegner. Hier gilt:

a) Bei kontradiktorischen Hauptsacheverfahren wie dem Organstreit ist der Antrag auf Erlass einer einstweiligen Anordnung gegen den Antragsgegner in der Hauptsache zu richten (hier § 63 BVerfGG).

b) Kennt das Hauptsacheverfahren keinen Antragsgegner, wie dies insbesondere bei der abstrakten Normenkontrolle nach §§ 76 ff. BVerfGG und anderen Normenkontrollverfahren der Fall ist, ist auch der Antrag auf Erlass einer einstweiligen Anordnung gegen keinen bestimmten Antragsgegner zu stellen.

c) Da auch die Urteilsverfassungsbeschwerde nach § 90 II BVerfGG sich gegen keinen Beschwerdegegner wendet, insbesondere nicht gegen den Gegner des Ausgangsverfahrens, ist auch in diesem Fall der Antrag auf Erlass einer einstweiligen Anordnung nicht gegen einen bestimmten Antragsgegner zu richten.

cc) Antragsgegenstand

605. Verhältnis zum Hauptsacheverfahren

Die Bundesregierung hält eine von der Regierung des Landes X gegen das neue BImSchG beantragte einstweilige Anordnung für unzulässig, weil die Landesregierung gegen dieses Gesetz zudem eine abstrakte Normenkontrolle angestrengt hat. Trifft die Auffassung der Bundesregierung zu?

Nein. Die Antragsgegenstände der einstweiligen Anordnung und der abstrakten Normenkontrolle unterscheiden sich. Während mit der einstweiligen Anordnung nur vorübergehend das In-Kraft-Treten des neuen BImSchG verhindert werden soll, ist die abstrakte Normenkontrolle auf die endgültige Erklärung der Verfassungswidrigkeit und Nichtigkeit dieses Bundesgesetzes gerichtet.

606. Kein weiterreichender Antrag als in der Hauptsache

Im Zuge einer Strafrechtsreform wurde der Nötigungstatbestand (§ 240 StGB) erheblich ausgedehnt. Dagegen hat die Regierung des Landes X eine abstrakte Normenkontrolle erhoben. Sie beantragt außerdem im Wege der einstweiligen Anordnung,
a) den neuen Nötigungstatbestand für verfassungswidrig und nichtig zu erklären,
b) eine Neufassung des Tatbestandes zu beschließen sowie
c) auch den Raubtatbestand (§ 249 StGB) außer Anwendung zu setzen.
Werden diese Anträge Erfolg haben?

a) Nein. Die Entscheidung im vorläufigen Rechtsschutz darf die Hauptsacheentscheidung nicht vorwegnehmen. Das BVerfG kann im Eilverfahren allenfalls den neuen Nötigungstatbestand außer Anwendung setzen, ihn aber nicht – wie erst im Hauptsacheverfahren – für verfassungswidrig und nichtig erklären.

b) Nein. Das BVerfG kann grds. nur kassatorisch tätig werden, nicht aber selbst an die Stelle des Gesetzgebers treten.

c) Auch dieser Antrag dürfte keinen Erfolg haben. Zwar kann das BVerfG im Hauptsacheverfahren gemäß § 78 S. 2 BVerfGG auch weitere Bestimmungen des gleichen Gesetzes aus denselben Gründen für mit dem Grundgesetz unvereinbar und nichtig erklären, weshalb es grds. auch in einem parallel erhobenen Eilverfahren weitere Vorschriften außer Anwendung setzen dürfte. Auch enthält der Raubtatbestand eine Nötigungskomponente, er ist aber ggü. dem Nötigungstatbestand so sehr verselbstständigt, dass ein separater Antrag der Landesregierung auch im Hauptsacheverfahren zu fordern sein dürfte.

dd) Antragsbefugnis

607. Antragsbefugnis

Mieter M hat gegen ein Urteil des BGH, mit dem er auf der Grundlage eines Formularmietvertrages mit Vermieter V zu Schönheitsreparaturen verpflichtet wurde, Verfassungsbeschwerde erhoben.

a) Kann M im Wege der einstweiligen Anordnung begehren, das Urteil des BGH bis zur Entscheidung des BVerfG in der Hauptsache für unwirksam zu erklären?

b) Wäre ein darauf gerichteter Antrag des Deutschen Mieterbundes e. V. zulässig?

a) Ja. Da M im Hauptsacheverfahren der Verfassungsbeschwerde beschwerdebefugt ist, ist er auch befugt, einen Antrag auf Erlass einer einstweiligen Anordnung zu stellen.

b) Nein. Der Deutsche Mieterbund e. V. wäre in der Hauptsache nicht zur Erhebung der Verfassungsbeschwerde beschwerdebefugt und ist daher auch nicht antragsbefugt im Rahmen des Verfahrens der einstweiligen Anordnung.

ee) Weitere Antragsvoraussetzungen

608. Rechtliches Gehör

Verstößt § 32 II 2 BVerfGG gegen Art. 103 I GG?

Zwar gilt das Gebot rechtlichen Gehörs gemäß Art. 103 I GG auch für verfassungsgerichtliche Verfahren sowie für Eilverfahren. Dieses grundrechtsgleiche Recht kann aber dann eingeschränkt werden, wenn nur auf diesem Wege überhaupt eine funktionsfähige Rechtspflege gewährleistet werden kann. Es ist daher verfassungsrechtlich unbedenklich, wenn § 32 II 2 BVerfGG dem BVerfG die Möglichkeit einräumt, dann von der Anhörung Betroffener abzusehen, wenn nur auf diesem Wege überhaupt noch rechtzeitig eine einstweilige Anordnung ergehen kann. Vgl. BVerfG, NJW 2005, 2060.

609. (Keine?) Vorwegnahme der Hauptsache

Der Industrielle I wurde von Terroristen entführt, die von der Bundesregierung die Freilassung inhaftierter Gesinnungsgenossen fordern und ansonsten mit der Tötung des I drohen. Wäre ein Antrag des Vertreters des I, die Bundesregierung im Wege einer einstweiligen Anordnung zur Freilassung der Gefangenen zu verpflichten, zulässig, obwohl damit die Hauptsache vorweggenommen würde?

Grundsätzlich gilt auch für das Verfahren der einstweiligen Anordnung vor dem BVerfG das Verbot der Vorwegnahme der Hauptsache. Gleichwohl ist ein Eilantrag, der bei Erfolg die Hauptsache vorwegnehmen würde, zulässig, wenn – wie hier – der Rechtsschutz in der Hauptsache zu spät käme. Siehe BVerfGE 46, 160.

c) Begründetheit

610. Überblick über Begründetheitsvoraussetzungen

Welche Tatbestandsmerkmale müssen gemäß § 32 BVerfGG vorliegen, damit der Antrag auf Erlass einer einstweiligen Anordnung begründet ist?

§ 32 BVerfGG verlangt das Vorliegen folgender drei Merkmale: Es muss wenigstens einer der drei (1) Anordnungsgründe (a) Abwehr schwerer Nachteile, (b) Verhinderung drohender Gewalt oder (c) ein anderer wichtiger Grund gegeben sein. Überdies muss der Erlass einer einstweiligen Anordnung (2) aus Gemeinwohlgründen (3) dringend geboten erscheinen.

611. Anordnungsgrund

Wann liegt nach der Rechtsprechung des BVerfG ein Anordnungsgrund nach § 32 I BVerfGG vor?

Nach dieser Rechtsprechung liegt ein Anordnungsgrund vor, wenn die Folgen, die einträten, wenn eine einstweilige Anordnung nicht ergänge, der Hauptsacheantrag aber Erfolg hätte, schwerer wögen als die Nachteile, die entständen, wenn die begehrte einstweilige Anordnung erlassen würde, dem Hauptsacheantrag aber der Erfolg zu versagen wäre. Diese von der materiellen Rechtslage abgelöste, fester Kriterien ermangelnde Folgenabschätzung ist in der Literatur zu Recht auf erhebliche Kritik gestoßen, vgl. *Benda/Klein*, Verfassungsprozeßrecht, Rn. 1216 ff.

612. Gemeinwohlgründe

X hat gegen seine letztinstanzliche Verurteilung zu einer mehrjährigen Gefängnisstrafe Verfassungsbeschwerde erhoben und beantragt, im Wege der einstweiligen Anordnung die Vollziehung der Strafe auszusetzen. Kann das BVerfG, das einen Justizirrtum für möglich hält, eine entsprechende einstweilige Anordnung erlassen, obwohl doch nur ein Einzelner betroffen ist?

Zwar spricht § 32 BVerfGG davon, dass eine einstweilige Anordnung „zum gemeinen Wohl" dringend geboten sein muss, weshalb auf den ersten Blick Anordnungen zum Schutz der Rechtsposition nur eines Einzelnen ausscheiden. Gleichwohl kann im grundrechtlich geprägten Rechtsstaat das Gemeinwohl auch dann betroffen sein, wenn nur die Rechte eines Einzelnen gefährdet werden. Das BVerfG ist deshalb nicht am Erlass einer einstweiligen Anordnung gehindert. Beachten Sie, dass einfachgesetzlich das Schutzgut der öffentlichen Sicherheit im Polizeirecht ebenfalls den Schutz der subjektiven Rechte und Rechtsgüter Einzelner umfasst.

613. Besondere Dringlichkeit

a) In Fall 602 überwiegen die Interessen des Berufsbetreuers B, das Gesetz noch nicht in Kraft treten zu lassen. Wird eine entsprechende einstweilige Anordnung ergehen, wenn demnächst mit der Entscheidung in der Hauptsache zu rechnen ist?
b) Wie wird das BVerfG entscheiden, wenn es die Verfassungsbeschwerde des B für offensichtlich unbegründet hält?

a) Nein. Kann die Hauptsacheentscheidung noch rechtzeitig ergehen, ist der Erlass einer einstweiligen Anordnung gemäß § 32 BVerfGG nicht dringend geboten.

b) Obwohl das BVerfG vorgibt, im Rahmen des Verfahrens auf Erlass einer einstweiligen Anordnung nicht die Erfolgsaussichten der Hauptsache zu berücksichtigen, so hält es doch in Fällen offensichtlicher Unbegründetheit der Hauptsache auch den Erlass einer einstweiligen Anordnung nicht für dringend geboten. Siehe *Karpen,* JuS 1984, 455 (460) mwN.

614. Ermessen oder Kompetenz des BVerfG?

Der Antrag auf Erlass einer einstweiligen Anordnung ist zulässig und begründet. Muss das BVerfG in jedem Fall eine einstweilige Anordnung erlassen?

Ja. Früher verstand man das Wort „kann" in § 32 I BVerfGG zum Teil in der Weise, dass dem BVerfG damit auch Entschließungsermessen hinsichtlich des Erlasses einer einstweiligen Anordnung eingeräumt werde. Heute besteht weitgehend Einigkeit darin, dass dies bloß die Kompetenz des BVerfG zum Erlass einer einstweiligen Anordnung umschreibt, das BVerfG also beim Vorliegen aller Voraussetzungen eine einstweilige Anordnung erlassen *muss.*

615. Außer-Kraft-Treten, Wiederholen der einstweiligen Anordnung

Das BVerfG hat eine einstweilige Anordnung gegen das In-Kraft-Treten des neuen BPolG erlassen. Nach sechs Monaten ist immer noch keine Entscheidung in der Hauptsache erfolgt. Tritt das BPolG nun in Kraft?

Gemäß § 32 VI 1 BVerfGG tritt eine einstweilige Anordnung nach sechs Monaten kraft Gesetzes außer Kraft. Sie kann aber gemäß § 32 VI 2 BVerfGG mit Zweidrittelmehrheit wiederholt werden. In der Praxis ist eine solche Kette von Anordnungen gar nicht so selten. Siehe BVerfGE 97, 102.

616. Rechtsbehelfe gegen einstweilige Anordnung

Der X hat Verfassungsbeschwerde erhoben gegen die verwaltungsgerichtlichen Eilentscheidungen, mit denen sein Antrag auf Wiederherstellung der

aufschiebenden Wirkung seiner Anfechtungsklage gegen ein behördliches Versammlungsverbot abgelehnt wurde. X hat außerdem den Erlass einer einstweiligen Anordnung beim BVerfG beantragt.
a) Welchen Rechtsbehelf kann X ergreifen, wenn das BVerfG den Erlass einer einstweiligen Anordnung ablehnt?
b) Eine Kammer des BVerfG hat die einstweilige Anordnung erlassen. Welcher Rechtsbehelf steht der Behörde B des verwaltungsgerichtlichen Ausgangsverfahrens zur Verfügung?
c) Wer entschiede in Fall b), falls ein Rechtsbehelf zur Verfügung stände?

a) Keinen. X kann insbesondere wegen § 32 III 2 BVerfGG keinen Widerspruch erheben.

b) Zwar stellt die Behörde des Ausgangsverfahrens keinen Beschwerdeführer im Sinne des § 32 III 2 BVerfGG dar, so dass es für sie an sich bei der Grundregel des § 32 III 1 BVerfGG verbleiben müsste und sie Widerspruch erheben könnte. Dadurch würden ihr als im Verfassungsbeschwerdeverfahren gemäß § 94 III BVerfGG bloß Äußerungsberechtigte aber im Verfahren des einstweiligen Rechtsschutzes weitergehende Rechte denn dem X als Beschwerdeführer eingeräumt. Deshalb wird letztlich auch ihr kein Widerspruchsrecht zuzuerkennen sein (str., vgl. *Karpen*, JuS 1984, 455 (461)).

c) Falls man entgegen der hier vertretenen Ansicht der B das Recht zum Widerspruch einräumte, entschiede darüber gemäß § 93d II 3; § 32 III BVerfGG der Senat, nicht die Kammer, siehe BVerfGE 89, 119.

c) Vergleich mit anderen Anträgen

617. Vergleich mit einstweiliger Anordnung nach § 123 VwGO

Wie unterscheidet sich die Prüfung des BVerfG im Rahmen des § 32 BVerfGG von derjenigen der Verwaltungsgerichte nach § 123 VwGO?

Wenngleich die Formulierung des § 32 BVerfGG große Ähnlichkeit zu § 123 VwGO aufweist, lehnt das BVerfG es doch ab, in Parallele zu den verwaltungsgerichtlichen Vorschriften den Erlass einer einstweiligen Anordnung zusätzlich zur besonderen Eilbedürftigkeit (Anordnungsgrund) von den Erfolgsaussichten in der Hauptsache (Anordnungsanspruch) abhängig zu machen. Vielmehr nimmt das BVerfG die in Übersicht 29 beschriebene Folgenabwägung vor.

618. Vergleich mit einstweiliger Anordnung nach Art. 278 f. AEUV

a) Wie ist der einstweilige Rechtsschutz vor den Gerichten der EU geregelt?
b) Wann ist eine einstweilige Anordnung im Verfahren vor dem EuGH begründet im Unterschied zu einer einstweiligen Anordnung vor dem BVerfG?

a) Der AEUV kennt drei Arten einstweiligen Rechtsschutzes: Die Aussetzung der Vollziehung gemäß Art. 278 S. 2 AEUV, als deren Spezialfall die Aussetzung der Zwangsvollstreckung nach Art. 299 IV AEUV sowie als Auffangtatbestand den Erlass einer einstweiligen Anordnung nach Art. 279 AEUV. In der Rechtspraxis unterscheidet der EuGH allerdings nicht genau zwischen diesen drei Varianten, sondern prüft diese gemeinsam, siehe *Thiele,* Europäisches Prozessrecht, § 11, Rn. 5.

b) Eine einstweilige Anordnung im Verfahren vor dem EuGH ist gemäß Art. 83 VerfOEuGH begründet, wenn drei Voraussetzungen gegeben sind (vgl. *Thiele,* Europäisches Prozessrecht, § 11, Rn. 40 ff.): Erstens muss der Antragsteller die Notwendigkeit der einstweiligen Anordnung in tatsächlicher und rechtlicher Hinsicht glaubhaft gemacht haben, dh bei summarischer Prüfung muss die Hauptsache Erfolg versprechen. Das BVerfG gibt vor, eine solche Prüfung im Verfahren nach § 32 BVerfGG im Unterschied zu den deutschen Verwaltungsgerichten nach § 123 VwGO nicht vorzunehmen. Zweitens muss eine besondere Dringlichkeit gegeben sein, was der Fall ist, wenn anders ein schwerer und nicht wieder gut zu machender Schaden nicht abgewendet werden kann. Diese besondere Dringlichkeit prüft auch das BVerfG. Drittens sind im Rahmen einer Interessenabwägung die Nachteile auf Seiten des Antragstellers, erginge die einstweilige Anordnung nicht, den Nachteilen für den Antragsgegner, das Unionsinteresse oder sonstige Dritte, falls die Anordnung erginge, gegenüber zu stellen. Bei einer solchen Interessenabwägung liegt der Schwerpunkt der Prüfung durch das BVerfG nach § 32 BVerfGG.

d) Sonstiges

619. Abstimmung

Fünf der acht Richter eines Senats des BVerfG wollen einem Antrag stattgeben. Welche Entscheidung ergeht im Verfahren
a) einer abstrakten Normenkontrolle,
b) eines Organstreits,
c) einer Verfassungsbeschwerde und
d) eines Parteiverbots?

a) bis c) Regelmäßig hat ein Antrag vor dem BVerfG gemäß § 15 IV 2 BVerfGG Erfolg, wenn die Mehrheit der an der Entscheidung mitwirkenden Richter dafür stimmt.

d) Bei Parteiverboten und anderen strafähnlichen Verfahren bedarf es gemäß § 15 IV 1 BVerfGG ähnlich wie in den Fällen des § 263 StPO einer Zweidrittelmehrheit der Senatsmitglieder. Der Antrag scheitert also.

Siehe *von Danwitz,* Qualifizierte Mehrheiten für normenverwerfende Entscheidungen des BVerfG?, JZ 1996, 481–489.

620. Stimmengleichheit

Bundesbeamter B hat Verfassungsbeschwerde gegen § X BBG erhoben, der seine Wählbarkeit zum Bundestag einschränkt.

> **a)** B lehnt den Richter R des BVerfG wegen Befangenheit ab, weil dieser vor
> dem Verfahren die Einschränkung der Wählbarkeit von Bundesbeamten als
> „Gebot politischer Vernunft" bezeichnet hat. Wird das BVerfG die Ableh-
> nung des R für begründet erklären, wenn von den übrigen sieben Richtern
> des Senats drei den R für befangen halten, drei andere einschließlich des
> Senatsvorsitzenden gegenteiliger Auffassung sind und ein weiterer Richter
> wegen Krankheit an der Entscheidung nicht mitwirkt?
> **b)** Zwischen den beiden Senaten des BVerfG besteht Unsicherheit, welcher
> Senat für die Verfassungsbeschwerde des B zuständig ist. Wie ist zu ent-
> scheiden, wenn sowohl alle Richter des ersten als auch des zweiten Senats
> jeweils ihren Senat für zuständig halten?
> **c)** Nachdem die Zuständigkeit eines Senats feststeht, halten in der Beratung
> vier der Richter § X BBG für verfassungsgemäß, vier andere Richter ein-
> schließlich des Senatsvorsitzenden § X BBG für verfassungswidrig. Kann B
> in den nächsten Bundestag gewählt werden?

a) Gemäß § 19 I Hs. 1 BVerfGG entscheidet das Gericht unter Ausschluss des
abgelehnten Richters über die bei diesem bestehende Besorgnis der Befangenheit.
Im Fall der Stimmengleichheit gibt die Stimme des Vorsitzenden gemäß § 19 I
Hs. 2 BVerfGG den Ausschlag. Deshalb wird R nicht für befangen erklärt werden.

b) Zuständigkeitskonflikte zwischen beiden Senaten entscheidet der Sechser-Aus-
schuss gemäß § 14 V 1 BVerfGG. Auch hier gibt die Stimme des Vorsitzenden, dh
des Präsidenten des BVerfG, den Ausschlag. Gehört dieser dem ersten Senat an und
hält er diesen für zuständig, fällt das Verfahren in dessen Kompetenz.

c) Eine andere Regelung trifft das BVerfGG bei der Überprüfung der Gültigkeit
von Normen. Hier kommt bei Stimmengleichheit nicht auf die Stimme des Senats-
vorsitzenden an, sondern es kann nach § 15 IV 3 BVerfGG ein Verstoß gegen das
Grundgesetz oder sonstiges Bundesrecht nicht festgestellt werden. Siehe, *Th.
Schmidt,* Die Entscheidung trotz Stimmengleichheit, JZ 2003, 133–138.

Übersicht 29: Einstweilige Anordnung

A. Zulässigkeit
  – Rechtsgrundlage: Rechtsstaatsprinzip; § 32 BVerfGG
  I. Statthaftigkeit der einstweiligen Anordnung
    – Eine einstweilige Anordnung (eA) kann nur ergehen, wenn ein entspre-
      chendes Hauptsacheverfahren vor dem BVerfG statthaft wäre. Dieses
      muss nicht zeitgleich mit der eA eingeleitet werden.
  II. Antragsteller
    – Antragsteller der eA kann nur sein, wer auch in der Hauptsache das
      Verfahren vor dem BVerfG betreiben könnte.
  III. Antragsgegner
    – Sofern es im Hauptsacheverfahren einen Antragsgegner gäbe, ist dieser
      auch Antragsgegner der eA.
  IV. Antragsgegenstand
    – Die Antragsgegenstände des Verfahrens des vorläufigen Rechtsschutzes
      und des Hauptsacheverfahrens decken sich nicht. Mit der eA wird eine

vorübergehende Regelung bis zur Entscheidung in der Hauptsache angestrebt, mit dem Hauptsacheverfahren eine dauerhafte Verbesserung der Rechtslage des Antragstellers.

V. Antragsbefugnis
– Nur soweit im Hauptsacheverfahren eine Antragsbefugnis erforderlich wäre, ist diese auch im Verfahren des vorläufigen Rechtsschutzes zu fordern.

VI. Form und Frist
– Schriftform direkt nach § 23 BVerfGG.
– Wegen der besonderen Eilbedürftigkeit der eA spielt die Antragsfrist keine Rolle.

VII. Rechtsschutzbedürfnis
– Grds. gegeben, entfällt nur bei Rechtsmissbrauch; Verzicht; Verwirkung; einfacherem Weg; Nutzlosigkeit des erstrebten Ziels; Antragsgegner darf nicht bereit sein, den Antragsteller klaglos zu stellen; Hauptsacheverfahren darf nicht offensichtlich unzulässig sein.

VIII. Keine Vorwegnahme der Hauptsache
– Nur vorläufige Entscheidung; es sei denn Existenzbedrohung des Antragstellers; zeitgebundene Rechte, sonstige völlig unzumutbare Nachteile.

B. Begründetheit
I. Folgenabwägung
– Das BVerfG wägt unabhängig von den Erfolgsaussichten in der Hauptsache ab zwischen den Folgen, die einträten, erginge keine einstweilige Anordnung, der Hauptsacheantrag aber Erfolg hätte, und den Nachteilen, die entständen, wenn die begehrte einstweilige Anordnung erlassen würde, der Hauptsacheantrag aber scheiterte. → Einleitungssatz: „Der Antrag auf Erlass einer einstweilige Anordnung nach § 32 BVerfGG ist begründet, wenn die Folgen, die den Antragsteller träfen, wenn eine einstweilige Anordnung nicht erginge, der Hauptsacheantrag aber Erfolg hätte, schwerer wögen als die Nachteile, die entständen, wenn die begehrte einstweilige Anordnung zwar erlassen würde, dem Hauptsacheantrag aber der Erfolg zu versagen wäre."
– Beachte: Bei eA nach § 123 III VwGO; § 920 II ZPO prüfen die VGe umfassend das Vorliegen eines Anordnungsanspruchs (und eines Anordnungsgrunds) und nehmen nicht bloß eine Folgenabwägung vor.

II. Zum gemeinen Wohl dringend geboten
– Nur geringe selbstständige Bedeutung der Gemeinwohlklausel.
– Besondere Eilbedürftigkeit.

4. BVerfG und Gerichte der Europäischen Union

Literatur: *Dörr,* Rechtsprechungskonkurrenz zwischen nationalen und europäischen Verfassungsgerichten, DVBl. 2006, 1088–1099; *Schwarze,* Das „Kooperationsverhältnis" zwischen dem BVerfG und dem EuGH, in: FS 50 Jahre BVerfG, Bd. I, 2001, S. 223–243; *Tomuschat,* Die Europäische Union unter Aufsicht des BVerfG, EuGRZ 1993, 489–496.

621. Gerichte der Europäischen Union

Welche Gerichte der Europäischen Union bestehen und welchen deutschen Gerichten sind diese von ihrer Funktion her vergleichbar?

Auf Unionsebene bestehen gem. Art. 19 I 1 EUV der Europäische Gerichtshof (EuGH) (Art. 251–256 AEUV), das Gericht erster Instanz (EuG) (Art. 254–256 AEUV) und die Kammern für besondere Sachgebiete (Art. 257 AEUV). Die Kammern sind für verwaltungsrechtliche Streitigkeiten zuständig und am ehesten einem VG oder OVG vergleichbar. Das EuG entscheidet v. a. über verwaltungsrechtliche, eingeschränkt auch über verfassungsähnliche Streitigkeiten, soweit diese nicht von einem Mitgliedstaat erhoben werden. Es ist in seiner Funktion zwischen einem OVG und dem BVerwG einzuordnen. Der EuGH entscheidet v. a. über verfassungsähnliche, zum Teil auch über verwaltungsrechtliche und sonstige Streitigkeiten und vereint Funktionen des BVerfG mit denen der obersten Gerichtshöfe des Bundes, v. a. des BVerwG.

622. Vergleich der Verfahrensarten des BVerfG mit denen des EuGH

Welche Verfahren vor dem EuGH kennen Sie und welchen Verfahrensarten vor dem BVerfG sind diese mutatis mutandis vergleichbar?

Die wichtigsten Verfahrensarten sind:
1. Art. 258 AEUV Vertragsverletzungsverfahren, eingeleitet durch die Kommission gegen einen Mitgliedstaat; vgl. Bund-Länder-Streit (Art. 93 I Nr. 3, Nr. 4, Var. 1 GG).
2. Art. 259 AEUV Vertragsverletzungsverfahren, eingeleitet durch einen Mitgliedstaat gegen einen anderen; vgl. Länderstreit (Art. 93 I Nr. 4, Var. 2 GG).
3. Art. 263 II, 264 AEUV Nichtigkeitsklage, erhoben durch einen Mitgliedstaat, den Rat oder die Kommission gegen ein Organ der EU; vgl. teils abstrakte Normenkontrolle (Art. 93 I Nr. 2 GG), teils Organstreit (Art. 93 I Nr. 1 GG).
4. Art. 263 IV, 264 AEUV Nichtigkeitsklage, erhoben durch eine natürliche oder juristische Person gegen ein Organ der EU; vgl. Verfassungsbeschwerde (Art. 93 I Nr. 4a GG).
5. Art. 265; 266 AEUV Untätigkeitsklage, erhoben durch einen Mitgliedstaat oder ein Organ der EU gegen ein Organ der EU; vgl. teils Bund-Länder-Streit (Art. 93 I Nr. 3, Nr. 4, Var. 1 GG), teils Organstreit (Art. 93 I Nr. 1 GG).
6. Art. 267 AEUV Vorabentscheidung über die Auslegung des Primär- und Sekundärrechts auf Vorlage eines einzelstaatlichen Gerichts; vgl. konkrete Normenkontrolle (Art. 100 I GG).
7. Art. 268; 340 II AEUV (außervertragliche) Amtshaftung; vgl. Verfahren vor den ordentlichen Gerichten, nicht vor dem BVerfG (§ 839 BGB; Art. 34 S. 3 GG).
8. Art. 278; 279 AEUV einstweilige Anordnung, in jedem Hauptsacheverfahren möglich; vgl. einstweilige Anordnung (§ 32 BVerfGG).

Sachregister

Die Zahlen bezeichnen die Nummern der Fälle.